SOURCES FOR
ROMAN HISTORY
133–70 B.C.

SOURCES FOR ROMAN HISTORY

133–70 B.C.

COLLECTED AND ARRANGED BY

A. H. J. GREENIDGE

AND

A. M. CLAY

SECOND EDITION

REVISED BY

E. W. GRAY

FURTHER CORRECTED AND AUGMENTED
1986

CLARENDON PRESS · OXFORD

Oxford University Press, Walton Street, Oxford OX2 6DP

Oxford New York Toronto
Delhi Bombay Calcutta Madras Karachi
Petaling Jaya Singapore Hong Kong Tokyo
Nairobi Dar es Salaam Cape Town
Melbourne Auckland
and associated companies in
Beirut Berlin Ibadan Nicosia

Oxford is a trade mark of Oxford University Press

Published in the United States
by Oxford University Press, New York

© Oxford University Press 1960

First edition 1903
Second (revised) edition 1960
Reprinted 1960
Reprinted (with corrections) 1961
Reprinted 1966, 1972, 1976
First paperback edition 1986

British Library Cataloguing in Publication Data
Greenidge, A. H. J.
Sources for Roman history 133-70 B.C.—
2nd ed.
1. Rome—History—Republic, 265-30 B.C.
I. Title   II. Clay, A. M.   III. Gray, E. W.
937'.05   DG254
ISBN 0 19 874876 3

Library of Congress Cataloging in Publication Data
Sources for Roman history, 133-70 B.C.
Bibliography: p.
Includes index.
1. Rome—History—Servile Wars, 135-71 B.C.—
Sources. I. Greenidge, A. H. J. (Abel Hendy Jones),
1865-1906. II. Clay, A. M. III. Gray, E. W.
DG253.5.S56 1986   937'.05   86-8627
ISBN 0 19 814876 3 (pbk.)

Printed in Great Britain
at the University Printing House, Oxford
by David Stanford
Printer to the University

PREFACE TO THE PAPERBACK EDITION

STOCKS of the second (revised) edition being about to run out, it was decided not merely to reprint it, with minor textual corrections, but also to add some new material. The latter had to be limited in quantity so as not to increase the price of the book above the level which most of its intended users could be expected to afford.

In order to avoid expensive alterations to the existing pagination and indexes, most of the Addenda have been printed separately at the end of the text. An asterisk at each appropriate point in the margin of the body of the text directs the reader's attention to this new material, which is printed on pp. 290-2.

Thanks are due to a number of ancient history tutors at Oxford for the corrections and additions which they have sent in, and in particular to Dr. Andrew Lintott of Worcester College for the much fuller and more up-to-date text of the 'Piracy Law' which replaces the old Appendix II B. There is also a new Appendix II C giving the text of the important 'Tarentum Fragment'.

Brasenose College, Oxford
December 1985

D. L. STOCKTON

PREFACE TO THE SECOND EDITION

IN the period of more than half a century that has gone by
since it was first published Greenidge and Clay's *Sources* has
proved itself to be a valuable instrument of study for students
of the history of the last century of the Roman Republic.
Publication of a revised edition has now been made possible
by the generosity of the Delegates of the University Press and
of the Governing Body of Brasenose College, Oxford, which
made a handsome grant from the Hulme Fund.

In the revision alterations and additions have been kept to
a minimum. It was the reviser's original intention, for reasons
of economy, to preserve the page enumeration of the first
edition, and when this plan had to be abandoned (after the
revision of the text had been completed), no drastic rear-
rangement of the text was attempted. The book remains a
selection, essentially the original editors' selection, from the
sources for Roman History for the years 133–70 B.C. For all
that, many changes of detail have had to be made in the text
and the total amount of additional material is not inconsider-
able. The Chronological Notes that formed an Appendix to
the first edition have been eliminated; references in the text
to such books as T. R. S. Broughton's indispensable *Magistrates
of the Roman Republic* have taken their place. One rather
lengthy extract from the *Periochae* of Livy and two from in-
scriptions will be found in Appendixes I and II. Appendix III,
a selection of numismatic material, is also entirely new.
Finally, the Index has been expanded and further sub-
divided.

The reviser wishes to thank Mr. A. N. Sherwin-White,
Mr. G. L. Cawkwell, and, especially, Dr. C. M. Kraay and
Dr. P. J. Cuff for advice and help. They cannot be held in
any way responsible for the errors and shortcomings of this
edition. Dr. Kraay also supplied the description of the unique
'cistophorus' of Fimbria recently acquired for the Ashmolean
Museum and here first made accessible to scholars (p. 286).

E. W. G.

Oxford, September, 1959

CONTENTS

FROM THE PREFACE TO THE
FIRST EDITION

SINCE no period of Roman History can be adequately studied under the guidance of any isolated historian of the ancient world, a collection of the scattered sources of information for any of its epochs must have a certain value. But the absence of any single guide, of reasonable fullness and authority, for the story of the sixty-three years which form the subject of our book is so universally admitted, and so keenly felt by teachers and advanced students, that the motive which has led us to collect and arrange the materials for this particular period is too self-evident to require explanation. The problems connected with the study of this period are not unlike those presented by the section of Greek History known as the *Pentecontaetia*, and the work which we have undertaken is meant to serve something of the purpose that has been so admirably attained by Mr. Hill's *Sources for Greek History*, although it does not aim at the exhaustiveness of Mr. Hill's book and is constructed on a somewhat different plan. In one respect our task has been less formidable than his. A chronological arrangement of the events of the *Pentecontaetia* which can win anything like general acceptance is impossible of attainment; while in the period of Roman History which we have treated such an arrangement, although not devoid of difficulties, is at least practicable. It is true that the practicability of this method by no means proves its excellence. The arrangement of sources by reference to subjects rather than to years may seem to many the preferable course. It is a course that has the advantage of admitting a more continuous citation of certain authorities, and it is one that by its simplicity frees the reader from the danger of some theoretical assumptions on the part of the author. But, on consideration, it appeared to us that a chronological arrangement was the most effective means of presenting that combination of forces which makes the history of a period by making that of each of its single years, and that this method of arrangement had the further advantage of enabling us to avoid frequent cross-references; for the different events of a period are on the whole far less exclusive of one another than its different years. The framing of a chronology for any considerable period of the history of Republican Rome does certainly necessitate processes of inference, and there is likely to be a small residuum of events whose place in the scheme baffles inference and invites conjecture. Hence we have been compelled to add an appendix containing chronological notes which deal with such disputed points.

We have divided the events of each year into those of its internal and external history. The sections which deal with domestic events will probably be found to be more complete, and therefore more valuable, than those which deal with foreign issues. The sacrifice of the details of domestic policy to personal anecdote and military history is a characteristic of most of the authors on whom we have had to rely. In particular, the legislation of any portion of this period has usually to be pieced together from a number of scattered fragments. We have, therefore, tried to make the portion of our work which deals with internal history as complete as possible, while we were unable to present the details of campaigns and battles without making the book exceed the limits which we thought necessary to its utility. References, however, have always been given to passages which could not be cited in full.

In the citation and arrangement of passages dealing with a single event we have kept in view the necessity of presenting supplementary as well as alternative information. Passages which merely repeat one another have seldom been quoted in full; on the other hand, where any authority has stated an additional fact (even of an improbable kind) this authority has had his share of space allotted him. The passages cited in illustration of a single event will often be found to be in the sharpest contradiction to one another. Wherever this conflict of evidence was discernible, it has never been ignored. The attempt to reconcile, or even to discuss, conflicting statements was beyond our province; but occasionally, when the meaning of a citation seemed to be unusually obscure, we have referred to a passage in some modern book which explains the reason for its appearance.

A. H. J. G.

A. M. C.

Oxford, July 1903

B.C. 133 · A.U.C. 621

Consuls, P. MUCIUS SCAEVOLA, L. CALPURNIUS PISO FRUGI

INTERNAL HISTORY

The agrarian legislation of Ti. Sempronius Gracchus. Social and economic conditions which dictated the legislation

Sall. *Iug.* 41 Nobilitas factione magis pollebat; plebis vis soluta atque dispersa in multitudine minus poterat; paucorum arbitrio belli domique agitabatur; penes eosdem aerarium, provinciae, magistratus, gloriae triumphique erant; populus militia atque inopia urgebatur; praedas bellicas imperatores cum paucis diripiebant. Interea parentes aut parvi liberi militum, ut quisque potentiori confinis erat, sedibus pellebantur . . . ubi primum ex nobilitate reperti sunt, qui veram gloriam iniustae potentiae anteponerent, moveri civitas, et dissensio civilis quasi permixtio terrae oriri coepit.

Plut. *Ti. Gracch.* 8 ἀρξαμένων δὲ τῶν πλουσίων ὑπερβάλλειν τὰς ἀποφορὰς καὶ τοὺς πένητας ἐξελαυνόντων, ἐγράφη νόμος οὐκ ἐῶν πλέθρα γῆς ἔχειν πλείονα πεντακοσίων. καὶ βραχὺν μὲν χρόνον ἐπέσχε τὴν πλεονεξίαν τὸ γράμμα τοῦτο . . . ὕστερον δὲ τῶν γειτνιώντων πλουσίων ὑποβλήτοις προσώποις μεταφερόντων τὰς μισθώσεις εἰς ἑαυτούς, τέλος δὲ φανερῶς ἤδη δι' ἑαυτῶν τὰ πλεῖστα κατεχόντων, ἐξωσθέντες οἱ πένητες οὔτε ταῖς στρατείαις ἔτι προθύμους παρεῖχον ἑαυτούς, ἠμέλουν τε παίδων ἀνατροφῆς, ὡς ταχὺ τὴν Ἰταλίαν ἅπασαν ὀλιγανδρίας ἐλευθέρων αἰσθέσθαι, δεσμωτηρίων δὲ βαρβαρικῶν ἐμπεπλῆσθαι, δι' ὧν ἐγεώργουν οἱ πλούσιοι τὰ χωρία τοὺς πολίτας ἐξελάσαντες.

App. *Bell. Civ.* i. 7 οἱ γὰρ πλούσιοι τῆσδε τῆς ἀνεμήτου γῆς τὴν πολλὴν καταλαβόντες, καὶ χρόνῳ θαρροῦντες οὔ τινα σφᾶς ἔτι ἀφαιρήσεσθαι, τά τε ἀγχοῦ σφισιν, ὅσα τε ἦν ἄλλα βραχέα πενήτων, τὰ μὲν ὠνούμενοι πειθοῖ τὰ δὲ βίᾳ λαμβάνοντες, πεδία μακρὰ ἀντὶ χωρίων ἐγεώργουν.

Liv. xxxiv. 4. 9 Quid legem Liciniam excitavit de quingentis iugeribus nisi ingens cupido agros continuandi?

Seneca, *Ep. Mor.* xiv. 2 (90), 39 Licet agros agris adiciat vicinum vel pretio pellens vel iniuria.

Frontinus, p. 39 (Thulin) Haec fere pascua certis personis data sunt depascenda tunc cum agri adsignati sunt. Haec pascua multi per inpotentiam invaserunt et colunt.

Ib. p. 41 Per longum enim tempus attigui possessores vacantia loca quasi invitante otiosi soli opportunitate invaserunt, et per longum tempus inpune commalleaverunt.

Plin. *Nat. Hist.* xviii. 6. 35 Verumque confitentibus latifundia perdidere Italiam. [For the expression lati fundi see Siculus Flaccus (Thulin, *Corpus Agrimensorum Rom.* i), pp. 121, 125.]

Descent and education of Ti. Gracchus

Vellei. ii. 2 Quippe Tiberius Gracchus, Tiberii Gracchi clarissimi atque eminentissimi viri filius, P. Africani ex filia nepos, . . . in praeruptum atque anceps periculum adduxit rem publicam.

Plut. *Ti. Gracch.* 1 οὗτοι (Τιβέριος καὶ Γάϊος) Τιβερίου Γράγχου παῖδες ἦσαν, ᾧ τιμητῇ τε ῾Ρωμαίων γενομένῳ καὶ δὶς ὑπατεύσαντι καὶ θριάμβους δύο καταγαγόντι λαμπρότερον ἦν τὸ ἀπὸ τῆς ἀρετῆς ἀξίωμα. διὸ καὶ τὴν Σκιπίωνος τοῦ καταπολεμήσαντος Ἀννίβαν θυγατέρα Κορνηλίαν οὐκ ὢν φίλος, ἀλλὰ καὶ διάφορος τῷ ἀνδρὶ γεγονώς, λαβεῖν ἠξιώθη μετὰ τὴν ἐκείνου τελευτήν.... Κορνηλία δὲ ... (δύο υἱοὺς) οὕτω φιλοτίμως ἐξέθρεψεν, ὥστε πάντων εὐφυεστάτους ῾Ρωμαίων ὁμολογουμένως γεγονότας πεπαιδεῦσθαι δοκεῖν βέλτιον ἢ πεφυκέναι πρὸς ἀρετήν.

Ib. 4 ὁ . . . νεώτερος Τιβέριος στρατευόμενος ἐν Λιβύῃ μετὰ τοῦ δευτέρου Σκιπίωνος, ἔχοντος αὐτοῦ τὴν ἀδελφήν, ὁμοῦ συνδιαιτώμενος ὑπὸ σκηνὴν τῷ στρατηγῷ.

Ib. 9 (quoted p. 3, below).

Ib. 21 (quoted p. 14, below).

Cic. *Brut.* 27. 104 Fuit Gracchus diligentia Corneliae matris a puero doctus et Graecis litteris eruditus. Nam semper habuit exquisitos a Graecia magistros, in eis iam adulescens Diophanem Mytilenaeum Graeciae temporibus illis disertissimum.

Id. *ib.* 58. 211 Legimus epistulas Corneliae matris Gracchorum: apparet filios non tam in gremio educatos quam in sermone matris [cf. Quintil. *Inst. Or.* i. 1. 6].

Plut. *Ti. Gracch.* 8 ὁ Τιβέριος δὲ δήμαρχος ἀποδειχθεὶς εὐθὺς ἐπ᾽ αὐτὴν ὥρμησε τὴν πρᾶξιν, ὡς μὲν οἱ πλεῖστοι λέγουσι, Διοφάνους τοῦ ῥήτορος καὶ Βλοσσίου τοῦ φιλοσόφου παρορμησάντων αὐτόν, ὧν ὁ μὲν Διοφάνης φυγὰς ἦν Μιτυληναῖος, ὁ δ' αὐτόθεν ἐξ Ἰταλίας Κυμαῖος.

Motives which urged Ti. Gracchus to frame an agrarian law

Plut. *Ti. Gracch.* 8 τὴν δὲ πλείστην αὐτὸς ὁ δῆμος ὁρμὴν καὶ φιλοτιμίαν ἐξῆψε, προκαλούμενος διὰ γραμμάτων αὐτὸν ἐν στοαῖς καὶ τοίχοις καὶ μνήμασι καταγραφομένων ἀναλαβεῖν τοῖς πένησι τὴν δημοσίαν χώραν.

Cic. *Brut.* 27. 103 (Ti. Gracchus) propter turbulentissimum tribunatum, ad quem ex invidia foederis Numantini bonis iratus accesserat, ab ipsa re publica est interfectus.

Id. *de Har. Resp.* 20. 43 Ti. Graccho invidia Numantini foederis, cui feriendo, quaestor C. Mancini consulis cum esset, interfuerat, et in eo foedere improbando senatus severitas dolori et timori fuit, eaque res illum fortem et clarum virum a gravitate patrum desciscere coegit [cf. Vellei. ii. 2; Quintil. *Inst. Or.* vii. 4. 13; Dio Cass. fr. 83. 2–3 (Boiss.); Oros. v. 8. 3; Florus ii. 2 (iii. 14); Digest xlix. 15. 4, l. 7. 18].

Plut. *Ti. Gracch.* 8 ὁ δ' ἀδελφὸς αὐτοῦ Γάιος ἔν τινι βιβλίῳ γέγραφεν εἰς Νομαντίαν πορευόμενον διὰ τῆς Τυρρηνίας τὸν Τιβέριον, καὶ τὴν ἐρημίαν τῆς χώρας ὁρῶντα καὶ τοὺς γεωργοῦντας ἢ νέμοντας οἰκέτας ἐπεισάκτους καὶ βαρβάρους, τότε πρῶτον ἐπὶ νοῦν βαλέσθαι τὴν μυρίων κακῶν ἄρξασαν αὐτοῖς πολιτείαν.

Discussion and advice preceding the legislation; speeches of Ti. Gracchus

Plut. *Ti. Gracch.* 9 οὐ μὴν ἐφ' αὑτοῦ γε συνέθηκε τὸν νόμον, τοῖς δὲ πρωτεύουσιν ἀρετῇ καὶ δόξῃ τῶν πολιτῶν συμβούλοις χρησάμενος, ὧν καὶ Κράσσος ἦν ὁ ἀρχιερεὺς καὶ Μούκιος Σκαιβόλας ὁ νομοδείκτης ὑπατεύων τότε καὶ Κλαύδιος Ἄππιος ὁ κηδεστὴς τοῦ Τιβερίου.

Cic. *Acad. Prior.* ii. 5. 13 Duos . . . sapientissimos et clarissimos fratres, P. Crassum et P. Scaevolam, aiunt Ti. Graccho auctores legum fuisse, alterum quidem, ut videmus, palam; alterum, ut suspicantur, obscurius.

App. *Bell. Civ.* i. 9 Τιβέριος Σεμπρώνιος Γράκχος . . . δημαρχῶν ἐσεμνολόγησε περὶ τοῦ Ἰταλικοῦ γένους ὡς εὐπολεμωτάτου τε καὶ συγγενοῦς, φθειρομένου δὲ κατ' ὀλίγον ἐς ἀπορίαν καὶ ὀλιγανδρίαν,

καὶ οὐδὲ ἐλπίδα ἔχοντος ἐς διόρθωσιν. ἐπὶ δὲ τῷ δουλικῷ δυσχεράνας ὡς ἀστρατεύτῳ καὶ οὔποτε ἐς δεσπότας πιστῷ, τὸ ἔναγχος
ἐπήνεγκεν ἐν Σικελίᾳ δεσποτῶν πάθος ὑπὸ θεραπόντων γενόμενον,
ηὐξημένων κἀκείνων ἀπὸ γεωργίας, καὶ τὸν ἐπ' αὐτοὺς Ῥωμαίων
πόλεμον οὐ ῥᾴδιον οὐδὲ βραχύν, ἀλλ' ἔς τε μῆκος χρόνου καὶ
τροπὰς κινδύνων ποικίλας ἐκτραπέντα.

Gracchus' bill the renewal of an older law; legality of resuming 'ager publicus'

App. Bell. Civ. i. 9 ἀνεκαίνιζε τὸν νόμον μηδένα τῶν πεντακοσίων
πλέθρων πλέον ἔχειν. παισὶ δ' αὐτῶν ὑπὲρ τὸν παλαιὸν νόμον προσετίθει τὰ ἡμίσεα τούτων [cf. Plut. Ti. Gracch. 8 (p. 1)].

Liv. xxxv. 10. 11 (193 B.C.) Aedilitas insignis eo anno fuit M.
Aemilii Lepidi et L. Aemilii Pauli. Multos pecuarios damnarunt.

Cato fr. 167 (O.R.F.² (Malcovati) p. 65, from speech of 167 B.C.)
Ecqua tandem lex est tam acerba, quae dicat, si quis illud facere
voluerit, mille minus dimidium familiae multa esto; si quis plus
quingenta iugera habere voluerit, tanta poena esto; si quis maiorem pecuum numerum habere voluerit, tantum damnas esto?
Atque nos omnia plura habere volumus, et id nobis impune est.

Varro R.R. i. 2. 9 Stolonis illa lex, quae vetat plus D iugera
habere civem R.

[Victor] de Vir. Ill. 20 (Licinius Stolo) lege cavit, ne cui
plus quingenta iugera agri habere liceret.

[Cf. Liv. vi. 35; Vellei. ii. 6; Plut. Cam. 39; Gell. vi. 3. 40;
Val. Max. viii. 6. 3.]

Cic. de Leg. Agr. iii. 3. 11 Hoc tribunus plebis promulgare
ausus est ut, quod quisque post Marium et Carbonem consules
possideret, id eo iure teneret, quo quod optimo privatum est?
Etiamne si vi deiecit? Etiamne si clam, si precario venit in
possessionem? Ergo hac lege ius civile, causae possessionum,
praetorum interdicta tollentur.

Agennius Urbicus, p. 42 (Thul.) Nisi quod iuris periti aliter
interpraetantur, et negant illud solum, quod solum populi
Romani coepit esse, ullo modo usu capi a quoquam mortalium
posse. Et est verissimum.

Scope of the Sempronian law

Liv. Ep. lviii. Ne quis ex publico agro plus quam mille
iugera possideret [cf. [Victor] de Vir. Ill. 64].

App. *Bell. Civ.* i. 9 (p. 4) ; i. 11 ἐκέλευε τοὺς πλουσίους . . .
μή, ἐν ᾧ περὶ μικρῶν διαφέρονται, τῶν πλεόνων ὑπεριδεῖν, μισθὸν
ἅμα τῆς πεπονημένης ἐξεργασίας αὐτάρκη φερομένους τὴν ἐξαίρετον
ἄνευ τιμῆς κτῆσιν ἐς ἀεὶ βέβαιον ἑκάστῳ πεντακοσίων πλέθρων, καὶ
παισίν, οἷς εἰσὶ παῖδες, ἑκάστῳ καὶ τούτων τὰ ἡμίσεα.
Plut. *Ti. Gracch.* 9 οὓς γὰρ ἔδει δίκην τῆς ἀπειθείας δοῦναι
καὶ μετὰ ζημίας παρὰ τοὺς νόμους ἐκαρποῦντο χώραν ἀφεῖναι,
τούτους ἐκέλευσε τιμὴν προσλαμβάνοντας ἐκβαίνειν ὧν ἀδίκως
ἐκέκτηντο.

Cic. *ad Att.* i. 19. 4 (60 B.C.) Agraria lex a Flavio tribuno
pl. vehementer agitabatur. . . . Ex hac ego lege . . . omnia illa
tollebam, quae ad privatorum incommodum pertinebant, libe-
rabam agrum eum, qui P. Mucio L. Calpurnio consulibus
publicus fuisset.

Cic. *de Leg. Agr.* ii. 5. 10 Venit . . . mihi in mentem duos
. . . amantissimos plebei Romanae viros, Tiberium et Gaium
Gracchos, plebem in agris publicis constituisse, qui agri a
privatis antea possidebantur [cf. *pro Sestio* 48. 103].

Lex Agraria (*C.I.L.* I². 2. n. 585, Bruns⁷ i. 3. 11) l. 6 [Quei ager
publicus populi Romanei in terra Italia P. Muucio L. Calpurnio
cos. fuit, extra eum agrum, quei ager ex] lege plebive scito,
quod C. Sempronius Ti. f. tr. pl. rog(avit), exceptum cavitumve
est nei divideretur. . . .

Cic. *de Leg. Agr.* ii. 29. 81 Nec duo Gracchi qui de plebis
Romanae commodis plurimum cogitaverunt, nec L. Sulla . . .
agrum Campanum attingere ausus est [cf. i. 7. 21].

App. *Bell. Civ.* i. 9 (p. 3) ἐσεμνολόγησε περὶ τοῦ Ἰταλικοῦ
γένους.

Ib. i. 11 Γράκχῳ δ᾽ ὁ μὲν νοῦς τοῦ βουλεύματος ἦν οὐκ ἐς εὐπο-
ρίαν ἀλλ᾽ ἐς εὐανδρίαν, τοῦ δὲ ἔργου τῇ ὠφελείᾳ μάλιστα αἰωρού-
μενος, ὡς οὔ τι μεῖζον οὐδὲ λαμπρότερον δυναμένης ποτὲ παθεῖν τῆς
Ἰταλίας, τοῦ περὶ αὐτὸ δυσχεροῦς οὐδ᾽ ἐνεθυμεῖτο.

Ib. i. 13 Γράκχος δὲ μεγαλαυχούμενος ἐπὶ τῷ νόμῳ, ὑπὸ τοῦ
πλήθους, οἷα δὴ κτίστης οὐ μιᾶς πόλεως οὐδ᾽ ἑνὸς γένους ἀλλὰ
πάντων ὅσα ἐν Ἰταλίᾳ ἔθνη, ἐς τὴν οἰκίαν παρεπέμπετο.

Provisions for distribution of the reclaimed land;
possible size of the allotments

Lex Agraria (*C.I.L.* I². 2. n. 585, Bruns⁷ i. 3. 11) l. 14 [Sei quis]
. . . agri iugra non amplius xxx possidebit habebitve. . . .

App. *Bell. Civ.* i. 9 . . . καὶ τὴν λοιπὴν τρεῖς αἱρετοὺς ἄνδρας, ἐναλλασσομένους κατ᾽ ἔτος, διανέμειν τοῖς πένησι. (10) τοῦτο δ᾽ ἦν ὃ μάλιστα ἠνώχλει τοὺς πλουσίους, οὐ δυναμένους ἔτι, ὡς πρότερον, τοῦ νόμου καταφρονεῖν, διὰ τοὺς διαιροῦντας, οὐδὲ ὠνεῖσθαι παρὰ τῶν κληρουμένων· ὁ γάρ τοι Γράκχος καὶ τόδε προϊδόμενος ἀπηγόρευε μὴ πωλεῖν.

Proposal to appoint commissioners; their functions and titles

Cic. *de Leg. Agr.* ii. 12. 31 Iubet (Rullus) auspicia coloniarum deducendarum causa xviros habere pullarios*que*, 'eodem iure' inquit, 'quo habuerunt III viri lege Sempronia.' Audes etiam, Rulle, mentionem facere legis Semproniae, nec te ea lex ipsa commonet III viros illos xxxv tribuum suffragio creatos esse? Et cum tu a Ti. Gracchi aequitate ac pudore longissime remotus sis, id quod dissimillima ratione factum sit eodem iure putas esse oportere?

Liv. *Ep.* lviii. Promulgavit et aliam legem agrariam, qua sibi latius agrum patefaceret, ut iidem triumviri iudicarent, qua publicus ager, qua privatus esset. [cf. App. *Bell. Civ.* i. 18 πλῆθος . . . δικῶν χαλεπῶν κτλ.]

Lex Latina Tabulae Bantinae (*C.I.L.* I². 2. n. 582, Bruns⁷ i. 3. 9) l. 15 III vir. a. d. a. [cf. *Lex Repetundarum* (*C.I.L.* I². 2. n. 583, Bruns⁷ i. 3. 10) l. 16].

III vir a. i. a. (*C.I.L.* I². 2. nn. 639, 640, 643, 644 (*I.L.S.* 24, 25)); III vir a. d. a. i. (*C.I.L. ib.* n. 719 (*I.L.S.* 26); see p. 14).

Opposition to the law; counter-measures of Tiberius; fruitless reference to the Senate; deposition of Octavius; passing of the law and creation of the land-commission

App. *Bell. Civ.* i. 10, 12.

Plut. *Ti. Gracch.* 10–13 (10) πολλῶν δὲ καὶ δυνατῶν δεομένων καὶ λιπαρούντων ὥσπερ ἐκβιασθεὶς ('Οκτάβιος) ἀντικαθίστατο τῷ Τιβερίῳ καὶ διεκρούετο τὸν νόμον . . . πρὸς τοῦτο παροξυνθεὶς ὁ Τιβέριος· τὸν μὲν φιλάνθρωπον ἐπανείλετο νόμον, τὸν δ᾽ ἡδίω τε τοῖς πολλοῖς καὶ σφοδρότερον ἐπὶ τοὺς ἀδικοῦντας εἰσέφερεν ἤδη, κελεύων ἐξίστασθαι τῆς χώρας ἣν ἐκέκτηντο παρὰ τοὺς προτέρους νόμους . . . οὐκ ἀνασχομένου δὲ τοῦ Ὀκταβίου, διαγράμματι τὰς ἄλλας ἀρχὰς ἁπάσας ἐκώλυσε χρηματίζειν, ἄχρι ἂν ἡ περὶ τοῦ

νόμου διενεχθῇ ψῆφος· τῷ δὲ τοῦ Κρόνου ναῷ σφραγῖδας ἰδίας
ἐπέβαλεν, ὅπως οἱ ταμίαι μηδὲν ἐξ αὐτοῦ λαμβάνοιεν μηδ' εἰσφέ-
ροιεν, καὶ τοῖς ἀπειθήσασι τῶν στρατηγῶν ζημίαν ἐπεκήρυξεν, ὥστε
πάντας ὑποδείσαντας ἀφεῖναι τὴν ἑκάστῳ προσήκουσαν οἰκονομίαν
. . . (11) Μάλλιος καὶ Φούλβιος, ἄνδρες ὑπατικοὶ . . . ἐπιτρέψαι
. . . τῇ βουλῇ κελεύοντες καὶ δεόμενοι συνέπεισαν. ὡς δ' οὐδὲν
ἐπέραινεν ἡ βουλὴ συνελθοῦσα διὰ τοὺς πλουσίους ἰσχύοντας ἐν
αὐτῇ, τρέπεται πρὸς ἔργον οὐ νόμιμον οὐδὲ ἐπιεικές, ἀφελέσθαι τῆς
ἀρχῆς τὸν Ὀκτάβιον, ἀμηχανῶν ἄλλως ἐπαγαγεῖν τῷ νόμῳ τὴν
ψῆφον . . . (13) ἐκ τούτου κυροῦται μὲν ὁ περὶ τῆς χώρας νόμος,
αἱροῦνται δὲ τρεῖς ἄνδρες ἐπὶ τὴν διάκρισιν καὶ διανομήν, αὐτὸς
Τιβέριος καὶ Κλαύδιος Ἄππιος ὁ πενθερὸς καὶ Γάϊος Γράγχος ὁ
ἀδελφός, οὐ παρὼν οὗτος, ἀλλὰ ὑπὸ Σκιπίωνι πρὸς Νομαντίαν
στρατευόμενος [cf. Liv. Ep. lviii; Dio Cass. fr. 83. 4–6; Diod.
xxxiv. 7; Vellei. ii. 2; Ascon. in Cornelian. p. 72 C; Florus ii. 1
& 2 (iii. 13 & 14)].

Diodor. xxxiv. 6 συνέρρεον εἰς τὴν Ῥώμην οἱ ὄχλοι ἀπὸ τῆς
χώρας ὡσπερεὶ ποταμοί τινες εἰς τὴν . . . θάλατταν.

Oros. v. 8. 3 Octavio tribuno plebi obsistenti ademit imperium et successorem Minucium dedit. [Appian gives the new
tribune's name as Mummius, Plutarch as Mucius.]

Cic. pro Mil. 27. 72 Collegae magistratum per seditionem
abrogavit.

Id. Brut. 25. 95 Iniuria accepta fregit Ti. Gracchum patientia
civis in rebus optimis constantissimus M. Octavius.

Id. de Leg. iii. 10. 24 Ipsum Ti. Gracchum non solum neg-
lectus sed etiam sublatus intercessor evertit; quid enim illum
aliud perculit, nisi quod potestatem intercedenti collegae abrogavit?

Plut. Ti. Gracch. 13 (obstruction by Nasica) πλείστην γὰρ
ἐκέκτητο γῆν δημοσίαν.

Proposal to distribute the legacy of Attalus (cf. p. 11)

Plut. Ti. Gracch. 14 Ἐπεὶ δὲ τοῦ Φιλομήτορος Ἀττάλου τελευτήσαντος Εὔδημος ὁ Περγαμηνὸς ἀνήνεγκε διαθήκην ἐν ᾗ κληρονόμος
ἐγέγραπτο τοῦ βασιλέως ὁ Ῥωμαίων δῆμος εὐθὺς ὁ Τιβέριος
δημαγωγῶν εἰσήνεγκε νόμον, ὅπως τὰ βασιλικὰ χρήματα κομι-
σθέντα τοῖς τὴν χώραν διαλαγχάνουσι τῶν πολιτῶν ὑπάρχοι, πρὸς
κατασκευὴν καὶ γεωργίας ἀφορμήν. περὶ δὲ τῶν πόλεων, ὅσαι τῆς·
Ἀττάλου βασιλείας ἦσαν, οὐδὲν ἔφη τῇ συγκλήτῳ βουλεύεσθαι προσ-
ήκειν, ἀλλὰ τῷ δήμῳ γνώμην αὐτὸς προθήσειν.

Liv. *Ep.* lviii. Deinde, cum minus agri esset quam quod dividi posset sine offensa etiam plebis, quoniam eos ad cupiditatem amplum modum sperandi incitaverat, legem se promulgaturum ostendit, ut his, qui Sempronia lege agrum accipere deberent, pecunia quae regis Attali fuisset divideretur.

[Victor] *de Vir. Ill.* 64 Tulit ut de ea pecunia quae ex Attali hereditate erat ageretur et populo divideretur [cf. Oros. v. 8. 4].

Other proposals attributed to Ti. Gracchus

Plut. *Ti. Gracch.* 16 αὖθις ἄλλοις νόμοις ἀνελάμβανε τὸ πλῆθος, τοῦ τε χρόνου τῶν στρατειῶν ἀφαιρῶν, καὶ διδοὺς ἐπικαλεῖσθαι τὸν δῆμον ἀπὸ τῶν δικαστῶν, καὶ τοῖς κρίνουσι τότε συγκλητικοῖς οὖσι [τριακοσίοις] καταμιγνὺς ἐκ τῶν ἱππέων τὸν ἴσον ἀριθμόν.

Dio Cass. fr. 83. 7 (Boiss.) τὰ δικαστήρια ἀπὸ τῆς βουλῆς ἐπὶ τοὺς ἱππέας μετῆγε [cf. Plin. *Nat. Hist.* xxxiii. 2. 34 (p. 35)].

Vellei. ii. 2 (Tiberius Gracchus) pollicitus toti Italiae civitatem. [But cf. Cic. *de Rep.* iii. 29. 41 [*lacuna*] Asia Ti. Gracchus, perseveravit in civibus, sociorum nominisque Latini iura neclexit ac foedera; *ib.* i. 19. 31 concitatis sociis et nomine Latino, foederibus violatis. (See p. 20).]

Danger of Gracchus; his attempt at re-election and his death

Plut. *Ti. Gracch.* 16–19; App. *Bell. Civ.* i. 14–16.

Asellio fr. 7 (Peter) ap. Gell. ii. 13. 5 Orare coepit, id quidem ut se defenderent liberosque suos, eumque, quem virile secus tum in eo tempore habebat, produci iussit populoque commendavit prope flens.

Liv. *Ep.* lviii. Cum iterum tribunus plebis creari vellet Gracchus, auctore P. Cornelio Nasica in Capitolio ab optimatibus occisus est, ictus primum fragmentis subselli, et inter alios, qui in eadem seditione occisi erant, insepultus in flumen proiectus.

Dio Cass. fr. 83. 8 ἐπεχείρησε καὶ ἐς τὸ ἐπιὸν ἔτος μετὰ τοῦ ἀδελφοῦ δημαρχῆσαι, καὶ τὸν πενθερὸν ὕπατον ἀποδεῖξαι.

Cic. *in Cat.* iv. 2. 4 Non Ti. Gracchus quod iterum tribunus plebis fieri voluit . . . in discrimen aliquod atque in vestrae severitatis iudicium adducitur [cf. App. *Bell. Civ.* i. 13].

Val. Max. iii. 2. 17 In aedem Fidei Publicae convocati patres conscripti a consule Mucio Scaevola quidnam in tali tempestate faciendum esset deliberabant, cunctisque censentibus ut consul armis rem publicam tueretur, Scaevola negavit se quicquam vi esse acturum. Tum Scipio Nasica 'quoniam,' inquit, 'consul dum iuris ordinem sequitur id agit ut cum omnibus legibus Romanum imperium corruat, egomet me privatus voluntati vestrae ducem offero . . . qui rem publicam salvam esse volunt me sequantur' [cf. Plut. *Ti. Gracch.* 19].

Vellei. ii. 3. 2 Tum optimates, senatus atque equestris ordinis pars melior et maior, et intacta perniciosis consiliis plebs inruere in Gracchum stantem in area cum catervis suis et concientem paene totius Italiae frequentiam.

[Cic.] *ad Herenn.* iv. 55. 68 Quod simul atque Graccus prospexit, fluctuare populum verentem ne ipse auctoritate (senatus) commotus sententia desisteret, iubet advocari contionem. Iste (Nasica) interea scelere et malis cogitationibus redundans evolat e templo Iovis: sudans, oculis ardentibus, erecto capillo, contorta toga, cum pluribus aliis irae celerius coepit. Illi praeco faciebat audientiam; hic subsellium quoddam excors calce premens dextera pedem defringit et hoc alios iubet idem facere. Cum Graccus deos inciperet precari, cursim isti impetum faciunt et ex aliis alii partibus convolant atque e populo unus, fuge, fuge, inquit, Tiberi. Non vides? Respice, inquam. Deinde vaga multitudo subito timore perterrita fugere coepit. At iste spumans ex ore scelus, anhelans ex infimo pectore crudelitatem, contorquet brachium et dubitanti Gracco quid esset, neque tamen locum, in quo constiterat, relinquenti, percutit tempus. Ille nulla voce delibans insitam virtutem concidit tacitus. Iste viri fortissimi miserando sanguine aspersus . . . circum inspectans et hilare sceleratam gratulantibus manum porrigens in templum Iovis contulit sese.

Plut. *Ti. Gracch.* 19 τῶν δ' ἄλλων ἀπέθανον ὑπὲρ τριακοσίους ξύλοις καὶ λίθοις συγκοπέντες, σιδήρῳ δ' οὐδείς.

Cic. *in Cat.* i. 1. 3 P. Scipio pontifex maximus Ti. Gracchum * mediocriter labefactantem statum rei publicae privatus interfecit . . . .

[Victor] *de Vir. Ill.* 64 (Gracchi) corpus Lucretii aedilis manu in Tiberim missum; unde ille Vespillo dictus. [Cf. Val. Max. i. 4. 2; v. 3. 2; Oros. v. 9; Florus ii. 2 (iii. 14); Obsequens, 27a (86).]

10 B.C. 133 · A.U.C. 621

Character and consequences of the fall of Gracchus

Vellei. ii. 3. 3 Hoc initium in urbe Roma civilis sanguinis gladiorumque impunitatis fuit. Inde ius vi obrutum potentiorque habitus prior, discordiaeque civium antea condicionibus sanari solitae ferro diiudicatae [cf. Plut. *Ti. Gracch.* 20; App. *Bell. Civ.* i. 17].

Cic. *de Rep.* i. 19. 31 Mors Tiberii Gracchi et iam ante tota illius ratio tribunatus divisit populum unum in duas partes.

EXTERNAL HISTORY

Capture of Numantia

Liv. *Ep.* lix. Numantini fame coacti ipsi se per vicem †tradentes† trucidaverunt, captam urbem Scipio Africanus delevit.

App. *Iber.* 98 ἐπιλεξάμενος δ' αὐτῶν πεντήκοντα ὁ Σκιπίων ἐς θρίαμβον, τοὺς λοιποὺς ἀπέδοτο, καὶ τὴν πόλιν κατέσκαψε . . . τότε δὲ τὴν γῆν τὴν Νομαντίνων τοῖς ἐγγὺς οἰκοῦσι διελών, καὶ ταῖς ἄλλαις πόλεσι χρηματίσας, καὶ εἴ τι ἦν ὕποπτον, ἐπιπλήξας τε καὶ ζημιώσας χρήμασιν, ἀπέπλευσεν ἐπ' οἴκου [cf. Vellei. ii. 4; Eutrop. iv. 17; Oros. v. 7; [Victor] *de Vir. Ill.* 58].

Despatch of Commissioners to Spain

App. *Iber.* 99 Ῥωμαῖοι δέ, ὡς ἔθος, ἐς τὰ προσειλημμένα τῆς Ἰβηρίας ἔπεμψαν ἀπὸ τῆς βουλῆς ἄνδρας δέκα τοὺς καταστησομένους αὐτὰ ἐς εἰρήνην, ὅσα Σκιπίων τε ἔλαβε καὶ Βροῦτος (cos. 138 B.C.) πρὸ τοῦ Σκιπίωνος ὑπηγάγετο ἢ ἐχειρώσατο.

Sicilian slave war

Oros. v. 9 In Sicilia . . . Piso consul Mamertium oppidum expugnavit, ubi octo milia fugitivorum interfecit, quos autem capere potuit, patibulo suffixit.

Siege of Henna by Piso

C.I.L. I². 2. 847 (*glandes* from nr. Henna) L. Piso. L. f.)(cos. [For Antiochus, King of the Slaves, see Appendix III. Coins B. 1.]

The kingdom of Attalus bequeathed to Rome

Liv. *Ep.* lviii. Heredem autem populum Romanum reliquerat Attalus, rex Pergami, Eumenis filius.

Ib. lix. Cum testamento Attali regis legata populo Romano ibera esse deberet (Asia) . . . .

Strabo xiii. 4. 2 βασιλεύσας δὲ οὗτος ἔτη πέντε καὶ κληθεὶς Φιλομήτωρ ἐτελεύτα νόσῳ τὸν βίον, κατέλιπε δὲ κληρονόμους Ῥωμαίους.

Sall. *Hist.* iv. 69M (*Epistula Mithridatis*) Eumenen, cuius amicitiam gloriose ostentant, initio prodidere (Romani) Antiocho, pacis mercedem; post habitum custodiae agri captivi sumptibus et contumeliis ex rege miserrimum servorum effecere, simulatoque impio testamento filium eius Aristonicum, quia patrium regnum petiverat, hostium more per triumphum duxere.

Plin. *Nat. Hist.* xxxiii. 11. 148 Asia primum devicta luxuriam misit in Italiam . . . at eadem Asia donata multo etiam gravius adflixit mores, inutiliorque victoria illa hereditas Attalo rege mortuo fuit. Tum enim haec emendi Romae in auctionibus regiis verecundia exempta est. [Cf. Vellei. ii. 4; Val. Max. v. 2, ext. 3; Plut. *Ti. Gracch.* 14 (quoted p. 7); Eutrop. iv. 18; Iustin. xxxvi. 4. 5; Florus ii. 3 (iii. 15); Oros. v. 8; App. *Mithr.* 62.]

Decree of the City of Pergamum (133 B.C.)

O.G.I.S. 338 (from Pergamum) Ἐπὶ ἱερέως Μενεστρά[του τ]οῦ Ἀπολλοδώρου, |μηνὸς Εὐμενείου ἐννε[ακαιδε]κάτηι· ἔδοξεν τῶι|δήμωι, γνώμη στρατηγ[ῶν· ἐπε]ὶ βασιλεὺς Ἄτταλος | Φιλομήτωρ καὶ Εὐεργέτη[ς μεθισ]τάμενος ἐξ ἀν||θρώπων ἀπολέλοιπεν τὴ[μ πατρί]δα ἡμῶν ἐλευθέραν, | προσορίσας αὐτῆι καὶ πολε[ιτικὴν] (v.l. πόλε[ις καὶ]: Foucart) χώραν ἣν ἔκριν[εν,] | δεῖ δὲ ἐπικυρωθῆναι τὴν διαθή[κην] ὑπὸ Ῥωμαίων, [ἀναγκαῖ] | όν τέ ἐστιν ἕνεκα τῆς κοινῆς ἀσ[φ]αλείας καὶ τ[ὰ ὑποτετα]||γμένα γένη μετέχειν τῆς πολιτε[ία]ς διὰ τὸ ἅπα[σαν εὔ] || νοιαμ προσενηνέχθαι πρὸς τὸν δῆμον·· ἀγαθῆ[ι τύχηι, δεδό] | χθαι τῶι δήμωι, δεδόσθαι πολιτείαν [τ]οῖς ὑπο[γεγραμμέ] | νοις· τοῖς ἀναφερομένοις ἐν ταῖς τῶ[ν] παρο[ίκων ἀπο]||γραφαῖς καὶ τῶν στρατιωτῶν τοῦ κα[το]ικοῦσιν [τὴμ πό] |λιγ καὶ τὴγ χώραν κτλ.... (20) || εἰς δὲ τοὺς παροίκους μετατεθῆναι τοὺς ἐκ [τῶν] | ἐξελευθέρων καὶ βασιλικοὺς τούς τε ἐνήλικα[ς] | καὶ τοὺς νεωτέρους, κατὰ τὰ αὐτὰ δὲ καὶ τὰς

γυναῖ | κας πλὴν τῶν ἠγορασμένων ἐπὶ τοῦ Φιλαδέλφου | καὶ Φιλομή-
τορος βασιλέων καὶ τῶν ἀνειλλημένω‹ν› || ἐκ τῶν οὐσιῶν τῶν γεγενη-
μένων βασιλικῶν, κατὰ τα[ὺ] | τὰ δὲ καὶ τοὺς δημοσίους. ὅσοι δ[ὲ]
τῶν κατοικούν | των ἢ ὅσαι ἐγλελοίπασιν ὑπὸ τὸν καιρὸν τῆς ‹τελευτῆς›
τοῦ βασιλέως | ἢ ἐγλίπωσιν τὴμ πόλιν ἢ τὴγ χώραν εἶναι αὐτοὺς
κα[ὶ] | αὐτὰς ἀτίμους τε καὶ τὰ ἑκατέρων ὑπάρχοντα τῆς | πόλεως. . . .

Confirmation of the will of Attalus (133 B.C.?)

O.G.I.S. 435 (Pergamum) . . . Συνκλ[ήτου δόγμα] | . [Γ]άϊος
Ποπίλλιος Γαΐου υἱὸς σ[τρατηγὸς τῆι συγκλή|τ]ωι συνεβουλεύσατο
πρὸ ἡμ[ερῶν . . . . . . || . . .]εμβρίων· περὶ ὧν λόγους ἐπ[οιήσαντο
περὶ τῶν ἐν Περγά|μ]ωι πραγμάτων, τίνες ἐντολ[αὶ ἔσονται τοῖς
εἰς | Ἀ]σίαν πορευομένοις στρατηγοῖς, ὅ[σα ἐν Ἀσίαι ἔ|ω]ς τῆς
Ἀττάλου τελευτῆς ὑπὸ τῶν [βασιλέων | δι]ωρθώθη ἐδωρήθη ἀφέθη
ἐζημιώ[θη πότερον ἦι || κύ]ρια, ὑπὲρ τούτου τῆς συγκλήτωι οὗτ[ως
ἔδοξε· περὶ | ὧν Γ]άϊος Ποπίλλιος Γαΐου υἱὸς στρατη[γὸς λόγους
ἐ|ποιή]σατο, περὶ τούτου τοῦ πράγματο[ς οὕτως ἔδοξε· | ὅπω]ς
ὅσα βασιλεὺς Ἄτταλος οἵ τε λο[ιποὶ βασι|λεῖς] διώρθωσαι ἐζημίωσαν
ἢ [ἀφῆκαν ἐδωρήσαν||το, ὅ]σα τούτων ἐγένετο πρὸ μιᾶς [ἡμέρας ἢ |
Ἀττ]αλον τελευτῆσαι, ὅπως ταῦτ[α κύρια ἦι στρατη|γο]ί τε οἱ εἰς
Ἀσίαν πορευόμεν[οι μηδὲν κινῶσι | μάτ]ην, ἀλλὰ ἐῶσι κύρια μένειν
[καθὼς ἡ σύγκλη]||τος ἐπέκριν[εν.] || [Γραμ]μάτων [Ποπ]λίου Σερουι-
[λίου . . . . | . .]ν τε . . . .

[For the date see Broughton, *M.R.R.* i. 496.]

Era of the province of Asia (backdated as from 24 Sept. 134 B.C.)

C.I.L. I². 2. pp. 761–2. Cistophori of 58/57 B.C. struck at
Ephesus with legend T · AMPI · T · F · PROCOS and dated ΟϹ
(= *anno* 76) and ΟΖ (= *a.* 77). See Kubitschek, *P-W* i. 637
s.v. Aera.

Revolt of Aristonicus (133–130 B.C.) (See p. 17, below)

See Appendix III. Coins. B. 2.
O.G.I.S. 338 (above).
Plut. *Flaminin.* 21 Ἀριστόνικος ὁ τοῦ κιθαρῳδοῦ διὰ τὴν Εὐμενοῦς
δόξαν ἐμπλήσας ἅπασαν ἀποστάσεων καὶ πολέμων τὴν Ἀσίαν . . . .

B.C. 132 · A.U.C. 622

Consuls, P. POPILLIUS LAENAS, P. RUPILIUS

INTERNAL HISTORY

*Special commission for the trial of the adherents
of Ti. Gracchus*

Sall. *Iug.* 31. 7 Occiso Ti. Graccho, quem regnum parare aiebant, in plebem Romanam quaestiones habitae sunt.

Vellei. ii. 7. 3 Crudeles . . . mox quaestiones in amicos clientesque Gracchorum habitae sunt.

Val. Max. iv. 7. 1 Cum senatus Rupilio et Laenati consulibus mandasset ut in eos, qui cum Graccho consenserant, more maiorum animadverterent . . . .

Cic. *de Amic.* 11. 37 C. Blossius Cumanus . . . cum ad me (Laelium) quod aderam Laenati et Rupilio consulibus in consilio deprecatum venisset, hanc ut sibi ignoscerem causam adferebat quod tanti Ti. Gracchum fecisset, ut quidquid ille vellet, sibi faciendum putaret. Tum ego, 'Etiamne si te in Capitolium faces ferre vellet?' 'Nunquam,' inquit, 'voluisset is quidem. Sed si voluisset paruissem.' Videtis, quam nefaria vox. . . . Itaque hac amentia, quaestione nova perterritus, in Asiam profugit, ad hostes se contulit, poenas rei publicae graves iustasque persolvit [cf. Val. Max. iv. 7. 1].

Plut. *Ti. Gracch.* 20 τῶν φίλων αὐτοῦ (Τιβερίου) τοὺς μὲν ἐξεκήρυττον ἀκρίτους, τοὺς δὲ συλλαμβάνοντες ἀπεκτίννυσαν· ἐν οἷς καὶ Διοφάνης ὁ ῥήτωρ ἀπώλετο. Γάϊον δέ τινα Βίλλιον εἰς ἀγγεῖον καθείρξαντες καὶ συνεμβαλόντες ἐχίδνας καὶ δράκοντας οὕτω διέφθειραν. ὁ δὲ Κυμαῖος Βλόσσιος ἀνήχθη μὲν ἐπὶ τοὺς ὑπάτους, ἐρωτώμενος δὲ περὶ τῶν γεγονότων ὡμολόγει πεποιηκέναι πάντα Τιβερίου κελεύοντος. εἰπόντος δὲ τοῦ Νασικᾶ πρὸς αὐτόν . . . κτλ.

Ib. οὗτος (sc. Blossius) μὲν οὖν διαφυγὼν ὕστερον ᾤχετο πρὸς Ἀριστόνικον εἰς Ἀσίαν καὶ τῶν ἐκείνου πραγμάτων διαφθαρέντων ἑαυτὸν ἀνεῖλεν.

The land-commission

Val. Max. vii. 2. 6 Par illa sapientia senatus. Ti. Gracchum tribunum pl. agrariam legem promulgare ausum morte multavit.

Idem ut secundum legem eius per triumviros ager populo viritim
divideretur egregie censuit.

Plut. *Ti. Gracch.* 21 ἡ δὲ βουλὴ θεραπεύουσα τὸν δῆμον ἐκ τῶν
παρόντων οὔτε πρὸς τὴν διανομὴν ἔτι τῆς χώρας ἠναντιοῦτο, καὶ
ἀντὶ τοῦ Τιβερίου προὔθηκε τοῖς πολλοῖς ὁριστὴν ἑλέσθαι. λαβόντες
δὲ τὰς ψήφους εἵλοντο Πόπλιον Κράσσον, οἰκεῖον ὄντα Γράγχῳ·
θυγάτηρ γὰρ αὐτοῦ Λικιννία Γαΐῳ Γράγχῳ συνῴκει [cf. App.
Bell. Civ. i. 18; Vellei. ii. 6. 4 (both ignore election of Crassus)].

C.I.L. I². 640 (*I.L.S.* 24) (from near Capua). C. *Sempronius*
Ti. F. Grac., Ap. Claudius C. F. Polc., P. Licinius P. F. Cras.
III vir. A.I.A. [cf. *ib.* n. 642 (from Lucania)].

[For the *termini Gracchani* see *C.I.L.* I². 2. pp. 511–12 and
Degrassi, *I.L.L.R.P.* i. pp. 269–75, nos. 467–75.]

Ib. n. 719 (= *I.L.S.* 26) [For the date, 75–74 or 82–81 B.C.?,
see Degrassi, *l.c.* p. 274.] (from near Fanum).

M. Terentius M. F. Varro Lucullus Pro Pr. terminos resti-
tuendos ex s. c. coeravit qua P. Licinius Ap. Claudius C.
Graccus III vir. A. D. A. I. statuerunt. [For *limites Graccani*,
which may refer to agrarian rather than colonial assignments,
see Gromatici (Lachmann) *Liber Coloniarum*, pp. 209, 210.]

Lex Agraria (*C.I.L.* I². 2. n. 585) l. 3. [quei ager publicus
populi Romanei in terra Italia P. Muucio L. Calpurnio cos.
fuit, extra eum agrum, quei ager ex lege plebeive sc(ito), quod
C. Sempronius Ti. f. tr. pl. rogavit exceptum cavitumve est nei
divideretur ... | .... quem agrum locum] quoieique de eo agro
loco lege plebeive sc(ito) IIIvir sortito ceivi Romano dedit
adsignavit ... [cf. l. 15].

Activities of P. Popillius Laenas (cos. 132 b.c.) and T. Annius

I.L.S. 23 (from near site of Forum Popilii in Lucania) [see
Degrassi, *I.L.L.R.P.* i. n. 454 and notes]. Viam fecei ab Regio ad
Capuam et in ea via ponteis omneis miliarios tabelariosque
poseivei ... (l. 9) Et eidem praetor in Sicilia fugiteivos Italicorum conquaesivei, redideique homines DCCCCXVII eidemque
primus fecei ut de agro poplico aratoribus cederent paastores.
Forum aedisque poplicas heic fecei.

C.I.L. I². 637 (Degrassi *l.c.* n. 453). (milestone from Adria)
P. Popillius C.f. cos LXXXI.

[? Cf. Degrassi, *l.c.* n. 454a (milestone from 5–6 miles North of Vibo Valentia) CCLX T. Annius T. f. Pr. (perhaps=pr. 131 B.C.)]

Triumph of Scipio

Cic. *Phil.* xi. 8. 18 Erat Africanus qui anno ante (*the year before Crassus obtained the command against Aristonicus*) de Numantinis triumpharat [cf. Liv. *Ep.* lix; Eutrop. iv. 19].

EXTERNAL HISTORY

End of the slave war in Sicily and reorganization of the province

Liv. *Ep.* lix. P. Rupilius consul in Sicilia cum fugitivis debellavit.

Oros. v. 9. 7 Cum Rutilius consul successisset, idem quoque Tauromenium et Hennam, firmissima fugitivorum refugia, bello recepit: amplius quam xx milia tunc servorum trucidata referuntur [cf. Val. Max. ix. 12. Ext. 1; vi. 9. 8].

Diod. xxxiv. 2. 22 and 23 (22) ὁ δὲ τερατίας Εὔνους καὶ βασιλεὺς καταφυγὼν διὰ δειλίαν ἔν τισι κοιλάσιν ἐξειλκύσθη ἅμα τεττάρων . . . (23) καὶ παραδοθεὶς εἰς φυλακὴν . . . κατέστρεψε τὸν βίον ἐν τῇ Μοργαντίνῃ. ἐντεῦθεν ῾Ρουπίλιος ἐπιτρέχων ὅλην τὴν Σικελίαν ἅμα λογάσιν ὀλίγοις θᾶττον ἤπερ τις ἤλπισε παντὸς αὐτὴν ἠλευθέρωσε λῃστηρίου.

Cic. *in Verr.* ii. 13. 32 Ut de eo praetor iudices ex P. Rupili decreto, quod is de decem legatorum sententia statuit, quam illi legem Rupiliam vocant, sortiatur (cf. 15. 37; 16. 39; 24. 59).

Scipio Nasica sent to Asia

Val. Max. v. 3. 2e Is quoque (Scipio Nasica) propter ini- * quissimam virtutum suarum apud cives aestimationem sub titulo legationis Pergamum secessit et quod vitae superfuit ibi sine ullo ingratae patriae desiderio peregit.

Plut. *Ti. Gracch.* 21 οὕτω μὲν ὑπεξῆλθε τῆς Ἰταλίας ὁ Νασικᾶς, καίπερ ἐνδεδεμένος ταῖς μεγίσταις ἱερουργίαις· ἦν γὰρ ὁ μέγιστος καὶ πρῶτος τῶν ἱερέων.

Monument of Scipio Nasica (d. *c.* 132 B.C.)

I.L.S. 8886 (Degrassi, *I.L.L.R.P.* i. n. 333) (from Pergamum) [P. Cornelius P. f. Scipio] Nasica l[egatus, pontifex maximus]. [Πόπλιος Κορνήλιος] Ποπλίου Νασικᾶς πρεσβευτής, ἀρ[χιερεὺς μέγιστος]. (*Cf.* Cicero, *pro Flacco* 31. 75.)

B.C. 131 · A.U.C. 623

Consuls, P. LICINIUS CRASSUS MUCIANUS, L. VALERIUS FLACCUS

INTERNAL HISTORY

Lex Papiria tabellaria (of C. Papirius Carbo
tr. pl. 131 *or* 130; see Broughton, *M. R. R.* i. *s.a.* 130)

Cic. *de Leg.* iii. 16. 35 Carbonis est tertia (lex tabellaria) de iubendis legibus ac vetandis.

Proposal of Carbo to make immediate re-election to the tribunate possible

Liv. *Ep.* lix. Cum Carbo tribunus plebis rogationem tulisset, ut eundem tribunum pleb., quotiens vellet, creare liceret, rogationem eius P. Africanus gravissima oratione dissuasit . . . ⟨C.⟩ Gracchus contra suasit rogationem, sed Scipio *tenuit*.

Cic. *de Amic.* 25. 95 Quibus blanditiis C. Papirius nuper influebat in aures contionis, cum ferret legem de tribunis plebis reficiendis! Dissuasimus nos (Laelius) sed nihil de me: de Scipione dicam libentius. Quanta illa, dii immortales! fuit gravitas! quanta in oratione maiestas! . . . Itaque lex popularis suffragiis populi repudiata est.

Id. *de Or.* ii. 40. 170 Ut olim Crassus adulescens: 'Non si Opimium defendisti, Carbo, idcirco te isti bonum civem putabunt: simulasse te et aliquid quaesisse perspicuum est, quod Ti. Gracchi mortem saepe in contionibus deplorasti, quod P. Africani necis socius fuisti, quod eam legem in tribunatu tulisti, quod semper a bonis dissedisti.'

Censors, Q. CAECILIUS METELLUS MACEDONICUS, Q. POMPEIUS

Two plebeian censors for the first time

Fasti Cap. Ambo primi de plebe.

Liv. *Ep.* lix. Q. Pompeius Q. Metellus, tunc primum uterque ex plebe facti censores, lustrum condiderunt.

The census; censorship of Metellus

Liv. *Ep.* lix. Censa sunt civium capita trecenta septemdecim milia, octingentaviginti tria, praeter ⟨pupillos⟩ pupillas et viduas. Q. Metellus censor censuit ut cogerentur omnes ducere uxores liberorum creandorum causa. Extat oratio eius quam Augustus Caesar, *cum* de maritandis ordinibus ageret, velut in haec tempora scriptam in senatu recitavit. C. Atinius Labeo tribunus plebis Q. Metellum censorem, a quo *in* senatu legendo praeteritus erat, de saxo deici iussit; quod ne fieret, ceteri tribuni plebis auxilio fuerunt [cf. Suet. *Aug.* 89; Plin. *Nat. Hist.* vii. 143].

Cic. *de Dom.* 47. 123 Atqui C. Atinius patrum memoria bona Q. Metelli, qui eum ex senatu censor eiecerat, avi tui, Q. Metelli, et tui, P. Servili, et proavi tui, P. Scipio, consecravit.... Quid tum? Num ille furor tribuni plebis . . . fraudi Metello fuit . . .? Certe non fuit.

Gellius i. 6 In ea oratione ita scriptum fuit; si sine uxore ⟨vivere⟩ possemus, Quirites, omni ea molestia careremus; set quoniam ita natura tradidit, ut nec cum illis satis commode, nec sine illis ullo modo vivi possit, saluti perpetuae potius quam brevi voluptati consulendum est.

EXTERNAL HISTORY

Revolt of Aristonicus (see p. 12)

Liv. *Ep.* lix. Aristonicus Eumenis regis filius Asiam occupavit.

Strabo xiv. 1. 38 (Leucae) ἀπέστησεν Ἀριστόνικος μετὰ τὴν Ἀττάλου τοῦ Φιλομήτορος τελευτήν, δοκῶν τοῦ γένους εἶναι τοῦ τῶν βασιλέων καὶ διανοούμενος εἰς ἑαυτὸν ποιεῖσθαι τὴν ἀρχήν.... εὐθὺς αἵ τε πόλεις ἔπεμψαν πλῆθος .... καὶ Νικομήδης ὁ Βιθυνὸς ἐπεκούρησε καὶ οἱ τῶν Καππαδόκων βασιλεῖς.

Iustin. xxxvi. 4. 6 Sed erat ex Eumene Aristonicus, non iusto matrimonio, sed ex paelice Ephesia, citharistae cuiusdam filia, genitus, qui post mortem Attali velut paternum regnum Asiam invasit.

Diod. xxxiv. 2. 26 τὸ παραπλήσιον δὲ (to the slave revolt in

Sicily) γέγονε καὶ κατὰ τὴν Ἀσίαν κατὰ τοὺς αὐτοὺς καιρούς, Ἀρι-
στονίκου μὲν ἀντιποιησαμένου τῆς μὴ προσηκούσης βασιλείας, τῶν
δὲ δούλων διὰ τὰς ἐκ τῶν δεσποτῶν κακουχίας συναπονοησαμένων
ἐκείνῳ καὶ μεγάλοις ἀτυχήμασι πολλὰς πόλεις περιβαλόντων [cf.
App. *Bell. Civ.* i. 17; *Mithr.* 62 and esp. Strabo *l.c.*, 'Helio-
politae'].

P. Licinius Crassus Mucianus sent against
Aristonicus

Gell. i. 13. 10 Is Crassus a Sempronio Asellione et plerisque
aliis historiae Romanae scriptoribus traditur habuisse quinque
rerum bonarum maxima et praecipua: quod esset ditissimus,
quod nobilissimus, quod eloquentissimus, quod iurisconsultis-
simus, quod pontifex maximus.

Strabo xiv. 1. 38 ἔπειτα πρέσβεις Ῥωμαίων πέντε ἧκον, καὶ
μετὰ ταῦτα στρατιὰ καὶ ὕπατος Πόπλιος Κράσσος.

Liv. *Ep.* lix. Adversus eum P. Licinius Crassus consul, cum
idem pontifex maximus *esset*, quod numquam antea factum
erat, extra Italiam profectus . . . .

Cic. *Phil.* xi. 8. 18 Cum Aristonico bellum gerendum fuit
P. Licinio L. Valerio consulibus. Rogatus est populus, quem
id bellum gerere placeret. Crassus consul, pontifex maximus,
Flacco collegae, flamini Martiali, multam dixit, si a sacris
discessisset; quam multam populus remisit, pontifici tamen
flaminem parere iussit. Sed ne tum quidem populus Romanus
ad privatum detulit bellum, quamquam erat Africanus qui
anno ante de Numantinis triumpharat; qui, cum longe omnis
belli gloria et virtute superaret, duas tamen tribus solas tulit.
Ita populus Romanus consuli potius Crasso quam privato Africano bellum gerendum dedit.

B.C. 130 · A.U.C. 624

Consuls, L. CORNELIUS LENTULUS, M. PERPERNA; APP. CLAUDIUS
PULCHER, *suffectus*

INTERNAL HISTORY

The agrarian commission

Liv. *Ep.* lix. Seditiones a triumviris Fulvio Flacco et C.
Graccho et C. Papirio Carbone agro dividendo creatis excitatae.

C.I.L. I². n. 643 (*I.L.S.* 25, Degrassi, *l.c.* n. 473) M. Folvius
M. F. *Fl*ac., C. Sempronius Ti. F. Grac., C. Paperius C. F.
Carbo III. vire. A. I. A. [cf. n. 644; see also App. *Bell. Civ.* i.
18; Vellei. ii. 6. 4 (inaccurate)].

EXTERNAL HISTORY

The war in Asia; defeat and death of Crassus

Iustin. xxxvi. 4. 7, 8 (7) Cum multa secunda proelia adversus
civitates, quae metu Romanorum tradere se eidem nolebant,
fecisset (Aristonicus) iustusque iam rex videretur, (8) Asia
Licinio Crasso consuli decernitur, qui intentior Attalicae praedae
quam bello, cum extremo anni tempore inordinata acie proelium
conseruisset, victus poenas inconsultae avaritiae sanguine dedit.

Florus i. 35 (ii. 20) Aristonicus . . . urbis regibus parere
consuetas partim facile sollicitat, paucas resistentes, Myndon,
Samon, Colophona, vi recepit, Crassi quoque praetoris cecidit
exercitum ipsumque cepit.

Strabo xiv. 1. 38 Κράσσος δὲ περὶ Λεύκας ἐπιθεμένων τινῶν
ἔπεσεν ἐν μάχῃ [cf. Gell. i. 13. 11].

Val. Max. iii. 2. 12 P. . . . Crassus cum Aristonico bellum in
Asia gerens, a Thracibus, quorum is magnum numerum in
praesidio habebat, inter Elaeam et Zmyrnam (*leg.* Myrinam)
exceptus, ne in dicionem eius perveniret, dedecus arcessita
ratione mortis effugit. Virgam enim, qua ad regendum equum
usus fuerat, in unius barbari oculum direxit. Qui vi doloris ac-
census latus Crassi sica confodit [cf. Oros. v. 10; Florus i. 35
(ii. 20)].

Eutrop. iv. 20 Adversus eum (Aristonicum) missus pontifex P.
Licinius Crassus infinita regum habuit auxilia. Nam et Bithyniae
rex Nicomedes Romanos iuvit et Mithridates Ponticus, cum quo
bellum postea gravissimum fuit, et Ariarathes Cappadox et
Pylaemenes Paphlagon. Victus est tamen Crassus in proelio
et interfectus. Caput ipsius Aristonico oblatum est, corpus
Smyrnae sepultum [cf. Liv. *Ep.* lix; Vellei. ii. 4].

Victory of Perperna

Liv. *Ep.* lix. M. Perperna consul victum Aristonicum in
deditionem accepit.

Strabo xiv. i. 38 μετὰ ταῦτα Μάρκος Περπέρνας (ἧκεν) ὃς καὶ κατέλυσε τὸν πόλεμον ζωγρίᾳ λαβὼν τὸν Ἀριστόνικον καὶ ἀναπέμψας εἰς Ῥώμην.

Iustin. xxxvi. 4. 9 In huius (Crassi) locum missus Perpenna consul prima congressione Aristonicum superatum in potestatem suam redegit Attalicasque gazas hereditarias populi Romani navibus impositas Romam deportavit [cf. Hiller von Gaetringen, *Inschr. v. Priene*, n. 108 ll. 223 ff.].

Eutrop. iv. 20 Postea Perperna, consul Romanus, qui successor Crasso veniebat, audita belli fortuna ad Asiam celeravit et acie victum Aristonicum apud Stratonicen civitatem (*sc.* Stratoniceia on the Caicus), quo confugerat, fame ad deditionem conpulit. Aristonicus iussu senatus Romae in carcere strangulatus est. Triumphari enim de eo non poterat, quia Perperna apud Pergamum Romam rediens diem obierat [cf. Florus i. 35 (ii. 20)].

[For coinage attributed to Aristonicus see Appendix III. Coins B. 2.]

B.C. 129 · A.U.C. 625

Consuls, c. sempronius tuditanus, m'. aquillius

INTERNAL HISTORY

The Political Situation in 129 b.c. Political Attitude of Scipio Aemilianus

Cic. *de Rep.* i. 19. 31 Mors Tiberii Gracchi et iam ante tota illius ratio tribunatus divisit populum unum in duas partis; obtrectatores autem et invidi Scipionis, initiis factis a P. Crasso et Appio Claudio, tenent nihilo minus illis mortuis senatus alteram partem dissidentem a vobis auctore Metello et P. Mucio neque hunc (sc. Scipionem), qui unus potest, concitatis sociis et nomine Latino, foederibus violatis, triumviris seditiosissimis aliquid cotidie novi molientibus, bonis viris locupletibus perturbatis, his tam periculosis rebus subvenire patiuntur.

Id. iii. 29. 41 [*lacuna*] Asia Ti. Gracchus, perseveravit in civibus, sociorum nominisque Latini iura neclexit ac foedera. Quae si consuetudo ac licentia manare coeperit latius, imperiumque

nostrum ad vim a iure traduxerit, ut, qui adhuc voluntate nobis
oboediunt, terrore teneantur, etsi nobis, qui id aetatis sumus,
evigilatum fere est, tamen de posteris nostris et de illa im-
mortalitate reipublicae sollicitor, quae poterat esse perpetua, si
patriis viveretur instituto et moribus [cf. vi. 12].

Vellei. ii. 4. 4 Hic, eum interrogante tribuno Carbone (131
B.C.?), quid de Ti. Gracchi caede sentiret, respondit, si is occu-
pandae rei publicae animum habuisset, iure caesum. Et cum
omnis contio adclamasset, hostium, inquit, armatorum totiens
clamore non territus, qui possum vestro moveri, quorum noverca
est Italia? [cf. O.R.F.² (Malc.) p. 133 (Macrob. iii. 14. 6).
Aemilianus in oratione contra legem iudiciariam Ti. Gracchi....]

Val. Max. vi. 2. 3 Orto deinde murmure 'non efficietis,' ait
'ut solutos verear quos alligatos adduxi' [cf. Cic. pro Mil. 3. 8;
Liv. Ep. lix; Plut. Ti. Gracch. 21; Mor. 201E; [Victor] de *
Vir. Ill. 58].

Scipio's intervention and its effects

App. Bell. Civ. i. 19 οἱ Ἰταλιῶται Κορνήλιον Σκιπίωνα . . .
ἠξίουν προστάτην σφῶν ἀδικουμένων γενέσθαι. ὃ δ᾽ ἐς τοὺς πολέμους αὐτοῖς κεχρημένος προθυμοτάτοις ὑπεριδεῖν τε ὤκνησε, καὶ
παρελθὼν ἐς τὸ βουλευτήριον τὸν μὲν Γράκχου νόμον οὐκ ἔψεγε διὰ
τὸν δῆμον σαφῶς, τὴν δὲ τοῦδε δυσχέρειαν ἐπεξιὼν ἠξίου τὰς δίκας
οὐκ ἐπὶ τῶν διαιρούντων ὡς ὑπόπτων τοῖς δικαζομένοις, ἀλλ᾽ ἐφ᾽
ἑτέρων λέγεσθαι. ᾧ δὴ καὶ μάλιστα ἔπεισεν, εἶναι δοκοῦντι δικαίῳ·
καὶ Τουδιτανὸς αὐτοῖς ὑπατεύων ἐδόθη δικάζειν, ἀλλ᾽ ὅδε μὲν ἁψά-
μενος τοῦ ἔργου καὶ τὴν δυσχέρειαν ἰδὼν ἐπ᾽ Ἰλλυριοὺς ἐστράτευε,
πρόφασιν τήνδε ποιούμενος τοῦ μὴ δικάζειν· οἱ δὲ τὴν γῆν διανέ-
μοντες, οὐκ ἀπαντῶντος ἐς αὐτοὺς οὐδενὸς ἐς δίκην, ἐπ᾽ ἀργίας ἦσαν.
καὶ μῖσος ἐντεῦθεν ἤρξατο ἐς τὸν Σκιπίωνα τοῦ δήμου . . . .

Schol. Bob. ad Cic. Mil. 3. 8. p. 118 (Stangl.) Hic (Scipio) . . .
cum Latinorum causam societatis iure contra C. Gracchum
triumvirum eiusque collegas perseveranter defensurus esset, ne
ager et ipsorum divideretur, repentina morte . . ·interceptus est.

Death of Scipio

Vellei. ii. 4. 5 (Scipio) M'. Aquilio C. Sempronio consulibus . . .
mane in lectulo repertus est mortuus, ita ut quaedam elisarum

faucium in cervice reperirentur notae. De tanti viri morte nulla habita est quaestio . . . . Seu fatalem, ut plures, seu conflatam insidiis, ut aliqui prodidere memoriae, mortem obiit, vitam certe dignissimam egit [cf. Cic. *pro Mil.* 7. 16; *de Am.* 3. 12; [Victor] *de Vir. Ill.* 58].

Liv. *Ep.* lix. (Triumviris a. d. a.) Cum Scipio Africanus adversaretur, fortisque ac validus pridie domum se recepisset, mortuus in cubiculo inventus est. Suspecta fuit, tanquam ei venenum dedisset, Sempronia uxor, hinc maxime, quod soror esset Gracchorum, cum quibus simultas Africano fuerat. De morte tamen eius nulla quaestio acta. Defuncto eo acrius seditiones triumvirales exarserunt.

App. *Bell. Civ.* i. 20 ὡς ἔνιοι δοκοῦσιν, ἑκὼν ἀπέθανε, συνιδὼν ὅτι οὐκ ἔσοιτο δυνατὸς κατασχεῖν ὧν ὑπόσχοιτο. εἰσὶ δ' οἳ βασανιζομένους φασὶ θεράποντας εἰπεῖν ὅτι αὐτὸν ξένοι δι' ὀπισθοδόμου νυκτὸς ἐπεσαχθέντες ἀποπνίξαιεν, καὶ οἱ πυθόμενοι ὀκνήσαιεν ἐξενεγκεῖν διὰ τὸν δῆμον ὀργιζόμενον ἔτι καὶ τῷ θανάτῳ συνηδόμενον.

Plut. *C. Gracch.* 10 καὶ ὅτε Σκιπίων ὁ Ἀφρικανὸς ἐξ οὐδενὸς αἰτίου προφανοῦς ἐτελεύτησε . . . τὸ μὲν πλεῖστον ἐπὶ τὸν Φούλβιον ἦλθε τῆς διαβολῆς, ἐχθρὸν ὄντα καὶ τὴν ἡμέραν ἐκείνην ἐπὶ τοῦ βήματος τῷ Σκιπίωνι λελοιδορημένον, ἥψατο δὲ καὶ τοῦ Γαΐου ὑπόνοια.

Cic. *de Amic.* 12. 41 (Ti. Gracchum) etiam post mortem secuti amici et propinqui quid in P. Scipione effecerint, sine lacrumis non queo dicere.

Id. *ad Fam.* ix. 21. 3 (C. Carbo) et tribunus plebis seditiosus et P. Africano vim attulisse existimatus est.

Id. *ad Q. fr.* ii. 3. 3 Pompeius . . . dixit aperte se munitiorem ad custodiendam vitam suam fore quam Africanus fuisset, quem C. Carbo interemisset [cf. *de Or.* ii. 40. 170, p. 51.]

Schol. Bob. p. 118 (Stangl.) P. Scipio Aemilianus... repentina morte domi suae interceptus est, non sine infamia et ipsius C. Gracchi et uxoris suae Semproniae . . . . Super eius laudibus extat oratio C. Laeli Sapientis qua usus videtur Q. Fabius Maximus in laudatione mortui Scipionis; in cuius extrema parte haec verba sunt: (*O.R.F.*² (Malcovati) p. 121) quiapropter neque tanta diis immortalibus gratia haberi potest, quanta habenda est, quod is cum illo animo atque ingenio hac e civitate potissimum natus est, neque tam moleste atque acre [mi] ferri quam ferendum [eum] est, cum †eo morborum temovit† et in eodem (*? leg.* cum eum morbus tum removit et in eo dem⟨um⟩):

E. Badian, *J.R.S.* 1956. 220) tempore periit, cum et vobis et omnibus, qui hanc rem publicam salvam volunt, maxime vivo opus est, Quirites.

Val. Max. iv. 1. 12 Acerrime cum Scipione Africano *Metellus* Macedonicus dissenserat . . . sed tamen, cum interemptum Scipionem conclamari audisset, in publicum se proripuit maestoque vultu et voce confusa 'concurrite, concurrite' inquit, 'cives! moenia nostrae urbis eversa sunt: Scipioni enim Africano intra suos penates quiescenti nefaria vis allata est' (cf. Oros. v. 10].

Aftermath of Scipio's death

Dio Cass. fr. 83. 2 ὑπεξαιρεθέντος δὲ τούτου πάντα αὖθις τὰ τῶν δυνατῶν ἠλαττώθη, ὥστε ἐπ' ἀδείας τοὺς γεωνόμους πᾶσαν ὡς εἰπεῖν τὴν Ἰταλίαν πορθῆσαι [cf. App. *Bell. Civ.* i. 21 (quoted p. 26); Liv. *Ep.* lix (p. 22, above)].

EXTERNAL HISTORY

End of the war in Asia; organization of the province

Iustin. xxxvi. 4. 10 Quod (Perperna's success, see p. 19) aegre ferens successor eius M'. Aquilius consul ad eripiendum Aristonicum Perpernae, veluti sui potius triumphi munus esse deberet, festinata velocitate contendit. Sed contentionem consulum mors Perpernae diremit [cf. p. 20].

Florus i. 35 (ii. 20) Aquilius Asiatici belli reliquias confecit, mixtis—nefas—veneno fontibus ad deditionem quarundam urbium. Quae res ut maturam ita infamem fecit victoriam. [For the military operations of Aquillius and his subordinates in Caria and Mysian Abbaïtis see the decree of Bargylia, M. Holleaux, *Études d'épigraphie et d'histoire grecques*, t. II, c. xii.]

Strabo xiv. 1. 38 Μάνιος δ' Ἀκύλλιος, ἐπελθὼν ὕπατος μετὰ δέκα πρεσβευτῶν, διέταξε τὴν ἐπαρχίαν εἰς τὸ νῦν ἔτι συμμένον τῆς πολιτείας σχῆμα.

C.I.L. I². 2. 646 (milestone from site of Tacina, on Pisidian border) [M'. Aquillius M'. f.] | cos. | CCXXIII | [Μάν]ιος Ἀκύλλιος Μανίου | [ὕ]πα[τ]ος Ῥω[μαίων] | ΣΚΓ. [Cf. *ib.* 647–51; *I.L.S.* 27, Degrassi, *l.c.* p. 256.]

S.C. de agro Pergameno (129 B.C.) (see Appendix II A).

Illyrian war, waged by C. Sempronius Tuditanus

Liv. *Ep.* lix. C. Sempronius consul adversus Iapydas primo
male rem gessit: mox victoria cladem acceptam emendavit
virtute D. Iuni Bruti, eius qui Lusitaniam subegerat [cf. App.
Illyr. 10; *Bell. Civ.* i. 19 (p. 21)].

Plin. *Nat. Hist.* iii. 19. 129 Tuditanus qui domuit Histros
in statua sua ibi inscripsit 'ab Aquileia ad Titium flumen
stadia M'.

Inscr. Ital. xiii. 3. n. 90, pp. 73 ff. (from near Aquileia)
(Degrassi, *I.L.L.R.P.* i. 335) . . . [ex itin]ere et Tauriscos
C[arnosque et Liburnos] | [ex montib]us coactos m[– – –] |
[diebus te]r quineis qua[ter ibei super]avit | [sueis] signeis
consi[lieis prorut]os Tuditanus. || [Ita Roma]e egit triumpu[m,
praedam] dedit Timavo; | [sacra pat]ria ei restitu[it et magi-
str]eis tulit. [Cf. E. Reisch, *J.O.A.I.* xi. 1908. 276 f., Dessau,
I.L.S. 8885 and Degrassi's notes *ad loc. cit.*].

Fasti triumph. (Degrassi, *Inscr. Ital.* xiii. 1.) C. Sem[p]ronius
C. f. C. n. Tuditan(us) a. DCXXIV co(n)s(ul) de Iapudibus k.
Oct.

B.C. 128 · A.U.C. 626

Consuls, CN. OCTAVIUS, T. ANNIUS RUFUS

B.C. 127 · A.U.C. 627

Consuls, L. CASSIUS LONGINUS, L. CORNELIUS CINNA

B.C. 126 · A.U.C. 628

Consuls, M. AEMILIUS LEPIDUS, L. AURELIUS ORESTES

INTERNAL HISTORY

Alien Act of M. Junius Pennus

Cic. *Brut.* 28. 109 Fuit . . . M. Lepido et L. Oreste consulibus quaestor Gracchus, tribunus Pennus . . . is omnia summa
sperans aedilicius est mortuus [see Broughton *M.R.R.* i. 509
n. 3].

Id. *de Off.* iii. 11. 47 Male etiam qui peregrinos urbibus uti
prohibent eosque exterminant, ut Pennus apud patres nostros,

Papius nuper. Nam esse pro cive qui civis non sit rectum est non licere; quam legem tulerunt sapientissimi consules Crassus et Scaevola (95 B.C.); usu vero urbis prohibere peregrinos sane inhumanum est (cf. Lucil. *fr.* 1088 M. Accipiunt leges, populus quibus legibus exlex).

Festus, p. 388L (*O.R.F.*² (Malc.) *fr.* 22) C. Gracchus in ea, quam conscripsit de lege Penni et peregrinis . . ., ait: 'eae nationes, cum aliis rebus, per avaritiam atque stultitiam res publicas suas amiserunt.'

Triumph of M'. Aquillius

Fasti triumph. M'. Aquillius M'. f. M'. n. pro co(n)s(ule) an. DCXXVII ex A[si]a iii idus Novembr.

M'. Aquillius accused of extortion and acquitted

[For the date (124 B.C.?) see Broughton *M.R.R.* i. 509 and 515 n. 3; Badian, *Foreign Clientelae* 183 n. 9 (cf. *O.R.F.*² 187, p. 29 below)].

Cic. *Div. in Caec.* 21. 69 P. Lentulus, is qui princeps senatus fuit, accusabat M'. Aquilium subscriptore C. Rutilio Rufo.

Ps. Ascon. *in loc.* (p. 204 St.) Hic M'. Aquilius de pecuniis repetundis accusatus est.

App. *Bell. Civ.* i. 22 (C. Gracchus reproached senators with the fact) ὅτι Αὐρήλιος Κόττας καὶ Σαλινάτωρ καὶ τρίτος ἐπὶ τούτοις Μάνιος Ἀκύλιος ὁ τὴν Ἀσίαν ἑλὼν σαφῶς δεδωροδοκηκότες ἀφεῖντο ὑπὸ τῶν δικασάντων, οἵ τε πρέσβεις οἱ κατ' αὐτῶν ἔτι παρόντες σὺν φθόνῳ ταῦτα περιιόντες ἐκεκράγεσαν.

Id. *Mithr.* 57 (Sulla to Mithridates) ὅ τε Μάνιος καὶ τὰ ἄλλα ἠλέγχθη παρ' ἡμῖν ἐπὶ χρήμασι πράξας, καὶ πάντα ἀνέλυσεν ἡ βουλή. ᾧ λόγῳ καὶ Φρυγίαν ἀδίκως σοι δοθεῖσαν οὐχ ἑαυτῇ συντελεῖν ἐπέταξεν ἐς τοὺς φόρους, ἀλλ' αὐτόνομον μεθῆκεν. [For this gift of Phrygia cf. Iustin. xxxvii. 1; xxxviii. 5; App. *Mithr.* 13; see p. 55, below.]

Quaestorship of C. Gracchus

Cic. *Brut.* 28. 109 (p. 24).

Id. *de Div.* i. 26. 56 C. vero Gracchus multis dixit, ut scriptum apud eundem Coelium est, sibi in somniis quaesturam petere dubitanti Ti. fratrem visum esse dicere, quam vellet cunctaretur, tamen eodem sibi leto quo ipse interisset esse pereundum. Hoc,

ante quam tribunus plebi C. Gracchus factus esset, et se audisse
scribit Coelius et dixisse eum multis [cf. Plut. *C. Gracch.* 1].

EXTERNAL HISTORY

Wars in Sardinia conducted by the consul L. Aurelius Orestes

Liv. *Ep.* lx. L. Aurelius consul *re*bellantes Sardos subegit.

C. Gracchus goes as quaestor to Orestes

Plut. *C. Gracch.* 1 συντυγχάνει δ᾽ ἀπὸ ταὐτομάτου λαχεῖν αὐτὸν
εἰς Σαρδὼ ταμίαν Ὀρέστῃ τῷ ὑπάτῳ· καὶ τοῦτο τοῖς μὲν ἐχθροῖς
καθ᾽ ἡδονὴν ἐγεγόνει, τὸν δὲ Γάϊον οὐκ ἐλύπησεν . . . τὴν πολιτείαν
καὶ τὸ βῆμα φρίττων, ἀντέχειν δὲ καλοῦντι τῷ δήμῳ καὶ τοῖς φίλοις
οὐ δυνάμενος, παντάπασι τὴν ἀποδημίαν ἐκείνην ἠγάπησε.

Relations with Micipsa

Plut. *l.c.* 2 καὶ πρῶτον μὲν ἐκ Λιβύης παρὰ Μικίψα τοῦ βασιλέως
πρέσβεις παραγενομένους καὶ λέγοντας ὡς ὁ βασιλεὺς χάριτι Γαΐου
Γράγχου πέμψειεν εἰς Σαρδόνα σῖτον τῷ στρατηγῷ, δυσχεραίνοντες
ἐξέβαλον.

Cult of M'. Aquillius at Pergamum

I.G.R.R. iv. 291 (from a decree of the city of Pergamum (*c.*
126 B.C.) ll. 37 ff. καθίστασθαι δὲ αὐτοῦ (*sc.* of Diodorus Pasparus,
benefactor of the city) καὶ ἱερέα ἐν ταῖς ἀρχαιρεσίαις, ὅταν | καὶ οἱ
ἄλ[λο]ι ἱερεῖς τῶν εὐεργετῶν, καὶ ἐπιγράφεσθαι ἐπὶ τῶν συγχρη-
ματιζομένων μετὰ | τὸν Μαν[ίο]υ ἱερέα, φυλασσομένης καὶ ταύτης
τῆς τιμῆς εἰς τὸν ἅπαντα χρόνον . . . .

B.C. 125 · A.U.C. 629

Consuls, M. PLAUTIUS HYPSAEUS, M. FULVIUS FLACCUS

INTERNAL HISTORY

Proposal of the consul M. Fulvius Flaccus, to extend the rights of the Italians

App. *Bell. Civ.* i. 21 τὴν δὲ διαίρεσιν τῆς γῆς οἱ κεκτημένοι
καὶ ὡς ἐπὶ προφάσεσι ποικίλαις διέφερον ἐπὶ πλεῖστον. καί τινες

ἐσηγοῦντο τοὺς συμμάχους ἅπαντας, οἳ δὴ περὶ τῆς γῆς μάλιστα
ἀντέλεγον, ἐς τὴν Ῥωμαίων πολιτείαν ἀναγράψαι, ὡς μείζονι χάριτι
περὶ τῆς γῆς οὐ διοισομένους. καὶ ἐδέχοντο ἄσμενοι τοῦθ᾽ οἱ
Ἰταλιῶται, προτιθέντες τῶν χωρίων τὴν πολιτείαν. συνέπρασσέ τε
αὐτοῖς ἐς τοῦτο μάλιστα πάντων Φούλουιος Φλάκκος, ὑπατεύων ἅμα
καὶ τὴν γῆν διανέμων. ἡ βουλὴ δ᾽ ἐχαλέπαινε, τοὺς ὑπηκόους σφῶν
ἰσοπολίτας εἰ ποιήσονται. καὶ τόδε μὲν τὸ ἐγχείρημα οὕτω διελύθη.

Ib. i. 34 Φούλουιος Φλάκκος ὑπατεύων μάλιστα δὴ πρῶτος ὅδε
ἐς τὸ φανερώτατον ἠρέθιζε τοὺς Ἰταλιώτας ἐπιθυμεῖν τῆς Ῥωμαίων
πολιτείας ὡς κοινωνοὺς τῆς ἡγεμονίας ἀντὶ ὑπηκόων ἐσομένους.
ἐσηγούμενος δὲ τὴν γνώμην καὶ ἐπιμένων αὐτῇ καρτερῶς, ὑπὸ τῆς
βουλῆς ἐπί τινα στρατείαν ἐξεπέμφθη διὰ τόδε.

Val. Max. ix. 5. 1 M. Fulvius Flaccus consul, . . . cum per-
niciosissimas rei publicae leges introduceret de civitate *Italiae*
danda et de provocatione ad populum eorum, qui civitatem
mutare noluissent (*cod. Bern.:* voluissent *dett.*), aegre compulsus
est ut in curiam veniret: deinde partim monenti, partim oranti
senatui ut incepto desisteret, responsum non dedit . . . Flaccus
in totius amplissimi ordinis contemnenda maiestate versatus est.

On *provocatio* see Appendix III. Coins A. 3.

Censors, CN. SERVILIUS CAEPIO, L. CASSIUS LONGINUS RAVILLA

The Census

Liv. *Ep.* lx. Censa sunt civium capita C̅C̅C̅X̅C̅I̅I̅I̅I̅ DCCXXXVI.

Vellei. ii. 10 Prosequamur nota severitatem censorum Cassi
Longini Caepionisque, qui abhinc annos †CLVII (CLIII Kritz)
Lepidum Aemilium augurem, quod sex milibus *HS.* aedes con-
duxisset, adesse iusserunt. At nunc si quis tanti habitet, vix ut
senator agnoscitur.

Val. Max. viii. 1. *Damn.* 7 Admodum severae notae et illud
populi iudicium, cum M. Aemilium Porcinam a L. Cassio accusatum crimine nimis sublime extructae villae in Alsiensi agro
gravi multa affecit.

EXTERNAL HISTORY

Revolt and destruction of Fregellae

Liv. *Ep.* lx. L. Opimius praetor Fregellanos, qui defecerant,
in deditionem accepit; Fregellas diruit [cf. Vellei. ii. 6; Obsequens 30 (90); Plut. *C. Gracch.* 3; [Cic.] *ad Herenn.* iv. 15. 22].

* [For Fregellae and the Latin colonies in 177 B.C. see Cic. *Brut.* 46. 170; Liv. xli. 8.]

Outbreak of War in Transalpine Gaul

Liv. *Ep.* lx. M. Fulvius Flaccus primus Transalpinos Liguras domuit bello, missus in auxilium Massiliensium adversus Sal*lu*vios Gallos, qui fines Massiliensium populabantur [cf. Florus i. 37 (iii 2); Plut. *C. Gracch.* 15. For earlier assistance rendered to theMassilians see Polyb. xxxiii. 8–9].

Obsequens 30 (90) Ligures Sallyes trucidati.

Ammian. xv. 12. 5 Hae regiones, praecipueque confines Italicis, paulatim levi sudore sub imperium venere Romanum primo temptatae per Fulvium, deinde proeliis parvis quassatae per Sextium (124–122 B.C.), ad ultimum per Fabium Maximum (121 B.C.) domitae [cf. Diodor. xxxiv. 23].

Orestes remains as proconsul in Sardinia

Plut. *C. Gracch.* 2 ἔπειτα δόγμα ποιοῦνται (the Senate) τοῖς μὲν στρατιώταις διαδοχὴν ἀποσταλῆναι, τὸν δ᾽ Ὀρέστην ἐπιμένειν, ὡς δὴ καὶ τοῦ Γαΐου διὰ τὴν ἀρχὴν παραμενοῦντος. ὁ δὲ τούτων αὐτῷ προσπεσόντων εὐθὺς ἐξέπλευσε πρὸς ὀργήν.

B.C. 124 · A.U.C. 630

INTERNAL HISTORY

C. Gracchus returns from Sardinia and is elected to the tribunate

Plut. *C. Gracch.* 2 and 3 (2) φανεὶς ἐν Ῥώμῃ παρ᾽ ἐλπίδας οὐ μόνον ὑπὸ τῶν ἐχθρῶν αἰτίαν εἶχεν, ἀλλὰ καὶ τοῖς πολλοῖς ἀλλόκοτον ἐδόκει τὸ ταμίαν ὄντα προαποστῆναι τοῦ ἄρχοντος. οὐ μὴν ἀλλὰ κατηγορίας αὐτῷ γενομένης ἐπὶ τῶν τιμητῶν, αἰτησάμενος λόγον οὕτω μετέστησε τὰς γνώμας τῶν ἀκουσάντων, ὡς ἀπελθεῖν ἠδικῆσθαι τὰ μέγιστα δόξας. ἐστρατεῦσθαι μὲν γὰρ ἔφη δώδεκα ἔτη τῶν ἄλλων δέκα στρατευομένων ἐν ἀνάγκαις, ταμιεύων δὲ τῷ στρατηγῷ παραμεμενηκέναι τριετίαν, τοῦ νόμου μετ᾽ ἐνιαυτὸν ἐπανελθεῖν διδόντος . . . . (3) ἐκ τούτου πάλιν ἄλλας αἰτίας αὐτῷ

καὶ δίκας ἐπῆγον ὡς τοὺς συμμάχους ἀφιστάντι καὶ κεκοινω-
νηκότι τῆς περὶ Φρέγελλαν ἐνδειχθείσης συνωμοσίας. ὁ δὲ πᾶσαν
ὑποψίαν ἀπολυσάμενος καὶ φανεὶς καθαρὸς εὐθὺς ἐπὶ δημαρχίαν
ὥρμησε τῶν μὲν γνωρίμων ἀνδρῶν ὁμαλῶς ἐναντιουμένων πρὸς
αὐτόν, ὄχλου δὲ τοσούτου συρρέοντος εἰς τὴν πόλιν ἐκ τῆς Ἰταλίας
καὶ συναρχαιρεσιάζοντος, ὡς πολλοῖς μὲν οἰκήσεις ἐπιλιπεῖν, τοῦ
δὲ πεδίου μὴ δεξαμένου τὸ πλῆθος ἀπὸ τῶν τεγῶν καὶ τῶν κεράμων
τὰς φωνὰς συνηχεῖν. τοσοῦτον δ' οὖν ἐξεβιάσαντο τὸν δῆμον οἱ
δυνατοὶ καὶ τῆς ἐλπίδος τοῦ Γαΐου καθεῖλον, ὅσον οὐχ, ὡς προσ-
εδόκησε, πρῶτον, ἀλλὰ τέταρτον ἀναγορευθῆναι. παραλαβὼν δὲ τὴν
ἀρχὴν εὐθὺς ἦν ἁπάντων πρῶτος, ἰσχύων τε τῷ λέγειν, ὡς ἄλλος
οὐδείς, καὶ τοῦ πάθους αὐτῷ παρρησίαν πολλὴν διδόντος ἀνακλαιο-
μένῳ τὸν ἀδελφόν [cf. (Victor) de Vir. Ill. 65].

Cic. Orat. 70. 233 Age, sume de Gracchi apud censores illud:
Abesse non potest, quin eiusdem hominis sit, probos improbare,
qui improbos probet.

Gell. xv. 12 C. Gracchus, cum ex Sardinia rediit, orationem
ad populum in contione habuit .... Atque ibi ... 'Itaque,'
inquit, 'Quirites, cum Romam profectus sum, zonas, quas
plenas argenti extuli, eas ex provincia inanes retuli. Alii vini
amphoras, quas plenas tulerunt, eas argento repletas domum
reportaverunt' [cf. O.R.F.² (Malc.) p. 180 ff.; Plut. C. Gracch. 2].

C. Gracchus' 'dissuasio legis Aufeiae' (124 B.C., before his election?)

O.R.F.² (Malcovati) pp. 187–8 (Gell. xi. 10) Ego ipse, qui
aput vos (Quirites) verba facio, ut vectigalia vestra augeatis,
quo facilius vestra commoda et rem publicam administrare
possitis, non gratis prodeo; verum peto a vobis non pecuniam,
sed bonam existimationem atque honorem. qui prodeunt dis-
suasuri ne hanc legem accipiatis, petunt non honorem a vobis,
verum a Nicomede pecuniam; qui suadent ut accipiatis, hi
quoque petunt non a vobis bonam existimationem, verum a
Mithridate rei familiari suae pretium et praemium; qui autem
ex eodem loco atque ordine tacent, hi vel acerrimi sunt; nam
ab omnibus pretium accipiunt et omnis fallunt. vos, cum putatis
eos ab his rebus remotos esse, impertitis bonam existimationem;
legationes autem a regibus, cum putant eos sua causa reticere,
sumptus atque pecunias maximas praebent ....

[For the legationes cf. App. Bell. Civ. i. 22 (quoted p. 25).]

* EXTERNAL HISTORY

Foundation of Fabrateria

Vellei. i. 15 Cassio autem Longino et Sextio Calvino . . .
consulibus Fabrateria deducta est.
[For the institutions of the *colonia* see *C.I.L.* x. 5590 and p.
547; A. N. Sherwin White, *Roman Citizenship*, p. 86, note 6.]

Conquests of M. Fulvius Flaccus in Gaul

Fasti triumph. (123 B.C.) M. Fu[lvi]u*s* M. f. Q. n. Flaccus
pro an. DCXXX [co(n)s(ule) de L͟i]guribus Vocontieis Sallu-
veisque VI [. . .

B.C. 123 · A.U.C. 631

Consuls, Q. CAECILIUS METELLUS, T. QUINCTIUS FLAMININUS

INTERNAL HISTORY

Tribunate of C. Gracchus

(See Appendix I (extract from Liv. *Ep.* lx–lxi).)
Diod. xxxv. 25 ὁ Γράκχος δημηγορήσας περὶ τοῦ καταλῦσαι
ἀριστοκρατίαν, δημοκρατίαν δὲ συστῆσαι, καὶ ἐφικόμενος τῆς ἁπάντων εὐχρηστίας τῶν μερῶν, οὐκέτι συναγωνιστάς, ἀλλὰ καθάπερ
αὐθέντας εἶχε τούτους ὑπὲρ τῆς ἰδίας τόλμης. δεδεκασμένος γὰρ ἕκαστος ταῖς ἰδίαις ἐλπίσιν ὡς ὑπὲρ ἰδίων ἀγαθῶν τῶν εἰσφερομένων
νόμων ἕτοιμος ἦν πάντα κίνδυνον ὑπομένειν.

Seneca, *de Ben.* vi. 34. 2 Apud nos primi omnium C. Gracchus
et mox Livius Drusus instituerunt segregare turbam suam et
alios in secretum recipere, alios cum pluribus, alios universos.
Habuerunt itaque isti amicos primos, habuerunt secundos,
numquam veros.

Initial popularity of Gracchus (?)

Plut. *C. Gracch.* 6 ἐπεὶ δὲ οὐ μόνον ἐδέξατο τὸν νόμον τοῦτον
(*sc.* τὸν δικαστικὸν) ὁ δῆμος ἀλλὰ κἀκείνῳ τοὺς κρίνοντας ἐκ τῶν
ἱππέων ἔδωκε καταλέξαι, μοναρχική τις ἰσχὺς ἐγεγόνει περὶ αὐτόν,
ὥστε καὶ τὴν σύγκλητον ἀνέχεσθαι συμβουλεύοντος αὐτοῦ. συν-

ἐβούλευε δὲ ἀεί τι τῶν ἐκείνῃ πρεπόντων εἰσηγούμενος· οἷον ἦν καὶ
τὸ περὶ τοῦ σίτου δόγμα μετριώτατον καὶ κάλλιστον, ὃν ἔπεμψε
μὲν ἐξ Ἰβηρίας Φάβιος ἀντιστράτηγος, ἐκεῖνος δ' ἔπεισε τὴν
βουλὴν ἀποδομένην τὸν σῖτον ἀναπέμψαι ταῖς πόλεσι τὸ ἀργύριον
καὶ προσεπαιτιάσασθαι τὸν Φάβιον ὡς ἐπαχθῆ καὶ ἀφόρητον
ποιοῦντα τὴν ἀρχὴν τοῖς ἀνθρώποις· ἐφ' ᾧ μεγάλην ἔσχε δόξαν μετὰ
εὐνοίας ἐν ταῖς ἐπαρχίαις. ἔγραψε δὲ καὶ πόλεις ἀποικίδας ἐκπέμ-
πεσθαι κτλ. [but cf. Diod. xxxvii. 9 (quoted p. 37)].

The Sempronian laws

(1) *Law forbidding reappointment to magistrates deposed by the
people* (abacti); *the bill withdrawn*

Plut. *C. Gracch.* 4 (νόμον) εἰσέφερε . . . εἴ τινος ἄρχοντος ἀφῄ-
ρητο τὴν ἀρχὴν ὁ δῆμος, οὐκ ἐῶντα τούτῳ δευτέρας ἀρχῆς μετουσίαν
εἶναι. . . . τὸν . . . νόμον Γάιος αὐτὸς ἐπανείλετο, φήσας τῇ μητρὶ
Κορνηλίᾳ δεηθείσῃ χαρίζεσθαι τὸν Ὀκτάβιον [cf. Diod. xxxv.
25].

Festus, p. 119L Abacti magistratus dicebantur, qui coacti
deposuerant imperium.

(2) *Law enacting that capital courts should be established only by
the people*

Cic. *pro C. Rab. Perd. reo* 4. 12 C. Gracchus legem tulit ne de
capite civium Romanorum iniussu vestro (*sc.* populi) iudicaretur.

Plut. *C. Gracch.* 4 (νόμον εἰσέφερε) εἴ τις ἄρχων ἄκριτον ἐκκεκη-
ρύχοι πολίτην, κατὰ τούτου διδόντα κρίσιν τῷ δήμῳ.

Schol. Ambros. p. 271 St. (Legem Semproniam) Quam
Sempronius tulerat Gracchus, ut ne quis in civem Romanum
capitalem sententiam diceret.

Cic. *pro Sest.* 28. 61 Consule me, cum esset designatus (Cato)
tribunus plebis, obtulit in discrimen vitam suam: dixit eam
sententiam cuius invidiam capitis periculo sibi praestandam
videbat [cf. Dio Cass. xxxviii. 14].

Cic. *in Cat.* iv. 5. 10 C. Caesar intellegit legem Semproniam
esse de civibus Romanis constitutam . . . denique ipsum latorem
Semproniae legis *in*iussu populi poenas rei publicae dependisse.

Id. *in Verr.* v. 63. 163 O nomen dulce libertatis! . . . O lex
Porcia legesque Semproniae!

Perhaps Gell. x. 3. 2 Legebamus adeo nuper orationem Gracchi de legibus promulgatis, in qua M. Marium et quosdam ex municipiis Italicis honestos viros virgis per iniuriam caesos a magistratibus populi Romani quanta maxima invidia potest conqueritur.

Enforcement of this law against Popillius and perhaps against Rupilius

Cic. *de Domo*, 31. 82 Ubi enim tuleras ut mihi aqua et igni interdiceretur? quod C. Gracchus de P. Popilio . . . tulit.

Id. *de Leg.* iii. 11. 26 Si nos multitudinis furentis inflammata invidia pepulisset tribuniciaque vis in me populum, sicut Gracchus in Laenatem . . . incitasset, ferremus [cf. *pro Cluent.* 35. 95; *de Rep.* i. 3. 6].

Id. *post Red. in Sen.* 15. 37 Pro me non ut pro P. Popilio, nobilissimo homine, adulescentes filii, non propinquorum multitudo populum Romanum est deprecata.

Diod. xxxv. 26 ὁ Ποπίλλιος μετὰ δακρύων ὑπὸ τῶν ὄχλων προεπέμφθη ἐκβαλλόμενος ἐκ τῆς πόλεως [cf. Plut. *C. Gracch.* 4].

Vellei. ii. 7 Rupilium Popiliumque, qui consules asperrime in Tiberii Gracchi amicos saevierant, postea iudiciorum publicorum merito oppressit invidia.

Gell. i. 7. 7. C. Gracchus . . . in ea oratione cuius titulus est de P. Popilio circum conciliabula, in qua ita scriptum est: credo ego inimicos meos hoc dicturum.

Festus 346L C. Gracchus in ea qua usus est cum circum conciliabula iret.

Id. 310L C. Gracchus pro rostris in P. Popillium.

Id. 268L C. Gracchus in oratione quae est in P. Popillium posteriore [cf. Gell. xi. 13. 1; *O.R.F.*[2] pp. 184–5].

(3) Lex frumentaria

Plut. *C. Gracch.* 5 ὁ δὲ σιτικὸς (νόμος) ἐπευωνίζων τοῖς πένησι τὴν ἀγοράν.

App. *Bell. Civ.* i. 21 σιτηρέσιον ἔμμηνον ὁρίσας ἑκάστῳ τῶν δημοτῶν ἀπὸ τῶν κοινῶν χρημάτων, οὐ πρότερον εἰωθὸς διαδίδοσθαι.

Vellei. ii. 6. 3 Frumentum plebi dari instituerat.

Liv. *Ep.* lx. Leges tulit, inter quas frumentariam, ut senis et triente frumentum plebi daretur.

Schol. Bob. p. 135 St. Ut senis aeris et trientibus modios singulos populus acciperet. [For occasional sales below the market-
price at an earlier period see Plin. *Nat. Hist.* xviii. 3 (4). 17
M. Varro auctor est, cum L. Metellus (cos. 251 B.C.) in triumpho
plurimos duxit elephantos, assibus singulis farris modios fuisse.]

Diod. xxxv. 25 τὸ κοινὸν ταμιεῖον εἰς αἰσχρὰς καὶ ἀκαίρους
δαπάνας καὶ χάριτας ἀναλίσκων εἰς ἑαυτὸν πάντας ἀποβλέπειν
ἐποίησε.

Oros. v. 12 Cum saepe populum Romanum largitionibus
promissisque nimiis in acerbissimas seditiones excitavisset.

Cic. *de Off.* ii. 21. 72 C. Gracchi frumentaria magna largitio,
exhauriebat igitur aerarium; modica M. Octavii (see p. 107).

Id. *Tusc. Disp.* iii. 20. 48 C. Gracchus, cum largitiones
maximas fecisset et effudisset aerarium, verbis tamen defendebat aerarium. Quid verba audiam, cum facta videam? L. Piso
ille Frugi semper contra legem frumentariam dixerat. Is lege
lata consularis ad frumentum accipiendum venerat. Animum
advertit Gracchus in contione Pisonem stantem; quaerit audiente
populo Romano, qui sibi constet, cum ea lege frumentum petat,
quam dissuaserit. 'Nolim', inquit, 'mea bona, Gracche, tibi viritim dividere libeat, sed, si facias, partem petam.'

Schol. Bob. p. 96 St. Plurimi quidem ex hac familia cognomentum frugalitatis habuerunt, sed enim primus hoc meruit L.
Piso, qui legem de pecuniis repetundis tulit et fuit C. Graccho
capitalis inimicus; in quem ipsius Gracchi exstat oratio male-
dictorum magis plena quam criminum [cf. *O.R.F.*² (Malc.)
pp. 186 f.; Cic. *pro Font.* 17. 39].

Id. *pro Sest.* 48. 103 Frumentariam legem C. Gracchus ferebat. Iucunda res plebei; victus enim suppeditabatur large sine
labore [cf. id. *Brut.* 62. 222 (below, p. 107: subsequent repeal
of Lex Sempronia)].

Creation of magazines for storing the corn

Plut. *C. Gracch.* 6 ἔγραψε δὲ καὶ . . . κατασκευάζεσθαι σιτοβόλια.

Festus, p. 392L *Sempronia horrea* qui locus dicitur, in eo fuerunt
lege Gracchi ad custodiam frumenti publici.

(4) Lex militaris

Plut. *C. Gracch.* 5 ὁ δὲ στρατιωτικὸς (νόμος) ἐσθῆτά τε κελεύων δημοσίᾳ χορηγεῖσθαι καὶ μηδὲν εἰς τοῦτο τῆς μισθοφορᾶς

ὑφαιρεῖσθαι τῶν στρατευομένων, καὶ νεώτερον ἐτῶν ἑπτακαίδεκα
μὴ καταλέγεσθαι στρατιώτην.
Diod. xxxv. 25 τοῖς στρατιώταις διὰ τῶν νόμων τὰ τῆς ἀρχαίας
ἀγωγῆς αὐστηρὰ καταχαρισάμενος ἀπειθίαν καὶ ἀναρχίαν εἰσήγα-
γεν εἰς τὴν πολιτείαν.

(5) Lex agraria

Plut. C. Gracch. 5 τῶν δὲ νόμων . . . ὁ μὲν ἦν κληρουχικὸς ἅμα
νέμων τοῖς πένησι τὴν δημοσίαν.
Liv. Ep. lx. Tulit . . . legem agrariam, quam et frater eius
tulerat.
[Victor] de Vir. Ill. 65 Tribunus plebis (C. Gracchus) agrarias
et frumentarias leges tulit, colonos etiam Capuam et Tarentum
mittendos censuit. Triumviros agris dividendis se et Fulvium
Flaccum et C. Crassum (sic) constituit.
Vellei. ii. 6. 3 (C. Gracchus) dividebat agros, vetabat quemquam civem plus quingentis iugeribus habere, quod aliquando
lege Licinia cautum erat.
Lex Agr. (C.I.L. I². 2. n. 585; Bruns⁷ i. 3. 11), l. 6 (p. 5)
[cf. Cic. de Leg. Agr. i. 7. 21; ii. 5. 10 (p. 5); Oros. v. 12;
Florus ii. 3 (iii. 15)].

*Laws that were perhaps promulgated during this year, to find their
fulfilment in a second tribunate*

(6) Lex Iudiciaria

Plut. C. Gracch. 5 ὁ δὲ δικαστικὸς (νόμος) ᾧ τὸ πλεῖστον
ἀπέκοψε τῆς τῶν συγκλητικῶν δυνάμεως . . . ὁ δὲ τριακοσίους τῶν
ἱππέων προσκατέλεξεν αὐτοῖς οὖσι τριακοσίοις, καὶ τὰς κρίσεις
κοινὰς τῶν ἑξακοσίων ἐποίησε [cf. Compar. 2 . . . Γαΐῳ δὲ μῖξαι
τὰ δικαστήρια, προσεμβαλόντι τῶν ἱππικῶν τριακοσίους].
Liv. Ep. lx. Tertiam (legem tulit) qua equestrem ordinem,
tunc cum senatu consentientem, corrumperet: ut sescenti ex
equite in curiam sublegerentur: et quia illis temporibus trecenti
tantum senatores erant, sescenti equites trecentis senatoribus
admiscerentur: id est ut equester ordo bis tantum virium in
senatu haberet.
Vellei. ii. 6. 3 C. Gracchus . . . iudicia a senatu transferebat ad
equites.

Ib. ii. 13 Potestatem (iudicandi) nacti equites Gracchani . . . .
Ib. ii. 32 Iudicandi munus, quod C. Gracchus ereptum senatui ad equites (transtulerat).
Tac. *Ann.* xii. 60 Cum Semproniis rogationibus equester ordo
in possessione iudiciorum locaretur . . . .
Diod. xxxv. 25 τῶν μὲν γὰρ συγκλητικῶν τὸ δικάζειν ἀφελό-
μενος καὶ ἀποδείξας τοὺς ἱππεῖς κριτὰς τὸ χεῖρον τῆς πολιτείας τοῦ
κρείττονος κύριον ἐποίησε [cf. xxxvii. 9; xxxiv/xxxv. 27 (cited
p. 37)].
App. *Bell. Civ.* i. 22 τὰ δικαστήρια ἀδοξοῦντα ἐπὶ δωροδοκίαις
ἐς τοὺς ἱππέας ἀπὸ τῶν βουλευτῶν μετέφερε.
Plin. *Nat. Hist.* xxxiii. 8. 34 Iudicum autem appellatione
separare eum (equestrem) ordinem primi omnium instituere
Gracchi, discordi popularitate in contumeliam senatus.
Cic. *in Verr.* Act. i. 13. 38 (70 B.C.) Cognoscet ex me populus
Romanus, quid sit, quam ob rem, cum equester ordo iudicaret
annos prope quinquaginta continuos, in nullo, iudices, equite
Romano iudicante ne tenuissima quidem suspicio acceptae
pecuniae ob rem iudicandam constituta sit.
Lex Repet. (*C.I.L.* I². 2. n. 583; Bruns⁷ i. 3. 10), ll. 12, 13
Pr(aetor), quei inter peregrinos ious deicet, is in diebus x proxu-
m(eis), quibus h. l. populus plebesve iouserit, facito utei CDL
viros le[g]at, quei in hac civit[ate – – | – – dum nei quem eorum
legat, quei tr. pl., q., iii vir cap., tr. mil. l. iv primis aliqua
earum, iii vi]rum a. d. a. siet fueritve, queive in senatu siet
fueri[tve], queiv[e mercede conductus depugnavit depugnaverit,
– – – queive quaestione ioudicioque puplico conde]mnatus siet
quod circa eum in senatum legei non liceat, queive minor anneis
xxx maiorve annos lx gnatus siet, quieve in urbem Romam pro-
piusve u[rbem Romam p(assus) M domicilium non habeat,
queive eius mag(istratus), quei s(upra) s(criptus) e(st), pater
frater filiusve siet, queive eius, quei in senatu siet fueritve, pater
frater filiusve siet, queive trans mar]e erit [cf. ll. 16, 17].

[This *lex repetundarum* may be connected with the judiciary
law of Gracchus. It may have been passed by a colleague
(cf. *I.G.R.R.* iv. 1028, quoted p. 84 below) and may be the
lex Acilia of Cic. *in Verr.* Act. i. 17. 51 Fac tibi paternae legis ✱
Aciliae veniat in mentem, qua lege populus Romanus de pecuniis repetundis optimis iudiciis severissimisque iudicibus usus
est. But for the choice of jurors cf. Plut. *C. Gracch.* 6 κἀκείνῳ
τοὺς κρινοῦντας ἐκ τῶν ἱππέων ἔδωκε (ὁ δῆμος) καταλέξαι.]

(7) Law against judicial conspiracy

Cic. *pro Cluent.* 55. 151 Hanc ipsam legem NE QVIS IVDICIO CIRCVMVENIRETVR C. Gracchus tulit; eam legem pro plebe, non in plebem tulit. Postea L. Sulla . . . cum eius rei quaestionem hac ipsa lege constitueret qua vos hoc tempore iudicatis, populum Romanum . . . adligare novo quaestionis genere ausus non est.

Ib. 56. 154 Illi non hoc recusabant, ne ea lege accusarentur . . . quae tunc erat Sempronia, nunc est Cornelia—intellegebant enim ea lege equestrem ordinem non teneri.

[For the meaning of the phrase 'ne quis iudicio circumveniretur' see Cic. *pro Cluent.* 4. 9; 54. 148, and for the later incorporation of this law into the Lex Cornelia de sicariis et veneficis cf. *ib.* 54. 148 f. (quoted, in part, below, p. 220).]

(8) Lex de provincia Asia

Cic. *in Verr.* iii. 6. 12 Inter Siciliam ceterasque provincias, iudices, in agrorum vectigalium ratione hoc interest, quod ceteris aut impositum vectigal est certum, . . . aut censoria locatio constituta est, ut Asiae lege Sempronia.

App. *Bell. Civ.* v. 4 (M. Antonius to the Greeks of Asia) οὓς . . . ἐτελεῖτε φόρους Ἀττάλῳ, μεθήκαμεν ὑμῖν, μεχρί, δημοκόπων ἀνδρῶν καὶ παρ' ἡμῖν γενομένων, ἐδέησε φόρων. ἐπεὶ δὲ ἐδέησεν . . . μέρη φέρειν τῶν ἑκάστοτε καρπῶν ἐπετάξαμεν.

Schol. Bob. p. 157 St. Cum princeps esset publicanorum Cn. Plancii pater, et societas eadem in exercendis vectigalibus gravissimo damno videretur adfecta, desideratum est in senatu nomine publicanorum, ut cum iis ratio putaretur lege Sempronia, et remissionis tantum fieret de summa pecunia, quantum aequitas postularet, pro quantitate damnorum quibus fuerant hostili incursione vexati (61 B.C., cf. Cic. *ad. Att.* i. 17. 9).

Diod. xxxv. 25 τῇ μὲν τῶν δημοσιωνῶν τόλμῃ καὶ πλεονεξίᾳ τὰς ἐπαρχίας ἀπορρίψας ἐπεσπάσατο παρὰ τῶν ὑποτεταγμένων δίκαιον μῖσος κατὰ τῆς ἡγεμονίας.

* ### Introduction of new vectigalia and portoria

C. Gracchus ap. Gell. xi. 10 (*O.R.F.*[2] p. 188) (quoted p. 29). Vellei. ii. 6. 3 Nova constituebat portoria.

The political situation before and after Gracchus'
legislation in favour of the knights

Sall. *Iug.* 42. 1 Nam postquam Tiberius et C. Gracchus . . .
vindicare plebem in libertatem et paucorum scelera patefacere
coepere, nobilitas noxia atque eo perculsa, modo per socios
ac nomen Latinum, interdum per equites Romanos, quos spes
societatis a plebe dimoverat, Gracchorum actionibus obviam
ierat [cf. perhaps Cic. *de Rep.* iv. 2. 2 (plebiscitum reddendorum
equorum)].

App. *Bell. Civ.* i. 22 τό τε γὰρ δικάζειν αὐτοὺς Ῥωμαίοις καὶ
Ἰταλιώταις ἅπασι καὶ αὐτοῖς βουλευταῖς, ἐπὶ παντὶ μέτρῳ, χρημάτων
τε πέρι καὶ ἀτιμίας καὶ φυγῆς, τοὺς μὲν ἱππέας οἷά τινας ἄρχοντας
αὐτῶν ὑπερεπῆρε, τοὺς δὲ βουλευτὰς ἴσα καὶ ὑπηκόους ἐποίει.

Cic. *de Leg.* iii. 9. 20 C. vero Gracchi tribunatus sicis quas
ipse se proiecisse in forum dixit, quibus digladiarentur inter
se cives, nonne omnem rei publicae statum perturbavit?

Diod. xxxvii. 9 ἀπειλούσης τῆς συγκλήτου πόλεμον τῷ Γράκχῳ
διὰ τὴν μετάθεσιν τῶν κριτηρίων τεθαρρηκότως οὗτος εἶπεν ὅτι κἂν
ἀποθάνω, οὐ διαλείψω τὸ ξίφος ἀπὸ τῆς πλευρᾶς τῶν συγκλητικῶν
διῃρημένος.

Id. xxxiv/xxxv. 27 ὅτι ἑπτακαίδεκα φυλαὶ τὸν νόμον ἀπεδοκί-
μαζον, ἄλλαι δὲ ταύταις ἴσαι παρεδέχοντο· τῆς δὲ ὀκτωκαιδεκάτης
διαριθμουμένης, μία ψῆφος ὑπερῆρε τῶν κυρούντων τὸν νόμον.
τῆς δὲ τοῦ δήμου κρίσεως εἰς οὕτω μικρὰν ῥοπὴν συγκλειομένης,
ὁ Γράκχος ἠγωνία . . . τῇ δὲ προσθήκῃ μιᾶς γνώμης μαθὼν ἑαυτὸν
νικῶντα, μετὰ χαρᾶς ἀνεφθέγξατο "τὸ μὲν ξίφος ἐπίκειται τοῖς
ἐχθροῖς, περὶ δὲ τῶν ἄλλων ὡς ἂν ἡ τύχη βραβεύσῃ στέρξομεν".

Varro in Non. Marcell. p. 728L. Equestri ordini iudicia
tradidit ac bicipitem civitatem fecit discordiarum civilium fon-
tem [cf. Florus ii. 5 (iii. 17)].

(9) *Lex de provinciis consularibus*

Cic. *de Domo*, 9. 24 Tu provincias consularis, quas C.
Gracchus, qui unus maxime popularis fuit, non modo non
abstulit a senatu, sed etiam ut necesse esset quotannis constitui
per senatum lege sanxit, eas lege Sempronia per senatum
decretas rescidisti.

Sall. *Iug.* 27 Lege Sempronia provinciae futuris consulibus
Numidia atque Italia decretae.

Cic. *ad Fam.* i. 7. 10 Stipendium Caesari decretum est et
decem legati, et, ne lege Sempronia succederetur, facile per-
fectum est [cf. *pro Balbo*, 27. 61].

Id. *de Prov. Cons.* 2. 3 Decernendae nobis sunt lege Sempronia duae (provinciae).

Ib. 7. 17 Faciam, inquit, illas praetorias, ut Pisoni et Gabinio
succedatur statim. Si hic sinat! Tum enim tribunus intercedere
poterit, nunc non potest.

(10) *Laws establishing colonies*

Liv. *Ep.* lx. Continuato in alterum annum tribunatu legibus
agrariis latis effecit, ut complures coloniae in Italia deducerentur, et una in solo dirutae Carthaginis; quo ipse triumvir
creatus coloniam deduxit [cf. Vellei. ii. 6; Plut. *C. Gracch.* 6].

Plut. *C. Gracch.* 10 'Ρουβρίου τῶν συναρχόντων ἑνὸς οἰκίζεσθαι
Καρχηδόνα γράψαντος ἀνῃρημένην ὑπὸ Σκιπίωνος, κλήρῳ λαχὼν
ὁ Γάϊος ἐξέπλευσεν εἰς Λιβύην ἐπὶ τὸν κατοικισμόν.

Lex Repet. (*C.I.L.* I². 2. n. 583; Bruns⁷ i. 3. 10), l. 22 queive
l. Rubr[ia iii vir col. ded. creatus siet fueritve].

Lex Agraria (*C.I.L.* I². 2. n. 585; Bruns⁷ i. 3. 11), l. 22 [– – – quo
in agro loco III viri i]d oppidum coloniamve ex lege plebeive
sc(ito) constituit deduxitve conlocavitve.

Ib. l. 59 . . . neive unius hominis nomine, quoi ex lege Rubria
quae fuit colono eive, quei [in colonei numero scriptus est,
agrum, quei in Africa est, dare oportuit licuitve – – || – – data
adsign]ata fuise iudicato; neive unius hominis [nomine, quoi
– – – colono eive, quei in colonei nu]mero scriptus est, agrum
quei in Africa est, dare oportuit licuitve, amplius iug(era) CC
in [singulos homines data adsignata esse fuiseve iudicato – – – |
– – – neive maiorem numerum in Africa hominum in coloniam
coloniasve deductum esse fu]iseve iudicato quam quantum
numer[um ex lege Rubria quae fuit – – – a III viris coloniae
dedu]cendac in Africa hominum in coloniam coloniasve deduci
oportuit licuitve. [On Rubrius see also *I.G.R.R.* iv. 1028 (below,
p. 84).]

Vellei. i. 15 Et post annum (i.e. a year after the foundation
of Fabrateria, see p. 30), Scolacium Minervium, Tarentum
Neptunia, Carthagoque in Africa prima . . . extra Italiam
colonia condita est.

Oros. v. 12 L. Caecilio Metello et Q. Titio Flaminino coss.
Carthago in Africa restitui iussa vicensimo secundo demum

anno quam fuerat eversa deductis civium Romanorum familiis, quae eam incolerent, restituta et repleta est.

Eutrop. iv. 21 L. Caecilio Metello et T. Quinctio Flaminino consulibus Carthago in Africa iussu senatus reparata est, quae nunc manet, annis duobus et viginti postquam a Scipione fuerat eversa. Deducti sunt eo cives Romani.

Plut. *C. Gracch.* 8 (122 B.C.) ἑτέροις νόμοις †ἀπήρτιζε τὸ πλῆθος, ἀποικίας μὲν εἰς Τάραντα καὶ Καπύην πέμπεσθαι γράφων . . .

[Foundations at Abellinum, Caiatia, Suessa Aurunca, &c., are attributed to a *lex Sempronia* or *lex Graccana* in *Liber Coloniarum* (Gromatici, Lachmann), pp. 229, 233, 237, 238; cf. pp. 216, 219, 228, 255.]

[Probably the actual settlement of Junonia and of the Italian colonies took place in the next year. See p. 43. For discussions of the chronological problem see Last, *C.A.H.* ix. 891 ff.; Broughton, *M.R.R.* i. 515, notes 4 and 7; *id.* p. 519 notes 4 and 5; Badian, *Foreign Clientelae*, App. A.]

Novelty of transmarine colonization

Vellei. ii. 7 In legibus Gracchi inter perniciosissima numeraverim, quod extra Italiam colonias posuit. Id maiores, cum viderent tanto potentiorem Tyro Carthaginem, Massiliam Phocaea, Syracusas Corintho, Cyzicum . . . Mileto, genitali solo, diligenter vitaverant et civis Romanos ad censendum ex provinciis in Italiam revocaverant. Prima autem extra Italiam colonia Carthago condita est. Subinde Porcio Marcioque consulibus deducta colonia Narbo Martius (118 B.C.; cf. p. 53).

(11) Law about the making of roads

Plut. *C. Gracch.* 6 ἔγραψε δὲ καὶ . . . τὰς ὁδοὺς ποιεῖσθαι.

App. *Bell. Civ.* i. 23 ὁ δὲ Γράκχος καὶ ὁδοὺς ἔτεμνεν ἀνὰ τὴν Ἰταλίαν μακράς, πλῆθος ἐργολάβων καὶ χειροτεχνῶν ὑφ' ἑαυτῷ ποιούμενος, ἑτοίμων ἐς ὅ τι κελεύοι.

I.L.S. 5808 (Degrassi, *I.L.L.R.P.* i. 458) (milestone from near Florence) T. Quinctius T.f. | Flamininus | co(n)s(ul). | Pisas [..].

Re-election of C. Gracchus to the tribunate

Plut. *C. Gracch.* 8 Κἀκεῖνος μὲν (Γάϊος Φάννιος) ὕπατος, Γάϊος δὲ δήμαρχος ἀπεδείχθη τὸ δεύτερον, οὐ παραγγέλλων οὐδὲ μετιών,

ἀλλὰ τοῦ δήμου σπουδάσαντος. [For the possibility of immediate
re-election to the tribunate see App. *Bell. Civ.* i. 21 καὶ γάρ τις
ἤδη νόμος κεκύρωτο, εἰ δήμαρχος ἐνδέοι ταῖς παραγγελίαις, τὸν
δῆμον ἐκ πάντων ἐπιλέγεσθαι (cf. Val. Max. ix. 7. 3 (below,
p. 102); Sall. *Jug.* 37 (below, p. 68).]

Attempted dedication by Vestal Licinia

Cic. *de Dom.* 53. 136 Quid? Cum Licinia, virgo Vestalis
summo loco nata, . . . Ti. Flamini[n]o Q. Metello consulibus
aram et aediculam et pulvinar sub Saxo dedicasset, nonne eam
rem ex auctoritate senatus ad hoc conlegium Sex. Iulius praetor
rettulit? Cum P. Scaevola pontifex maximus pro conlegio respondit, 'Quod in loco publico Licinia, Gai filia, iniussu populi
dedicasset, sacrum non viderier'. [For Licinia see pp. 58–60
below.]

EXTERNAL HISTORY

Balearic islands

Liv. *Ep.* lx. Praeterea res a Q. Metello consule adversus
Baleares gestas continet.

Strabo iii. 5. 1 οἱ κατοικοῦντες (in the Balearic isles) εἰρηναῖοι
. . . κακούργων δέ τινων ὀλίγων κοινωνίας συστησαμένων πρὸς τοὺς
ἐν τοῖς πελάγεσι λῃσταῖς, διεβλήθησαν ἅπαντες, καὶ διέβη Μέτελλος
ἐπ᾽ αὐτοὺς ὁ Βαλιαρικὸς προσαγορευθείς.

B.C. 122 · A.U.C. 632

Consuls, CN. DOMITIUS AHENOBARBUS, C. FANNIUS M.f.

INTERNAL HISTORY

The Sempronian Laws

(12) *Proposed change in the method of voting in the
comitia centuriata(?)*

[Sall.] *ad Caes. sen.* ii. 8 Magistratibus creandis haud mihi
quidem apsurde placet lex quam C. Gracchus in tribunatu
promulgaverat, ut ex confusis quinque classibus sorte centuriae

vocarentur. Ita coaequatus dignitate pecunia, virtute anteire alius alium properabit.

(13) *Lex de sociis et nomine Latino*

[For the name of the law see Cic. *Brut.* 26. 99 (below).]

App. *Bell. Civ.* i. 23 καὶ τοὺς Λατίνους ἐπὶ πάντα ἐκάλει τὰ Ῥωμαίων, ὡς οὐκ εὐπρεπῶς συγγενέσι τῆς βουλῆς ἀντιστῆναι δυναμένης. τῶν δὲ ἑτέρων συμμάχων οἷς οὐκ ἐξῆν ψῆφον ἐν ταῖς Ῥωμαίων χειροτονίαις φέρειν, ἐδίδου φέρειν ἀπὸ τοῦδε, ἐπὶ τῷ ἔχειν καὶ τούσδε ἐν ταῖς χειροτονίαις τῶν νόμων αὐτῷ συντελοῦντας.

Plut. *C. Gracch.* 5 ὁ δὲ συμμαχικὸς (νόμος) ἰσοψήφους ποιῶν τοῖς πολίταις τοὺς Ἰταλιώτας.

Ib. 8 †ἀπήρτιζε τὸ πλῆθος . . . καλῶν . . . ἐπὶ κοινωνίᾳ πολιτείας τοὺς Λατίνους [probably by admitting them to his colonies. Cf. App. *Bell. Civ.* i. 24].

Vellei. ii. 6. 2 Dabat civitatem omnibus Italicis, extendebat eam paene usque Alpis.

Defection amongst Gracchus' supporters in consequence of this law

Cic. *Brut.* 26. 99 Horum aetatibus adiuncti duo C. Fannii C. et M. filii fuerunt; quorum Gai filius, qui consul cum Domitio fuit, unam orationem de sociis et nomine Latino contra C. Gracchum reliquit sane et bonam et nobilem.

Charisius, p. 143 Keil 'Senatuis' ut 'fluctuis.' Ita genetivum, inquit Plinius, declinabant, ut G. Fannius Cos. contra G. Gracchum 'senatuis consulta.'

Iul. Vict. 6. 4 (*O.R.F.*[2] p. 144) Ut a Gaio Fannio adversus Gracchum dictum: 'Si Latinis civitatem dederitis, credo, existimatis vos ita, ut nunc constitistis, in contione (*Cod. Rom.* constitisse in contentione) habituros locum aut ludis et fastis diebus interfuturos. Nonne illos omnia occupaturos putatis?'

Exclusion of the allies from Rome

App. *Bell. Civ.* i. 23 ἡ βουλὴ διαταραχθεῖσα τοὺς ὑπάτους ἐκέλευσε προγράψαι μηδένα τῶν οὐ φερόντων ψῆφον ἐπιδημεῖν τῇ πόλει, μηδὲ προσπελάζειν ἀπὸ τεσσαράκοντα σταδίων, παρὰ τὴν ἐσομένην περὶ τῶνδε τῶν νόμων χειροτονίαν.

Plut. *C. Gracch.* 12 γενομένου δὲ κηρύγματος ἀήθους καὶ ἀλλοκότου . . . ἀντεξέθηκεν ὁ Γάϊος διάγραμμα κατηγορῶν τοῦ ὑπάτου, καὶ τοῖς συμμάχοις, ἂν μένωσι, βοηθήσειν ἐπαγγελλόμενος.

Veto and counter-legislation of Livius Drusus

App. *Bell. Civ.* i. 23 Λίβιόν τε Δροῦσον, ἕτερον δήμαρχον, (ἡ βουλὴ) ἔπεισε κωλῦσαι τοὺς Γράκχου νόμους, οὐκ ἐπιλέγοντα τῷ δήμῳ τὰς αἰτίας· δέδοται δὲ τῷ κωλύοντι μηδ᾽ ἐπιλέγειν.

Plut. *C. Gracch.* 9 Ἐπιδοὺς οὖν ὁ Λίβιος εἰς ταῦτα τῇ βουλῇ τὴν ἑαυτοῦ δημαρχίαν νόμους ἔγραψεν οὔτε τῶν καλῶν τινος οὔτε τῶν λυσιτελῶν ἐχομένους, ἀλλ᾽ ἓν μόνον, ὑπερβαλέσθαι τὸν Γάιον ἡδονῇ καὶ χάριτι τῶν πολλῶν, ὥσπερ ἐν κωμῳδίᾳ, σπεύδων καὶ διαμιλλώμενος . . . τὸν μὲν γὰρ (Γάιον) ἀποικίας δύο γράψαντα καὶ τοὺς χαριεστάτους τῶν πολιτῶν εἰσάγοντα δημοκοπεῖν ἠτιῶντο, Λιβίῳ δὲ δώδεκα κατοικίζοντι καὶ τρισχιλίους εἰς ἑκάστην ἀποστέλλοντι τῶν ἀπόρων συνελαμβάνοντο. Κἀκείνῳ μέν, ὅτι χώραν διένειμε τοῖς πένησι προστάξας ἑκάστῳ τελεῖν ἀποφορὰν εἰς τὸ δημόσιον, ὡς κολακεύοντι τοὺς πολλοὺς ἀπηχθάνοντο, Λίβιος δὲ καὶ τὴν ἀποφορὰν ταύτην τῶν νειμαμένων ἀφαιρῶν ἤρεσκεν αὐτοῖς. ἔτι δ᾽ ὁ μὲν τοῖς Λατίνοις ἰσοψηφίαν διδοὺς ἐλύπει, τοῦ δ᾽, ὅπως μηδ᾽ ἐπὶ στρατιᾶς (cod. στρατείας : em. Coraes) ἐξῇ τινα Λατίνων ῥάβδοις αἰκίσασθαι, γράψαντος ἐβοήθουν τῷ νόμῳ. Μεγίστη δὲ τῷ Δρούσῳ πίστις εὐνοίας πρὸς τὸν δῆμον ἐγίνετο καὶ δικαιοσύνης τὸ μηδὲν αὐτῷ μηδ᾽ ὑπὲρ ἑαυτοῦ φαίνεσθαι γράφοντα. καὶ γὰρ οἰκιστὰς ἑτέρους ἐξέπεμπε τῶν πόλεων καὶ διοικήσεσι χρημάτων οὐ προσῄει.
[For the colonies of Drusus see App. *Bell. Civ.* i. 35 ; for *provocatio* and the (?) Latins cf. Sall. *Iug.* 69 (quoted p. 72). But cf. Plut. *Mar.* 8 (Turpilius) ἐπὶ τῶν τεκτόνων ἔχων ἀρχήν.]

Cic. *Brut.* 28. 109 M. Drusus C. F., qui in tribunatu C. Gracchum, collegam, iterum tribunum, fregit, vir et oratione gravis et auctoritate.

Suet. *Tib.* 3 (Drusus) Ob eximiam adversus Gracchos operam 'patronus senatus' dictus filium reliquit, quem in simili dissensione multa varie molientem diversa factio per fraudem interemit.

Cic. *de Fin.* iv. 24. 66 Conferam autem avum tuum Drusum cum C. Graccho eius fere aequali. Quae hic rei publicae vulnera imponebat, eadem ille sanabat.

Election of Opimius to the consulship and failure of C. Gracchus to be elected tribune for the third time

Plut. *C. Gracch.* 11 and 12 (11) Λεύκιος . . . Ὀπίμιος . . . ἐπίδοξος ἦν ὑπατεύσειν, ὑπατεύων δὲ καταλύσειν τὸν Γάιον . . . (12) ἐκ τούτου καὶ τὴν τρίτην ἔδοξεν (ὁ Γάιος) δημαρχίαν ἀφῃρῆσθαι,

ψήφων μὲν αὐτῷ πλείστων γενομένων, ἀδίκως δὲ καὶ κακούργως
τῶν συναρχόντων ποιησαμένων τὴν ἀναγόρευσιν καὶ ἀνάδειξιν. ἀλλὰ
ταῦτα μὲν ἀμφισβήτησιν εἶχεν.
Oros. v. 12 C. Gracchus ... maxime legis agrariae causa ...
a tribunatu Minucio successore decessit.

EXTERNAL HISTORY

Foundation of colonies in Italy and Africa (see p. 39)

Colonia Neptunia Tarentum

Cf. Plin. *Nat. Hist.* iii. 99; Strab., vi. 3. 4 (281c).

Junonia

App. *Pun.* 136 Γαΐου Γράκχου δημαρχοῦντος ἐν Ῥώμῃ καὶ
στάσεων οὐσῶν ἐξ ἀπορίας ἔδοξε κληρούχους ἐς Λιβύην πέμπειν
ἑξακισχιλίους, διαγραφομένων δ' ἀμφὶ τὴν Καρχηδόνα τῶν θεμελίων
λύκοι τὰ θεμέλια ἀθρόα διέσπασαν καὶ συνέχεαν. καὶ τότε μὲν
ἀνέσχεν ἡ βουλὴ τοῦ συνοικισμοῦ ....
Id. *Bell. Civ.* i. 24 ὁ δὲ (*sc.* Gracchus) τοῦ δημοκοπήματος
ἐκπεσὼν ἐς Λιβύην ἅμα Φουλβίῳ Φλάκκῳ, κἀκείνῳ μεθ' ὑπατείαν
διὰ τάδε δημαρχεῖν ἑλομένῳ διέπλευσεν, ἐψηφισμένης κατὰ δόξαν
εὐκαρπίας ἐς Λιβύην ἀποικίας καὶ τῶνδε αὐτῶν οἰκιστῶν ἐπίτηδες
ᾑρημένων, ἵνα μικρὸν ἀποδημούντων ἀναπαύσαιτο ἡ βουλὴ τῆς
δημοκοπίας.
Plut. *C. Gracch.* 10 κλήρῳ λαχὼν ὁ Γάϊος ἐξέπλευσεν εἰς Λιβύην
ἐπὶ τὸν κατοικισμόν, ἔτι μᾶλλον ἐπιβὰς ὁ Δροῦσος ἀπόντος αὐτοῦ
τὸν δῆμον ὑπελάμβανε καὶ προσήγετο, μάλιστα ταῖς κατὰ τοῦ Φουλ-
βίου διαβολαῖς .... (11) Ἐν δὲ τῇ Λιβύῃ περὶ τὸν τῆς Καρχηδόνος
κατοικισμόν, ἣν ὁ Γάϊος Ἰουνωνίαν ... ὠνόμασε, πολλὰ κωλύματα
γενέσθαι παρὰ τοῦ δαιμονίου λέγουσιν. ἥ τε γὰρ πρώτη σημαία,
πνεύματος ἀφαρπάζοντος αὐτήν, τοῦ δὲ φέροντος ἐγκρατῶς ἀντεχό-
μένου, συνετρίβη, καὶ τὰ ἱερὰ τοῖς βωμοῖς ἐπικείμενα διεσκέδασεν
ἀνέμου θύελλα, καὶ διέρριψεν ὑπὲρ τοὺς ὅρους τῆς γεγενημένης
ὑπογραφῆς, αὐτοὺς δὲ τοὺς ὅρους ἀνέσπασαν ἐπελθόντες λύκοι καὶ
μακρὰν ᾤχοντο φέροντες. οὐ μὴν ἀλλὰ πάντα σύνταξας καὶ διακο-
σμήσας ὁ Γάϊος ἡμέραις ἑβδομήκοντα ταῖς πάσαις ἐπανῆλθεν εἰς
Ῥώμην, πιέζεσθαι τὸν Φούλβιον ὑπὸ τοῦ Δρούσου πυνθανόμενος
καὶ τῶν πραγμάτων τῆς αὐτοῦ παρουσίας δεομένων. Λεύκιος γὰρ
Ὀπίμιος ... ἐπίδοξος ἦν ὑπατεύσειν.

War in Transalpine Gaul; settlement of Aquae Sextiae

Fasti Triumph., C. Sextius C. f. C. n. Calvin(us) pro co[(n)s(ule)
an. DCXXXI] de Li]gurib(us) Vocontieis Salluveisq(ue)[. . .]
Cassiodor. *Chron.* His consulibus (Domitio, Fannio) C. Sextius
oppidum aedificavit in quo aquae Sextiae in Galliis.
Liv. *Ep.* lxi. C. Sextius proconsul victa Salluviorum gente
coloniam Aquas Sextias condidit, ob aquarum copiam e caldis
frigidisque fontibus, atque a nomine suo ita appellatas.
Strabo iv. 1. 5 Σέξτιος γοῦν ὁ καταλύσας τοὺς Σάλυας, οὐ πολὺ
ἄπωθεν τῆς Μασσιλίας κτίσας πόλιν ὁμώνυμον ἑαυτοῦ τε καὶ τῶν
ὑδάτων τῶν θερμῶν, ὧν τινὰ μεταβεβληκέναι φασὶν εἰς ψυχρά,
ἐνταῦθά τε φρουρὰν κατῴκισε ʽΡωμαίων, καὶ ἐκ τῆς παραλίας τῆς
εἰς τὴν Ἰταλίαν ἀγούσης ἀπὸ Μασσαλίας ἀνέστειλε τοὺς βαρβάρους,
οὐ δυναμένων τῶν Μασσαλιωτῶν ἀνείργειν αὐτοὺς τελέως. οὐδ᾿
αὐτὸς δὲ πλέον ἴσχυσεν ἀλλ᾿ ἢ τοσοῦτον μόνον ὅσον κατὰ μὲν τὰ
εὐλίμενα ἀπὸ τῆς θαλάττης ἀπελθεῖν τοὺς βαρβάρους ἐπὶ δώδεκα
σταδίους, κατὰ δὲ τοὺς τραχῶνας ἐπὶ ὀκτώ.
Plin. *Nat. Hist.* xxxi. 2. 4 (Aquae) alibi frigidae alibi calidae
. . . urbes condunt, sicut . . . Sextias in Narbonensi provincia.

Sardinia

Fasti Triumph., L. Aurelius L. f. L. n. Orestes pro an. DC[XXXI]
co(n)s(ule) ex Sardinia VI idus Dec.

Balearic islands

Fasti Triumph. (121 B.C.) (see p. 48 below).
Strabo iii. 5. 1 τῶν δὲ Γυμνησίων ἡ μὲν μείζων ἔχει δύο πόλεις,
Πάλμαν καὶ Πολεντίαν . . . (Μέτελλος) τὰς πόλεις ἔκτισε. . . .
εἰσήγαγε δὲ ἐποίκους τρισχιλίους τῶν ἐκ τῆς Ἰβηρίας ʽΡωμαίων.

B.C. 121 · A.U.C. 633

Consuls, L. OPIMIUS, Q. FABIUS MAXIMUS

INTERNAL HISTORY

Attempt of the tribune Minucius to repeal the Sempronian laws; death of C. Gracchus and Flaccus

Oros. v. 12 Minucius tribunus plebi cum maxima ex parte
decessoris sui Gracchi statuta convulsisset legesque abrogasset, C. Gracchus cum Fulvio Flacco ingenti stipatus agmine

Capitolium, ubi contio agitabatur, ascendit : ibi maximo tumultu excitato quidam praeco a Gracchanis interfectus velut signum belli fuit. Flaccus duobus filiis armatis cinctus, comitante etiam Graccho togato brevemque gladium sub sinistra occultante, quamvis et praeconem frustra praemississet qui servos ad libertatem vocaret, Dianium tamquam arcem occupavit. Contra D. Brutus vir consularis a clivo Publicio cum ingenti certamine inruit. Ibi Flaccus diu obstinatissime dimicavit ; Gracchus, postquam in templum Minervae secesserat, gladio incumbere volens, interventu Laetorii retentus est. Itaque cum diu anceps bellum agitaretur, tandem sagittarii ab Opimio missi consertam multitudinem disturbaverunt. Duo Flacci pater filiusque cum per aedem Lunae in privatam domum desiluissent foresque obiecissent, rescisso craticio pariete confossi sunt. Gracchus . . . aegre ad pontem Sublicium pervenit ibique ne vivus caperetur cervicem servo suo praebuit. Caput Gracchi excisum consuli adlatum est, corpus ad Corneliam matrem Misenum oppidum devectum est [cf. Val. Max. iv. 7. 2 ; vi. 8. 3].

Festus 310L (O.R.F.² p. 193) C. Gracchus in ea quae est de lege Minucia cum ait : Mirum si quid his iniuriae fit : semper eos osi sunt.

[Victor] de Vir. Ill. 65 (Gracchus) Minucio Rufo tribuno plebis legibus suis obrogante in Capitolium venit ; ubi cum Antyllius praeco Opimii consulis in turba fuisset occisus, in forum descendit, et imprudens contionem a tribuno plebis avocavit ; qua re arcessitus, cum in senatum non venisset, armata familia Aventinum occupavit [cf. Florus ii. 3 (iii. 15)].

Plut. C. Gracch. 13–14 (13) ᾗ δ' οὖν ἔμελλον ἡμέρᾳ τοὺς νόμους λύσειν οἱ περὶ τὸν Ὀπίμιον, κατείληπτο μὲν ὑπὸ ἀμφοτέρων ἔωθεν εὐθὺς τὸ Καπετώλιον, θύσαντος δὲ τοῦ ὑπάτου τῶν ὑπηρετῶν τις αὐτοῦ Κόιντος Ἀντύλλιος . . . πρὸς τοὺς περὶ τὸν Φούλβιον εἶπε· "Δότε τόπον ἀγαθοῖς, κακοὶ πολῖται." τινὲς δέ φασιν ἅμα τῇ φωνῇ ταύτῃ καὶ τὸν βραχίονα γυμνὸν οἷον ἐφ' ὕβρει σχηματίζοντα παρενεγκεῖν. ἀποθνήσκει γοῦν εὐθὺς ὁ Ἀντύλλιος ἐκεῖ μεγάλοις γραφείοις κεντούμενος, ἐπ' αὐτὸ τοῦτο πεποιῆσθαι λεγομένοις. . . . (14) καὶ τότε μὲν ὄμβρου γενομένου διελύθησαν· ἅμα δ' ἡμέρᾳ τὴν μὲν βουλὴν ὁ ὕπατος συναγαγὼν ἔνδον ἐχρημάτιζεν.

App. Bell. Civ. i. 26 (after the assassination of Antullius and the summons of the senate by Opimius) ἡ μὲν βουλὴ Γράκχον καὶ Φλάκκον ἐκ τῶν οἰκιῶν ἐς ἀπολογίαν ἐς τὸ βουλευτήριον ἐκάλουν, οἱ δὲ σὺν ὅπλοις ἐξέθεον ἐπὶ τὸν Ἀβεντῖνον λόφον, ἐλπίσαντες, εἰ τόνδε

προλάβοιεν, ἐνδώσειν πρὸς τὰς συνθήκας αὐτοῖς τι τὴν βουλήν
[cf. [Victor] de Vir. Ill. (above)].

Liv. Ep. lxi. C. Gracchus seditioso tribunatu acto, cum
Aventinum quoque armata multitudine occupasset, a L.
Opimio consule, ex senatus consulto vocato ad arma populo, pulsus et
occisus est, et cum eo Fulvius Flaccus consularis, socius eiusdem
furoris.

Sall. Jug. 42. 1 (Nobilitas C. Gracchum) triumvirum coloniis
deducundis cum M. Fulvio Flacco ferro necaverat.

Plut. C. Gracch. 14. 18 (14, on the second day, after the
funeral of Antullius) εἰς τὸ βουλευτήριον ἀπελθόντες ἐψηφίσαντο
καὶ προσέταξαν Ὀπιμίῳ τῷ ὑπάτῳ σώζειν τὴν πόλιν ὅπως δύναιτο,
καὶ καταλύειν τοὺς τυράννους. (18) οὗτος μέντοι (ὁ Ὀπίμιος) πρῶτος
ἐξουσίᾳ δικτάτορος ἐν ὑπατείᾳ χρησάμενος καὶ κατακτείνας ἀκρίτους
ἐπὶ τρισχιλίοις πολίταις Γάϊον Γράκχον καὶ Φούλβιον Φλάκκον . . . .

Cic. Phil. viii. 4. 14 Quod L. Opimius consul verba fecit de
re publica, de ea re ita censuerunt, uti L. Opimius consul
rem publicam defenderet. Senatus haec verbis, Opimius armis.
Num igitur eum, si tum esses, temerarium civem aut crudelem
putares aut . . . compluris alios summos viros qui cum Opimio
consule armati Gracchum in Aventinum persecuti sunt? quo in
proelio Lentulus grave volnus accepit, interfectus est Gracchus
et M. Fulvius consularis, eiusque duo adulescentuli filii.

Id. in Cat. i. 2. 4 Decrevit quondam senatus, ut L. Opimius
consul videret, ne quid res publica detrimenti caperet; nox
nulla intercessit; interfectus est propter quasdam seditionum
suspiciones C. Gracchus, clarissimo patre, avo, maioribus, occisus est cum liberis M. Fulvius consularis [cf. in Cat. iv. 5.
10 (p. 31)].

Diod. xxxiv. 28 a Ὀπιμίου δὲ βουλευομένου εἰς τὸ Καπετώλιον περὶ τοῦ συμφέροντος, ὥρμησεν (ὁ Γράκχος) ἐκεῖσε μετὰ
τῶν καχεκτῶν· εὑρὼν δὲ τὸν νεὼν προκατειλημμένον καὶ πλῆθος τῶν
ἀρίστων ἠθροισμένον, ἀπεχώρησεν εἰς τὴν ὀπίσω τοῦ νεὼ στοάν . . .
οὕτω δ' αὐτοῦ παροιστρηκότος, Κόϊντός τις συνήθειαν ἔχων πρὸς
αὐτὸν προσέπεσε τοῖς γόνασιν αὐτοῦ δεόμενος μηδὲν βίαιον ἢ ἀνή-
κεστον πρᾶξαι κατὰ τῆς πατρίδος. ὁ δὲ . . . αὐτὸν μὲν προέωσε
πρηνῆ ἐπὶ τὴν γῆν, τοῖς δὲ ἀκολουθοῦσι προσέταξε διαχειρίσασθαι,
καὶ ταύτην ἀρχὴν ποιήσασθαι τῆς κατὰ τῶν ἐναντιουμένων τιμωρίας.

Vellei. ii. 6. 5 Id unum nefarie ab Opimio proditum, quod
capitis non dicam Gracchi, sed civis Romani pretium se daturum
idque auro repensurum proposuit.

Plin. *Nat. Hist.* xxxiii. 3. 48 Exarsit rabie quadam non iam avaritia, sed fames auri, utpote cum Septumuleius, C. Gracchi familiaris, auro rependendum caput eius abscisum ad Opimium tulerit plumboque in os addito parricidio suo rem p. etiam circumscripserit [cf. Plut. *C. Gracch.* 17; (Victor) *de Vir. Ill.* 65; Florus ii. 3 (iii. 15)].

Sall. *Iug.* 16. 2 (Opimius) consul C. Graccho et M. Fulvio Flacco interfectis acerrume victoriam nobilitatis in plebem exercuerat.

Ib. 31. 7 Post C. Gracchi et M. Fulvi caedem item vostri ordinis multi mortales in carcere necati sunt.

Vellei. ii. 7 Crudeles mox quaestiones in amicos clientesque Gracchorum habitae sunt.

Oros. v. 12 Opimius consul sicut in bello fortis fuit ita in quaestione crudelis. Nam amplius tria milia hominum suppliciis necavit, ex quibus plurimi ne dicta quidem causa innocentes interfecti sunt.

Plut. *C. Gracch.* 17 τὰ δὲ σώματα καὶ τούτων (Gracchus and Flaccus) καὶ τῶν ἄλλων εἰς τὸν ποταμὸν ἐρρίφθη, τρισχιλίων ἀναιρεθέντων· καὶ τὰς οὐσίας αὐτῶν ἀπέδοντο πρὸς τὸ δημόσιον. ἀπεῖπαν δὲ πενθεῖν ταῖς γυναιξί, τὴν δὲ Γαΐου Λικιννίαν καὶ τῆς προικὸς ἀπεστέρησαν. [For the statement about Gracchus cf. Vellei. ii. 6. 7 (ut Ti. Gracchi antea corpus, ita Gai mira crudelitate victorum in Tiberim deiectum est); contrast Oros. v. 12 (above).]

Plut. l.c. οὐ μὴν ἀλλὰ καὶ τούτου καὶ τῶν ἄλλων ἁπάντων μᾶλλον ἠνίασε τοὺς πολλοὺς τὸ κατασκευασθὲν Ὁμονοίας ἱερὸν ὑπὸ τοῦ Ὀπιμίου . . . διὸ καὶ νυκτὸς ὑπὸ τὴν ἐπιγραφὴν τοῦ νεὼ παρενέγραψάν τινες τὸν στίχον τοῦτον· "ἔργον ἀπονοίας ναὸν ὁμονοίας ποιεῖ."

EXTERNAL HISTORY
The war in Transalpine Gaul

Vellei. ii. 10 Eodem tractu temporum et Domiti ex Arvernis et Fabi ex Allobrogibus victoria fuit nobilis.

Florus i. 37 (iii. 2) Allobroges (arma nostra sensere) et Arverni, cum adversus eos similes Haeduorum querellae opem et auxilium nostrum flagitarent; utriusque victoriae testes Isara et Vindelicus amnes et impiger fluminum Rhodanus. Maximus barbaris terror elephanti fuere, immanitati gentium pares. . . . Utriusque victoriae quod quantumque gaudium fuerit vel hinc aestimari potest, quod et Domitius Ahenobarbus et Fabius

Maximus ipsis quibus dimicaverant locis saxeas erexerunt turres
et desuper exornata armis hostilibus tropaea fixerunt, cum hic
mos inusitatus fuerit nostris.

Victory of the proconsul Domitius over the Allobroges

App. *Celt.* 12 οἱ Σαλύων δύνασται, τοῦ ἔθνους ἡττηθέντος ὑπὸ
Ῥωμαίων, ἐς Ἀλλόβριγας κατέφυγον. καὶ αὐτοὺς ἐξαιτοῦντες οἱ
Ῥωμαῖοι στρατεύουσιν ἐπὶ τοὺς Ἀλλόβριγας οὐκ ἐκδιδόντας, ἡγου-
μένου σφῶν Γναίου Δομετίου.

Liv. *Ep.* lxi. Cn. Domitius proconsul adversus Allobrogas
ad oppidum Vindalium feliciter pugnavit. Quibus bellum inferendi causa fuit, quod Toutomotulum Salluviorum regem
fugientem recepissent et omni ope iuvissent, quodque Aeduorum
agros, *sociorum* populi Romani, vastassent.

Strabo iv. 1. 11 . . . κατὰ Οὔνδαλον πόλιν . . . ὅπου Γναῖος
Ἀηνόβαρβος μεγάλῃ μάχῃ πολλὰς ἐτρέψατο Κελτῶν μυριάδας.

Oros. v. 13 Gnaeus quoque Domitius proconsule Allobrogas
Gallos iuxta oppidum Vindalium gravissimo bello vicit, maxime
cum elephantorum nova forma equi hostium hostesque con-
territi diffugissent: xx milia ibi Allobrogum caesa referuntur,
tria milia capta sunt.

Sueton. *Nero* 2 (Cn. Domitius) Allobrogibus Arvernisque
superatis elephanto per provinciam vectus est turba militum
quasi inter sollemnia triumphi prosequente.

Fasti Triumph. (121–117 B.C.)

[121 B.C.] Q. Caecilius Q.f.Q.n. Metellus a. DCX[XXII]
Baliaric(us) pro co(n)s(ule) de Baliarib(us) pr. n[on – – –]. [?120–
117 B.C.] Q. Fabius Q. Aemiliani f.Q.n. an. DC[XXXIII]
Maximus pro co(n)s(ule) de Allobro[gibus] et rege Arvernorum
Betuito X k. [– – –][?120–117 B.C.] Cn. Domitius Cn.f. Cn.n.
Ahenobarb(us) a. D[CXXXIII?] pro co(n)s(ulc) de Galleis
Arv[e]rneis XVI k[– – –]. [117 B.C.] L. Caecilius L.f.Q.n.
Mete[ll]us ann. DCX[XXVI] Delmatic(us) pro co(n)s(ule) de
De[lma]teis III no[n – – –].

Victory of the consul Fabius over the Allobroges and Arverni

Caes. *B.G.* i. 45 Bello superatos esse Arvernos et Rutenos
a Quinto Fabio Maximo.

Liv. *Ep.* lxi. Q. Fabius Maximus consul, Pauli nepos, adversus Allobrogas et Bituitum Arvernorum regem feliciter

pugnavit. Ex Bituiti exercitu occisa milia cxx, ipse cum ad satis-
faciendum senatui Romam profectus esset, Albam custodiendus
datus est, quia contra pacem videbatur ut in Galliam remit-
teretur. . . . Allobroges in deditionem accepti.

Val. Max. ix. 6. 3 (Cn. Domitius) iratus Bituito, regi Arvernorum, quod suam et Allobrogum gentem se etiam tum in
provincia morante ad Q. Fabii successoris sui dexteram con-
fugere hortatus esset, per conloquii simulationem arcessitum
hospitioque exceptum vinxit ac Romam nave deportandum
curavit. Cuius factum senatus neque probare potuit neque
rescindere voluit, ne remissus in patriam Bituitus bellum re-
novaret. Igitur eum Albam custodiae causa relegavit.

App. *Celt.* 1 Φάβιος Μάξιμος ὁ Αἰμιλιανός, ὀλίγην κομιδῇ
στρατιὰν ἔχων, ἐπολέμησε τοῖς Κελτοῖς, καὶ δώδεκα μυριάδας αὐτῶν
ἐν μιᾷ μάχῃ κατέκανε . . . καὶ ταῦτα μέντοι ἔπραξε πιεζόμενος ὑπὸ
τραύματος ὑπογυίου.

Strabo iv. 1. 11 καθ' ὃ δὲ συμπίπτουσιν ὁ Ἴσαρ ποταμὸς καὶ
ὁ Ῥοδανὸς . . . Κόϊντος Φάβιος Μάξιμος Αἰμιλιανὸς οὐχ ὅλαις τρισὶ
μυριάσιν εἴκοσι μυριάδας Κελτῶν κατέκοψε, καὶ ἔστησε τρόπαιον
[cf. iv. 2. 3].

Plin. *Nat. Hist.* vii. 50. 166 Q. Fabius Maximuṣ consul,
apud flumen Isaram proelio commisso adversus Allobrogum
Arvernorumque gentes a. d. vi Idus Augustas, c̄x̄x̄x̄ perduel-
lium caesis, febri quartana liberatus est in acie.

Cf. *Fasti Triumph.* (quoted p. 48) [for the date see Broughton,
M.R.R. ii. 644].

The Via Domitia (120–117 B.C.?)

Degrassi *I.L.L.R.P.* i. n. 460a (milestone from Pont-de-Treilles,
Aude, France) Cn. Domitius Cn. f. Ahenobarbus imperator XX
[cf. Polyb. iii. 39. 8. On the conclusions drawn from the use of
Narbo as *caput viarum* see Degrassi's note *ad loc.* and below
p. 54].

[For the names of the later province in this region, see Plin.
Nat. Hist. iii. 3. 31 Narbonensis provincia . . . Bracata antea
dicta; Mela ii. 5. 1 fuit aliquando Bracata nunc Narbonensis;
Cic. *pro Mur.* 41. 89 Gallia Transalpina; id. *pro Quinct.* 3. 12.
Gallia; cf. Val. Max. iii. 7. 6 (quoted p. 123).]

B.C. 120 · A.U.C. 634

Consuls, P. MANILIUS, C. PAPIRIUS CARBO
Censors, Q. CAECILIUS METELLUS BALIARICUS, L. CALPURNIUS PISO
FRUGI

INTERNAL HISTORY

Accusation and Acquittal of L. Opimius

Liv. *Ep.* lxi. L. Opimius accusatus apud populum a *P.* (*Mss.* Q)
Decio tribuno plebis, quod indemnatos cives in carcerem con-
iecisset, absolutus est.

Cic. *pro Sest.* 67. 140 (Opimium) flagrantem invidia propter
interitum C. Gracchi [semper] ipse populus Romanus periculo
liberavit.

Cic. *de Orat.* ii. 30. 132 Interfecit Opimius Gracchum. Quid
facit causam? quod rei publicae causa cum ex senatus consulto ad arma vocasset. Hoc tolle, causa non erit. At id ipsum
negat contra leges licuisse Decius. Veniet igitur in iudicium
licueritne ex senatus consulto servandae rei publicae causa?
(134) Nihil pertinet ad oratoris locos Opimi persona, nihil
Deci; de ipso [enim] universo genere infinita quaestio est,
num poena videatur esse adficiendus, qui civem ex senatus
consulto patriae conservandae causa interemerit, cum id per
leges non liceret . . . Quin etiam in eis ipsis, ubi de facto ambi-
gitur, ceperitne pecunias contra leges [P.] Decius, argumenta et
criminum et defensionis revocentur oportet ad genus et [ad]
naturam universam [on Decius see Badian, *J.R.S.* 1956. 91 ff.].

Id. *Part. Orat.* 30. 104 Prima adversariorum contentio diffu-
sam habet quaestionem, ut in coniectura: ceperitne pecunias
Decius; . . . in aequitate: iurene occiderit Opimius Gracchum. . . . In eis autem causis, ubi aliquid recte factum . . .
defenditur, cum est facti subiecta ratio, sicut ab Opimio: Iure
feci, salutis omnium et conservandae rei publicae causa, rela-
tumque ab Decio est: ne sceleratissimum quidem civem sine
iudicio iure ullo necare potuisti, oritur illa disceptatio: potueritne
recte salutis rei publicae causa civem eversorem civitatis in-
demnatum necare?

Id. *de Orat.* ii. 25. 106 Cum L. Opimi causam defendebat apud
populum, . . . C. Carbo consul nihil de C. Gracchi nece negabat,
sed id iure . . . factum esse dicebat.

Ib. ii. 39. 165 Si ex vocabulo, ut Carbo: Si consul est qui consulit patriae, quid aliud fecit Opimius?

Ib. ii. 40. 170 Non si Opimium defendisti, Carbo, idcirco te isti bonum civem putabunt [cf. Cic. *Brut.* 34. 128 (quoted p. 69) and p. 16 above].

Recall of P. Popillius Laenas, consul of 132

Cic. *Brut.* 34. 128 L. Bestia . . . P. Popillium vi C. Gracchi expulsum sua rogatione restituit [cf. *post Red. in Sen.* 15. 38; *post Red. ad Quir.* 4. 10].

Prosecution of Q. Mucius Scaevola for extortion

Cic. *Brut.* 26. 102 Mucius autem augur, quod pro se opus erat, ipse dicebat, ut de pecuniis repetundis contra T. Albucium [cf. *de Orat.* ii. 70. 281 absoluto Scaevola; *de Fin.* i. 3. 8; Lucil. *Sat.* Bk. ii. fr. 88 M.].

Triumviri in Carthage c. 120 B.C.(?)

C.I.L. I². 696 (from Carthage; on a fragment of marble, lettering of the imperial era) – – – Galbae| – – [Pa]piri Carbonis| [L. Calpu]rni Bestia[e]. [See Degrassi, *I.L.L.R.P.* i. n. 475 and note.]

B.C. 119 · A.U.C. 635

Consuls, L. CAECILIUS METELLUS DELMATICUS, L. AURELIUS COTTA

INTERNAL HISTORY

Agrarian Law

App. *Bell. Civ.* i. 27 νόμος τε οὐ πολὺ ὕστερον ἐκυρώθη, τὴν γῆν, ὑπὲρ ἧς διεφέροντο, ἐξεῖναι πιπράσκειν τοῖς ἔχουσιν (perhaps in 121 B.C.)· ἀπείρητο γὰρ ἐκ Γράκχου τοῦ προτέρου καὶ τόδε. καὶ εὐθὺς οἱ πλούσιοι παρὰ τῶν πενήτων ἐωνοῦντο, ἢ ταῖσδε ταῖς προφάσεσιν ἐβιάζοντο. καὶ περιῆν ἐς χεῖρον ἔτι τοῖς πένησι, μέχρι Σπούριος Θόριος δημαρχῶν ἐσηγήσατο νόμον, τὴν μὲν γῆν μηκέτι διανέμειν, ἀλλ' εἶναι τῶν ἐχόντων, καὶ φόρους ὑπὲρ αὐτῆς τῷ δήμῳ κατατίθεσθαι, καὶ τάδε τὰ χρήματα χωρεῖν ἐς διανομάς (for a proposed διανομή cf. Plut. *Mar.* 4, below) ... καὶ τοὺς φόρους οὐ πολὺ ὕστερον διέλυσε δήμαρχος ἕτερος (perhaps in 111 B.C.; see under that year), καὶ ὁ δῆμος ἀθρόως ἁπάντων ἐξεπεπτώκει. ὅθεν ἐσπάνιζον ἔτι μᾶλλον ὁμοῦ πολιτῶν τε καὶ στρατιωτῶν καὶ γῆς προσόδου καὶ διανομῶν καὶ νομῶν, πεντεκαίδεκα μάλιστα ἔτεσιν ἀπὸ τῆς Γράκχου νομοθεσίας (i.e. in 119 or 118 B.C.), ἐπὶ δίκαις ἐν ἀργίᾳ γεγονότες [for Spurius Thorius see Index *s.v.* Thorius].

[Cf. the *Lex Agraria* of 111 B.C. (p. 66 below), with which Appian's third law has often been identified.]

Tribunate of Marius; his law on voting

Plut. *Mar.* 4 τὸν δ' οὖν Μάριον καὶ τυχεῖν δημαρχίας Κεκιλίου Μετέλλου σπουδάσαντος οὗ τὸν οἶκον ἐξ ἀρχῆς καὶ πατρόθεν ἐθεράπευεν. ἐν ... τῇ δημαρχίᾳ νόμον τινὰ περὶ ψηφοφορίας γράφοντος αὐτοῦ δοκοῦντα τῶν δυνατῶν ἀφαιρεῖσθαι τὴν περὶ τὰς κρίσεις ἰσχύν, ἐνιστάμενος Κόττας ὁ ὕπατος συνέπεισε τὴν βουλὴν τῷ μὲν νόμῳ μάχεσθαι, τὸν δὲ Μάριον καλεῖν λόγον ὑφέξοντα.

Cic. *de Leg.* iii. 17. 38 Pontes ... lex Maria fecit angustos.

Plut. *Mar.* 4 καὶ λαμπρὸς ἐξελάσας ὁ Μάριος εἰς τὸ πλῆθος ἐκύρωσε τὸν νόμον, δόξας ἄκαμπτος μὲν εἶναι πρὸς φόβον, ἄτρεπτος δὲ ὑπ' αἰδοῦς, δεινὸς δὲ κατὰ τῆς βουλῆς ἀνίστασθαι χάριτι τῶν πολλῶν δημαγωγῶν. οὐ μὴν ἀλλὰ ταύτην μὲν ταχέως μετέστησεν ἑτέρῳ πολιτεύματι τὴν δόξαν. νόμου γὰρ εἰσφερομένου περὶ σίτου διανομῆς τοῖς πολίταις ἐναντιωθεὶς ἐρρωμενέστατα καὶ κρατήσας, εἰς τὸ ἴσον ἑαυτὸν κατέστησε τῇ τιμῇ πρὸς ἀμφοτέρους ὡς μηδετέροις παρὰ τὸ συμφέρον χαριζόμενος.

Prosecution of C. Papirius Carbo

Cic. *Brut.* 43. 159 Crassus ... accusavit C. Carbonem, eloquentissimum hominem, admodum adulescens [cf. *de Orat.* i. 10. 40].

Id. *in Verr.* iii. 1. 3 Itaque hoc, iudices, ex ... L. Crasso saepe auditum est, cum se nullius rei tam paenitere diceret quam quod C. Carbonem unquam in iudicium vocavisset.

Val. Max. vi. 5. 6 (L. Crassus) C. Carbonis nomen infesto animo utpote inimicissimi sibi detulerat, sed tamen scrinium eius a servo adlatum ad se, complura continens quibus facile opprimi posset, ut erat signatum cum servo catenato ad eum remisit.

Cic. *ad Fam.* ix. 21. 3 (C. Carbo) accusante L. Crasso cantha- *
ridas sumpsisse dicitur. Is et tribunus plebis seditiosus, et P.
Africano vim attulisse existimatus est [cf. Val. Max. iii. 7. 6].

EXTERNAL HISTORY

Defeat of Sex. Pompeius by the Scordisci

S.I.G³. 700 (from Lete in Macedonia) l. 10 ἐν δὲ τῶι παρόντι
καιρῶι καὶ τοῦ τῶν Γαλα|τῶν ἔθνους συναχθέντος καὶ ἐπιστρατεύσαν-
τος εἰς τοὺς κα|τὰ Ἄργος τόπους στρατοπέδωι μείζονι, ἐφ' οὓς καὶ
ἐκπορευθέ[ν|τ]ος Σέξτου Πομπηΐου τοῦ στρατηγοῦ καὶ παραταξα-
μένου μετὰ | [τ]ῶν ἰδίων στρατιωτῶν, ὃν καὶ συνβάντος ἐν τῆι μάχηι
τελευτῆσαι, || θλιβομένων γε διὰ τὴν αἰτίαν ταύτην τῶν στρατιωτῶν,
ἐπεξελ|θὼν Μάαρκος (sc. M. Annius) ὁ ταμίας ἔχων τοὺς ὑφ'
ἑαυτὸν τεταγμένους ἐτρέ|[ψ]ατο τοὺς ὑπεναντίους καὶ τοῦ τε πτώ-
ματος ἐκράτησεν καὶ πο[λ]λοὺς αὐτῶν ἀπέκτεινεν − − | − τῶν τε ἐν
τοῖς προκειμένοις τόποις φρουρῶν προνοηθεὶς τῆς || σωτηρίας μετ-
επέμψατο εἰς τὴν παρενβολήν, μετ' οὐ πολλὰς δὲ | ἡμέρας ἐπισυν-
αχθέντων τῶν Γαλατῶν ἱππέων ἔτι πλειόνων κ[αὶ] | συνεπελθόντος
μετ' αὐτῶν Τίπα τοῦ τῶν Μαίδων δυνάστου μετ' ὄχλ[ου | π]λείονος,
ἔστεξεν τὴν ἐπιφερομένην τῶν βαρβάρων ὁρμὴν καὶ ἐτέ||[ρ]ους μὲν
στρατιώτας ἐπὶ συμμαχίαν παρὰ τῶν Μακεδόνων οὐ κέκρικε || μετα-
πέμψασθαι διὰ τὸ μὴ βούλεσθαι θλίβειν τὰς πόλεις τοῖς ὀψωνίοι[ς], |
προελόμενος δὲ μένειν τοὺς ὄχλους ἐπὶ τῶν ἔργων κτλ. (dated
ἔτους θ' καὶ κ', Πανήμου κ' (July 119 B.C.)).

B.C. 118 · A.U.C. 636

EXTERNAL HISTORY

Gaul. Foundation of Narbo Martius

Vellei. ii. 7 Porcio Marcioque consulibus deducta colonia
Narbo Martius [cf. i. 15].

Cic. *Brut.* 43. 160 (Crassus) voluit adulescens in colonia
Narbonensi causae popularis aliquid attingere eamque coloniam,
ut fecit, ipse deducere. Exstat in eam legem senior, ut ita
dicam, quam illa aetas ferebat oratio.

Id. *pro Cluent.* 51. 140 (Crassus) in dissuasione rogationis eius quae contra coloniam Narbonensem ferebatur, quantum potest, de auctoritate senatus detrahit [cf. *de Orat.* ii. 55. 223; Quintil. *Inst. Or.* vi. 3. 44].

Cic. *pro Font.* 5. 13 Est in eadem provincia (Gallia) Narbo Martius, colonia nostrorum civium, specula populi Romani ac propugnaculum istis ipsis nationibus oppositum et obiectum.

Plin. *Nat. Hist.* iii. 4. 32 Narbo Martius Decumanorum colonia xii M pass. a mari distans [cf. Cic. *pro Font.* 15. 34; Diodor. v. 38. 5; Eutrop. iv. 23].

See p. 49 above, and Appendix III. Coins A. 1

Conquest of the Stoeni

Liv. *Ep.* lxii. Q. Marcius consul Stynos gentem Alpinam expugnavit.

Oros. v. 14 Q. Marcius consul Gallorum gentem sub radice Alpium sitam bello adgressus est.

Fast. Triumph. Q. Marcius Q. f. Q. n. Rex pro co(n)s(ule) an. DCX[XXVI] de Liguribus Stoeneis III non. De[c]. (after Delmaticus, 117 B.C.).

Illyrian Campaign of L. Caecilius Metellus Delmaticus

Liv. *Ep.* lxii. L. Caecilius Metellus Dalmatas subegit.

App. *Illyr.* 11 Καικίλιος Μέτελλος ὑπατεύων οὐδὲν ἀδικοῦσι τοῖς Δαλμάταις ἐψηφίσατο πολεμεῖν ἐπιθυμίᾳ θριάμβου, καὶ δεχομένων αὐτὸν ἐκείνων ὡς φίλον διεχείμασε παρ' αὐτοῖς ἐν Σαλώνῃ πόλει, καὶ ἐς 'Ρώμην ἐπανῆλθε καὶ ἐθριάμβευσεν.

Fast. Triumph., L. Caecilius L. f. Q. n. Mete[ll]us ann. DCX-[XXVI] Delmatic(us) pro co(n)s(ule) de De[lma]teis III no[n. ---]. (117 B.C.)

Numidia; death of Micipsa

Liv. *Ep.* lxii. Micipsa Numidiae rex mortuus regnum tribus filiis reliquit, Adherbali Hiempsali Iugurthae, fratris filio, quem adoptaverat.

Sall. *Iug.* 11 Micipsa . . . moritur . . . reguli in unum convenerunt, ut inter se de cunctis negotiis disceptarent. . . . Ibi quom multa de administrando imperio dissererent . . . (12) propter dissensionem placuerat dividi thesauros finisque imperi singulis constitui.

B.C. 117 · A.U.C. 637

Consuls, L. CAECILIUS METELLUS DIADEMATUS, Q. MUCIUS Q.f. Q.n.
SCAEVOLA (AUGUR)

INTERNAL HISTORY

Marius an unsuccessful candidate for the Aedileship

Plut. *Mar.* 5 μετὰ δὲ τὴν δημαρχίαν ἀγορανομίαν τὴν μείζονα
παρήγγειλε. . . . ὡς οὖν ὁ Μάριος φανερὸς ἦν λειπόμενος ἐν ἐκείνῃ,
ταχὺ μεταστὰς αὖθις ᾔτει τὴν ἑτέραν. δόξας δὲ θρασὺς εἶναι καὶ
αὐθάδης ἀπέτυχε [cf. Cic. *pro Planc.* 21. 51; Val. Max. vi.
9. 14].

B.C. 116 · A.U.C. 638

Consuls, C. LICINIUS GETA, Q. FABIUS MAXIMUS

INTERNAL HISTORY

Marius elected to the Praetorship; accused of 'ambitus'

Val. Max. vi. 9. 14 Praeturae candidatus supremo in loco
adhaesit, quem tamen non sine periculo obtinuit: ambitus
enim accusatus vix atque aegre absolutionem ab iudicibus
impetravit.

Plut. *Mar.* 5 ταῖς πρώταις ἡμέραις ἐν τῇ δίκῃ κακῶς πράττων ὁ
Μάριος καὶ χαλεποῖς χρώμενος τοῖς δικασταῖς τῇ τελευταίᾳ παρα-
λόγως ἀπέφυγεν ἴσων τῶν ψήφων γενομένων.

EXTERNAL HISTORY

Annexation of Phrygia Maior (See p. 25).

O.G.I.S. 436 (from Phrygia Maior) [- - - ο]ὕτως | [- - - ν
διωρθώ||[θη - - -] ἐγένετο πρό||[τερον - - -]ος ταῦτα κύρια μέ||[νειν
- - - δόγ]μα συγκλήτου. [Περὶ ὧν Κόιντος Φάβιος - - - υἱὸς
Μάξιμος, Γ]άιος Λικίννιος Ποπλίου | [υἱὸς Γέτας ὕπατοι λόγους
ἐποιήσαν]το, περὶ τούτου πράγματος οὕ||[τως ἔδοξεν· ὅσα βασιλεὺς
Μιθραδάτη]ς ἔγραψεν ἢ ἔδωκέν τισιν ἢ ἀφεῖ||[κεν, ἵνα ταῦτα κύρια
μείνῃ οὕτω καθὼς] ἐδωρήσατο εἰς ἐσχάτην ἡμέραν, || [περὶ δὲ τῶν
λοιπῶν ἵνα κρίνωσιν οἱ δέκα] πρεσβευταὶ εἰς Ἀσίαν διαβάντες.

*Numidia; ambassadors sent from Rome to divide
the kingdom*

Liv. *Ep.* lxii. Iugurtha Hiempsalem fratrem petit bello, qui
victus occidit*ur*. Adherbalem regno expulit. is a senatu restitutus est.

Sall. *Iug.* 13 Fama tanti facinoris (the death of Hiempsal)
per omnem Africam brevi divolgatur. Adherbalem omnisque,
qui sub imperio Micipsae fuerant, metus invadit. In duas
partis discedunt Numidae: plures Adherbalem secuntur, sed
illum alterum bello meliores. . . . Adherbal, tametsi Romam
legatos miserat, qui senatum docerent de caede fratris et fortunis
suis, tamen fretus multitudine militum parabat armis contendere
. . . victus ex proelio profugit in provinciam ac deinde Romam
contendit. Tum Iugurtha . . . cum auro et argento multo
Romam legatos mittit. . . . Die constituto senatus utrisque datur.
. . . (15) Senatus statim consulitur. Fautores legatorum . . .
Iugurthae virtutem extollere laudibus . . . at contra pauci . . .
subveniendum Adherbali . . . censebant, sed ex omnibus maxume
Aemilius Scaurus, homo nobilis impiger factiosus, avidus potentiae honoris divitiarum, ceterum vitia sua callide occultans. . . .
(16) Decretum fit, uti decem legati regnum . . . inter Iugurtham
et Adherbalem dividerent. Quoius legationis princeps fuit L.
Opimius, homo clarus et tum in senatu potens, quia consul
C. Graccho et M. Fulvio Flacco interfectis acerrume victoriam
nobilitatis in plebem exercuerat. . . . Pars Numidiae . . . opu-
lentior Iugurthae traditur, illam alteram . . . Adherbal possedit
[cf. Florus i. 36 (iii. 1)].

Consuls, M. AEMILIUS SCAURUS, M. CAECILIUS METELLUS

INTERNAL HISTORY

Consulship of Scaurus

[Victor] *de Vir. Ill.* 72 (Scaurus) P. Decium praetorem,
transeunte ipso sedentem, iussit assurgere, eique vestem scidit,
sellam concidit; ne quis ad eum in ius iret, edixit.

Praetorship of C. Marius

Plut. *Mar.* 6 ἐν μὲν οὖν τῇ στρατηγίᾳ μετρίως ἐπαινούμενον ἑαυτὸν παρέσχε.

Censors, L. CAECILIUS METELLUS DIADEMATUS, CN. DOMITIUS AHENOBARBUS.

The Censorship

Liv. *Ep.* lxiii. L. Caecilius Metellus Cn. Domitius Ahenobarbus censores duos et triginta senatu moverunt [cf. Plut. Mar. 5].
Cassiodor. *Chron.* His consulibus L. Metellus et Cn. Domitius censores artem ludicram ex urbe removerunt praeter Latinum tibicinem cum cantore et ludum talarium.

M. Aemilius Scauius chosen Princeps Senatus (?)

Plin. *Nat. Hist.* viii. 57. 223 (see below).
Sall. *Jug.* 25. 4. (112 B.C.) M. Scaurus . . . consularis et tum senatus princeps (see Broughton *M.R.R.* i. 533 note 2).

Leges Aemiliae (of cos. M. Aemilius Scaurus)

[Victor] *de Vir. Ill.* 72 Consul legem de sumptibus et libertinorum suffragiis tulit.
Gell. ii. 24. 12. Aemiliam quoque legem invenimus, qua lege non sumptus cenarum, sed ciborum genus et modus praefinitus est.
Plin. *Nat. Hist.* viii. 57 (82) 223 Saurices et ipsos hieme condi auctor est Nigidius, sicut glires, quos censoriae leges princepsque M. Scaurus in consulatu non alio modo cenis ademere *ac* conchylia aut ex alio orbe convectas aves.

EXTERNAL HISTORY

Ligurian and Gallic War; victories of Scaurus

[Victor] *de Vir. Ill.* 72 Consul (Aemilius Scaurus) Ligures et Gantiscos domuit, atque de his triumphavit.
Fast. Triumph. M. Aemilius M. f. L. n. Scaurus co(n)s(ul) [an.] DCXXXIIX de Galleis Karneis V[– – – Dec].

Drainage works in Po valley (109 or 115 B.C.)

Strab. v. 1. 11 (217c) εἰς δὲ ῾Ραούενναν κατάπλους τῷ Πάδῳ δυεῖν ἡμερῶν καὶ νυκτῶν. πολὺ δὲ καὶ τῆς ἐντὸς τοῦ Πάδου κατείχετο

58 B.C. 115 · A.U.C. 639

ὑπὸ ἑλῶν . . . ἀλλ' ἀνέψυξε τὰ πεδία ὁ Σκαῦρος διώρυγας πλωτὰς
ἀπὸ τοῦ Πάδου μέχρι Πάρμης ἄγων. . . . οὗτος δὲ ὁ Σκαῦρός
ἐστιν ὁ καὶ τὴν Αἰμιλίαν ὁδὸν στρώσας τὴν διὰ Πισῶν καὶ Λούνης
μέχρι Σαβάτων κἀντεῦθεν δὲ Δέρθωνος. [See below, p. 70.]

Conditions in Achaea

Dittenberger, *S.I.G.*³ 684 (from Dyme) [for the date of Q.
Fabius Maximus, proconsul, see Broughton *M.R.R.* ii. 644].

B.C. 114 · A.U.C. 640

Consuls, M'. ACILIUS BALBUS, C. PORCIUS CATO

INTERNAL HISTORY

The Census

Liv. *Ep.* lxiii. Lustrum a censoribus conditum est: censa
sunt civium capita trecenta nonaginta quattuor milia, trecenta
triginta sex.

First trial of the Vestals; human sacrifice in the Forum Boarium

Oros. v. 15 L. Veturius eques Romanus Aemiliam virginem
Vestalem furtivo stupro polluit. Duas praeterea virgines Vestales
eadem Aemilia . . . contubernalibus sui corruptoris exposuit ac
tradidit. Indicio per servum facto supplicium de omnibus sum-
ptum est.

Plut. *Quaest. Rom.* 83 (The Romans) δύο μὲν ἄνδρας δύο δὲ
γυναῖκας ἐν τῇ βοῶν ἀγορᾷ λεγομένῃ, τοὺς μὲν Ἕλληνας, τοὺς δὲ
Γαλάτας, ζῶντας κατώρυξαν. . . . ἐμήνυσε Βάρρου (*Ihne βαρβάρου
MS.*) τινὸς ἱππικοῦ θεράπων τρεῖς παρθένους τῶν ἑστιάδων, Αἰμιλίαν καὶ Λικινίαν καὶ Μαρτίαν, ὑπὸ ταὐτὸ διεφθαρμένας καὶ συνούσας
πολὺν χρόνον ἀνδράσιν, ὧν εἷς ἦν Βετούτιος Βάρρος (*Ihne βάρβαρος
MS.*) τοῦ μηνυτοῦ δεσπότης.

Porphyrio *ad Hor. Sat.* i. 6. 30 Hic Barrus vilissimae libi-
dinosaeque admodum vitae fuit, adeo ut Aemiliam virginem
Vestae incestasse dictus sit.

Dio Cass. fr. 87. 5 (Boiss.) Μάνιός τις, ὅσπερ που καὶ τοῦ
παντὸς κακοῦ πρῶτος καὶ ὑπηρέτης καὶ συνεργὸς ἐγεγόνει, κατεμήνυ-
σεν αὐτό, ὅτι μήτε ἐλευθερίας μήτ' ἄλλου μηδενὸς ὧν ἤλπισεν ἔτυχεν.

Macrob. *Sat.* i. 10. 5 Masurius et alii uno die id est quarto
decimo Kalendas Ianuarias fuisse Saturnalia crediderunt, quorum
sententiam Fenestella confirmat, dicens Aemiliam virginem xv
Kalendarum Ianuariarum esse damnatam. . . . Deinde adicit
'sequebantur eum diem Saturnalia.' Mox ait 'postero autem
die, qui fuit xiii Kalendarum Ianuariarum, Liciniam virginem
ut causam diceret iussam' [cf. Ascon. *in Milon.* p. 45C, quoted
p. 60].

EXTERNAL HISTORY

Thrace. The cos. C. Porcius Cato routed by the Scordisci

Liv. *Ep.* lxiii. C. Porcius consul in Thracia male adversus
Scordiscos pugnavit.
Florus i. 39 (iii. 4) Saevissimi omnium Thracum Scordisci
fuere. . . . Non fusus modo ab his aut fugatus, sed . . . omnino
totus interceptus exercitus quem duxerat Cato [cf. Eutrop.
iv. 24].

Marius pro-praetor in Spain

Plut. *Mar.* 6 μετὰ δὲ τὴν στρατηγίαν κλήρῳ λαβὼν τὴν ἐκτὸς
Ἰβηρίαν λέγεται καθᾶραι λῃστηρίων τὴν ἐπαρχίαν ἀνήμερον οὖσαν
ἔτι τοῖς ἐθισμοῖς καὶ θηριώδη καὶ τὸ λῃστεύειν οὔπω τότε τῶν
Ἰβήρων οὐχὶ κάλλιστον ἡγουμένων.
Cic. *in Verr.* iii. 90. 209 Proferes hos recentis . . . C. Marium
. . . qui omnes provincias habuerunt et frumentum cellae
nomine imperaverunt.

Numidia. Jugurtha attacks Adherbal

Sall. *Iug.* 20 Postquam diviso regno legati Africa decessere
. . . certum esse ratus (Iugurtha) . . . omnia Romae venalia
esse . . . in regnum Adherbalis animum intendit. . . . Ille . . .
legatos ad Iugurtham de iniuriis questum misit. . . . Contu-
meliosa dicta rettulerant. . . . Magno exercitu conparato bellum
gerere coepit (Iugurtha) et aperte totius Numidiae imperium
petere.

B.C. 113 · A.U.C. 641

Consuls, C. CAECILIUS METELLUS CAPRARIUS, CN. PAPIRIUS CARBO

INTERNAL HISTORY

Rogatio Peducaea, and second trial of the Vestals

Cic. *de Nat. Deor.* iii. 30. 74 Cognosce alias quaestiones . . . de incestu rogatione Peducaea.

Ascon. *in Milon.* p. 45C Quo tempore Sex. Peducaeus tribunus plebis criminatus est L. Metellum pontificem maximum totumque collegium pontificum male iudicasse de incesto virginum Vestalium, quod unam modo Aemiliam damnaverat, absolverat autem duas, Marciam et Liciniam, populus . . . Cassium creavit qui de eisdem virginibus quaereret. Isque et utrasque eas et praeterea complures alias nimia etiam, ut existimatio est, asperitate usus damnavit.

Cic. *Brut.* 43. 159 defendit (Crassus) postea (*sc.* after prosecution of C. Carbo) Liciniam virginem, cum annos xxvii natus esset. [For the date cf. id. *ib.* 161, quoted p. 80.]

[On Licinia see Cic. *de Dom.* 53. 136, quoted p. 40.]

Val. Max. iii. 7. 9 M. Antonius ille disertus . . . quaestor proficiscens in Asiam, Brundisium iam pervenerat, ubi litteris certior incesti se postulatum apud L. Cassium praetorem, cuius tribunal propter nimiam severitatem scopulus reorum dicebatur, cum id vitare beneficio legis Memmiae liceret, quae eorum qui rei publicae causa abessent, recipi nomina vetabat, in urbem tamen recurrit [cf. Val. Max. vi. 8. 1].

Cic. *Brut.* 32. 122 Curio fuit igitur eiusdem aetatis fere sane illustris orator, cuius de ingenio ex orationibus eius existimari potest: sunt enim et aliae et pro Ser. Fulvio de incestu nobilis oratio.

Id. *de Inv.* i. 43. 80 Si id, quod raro fit, fieri omnino negatur, ut Curio pro Fulvio: 'Nemo potest uno aspectu neque praeteriens in amorem incidere' [cf. [Cic.] *ad Herenn.* ii. 20. 33].

Obsequens 37 (97)Tres uno tempore virgines Vestales nobilissimae cum aliquot equitibus Romanis incesti poenas subierunt. Aedes Veneri Verticordiae facta.

Trial of C. Porcius Cato for extortion

Vellei. ii. 8 C. Cato consularis . . . repetundarum ex Macedonia damnatus est, cum lis eius HS quattuor milibus aestimaretur.

Cic. *in Verr*. iii. 80. 184 Qua in civitate C. Catoni, . . . clarissimo viro, consulari homini HS v̄iii lis aestimata sit, in eadem civitate apparitori . . . esse concessum ut HS terdeciens uno nomine auferret?

Ib. iv. 10. 22 (C. Cato) cum consul fuisset, condemnatus est.

EXTERNAL HISTORY

First appearance of the Cimbri and Teutones on the borders of Italy

Tac. *Germ*. 37 Sescentesimum et quadragesimum annum urbs nostra agebat, cum primum Cimbrorum audita sunt arma Caecilio Metello et Papirio Carbone consulibus.

Eutrop. iv. 25 C. Caecilio Metello et Cn. Carbone consulibus . . . . nuntiatum . . . Romae est Cimbros e Gallia in Italiam transisse.

Origin and Migrations of the Cimbri and Teutones

Strabo vii. 2. 1 περὶ δὲ Κίμβρων τὰ μὲν οὐκ εὖ λέγεται, τὰ δ' ἔχει πιθανότητας οὐ μετρίας. οὔτε γὰρ τὴν τοιαύτην αἰτίαν τοῦ πλάνητας γενέσθαι καὶ ληστρικοὺς ἀποδέξαιτ' ἄν τις, ὅτι χερρόνησον οἰκοῦντες μεγάλῃ πλημμυρίδι ἐξελαθεῖεν ἐκ τῶν τόπων· καὶ γὰρ νῦν ἔχουσι τὴν χώραν ἣν εἶχον πρότερον. . . . (2) ταῦτά τε δὴ δικαίως ἐπιτιμᾷ τοῖς συγγραφεῦσι Ποσειδώνιος, καὶ οὐ κακῶς εἰκάζει, διότι ληστρικοὶ ὄντες καὶ πλάνητες οἱ Κίμβροι καὶ μέχρι τῶν περὶ τὴν Μαιῶτιν ποιήσαιντο στρατείαν, ἀπ' ἐκείνων δὲ καὶ ὁ Κιμμέριος κληθείη Βόσπορος, οἷον Κιμβρικός, Κιμμερίους τοὺς Κίμβρους ὀνομασάντων τῶν Ἑλλήνων. φησὶ δὲ καὶ Βοίους τὸν Ἑρκύνιον δρυμὸν οἰκεῖν πρότερον, τοὺς Κίμβρους ὁρμήσαντας ἐπὶ τὸν τόπον τοῦτον, ἀποκρουσθέντας ὑπὸ τῶν Βοίων ἐπὶ τὸν Ἴστρον καὶ τοὺς Σκορδίσκους Γαλάτας καταβῆναι, εἶτ' ἐπὶ Τευρίστας καὶ Ταυρίσκους, καὶ τούτους Γαλάτας, εἶτ' ἐπὶ Ἑλουηττίους . . . ὁρῶντας δὲ τὸν ἐκ τῶν ληστηρίων πλοῦτον ὑπερβάλλοντα τοῦ παρ' ἑαυτοῖς τοὺς Ἑλουηττίους ἐπαρθῆναι, μάλιστα δ' αὐτῶν Τιγυρίνους τε καὶ Τωυγένους, ὥστε καὶ συνεξορμῆσαι. . . . (3) ἔθος δέ τι τῶν Κίμβρων διηγοῦνται τοιοῦτον, ὅτι ταῖς γυναιξὶν αὐτῶν συστρατευούσαις παρηκολούθων προμάντεις ἱέρειαι πολιότριχες λευχείμονες, καρπασίνας ἐφαπτίδας ἐπιπεπορπημέναι, ζῶσμα χαλκοῦν ἔχουσαι, γυμνόποδες· τοῖς οὖν αἰχμαλώτοις διὰ τοῦ στρατοπέδου συνήντων ξιφήρεις, καταστρέψασαι δ' αὐτοὺς ἦγον ἐπὶ κρατῆρα χαλκοῦν ὅσον ἀμφορέων εἴκοσιν· εἶχον δὲ ἀναβάθραν, ἣν ἀναβᾶσα . . . ὑπερπετὴς τοῦ λέβητος ἐλαιμοτόμει ἕκαστον μετεωρισθέντα· ἐκ δὲ τοῦ προχεομένου αἵματος εἰς τὸν κρατῆρα μαντείαν τινὰ ἐποιοῦντο, ἄλλαι δὲ διασχίσασαι ἐσπλάγχνευον ἀναφθεγγόμεναι νίκην τοῖς οἰκείοις. ἐν δὲ τοῖς ἀγῶσιν ἔτυπτον τὰς βύρσας τὰς περιτεταμένας τοῖς γέρροις τῶν ἁρμαμαξῶν, ὥστε ἀποτελεῖσθαι ψόφον ἐξαίσιον. (4) τῶν δὲ Γερμανῶν, ὡς εἶπον, οἱ μὲν προσάρκτιοι παροικοῦσι τῷ ὠκεανῷ . . . τούτων δ' εἰσὶ γνωριμώτατοι Σούγαμβροί τε καὶ Κίμβροι.

Id. ii. 3. 6 εἰκάζει δὲ (Ποσειδώνιος) καὶ τὴν τῶν Κίμβρων καὶ τῶν συγγενῶν ἐξανάστασιν ἐκ τῆς οἰκείας γενέσθαι κατὰ θαλάττης ἔφοδον, οὐκ ἀθρόαν συμβᾶσαν. [Cf. Posidonius fr. 28(6) and 31 (F. Gr. H.) with Jacoby's notes.]

Id. iv. 4. 3 τούτων δὲ (i.e. the Gallic tribes) τοὺς Βέλγας ἀρίστους φασίν . . . ὥστε μόνους ἀντέχειν πρὸς τὴν τῶν Γερμανῶν ἔφοδον, Κίμβρων καὶ Τευτόνων.

Plin. Nat. Hist. iv. 14. 99 Germanorum genera quinque: Vandili quorum pars Burgodiones, Varinnae, Charini, Gutones. Alterum genus Inguaeones quorum pars Cimbri, Teutoni ac Chaucorum gentes. Proxumi autem Rheno Istuaeones, quorum [. . .]

Ib. xxxvii. 2. 35 Credidit . . . Pytheas Guionibus, Germaniae genti, accoli aestuarium oceani Metuonidis nomine spatio stadiorum sex milium; ab hoc diei navigatione abesse insulam Abalum; illo per ver fluctibus advehi (sucinum) et esse concreti maris purgamentum; incolas pro ligno ad ignem uti eo proximisque Teutonis vendere.

Tac. Germ. 37 Eundem Germaniae sinum proximi Oceano Cimbri tenent, parva nunc civitas, sed gloria ingens. . . .

Plut. Mar. 11 μυριάδες μὲν γὰρ αἱ μάχιμοι τριάκοντα σὺν ὅπλοις ἐχώρουν, ὄχλοι δὲ παίδων καὶ γυναικῶν ἐλέγοντο πολλῷ πλείους συμπεριάγεσθαι, γῆς χρήζοντες ἢ θρέψει τοσοῦτον πλῆθος. . . . καὶ μάλιστα μὲν εἰκάζοντο Γερμανικὰ γένη τῶν καθηκόντων ἐπὶ τὸν βόρειον ὠκεανὸν εἶναι τοῖς μεγέθεσι τῶν σωμάτων καὶ τῇ χαροπότητι τῶν ὀμμάτων, καὶ ὅτι Κίμβρους ἐπονομάζουσι Γερμανοὶ τοὺς λῃστάς. εἰσὶ δὲ οἱ τὴν Κελτικὴν διὰ βάθος χώρας καὶ μέγεθος ἀπὸ τῆς ἔξω θαλάσσης καὶ τῶν ὑπαρκτίων κλιμάτων πρὸς ἥλιον ἀνίσχοντα κατὰ τὴν Μαιῶτιν ἐπιστρέφουσαν ἅπτεσθαι τῆς

Ποντικῆς Σκυθίας λέγουσι, κἀκεῖθεν τὰ γένη μεμεῖχθαι. τούτους
ἐξαναστάντας οὐκ ἐκ μιᾶς ὁρμῆς οὐδὲ συνεχῶς, ἀλλὰ ἔτους ὥρᾳ καθ᾽
ἕκαστον ἐνιαυτὸν εἰς τοὔμπροσθεν ἀεὶ χωροῦντας πολέμῳ χρόνοις
πολλοῖς ἐπελθεῖν τὴν ἤπειρον. διὸ καὶ πολλὰς κατὰ μέρος ἐπι-
κλήσεις ἐχόντων κοινῇ Κελτοσκύθας τὸν στρατὸν ὠνόμαζον. ἄλλοι
δέ φασι Κιμμερίων τὸ μὲν πρῶτον ὑφ᾽ Ἑλλήνων τῶν πάλαι γνω-
σθὲν οὐ μέγα γενέσθαι τοῦ παντὸς μόριον . . . τὸ δὲ πλεῖστον αὐτῶν
καὶ μαχιμώτατον ἐπ᾽ ἐσχάτοις οἰκοῦν παρὰ τὴν ἔξω θάλασσαν γῆν
μὲν νέμεσθαι σύσκιον καὶ ὑλώδη καὶ δυσήλιον πάντῃ διὰ βάθος καὶ
πυκνότητα δρυμῶν . . . ἔνθεν οὖν τὴν ἔφοδον εἶναι τῶν βαρβάρων
τούτων ἐπὶ τὴν Ἰταλίαν, Κιμμερίων μὲν ἐξ ἀρχῆς, τότε δὲ Κίμβρων
οὐκ ἀπὸ τρόπου προσαγορευομένων.

App. *Celt.* 1 πρὸ δὲ τῶν τοῦ Μαρίου ὑπατειῶν πλεῖστόν τι καὶ
μαχιμώτατον, τῇ τε ἡλικίᾳ μάλιστα φοβερώτατον χρῆμα Κελτῶν ἐς
τὴν Ἰταλίαν τε καὶ Γαλατίαν ἐσέβαλε, καί τινας ὑπάτους Ῥωμαίων
ἐνίκησε καὶ στρατόπεδα κατέκοψεν.

Caesar, *B.G.* vii. 77 (Speech of Critognatus the Arvernian
at siege of Alesia) Quid ergo mei consili est? Facere, quod
nostri maiores nequaquam pari bello Cimbrorum Teutonumque
fecerunt; qui in oppida compulsi ac simili inopia subacti eorum
corporibus qui aetate ad bellum inutiles videbantur vitam
toleraverunt neque se hostibus tradiderunt. . . . Depopulata
Gallia Cimbri magnaque inlata calamitate finibus quidem nostris
aliquando excesserunt atque alias terras petierunt; iura, leges,
agros, libertatem nobis reliquerunt.

Ib. ii. 29 Ipsi (Aduatuci) erant ex Cimbris Teutonisque
prognati qui, cum iter in provinciam nostram atque Italiam
facerent, eis impedimentis quae secum agere ac portare non
poterant citra flumen Rhenum depositis custodiam ex suis ac
praesidium sex milia hominum una reliquerunt.

Diod. xxxvii. 1 (Κίμβροι) μυριάσι τεσσαράκοντα τὴν ἐπὶ Ἰταλίαν
στρατείαν στειλάμενοι, ταῖς τῶν Ῥωμαίων ἀνδραγαθίαις ἄρδην
κατεκόπησαν [cf. Vellei. ii. 8].

Defeat of Carbo by the Cimbri (or Teutones)

Liv. *Ep.* lxiii. Cimbri, gens vaga, populabundi in Illyricum
venerunt: ab iis Papirius Carbo consul cum exercitu fusus est
[cf. Cic. *Fam.* 9. 21. 3. (later trial of Carbo) accusatus a M.
Antonio sutorio atramento absolutus putatur].

App. *Celt.* 13 τῶν Τευτόνων μοῖρα λῃστεύουσα πολύανδρος ἐς

τὴν γῆν τῶν Νωρικῶν ἐσέβαλε, καὶ ὁ Ῥωμαίων ὕπατος Παπίριος
Κάρβων δείσας μὴ ἐς τὴν Ἰταλίαν ἐσβάλοιεν, ἐφήδρευε τοῖς
Ἀλπείοις, ᾗ μάλιστά ἐστιν ἡ διάβασις στενωτάτη. οὐκ ἐπιχει-
ροὔντων δ᾽ ἐκείνων αὐτὸς ἐπέβαινεν αὐτοῖς, αἰτιώμενος ἐς Νωρικοὺς
ἐσβαλεῖν, Ῥωμαίων ξένους ὄντας . . . οἱ μὲν δὴ Τεύτονες πλησιά-
ζοντι τῷ Κάρβωνι προσέπεμπον ἀγνοῆσαί τε τὴν ἐς Ῥωμαίους
Νωρικῶν ξενίαν, καὶ αὐτῶν ἐς τὸ μέλλον ἀφέξεσθαι. ὁ δ᾽ ἐπαινέσας
τοὺς πρέσβεις, καὶ δοὺς αὐτοῖς ὁδῶν ἡγεμόνας, κρύφα τοῖς ἡγου-
μένοις ἐνετείλατο μακροτέραν αὐτοὺς περιάγειν. τῇ βραχυτέρᾳ δὲ
αὐτὸς διαδραμών, ἀδοκήτως ἀναπαυομένοις ἔτι τοῖς Τεύτοσιν ἐμ-
πεσών, ἔδωκε δίκην ἀπιστίας, πολλοὺς ἀποβαλών. τάχα δ᾽ ἂν καὶ
πάντας ἀπώλεσεν, εἰ μὴ ζόφος καὶ ὄμβρος καὶ βρονταὶ βαρεῖαι, τῆς
μάχης ἔτι συνεστώσης ἐπιπεσοῦσαι, διέστησαν αὐτοὺς ἀπ᾽ ἀλλήλων,
καὶ ὁ ἀγὼν ὑπὸ τῆς ἄνωθεν ἐκπλήξεως διελύθη. σποράδες δὲ καὶ ὡς
ἐς ὕλας οἱ Ῥωμαῖοι διαφυγόντες, τρίτῃ μόλις ἡμέρᾳ συνῆλθον. καὶ
Τεύτονες ἐς Γαλάτας ἐχώρουν [cf. Vellei. ii. 12; Obsequens, 98].

B.C. 112 · A.U.C. 642

Consuls, M. LIVIUS DRUSUS, L. CALPURNIUS PISO CAESONINUS

INTERNAL HISTORY

Regulation about rights of allies to ager publicus

Lex Agraria l. 29 Item Latino peregrinoque, quibus M. Livio L. Calpurnio [cos. in eis agris id facere – – – ex lege pleb]eive
sc(ito) exve [f]oedere licuit.

The Jugurthine war decided on at Rome

Sall. *Iug.* 27 (quoted p. 65).

EXTERNAL HISTORY

Thrace. Success of Drusus against the Scordisci

Liv. *Ep.* lxiii. Livius Drusus consul adversus Scordiscos, gentem a Gallis oriundam, in Thracia feliciter pugnavit.

Florus i. 39 (iii. 4) Drusus ulterius egit (Scordiscos) et vetuit
transire Danuvium.

Cf. *Fasti Triumph.* (Degrassi, *o.c.*) [110 B.C.] [M. Livius C. f. M. Aimiliani n.] Drusus a. DCXLIII [pro co(n)s(ule) de Scordist]eis Macedonibusq(ue) k. Mai.

Numidia. War declared against Jugurtha

Sall. *Iug.* 21 Adherbal cum paucis equitibus Cirtam profugit . . . Iugurtha oppidum circumsedit . . . maxume festinans tempus legatorum antecapere, quos ante proelium factum ab Adherbale Romam missos audiverat. Sed postquam senatus de bello eorum accepit, tres adulescentes in Africam legantur qui . . . senatus populique Romani verbis nuntient velle et censere eos ab armis discedere. . . . (22) Legati in Africam maturantes veniunt, eo magis quod Romae . . . de proelio facto et oppugnatione Cirtae audiebatur. . . . (23) Adherbal ubi intellegit omnis suas fortunas in extremo sitas . . . duos . . . delegit . . . uti . . . Romam pergerent. (24) Numidae paucis diebus iussa efficiunt. Litterae Adherbalis in Senatu recitatae . . . (25) His litteris recitatis, fuere qui exercitum in Africam mittundum censerent et quam primum Adherbali subveniundum: de Iugurtha interim uti consuleretur, quoniam legatis non paruisset. Sed ab isdem illis regis fautoribus summa ope enisum est, ne tale decretum fieret. . . . Legantur tamen in Africam maiores natu nobiles . . . in quis fuit M. Scaurus . . . consularis et tum senatus princeps. . . . Tametsi senati verbis graves minae nuntiabantur . . . multa tamen oratione consumpta legati frustra discessere. . . . (26) (Adherbal) deditionem facit. Iugurtha in primis Adherbalem excruciatum necat, deinde omnis puberes Numidas atque negotiatores promiscue . . . interficit. (27) Quod postquam Romae cognitum est, . . . idem illi ministri regis . . . atrocitatem facti leniebant. Ac ni C. Memmius tr. pl. designatus . . . populum Romanum edocuisset id agi ut per paucos factiosos Iugurthae scelus condonaretur, profecto omnis invidia prolatandis consultationibus delapsa foret. . . . Sed ubi senatus delicti conscientia populum timet, . . . Calpurnio Numidia . . . obvenit. Deinde excercitus qui in Africam portaretur scribitur; stipendium aliaque quae bello usui forent decernuntur.

Liv. *Ep.* lxiv. Adherbal bello petitus a Iugurtha et in oppido Cirta obsessus contra denuntiationem senatus ab eo occisus est et ob hoc ipsi bellum Iugurthae indictum; idque Calpurnius

Bestia consul gerere iussus [cf. Florus i. 36 (iii. 1); Oros. v. 15;
Eutrop. iv. 26; Diod. xxxiv. 31].

B.C. 111 · A.U.C. 643

Consuls, P. CORNELIUS SCIPIO NASICA, L. CALPURNIUS BESTIA

INTERNAL HISTORY

Agrarian Law (111 B.C.); Lex Thoria (date uncertain)

App. *Bell. Civ.* i. 27 (see p. 51); *Lex Agraria (C.I.L.* I². 2.
n. 585; Bruns⁷ i. 3. 11; (dated by internal evidence; see Hardy,
R. Laws and Charters, p. 35).

Cic. *Brut.* 36. 136 Sp. Thorius satis valuit in populari genere
dicendi, is qui agrum publicum vitiosa et inutili lege vectigali
(*Cod. det.*; vectigale *L*) levavit.

Id. *de Orat.* ii. 70. 284 . . . Vel Appi maioris illius, qui in
senatu, cum ageretur de agris publicis et de lege Thoria et
peteretur Lucullus (Lucilius *codd. pl.*) ab eis, qui a pecore
eius depasci agros publicos dicerent, 'Non est' inquit 'Luculli
pecus illud; erratis';—defendere Lucullum videbatur—'ego
liberum puto esse: qua libet pascitur'.

Popular agitation at Rome on the news of peace
with Jugurtha

Sall. *Iug.* 30 Romae per omnis locos et conventus de facto
consulis agitari. Apud plebem gravis invidia, patres solliciti
erant . . . ac maxume eos potentia Scauri, quod is auctor et
socius Bestiae ferebatur, a vero bonoque impediebat. At C.
Memmius . . . populum ad vindicandum hortari, monere, ne
rem publicam, ne libertatem suam desererent, multa superba et
crudelia facinora nobilitatis ostendere. . . . (32) Dicundo Memmius populo persuadet, uti L. Cassius, qui tum praetor erat, ad
Iugurtham mitteretur eumque interposita fide publica Romam
duceret, quo facilius indicio regis Scauri et relicuorum, quos
pecuniae captae arcessebat, delicta patefierent. . . . Cassius
praetor perlata rogatione a C. Memmio ac perculsa omni
nobilitate ad Iugurtham proficiscitur.

Jugurtha in Rome

Sall. *Iug.* 33 Iugurtha contra decus regium cultu quam maxume miserabili cum Cassio Romam venit. . . . C. Baebium tribunum plebis magna mercede parat, quoius inpudentia contra ius et iniurias omnis munitus foret.

Liv. *Ep.* lxiv. Iugurtha fide publica evocatus ad indicandos auctores consiliorum suorum, quod multos pecunia in senatu corrupisse dicebatur, Romam venit; et propter caedem admissam in regulum quendam nomine Massivam, qui regnum eius populo Romano invisi adfectabat, [Romae interfectum,] cum periclitaretur causam capitis dicere, clam profugit et cedens urbe fertur dixisse 'O urbem venalem et cito perituram, si emptorem invenerit' [cf. Oros. v. 15; Diod. xxxiv. 35 a].

Great fire in Rome

Obsequens 39 [99] Maxima pars urbis exusta cum aede Matris Magnae. Lacte per triduum pluit, hostiisque expiatum maioribus. Iugurthinum bellum exortum.

Triumph of the Metelli

Vellei. ii. 8 M. C. Metelli fratres uno die triumphaverunt.

Eutrop. iv. 25 C. Caecilio Metello et Cn. Carbone consulibus (113 B.C.) duo Metelli fratres eodem die, alterum ex Sardinia, alterum ex Thracia, triumphum egerunt. [The date here given is that of the expeditions, not of the triumphs.]

Fasti Triumph. (Degrassi *o.c.*). [111 B.C.] M. Caecilius Q. f. Q. n. Mete[llus pro a]n. DCXLII co(n)s(ule) ex Sardini[a idib. Quin]til. [C. Caeci]lius Q. f. Q. n. [Metellus Caprar(ius)] a. DCXLII [pro co(n)s(ule) ex Thraecia idi]b. Quint.

EXTERNAL HISTORY

War in Numidia

Liv. *Ep.* lxiv. Calpurnius Bestia consul gerere iussus (bellum) pacem cum Iugurtha iniussu populi et senatus fecit [cf. Eutrop. iv. 26; Florus i. 36 (iii. 1)].

Sall. *Iug.* 28 Calpurnius parato exercitu legat sibi homines
nobilis factiosos, quorum auctoritate quae deliquisset munita
fore sperabat. In quis fuit Scaurus. . . . Acriter Numidiam ingressus est multosque mortalis et urbis aliquot pugnando cepit.
(29) Sed ubi Iugurtha per legatos pecunia temptare . . .
coepit, animus aeger avaritia facile convorsus est. . . . Calpurnius Romam ad magistratus rogandos proficiscitur. In Numidia et exercitu nostro pax agitabatur. (32) Qui in Numidia
relicti a Bestia exercitui praeerant, secuti morem imperatoris
sui pluruma et flagitiosissuma facinora fecere.

B.C. IIO · A.U.C. 644

Consuls, M. MINUCIUS RUFUS, SP. POSTUMIUS ALBINUS

INTERNAL HISTORY

Tribunician disturbance at Rome

Sall. *Iug.* 37 Ea tempestate Romae seditionibus tribuniciis
atrociter res publica agitabatur. P. Lucullus et L. Annius
tribuni plebis resistentibus conlegis continuare magistratum
nitebantur, quae dissensio totius anni comitia impediebat. . . .
(39) Consul (Albinus) impeditus a tribunis plebis, ne quas
paraverat copias secum portaret, paucis diebus in Africam
proficiscitur.

Quaestio Mamilia

Sall. *Iug.* 40 C. Mamilius Limetanus tribunus plebis rogationem ad populum promulgat, uti quaereretur in eos, quorum
consilio Iugurtha senati decreta neglexisset, quique ab eo in
legationibus aut imperiis pecunias accepisset, . . . qui de pace
aut bello cum hostibus pactiones fecissent. Huic rogationi . . .
occulte per amicos ac maxume per homines nominis Latini et
socios Italicos inpedimenta parabant. Sed plebes incredibile
memoratu est quam intenta fuerit quantaque vi rogationem
iusserit, magis odio nobilitatis . . . quam cura rei publicae. . . .
Igitur ceteris metu perculsis M. Scaurus . . . quom ex Mamilia

rogatione tres quaesitores rogarentur, effecerat, uti ipse in eo numero crearetur. Sed quaestio exercita aspere violenterque.

Id. *Brut.* 34. 128 Invidiosa lege [Mamilia quaestio] C. Galbam sacerdotem et quattuor consularis, L. Bestiam, C. Catonem, Sp. Albinum civemque praestantissimum L. Opimium, Gracchi interfectorem, a populo absolutum, cum is contra populi studium stetisset, Gracchani iudices sustulerunt [cf. *pro Balbo* 11. 28].

Id. *pro Planc.* 29. 70 (Opimi calamitas) . . . quam enim illi iudices graviorem potuerunt rei publicae infligere securim quam cum illum e civitate eiecerunt qui praetor finitimo, consul domestico bello rem publicam liberarat?

Id. *Brut.* 33. 127 (C. Galba) rogatione Mamilia, Iugurthinae coniurationis invidia . . . oppressus est.

Id. *pro Sest.* 67. 140 Praeclare vir de republica meritus, L. Opimius indignissime concidit: cuius monumentum celeberrimum in foro . . . relictum est [cf. Schol. Bob. p. 141 St.].

EXTERNAL HISTORY

Numidia. Renewal of the War

Sall. *Iug.* 36 Albinus renovato bello . . . profectus uti ante comitia, quod tempus haud longe aberat, armis aut deditione aut quovis modo bellum conficeret. At contra Iugurtha . . . belli modo, modo pacis mora consulem ludificare. . . . Albinus Aulo fratre in castris pro praetore relicto Romam decessit.

The legate A. Postumius entrapped by Jugurtha and compelled to a disgraceful peace

Liv. *Ep.* lxiv. A. Postumius legatus infeliciter proelio adversus Iugurtham gesto pacem quoque adiecit ignominiosam, quam non esse servandam senatus censuit.

Sall. *Iug.* 37 Aulus, quem pro praetore in castris relictum supra diximus, aut conficiundi belli aut terrore exercitus ab rege pecuniae capiundae milites mense Ianuario ex hibernis in expeditionem evocat magnisque itineribus hieme aspera pervenit ad oppidum Suthul, ubi regis thesauri erant.

Oros. v. 15 A. Postumium, Postumii consulis fratrem, quem is quadraginta milium armatorum exercitui praefecerat, apud Calamam urbem thesauris regiis conditis inhiantem bello oppressit *adque* victo ignominiosissimum foedus exegit [cf. Sall. *Iug.* 37, 38; Eutrop. iv. 26; Florus i. 36 (iii. 1)].

B.C. 109 · A.U.C. 645

Consuls, Q. CAECILIUS METELLUS, M. IUNIUS SILANUS

INTERNAL HISTORY

The Censorship

Fasti Capitolini (ed. Degrassi) [Cens(ores) M. Aimilius M. f. L. n. Scaurus coact(us) abd(icavit), M. Livius C. f. M. Aimiliani n. Drusus] in mag(istratu) m(ortuus) e(st).

[Victor] *de Vir. Ill.* 72 (Scaurus) censor viam Aemiliam stravit, pontem Mulvium fecit [see above p. 57 f.].

Plut. *Quaest. Rom.* 50 ἀποθανόντος δὲ τιμητοῦ Λιβίου Δρούσου Σκαῦρος Αἰμίλιος συνάρχων οὐκ ἐβούλετο τὴν ἀρχὴν ἀπείπασθαι, μεχρὶ οὗ τῶν δημάρχων τινὲς αὐτὸν ἐκέλευον εἰς τὸ δεσμωτήριον ἀπάγεσθαι.

Appointment of Metellus to Numidia. Suspension of leges militares

Sall. *Iug.* 43 Post Auli foedus. . . . Metellus et Silanus consules designati provincias inter se partiverant, Metelloque Numidia evenerat. . . . Is ubi primum magistratum ingressus est . . . omnia (parat) quae in bello vario et multarum rerum egenti usui esse solent. Ceterum ad ea patranda senatus auctoritate, socii nomenque Latinum et reges ultro auxilia mittundo, postremo omnis civitas summo studio adnitebatur.

Cic. *pro Cornel.* ap. Ascon. 68C Quattuor omnino genera sunt, iudices, in quibus per senatum more maiorum statuatur aliquid de legibus. Unum est eius modi, placere legem abrogari: ut Q. Caecilio M. Iunio consulibus, quae leges rem militarem impedirent, ut abrogarentur.

Ascon. 68C . . . Plures leges quae per eos annos †quibus hec significabantur (*codd.* Madvig: ab iis qui gratificabantur) populo latae erant, quibus militiae stipendia minuebantur, abrogavit.

EXTERNAL HISTORY

Metellus in Numidia

Val. Max. ii. 7. 2 (Metellus,) cum exercitum in Africa Iugurthino bello nimia Spuri Albini indulgentia corruptum consul accepisset, omnibus imperii nervis ad revocandam pristinae disciplinam militiae conisus est. Nec singulas partes adprehendit, sed totam continuo in suum statum redegit. Protinus namque lixas e castris submovit, cibumque coctum venalem proponi vetuit: in agmine neminem militum ministerio servorum iumentorumque, ut arma sua et alimenta ipsi ferrent, uti passus est: castrorum subinde locum mutavit: eadem, tanquam Iugurtha semper adesset, vallo fossaque aptissime cinxit. Quid ergo restituta continentia, quid repetita industria, profecit? Crebras scilicet victorias et multa tropaea peperit ex eo hoste, cuius tergum sub ambitioso imperatore Romano militi videre non contigerat [cf. Frontin. Strat. iv. 1. 2].

Liv. Ep. lxv. Q. Caecilius Metellus consul duobus proeliis Iugurtham fudit totamque Numidiam vastavit.

Florus i. 36 (iii. 1) Agrorum atque vicorum populatione non contentus (Metellus) in ipsa Numidiae capita impetum fecit [cf. Sall. Iug. 43–55; Oros. v. 15; Eutrop. iv. 27].

[On the chronology of the campaigns of Metellus see Last, C.A.H. ix. 122 ff. esp. 125, note 1.]

Marius legate to Metellus

Diod. xxxv. 38 ὁ Μάριος εἷς ὢν τῶν συμβούλων καὶ τῶν πρεσβευτῶν ὑπὸ τοῦ στρατηγοῦ παρεθεωρεῖτο, ταπεινότατος ὢν τῶν πρεσβευτῶν τῇ δόξῃ [cf. Vellei. ii. 11; Plut. Mar. 7].

Metellus' campaign till the conflicts near Zama

Sall. Iug. 44–61.

Recovery of Vaga by Jugurtha. Execution of Turpilius

Sall. Iug. 66 Vagenses, quo Metellus initio Iugurtha pacificante praesidium imposuerat, fatigati regis suppliciis neque antea voluntate alienati, principes civitatis inter se coniurant. . . . Dein compositis inter se rebus in diem tertium constituunt. . . . Ubi tempus fuit, centuriones tribunosque militaris et

ipsum praefectum oppidi T. Turpilium Silanum alius alium
domos suas invitant. Eos omnis praeter Turpilium inter epulas
obtruncant. Postea milites palantis inermos, quippe in tali
die ac sine imperio, aggrediuntur. . . . (67) In ea tanta asperitate saevissumis Numidis et oppido undique clauso Turpilius
praefectus unus ex omnibus Italicis intactus profugit. . . . (69)
Turpilius, quem praefectum oppidi unum ex omnibus profu-
gisse supra ostendimus, iussus a Metello causam dicere, postquam sese parum expurgat, condemnatus verberatusque capite
poenas solvit: nam is civis ex Latio erat.

Plut. *Mar.* 8 οὗτος . . . ὁ ἀνὴρ (Turpilius) ἦν μὲν ἐκ πατέρων
ξένος τῷ Μετέλλῳ καὶ τότε τὴν ἐπὶ τῶν τεκτόνων ἔχων ἀρχὴν
συνεστράτευε. . . . ἔσχεν οὖν αἰτίαν προδοσίας· καὶ παρὼν ὁ Μάριος
τῇ κρίσει σύμβουλος αὐτός τέ οἱ πικρὸς ἦν καὶ τῶν ἄλλων παρώξυνε
τοὺς πλείστους, ὥστε ἄκοντα τὸν Μέτελλον ἐκβιασθῆναι [καὶ] κατα-
ψηφίσασθαι θάνατον τοῦ ἀνθρώπου. μετ᾽ ὀλίγον δὲ τῆς αἰτίας
ψευδοῦς φανείσης, οἱ μὲν ἄλλοι συνήχθοντο τῷ Μετέλλῳ βαρέως
φέροντι, Μάριος δὲ . . . οὐκ ᾐσχύνετο λέγειν περιιών, ὡς αὐτὸς
εἴη προστετριμμένος ἀλάστορα τῷ Μετέλλῳ ξενοκτόνον.

[On the date of the surprise and recapture of Vaga (Dec.
109 B.C.?) see Carcopino, 'Salluste, le culte des *Cereres* et les
Numides', in *Rev. Hist.* 158 (1928), 1 f.; id. *Hist. rom.* ii. 1.
317.]

War with the Cimbri. Defeat of M. Junius Silanus

Liv. *Ep.* lxv. M. Iunius Silanus consul adversus Cimbros
infeliciter pugnavit. Legatis Cimbrorum sedem et agros in
quibus consisterent postulantibus senatus negavit [cf. Ascon.
in Cornelian. p. 68C].

Florus i. 38 (iii. 3) Cimbri, Teutoni atque Tigurini . . .
misere legatos in castra Silani, inde ad senatum, petentes ut
Martius populus aliquid sibi terrae daret quasi stipendium,
ceterum ut vellet manibus atque armis suis uterctur. Scd quas
daret terras populus Romanus agrariis legibus inter se dimica-
turus? Repulsi igitur, quod nequiverant precibus, armis petere
coeperunt. Sed nec primum impetum barbarorum Silanus, nec
secundum Manilius, nec tertium Caepio sustinere potuerunt;
omnes fugati, exuti castris [cf. Vellei. ii. 12; contrast Eutrop.
iv. 27 A M. Iunio Silano . . . Cimbri in Gallia . . . victi
sunt].

Thrace. Success of the procos. M. Minucius

Liv. *Ep.* lxv. M. Minucius proconsul adversus Thracas prospere pugnavit.

Vellei. ii. 8 Per eadem tempora clarus eius Minuci, qui
porticus quae hodieque celebres sunt molitus est, ex Scordiscis
triumphus fuit.

Florus i. 39 (iii. 4) Minucius toto vastavit Hebro, multis
quidem amissis, dum per perfidum glacie flumen equitatur.

Eutrop. iv. 27 A Minucio Rufo in Macedonia Scordisci et
Triballi (victi sunt).

Degrassi, *I.L.L.R.P.* i. 337 (from Delphi) M. Minucium Q .f.
Rufum | imperatorem Galleis, | Scordisteis et Besseis | [reliqueisque
Thraecibus devicte]is [ob me]rita [Apollinei | dedic]avit populus
Delphius. | (In alio lapide) [Μάαρκον Μι]νύκιον Κο[ίντου υἱὸν
'Ρο]ῦφον στρα[τη]γὸν ἀνθύπα]τον 'Ρωμαί[ων, νικήσ]αντα τὸν πρὸς|
[Γαλάτας Σ]κορδίστας [καὶ τὸ]ν πρὸς Βέσσους | [καὶ τοὺς λ]οιποὺς
Θρᾶι[κας π]όλεμον, ἁ πόλις | [τῶν Δελ]φῶν ἀρετᾶς ἔν[εκεν] καὶ
εὐεργεσίας τᾶς | [εἰς αὐτά]ν. Ἀπόλλωνι [cf. S. Kougeas, Ἑλληνικά
v. 5–16 (a similar dedication by the city of Europus)].

B.C. 108 · A.U.C. 646

Consuls, SER. SULPICIUS GALBA, L. (OR Q.?) HORTENSIUS (cf. *Fast. Cap.*
[desig.(?) da]mn(atus:) est. In e(ius) l(ocum) f(actus) e(st).
Cos. Suff., M. AURELIUS SCAURUS

Censors, Q. FABIUS MAXIMUS EBURNEUS, C. LICINIUS GETHA

INTERNAL HISTORY

Election of Marius to the Consulship

Sall. *Iug.* 64 (Marius) ab Metello petundi gratia missionem
rogat. . . . (Metellus) primum commotus insolita re mirari eius
consilium et quasi per amicitiam monere, ne tam prava inciperet neu super fortunam animum geret: non omnia omnibus
cupiunda esse, debere illi res suas satis placere; postremo caveret
id petere a populo Romano, quod illi iure negaretur. Postquam
haec atque alia talia dixit neque animus Mari flectitur, respondit, ubi primum potuisset per negotia publica, facturum
sese quae peteret. Ac postea saepius eadem postulanti fertur
dixisse, ne festinaret abire: satis mature illum cum filio suo

consulatum petiturum. Is eo tempore contubernio patris ibidem
militabat, annos natus circiter viginti. Quae res Marium quom
pro honore, quem adfectabat, tum contra Metellum vehementer
adcenderat. . . . (73) Marium fatigantem de profectione, simul
et invitum et offensum sibi parum idoneum ratus, domum
dimittit (Metellus). Et Romae plebes litteris, quae de Metello
ac Mario missae erant, cognitis volenti animo de ambobus
acceperant. Imperatori nobilitas quae antea decori fuit, invidiae esse; at illi alteri generis humilitas favorem addiderat.
Ceterum in utroque magis studia partium quam bona aut mala
sua moderata. Praeterea seditiosi magistratus volgum exagitare,
Metellum omnibus contionibus capitis arcessere, Mari virtutem
in maius celebrare. . . . Perculsa nobilitate post multas tempe-
states novo homini consulatus mandatur. Et postea populus a
tribuno plebis T. Manlio Mancino rogatus, quem vellet cum
Iugurtha bellum gerere, frequens Marium iussit. [On Mancinus
see Broughton, *M.R.R.* i. *s. ann.* 107 B.C.]

Vellei. ii. 11 (Marius) per publicanos aliosque in Africa
negotiantis criminatus Metelli lentitudinem, trahentis iam in
tertium annum bellum, . . . efficit ut . . . consul crearetur
bellique paene patrati a Metello, qui bis Iugurtham acie
fuderat, summa committeretur sibi [cf. Plut. *Mar.* cc. 8 and 9;
Dio Cass. fr. 89. 3; Cic. *de Off.* iii. 20. 79].

EXTERNAL HISTORY

Capture of Thala; Second campaign of Metellus

Sall. *Iug.* 75 and 76.

Alliance of Jugurtha and Bocchus

Sall. *Iug.* 80 Iugurtha postquam amissa Thala nihil satis
firmum contra Metellum putat, per magnas solitudines cum
paucis profectus pervenit ad Gaetulos, genus hominum ferum
incultumque et eo tempore ignarum nominis Romani. . . .
Regis Bocchi proxumos magnis muneribus et maioribus pro-
missis ad studium sui perducit, quis adiutoribus regem aggres-
sus impellit, uti advorsus Romanos bellum incipiat. . . .(81)
In locum ambobus placitum exercitus conveniunt. Ibi fide
data et accepta Iugurtha Bocchi animum oratione accendit [cf.

Liv. *Ep.* lxvi; Plut. *Mar.* 10; Diod. xxxv. 39; Eutrop. iv. 27;
Oros. v. 15].

Capture of Cirta by Metellus.

Cf. Sall. *Iug.* 81 (Jugurtha et Bocchus) ad Cirtam oppidum
iter constituunt, quod ibi Metellus praedam captivosque et
impedimenta locaverat. Ita Iugurtha ratus aut capta urbe operae
pretium fore aut, si dux Romanus auxilio suis venisset, proelio
sese certaturos.

B.C. 107 · A.U.C. 647

Consuls, L. CASSIUS LONGINUS, C. MARIUS

INTERNAL HISTORY

Enrolment of the capite censi

Sall. *Iug.* 86 Marius . . . milites scribere, non more maiorum
neque ex classibus, sed uti lubido quoiusque erat, capite censos
plerosque.

Val. Max. ii. 3. 1 Diutina usurpatione firmatam consuetudinem C. Marius capite censum legendo militem abrupit
. . . fastidiosum dilectus genus in exercitibus Romanis oblit-
terandum duxit.

Gell. xvi. 10. 10 Qui . . . nullo aut perquam parvo aere
censebantur, 'capite censi' vocabantur, extremus autem census
capite censorum aeris fuit trecentis septuaginta quinque. . . .
Capite censos autem primus C. Marius, ut quidam ferunt, bello
Cimbrico difficillimis reipublicae temporibus vel potius, ut Sallustius ait, bello Iugurthino milites scripsisse traditur, cum
id factum ante in nulla memoria extaret. [Polybius states that
all were compelled to serve in the legions πλὴν τῶν ὑπὸ τὰς
τετρακοσίας δραχμὰς τετιμημένων (Polyb. vi. 19. 2).] [Cf. Florus
i. 36 (iii. 1) below, p. 76.]

Triumph of Q. Servilius Caepio from Spain

Fast. Triumph. (Degrassi, *o.c.*) [107 B.C.] [Q. Servilius Cn. f.
Cn. n.] Caepio pro a. DCXLVI [co(n)s(ule) ex Hispania ul]-
teriore V k. Nov.

EXTERNAL HISTORY

Metellus superseded by Marius

C.I.L. I². 1. p. 195 (*I.L.S.* 59) (*Elogium* of Marius) Extra
sortem bellum cum Iugurtha rege Numidiae cos. gessit.

Sall. *Iug.* 82 Imperator (Metellus) postquam de regum
societate cognovit, non temere neque, uti saepe iam victo
Iugurtha consueverat, omnibus locis pugnandi copiam facit.
Ceterum haud procul ab Cirta castris munitis reges opperitur,
melius esse ratus cognitis Mauris quoniam is novos hostes
adcesserat, ex commodo pugnam facere. Interim Roma per
litteras certior fit provinciam Numidiam Mario datam; nam
consulem factum ante acceperat.... (c. 86) Marius... in Africam
profectus paucis diebus Uticam advehitur. Exercitus ei traditur
a P. Rutilio legato; nam Metellus conspectum Mari fugerat,
ne videret ea, quae audita animus tolerare nequiverat.

First campaign of Marius. Capture of Capsa

Florus i. 36 (iii. 1) Marius auctis admodum copiis, cum pro
obscuritate generis sui capite censos sacramento adegisset, iam
fusum et saucium regem adortus, non facilius tamen vicit quam
si integrum ac recentem. Hic et urbem ... Capsam ... mira
quadam felicitate superavit, et saxeo inditam monti Muluc-
cham urbem per Ligurem aditu arduo inaccessoque penetravit.
Mox non ipsum modo sed Bocchum quoque ... graviter cecidit
[cf. Sall. *Iug.* 89–98; Oros. v. 15; Eutrop. iv. 27; Liv. *Ep.* lxvi].

Sulla quaestor to Marius

Plut. *Sulla*, 3 ἀποδειχθεὶς δὲ ταμίας ὑπατεύοντι Μαρίῳ τὴν
πρώτην ὑπατείαν συνεξέπλευσεν εἰς Λιβύην πολεμήσων Ἰογόρθαν.
γενόμενος δὲ ἐπὶ στρατοπέδου τά τ᾽ ἄλλα παρεῖχεν ἑαυτὸν εὐδό-
κιμον καὶ καιρῷ παραπεσόντι χρησάμενος εὖ φίλον ἐποιήσατο τὸν
τῶν Νομάδων βασιλέα Βόκχον.

Val. Max. vi. 9. 6 L. Sulla usque ad quaesturae suae comitia
vitam libidine vino ludicrae artis amore inquinatam perduxit.
Quapropter C. Marius consul moleste tulisse traditur quod sibi
asperrimum in Africa bellum gerenti tam delicatus quaestor
sorte obvenisset [cf. Sall. *Iug.* 95].

*Gaul. Defeat of the consul Cassius by the Tigurini.
Treaty made by the legate Popillius Laenas*

Liv. *Ep.* lxv. L. Cassius consul a Tigurinis Gallis, pago Hel-
vetiorum qui a civitate secesserant, in finibus Nitiobrogum
cum exercitu caesus est. Milites qui ex ea caede superaverant,
obsidibus datis et dimidia rerum omnium parte, ut incolumes
dimitterentur, cum hostibus pacti sunt.

Caes. *B.G.* i. 7 (Caesar) memoria tenebat L. Cassium consulem occisum, exercitumque eius ab Helvetiis pulsum et sub
iugum missum.

Oros. v. 15 L. Cassius consul in Gallia Tigurinos usque
Oceanum persecutus rursusque ab iisdem insidiis circumventus
occisus est; Lucius quoque Piso vir consularis, legatus Cassii
consulis, interfectus.

[Cic.] *ad Herenn.* i. 15. 25 C. Popilius, cum a Gallis obsideretur neque fugere ullo modo posset, venit cum hostium ducibus
in conlocutionem; ita discessit, ut impedimenta relinqueret,
exercitum educeret. Satius esse duxit amittere impedimenta
quam exercitum; ⟨exercitum⟩ eduxit, impedimenta reliquit:
arcessitur maiestatis [cf. *ib.* iv. 24. 34].

B.C. 106 · A.U.C. 648

Consuls, Q. SERVILIUS CAEPIO, C. ATILIUS SERRANUS

INTERNAL HISTORY

Trial of Metellus de pecuniis repetundis (? 106 B.C.)   *

Cic. *pro Balb.* 5. 11 Audivi hoc de parente meo puer, cum
Q. Metellus Luci filius causam de pecuniis repetundis diceret,
ille, ille vir . . . qui de civitate decedere quam de sententia
maluit—hoc igitur causam dicente cum ipsius tabulae circum-
ferrentur inspiciendi nominis causa, fuisse iudicem ex illis equitibus Romanis gravissimis viris neminem quin removeret oculos *et*
se totum averteret, ne forte, quod ille in tabulas publicas ret-
tulisset, dubitasse quisquam verumne an falsum esset videretur.

Lex Iudiciaria of Q. Servilius Caepio

Cassiodor. *Chron.* Per Servilium Caepionem consulem iudicia equitibus et senatoribus communicata.

Obsequens 41 [101] Per Caepionem cos. senatorum et equitum iudicia communicata.

Tac. *Ann.* xii. 60 Cum . . . Serviliae leges senatui iudicia redderent.

Cic. *de Invent.* i. 49. 92 Offensum est quod eorum qui audiunt voluntatem laedit: ut si quis apud equites Romanos cupidos iudicandi Caepionis legem iudiciariam laudet.

Id. *pro Cluent.* 51. 140 (L. Crassus) in suasione legis Serviliae summis ornat senatum laudibus, et multa in equites Romanos cum ex ea oratione asperius dicta recitasset (Brutus), quo animi illorum iudicum in Crassum incenderentur, aliquantum esse commotus dicitur.

Id. *Brut.* 43. 161 . . . Eoque (*sc.* Scaevola) in Rostris sedente suasit Serviliam legem Crassus.

Id. *de Orat.* i. 52. 225 (from Crassus' *suasio*) Eripite nos ex miseriis, eripite ex faucibus eorum, quorum crudelitas *nisi* nostro sanguine non potest expleri; nolite sinere nos cuiquam servire, nisi vobis universis, quibus et possumus et debemus.

Id. *ib.* ii. 48. 199 Equitum Romanorum, apud quos tum (*sc.* at time of trial of Norbanus; see under 95 B.C.) iudices causa agebatur, ad Q. Caepionis odium, a quo erant ipsi propter iudicia abalienati, renovabam [cf. *ib.* 200 odio proprio (*sc.* equitum R.) in Caepionem].

Id. *Brut.* 44. 164 Mihi quidem a pueritia quasi magistra fuit, inquam, illa in legem Caepionis oratio; in qua et auctoritas ornatur senatus, quo pro ordine illa dicuntur, et invidia concitatur in iudicum et in accusatorum factionem, contra quorum potentiam populariter tum dicendum fuit [cf. Cic. *de Or.* ii. 48. 199; Val. Max. vi. 9. 13. For the early repeal of the law see Cic. *in Verr.* Act. i. 13. 38 (quoted p. 35) and below, p. 100, Lex Servilia Glauciae of ?101 B.C.; cf. also Cic. *pro Cornel.* ap. Ascon. 79C (quoted below, p. 151)].

Impeachment of C. Popillius Laenas

[Cic.] *ad Herenn.* i. 15. 25 (quoted p. 77) [cf. iv. 24. 34; Cic. *pro Balbo* 11. 28; see Broughton, *M.R.R.* i. *s.a.* 107 B.C.].

Lex Coelia Tabellaria (106 or 107 B.C.?)

Cic. *de Leg.* iii. 16. 36 Dedit huic quoque (perduellionis) iudicio C. Coelius tabellam, doluitque quoad vixit se ut opprimeret C. Popillium nocuisse rei publicae (see Appendix III. Coins A. 2).

Consular Elections. Catulus' three defeats

Cic. *pro Planc.* 5. 12 Semper se dicet (populus) rogari voluisse, semper sibi supplicari; . . . praeposuisse se Q. Catulo, summa in familia nato, sapientissimo ac sanctissimo viro, non dico C. Serranum (cos. 106), stultissimum hominem—fuit enim tamen nobilis—non C. Fimbriam (cos. 104), novum hominem—fuit enim et animi satis magni et consili—sed Cn. Mallium, non solum ignobilem verum sine virtute, sine ingenio, vita etiam contempta ac sordida.

Id. *pro Mur.* 17. 36 Nihil est incertius volgo, nihil obscurius voluntate hominum, nihil fallacius ratione tota comitiorum. Quis . . . superari posse arbitratus est . . . Q. Catulum humanitate, sapientia, integritate antecellentem, a Cn. Mallio?

Triumphs of Metellus and Minucius Rufus

Vellei. ii. 11 Metelli . . . et triumphus fuit clarissimus et meritum ex virtute ei cognomen Numidici inditum.

[Cf. [Victor] *de Vir. Ill.* 62; Eutrop. iv. 27.]

Fast. Triumph. (Degrassi *v.c.*). [106 B.C.] [Q. Caecilius L. f. Q. n. Metel]l(us) Numidic(us) a. DCXLVII [pro co(n)s(ule) de Numideis et] rege Iugurtha [– – –]. [M. Minucius Q. f. [– –]. n. Rufus pro] co(n)s(ule) a. DCXLVII [de Scordisteis et Thraecibus – – –] k. Sext.

Birth of Pompeius

Vellei. ii. 53 (48 B.C.) Hic . . . duodesexagesimum annum agentis pridie natalem ipsius vitae fuit exitus.

Plin. *Nat. Hist.* xxxvii. 13 Tertio triumpho quem (Pompeius) de piratis Asia, Ponto . . . pr. K. Octobres natali suo egit.

Birth of Cicero

Cic. *Brut.* 43. 161 (Crassus) quattuor et triginta tum habebat
annos totidemque annis mihi aetate praestabat. His enim consulibus eam legem (Serviliam) suasit (Crassus), quibus nati
sumus.

Gell. xv. 28. 3 (Q. Caepio et Q. Serranus) quibus consulibus
ante diem tertium Nonas Ianuar. M. Cicero natus est.

EXTERNAL HISTORY

Numidia. Second campaign of Marius

Sall. *Iug.* 92–100.

*Gaul. Revolt and recovery of Tolosa. Plunder of the
sacred treasures*

Dio Cass. fr. 90 Τόλοσσαν πρότερον μὲν ἔνσπονδον οὖσαν τοῖς
Ῥωμαίοις, στασιάσασαν δὲ πρὸς τὰς τῶν Κίμβρων ἐλπίδας ὡς καὶ
τοὺς φρουροὺς δεθῆναι, προκατέσχον νυκτὸς ἐξαπίνης ὑπὸ τῶν ἐπι-
τηδείων ἐσαχθέντες, καὶ τὰ ἱερὰ διήρπασαν καὶ ἄλλα χωρὶς χρήματα
πολλὰ ἔλαβον. τὸ γὰρ χωρίον ἄλλως τε παλαιόπλουτον ἦν, καὶ τὰ
ἀναθήματα ἅ ποτε οἱ Γαλάται οἱ μετὰ Βρέννου στρατεύσαντες ἐκ
τῶν Δελφῶν ἐσύλησαν εἶχεν. οὐ μέντοι καὶ ἀξιόλογόν τι ἀπ᾽ αὐτῶν
τοῖς οἴκοι Ῥωμαίοις περιεγένετο, ἀλλ᾽ αὐτοὶ ἐκεῖνοι τὰ πλείω
ἐσφετερίσαντο. καὶ ἐπὶ τούτῳ συχνοὶ εὐθύνθησαν (see below, p. 85).

Strabo iv. 1. 13 καὶ τοὺς Τεκτόσαγας δέ φασι μετασχεῖν τῆς ἐπὶ
Δελφοὺς στρατείας, τούς τε θησαυροὺς τοὺς εὑρεθέντας παρ᾽ αὐτοῖς
ὑπὸ Καιπίωνος τοῦ στρατηγοῦ τῶν Ῥωμαίων ἐν πόλει Τολώσσῃ τῶν
ἐκεῖθεν χρημάτων μέρος εἶναι φασί. [But cf. Posidonius *ap.*
Strab. *l.c.*]

Iustin. xxxii. 3.10 Omne (aurum argentumque in Tolosensi
lacu mersum) Caepio Romanus consul abstulit.

Oros. v. 15 Caepio proconsule capta urbe Gallorum, cui
nomen est Tolosae, centum milia pondo auri et argenti centum
decem milia e templo Apollinis sustulit: quod cum ad Massiliam . . . cum praesidiis misisset . . . cuncta per scelus furatus
fuisse narratur. Unde etiam magna quaestio post Romae acta
est. (Probably in 104 B.C. See below, p. 85).

B.C. 105 · A.U.C. 649

Consuls, P. RUTILIUS RUFUS, CN. MALLIUS MAXIMUS

INTERNAL HISTORY

System of military training introduced by Rutilius

Val. Max. ii. 3. 2 Armorum tractandorum meditatio a P. Rutilio consule Cn. Malli collega militibus est tradita : is enim nullius ante se imperatoris exemplum secutus ex ludo C. Aureli Scauri doctoribus gladiatorum arcessitis vitandi atque inferendi ictus subtiliorem rationem legionibus ingeneravit.

Festus p. 368L *Rufuli* tribuni mil⟨itum appellabantur quos⟩ consul faciebat, n⟨on populus; de quorum iure quod⟩ Rutilius Rufus leg⟨em tulerit⟩ . . .

[Frontin.] *Strat.* iv. 2. 2 C. Marius, cum facultatem eligendi exercitus haberet ex duobus, qui sub Rutilio et qui sub Metello ac postea sub se ipso meruerant, Rutilianum quamquam minorem, quia certioris disciplinae arbitrabatur, praeoptavit.

Election of Marius to a Second Consulship

Sall. *Iug.* 114 Marius consul absens factus est et ei decreta provincia Gallia.

Cic. *de Prov. Cons.* 8. 19 Quis plenior inimicorum fuit C. Mario? L. Crassus, M. Scaurus alieni, inimici omnes Metelli: at ii non modo illum inimicum ex Gallia sententiis suis non detrahebant, sed ei propter rationem Gallici belli provinciam extra ordinem decernebant.

Vellei. ii. 12 Designatus iterum consul in urbem reversus.

Liv. *Ep.* lxvii. Propter metum Cimbrici belli continuatus per complures annos est consulatus. Secundo et tertio absens consul creatus. [For the illegality of this election see Liv. *Ep.* lvi. (lex) quae vetabat quemquam iterum consulem fieri.]

Excitement following defeat at Arausio

Licinianus, p. 14F Rutilius consul collega Malli . . . cum metus adventantium Cimbrorum totam quateret civitatem, ius iurandum a iunioribus exegit, ne quis extra Italiam quoquam proficisceretur, missique per omnes oras Italiae atque

portus qui praedicerent, ne ulli minorem xxxv annorum in
navem ⟨reciperent⟩.

Cic. *de Or.* ii. 28. 124 (Antonius) non dubitavit . . . demonstrare . . . illam Norbani seditionem ex luctu civium et ex
Caepionis odio, qui exercitum amiserat, neque reprimi potuisse
et iure esse conflatam. (See p. 91.)

EXTERNAL HISTORY

Numidia. Capture of Jugurtha

Diod. xxxv. 39 Βόκχος ὁ κατὰ τὴν Λιβύην βασιλεύων πολλὰ
καταμεμψάμενος τοῖς πείσασιν αὐτὸν πολεμεῖν τοῖς Ῥωμαίοις, πρέσβεις ἔπεμψε πρὸς τὸν Μάριον, περὶ μὲν τῶν ἡμαρτημένων αἰτούμενος
συγγνώμην ἀξιῶν δὲ φιλίαν συνθέσθαι καὶ πολλὰ κατεπαγγελλόμενος
χρήσιμος ἔσεσθαι Ῥωμαίοις. τοῦ δὲ Μαρίου κελεύσαντος περὶ
τούτων, πρεσβεύειν πρὸς τὴν σύγκλητον, ὁ μὲν βασιλεὺς ἐξαπέ-
στειλεν εἰς τὴν Ῥώμην πρεσβευτὰς περὶ τούτων. ἡ δὲ σύγκλητος
αὐτοῖς ἀπόκρισιν ἔδωκεν ἁπάντων τεύξεσθαι τῶν φιλανθρώπων τὸν
Βόκχον, ἐὰν Μάριον πείσῃ. τοῦ δὲ Μαρίου σπεύδοντος αἰχμά-
λωτον λαβεῖν Ἰογόρθαν τὸν βασιλέα, ὑπακούσας ὁ Βόκχος καὶ
μεταπεμψάμενος τοῦτον ὡς περὶ τινῶν κοινῇ συμφερόντων διαλεξό-
μενος, συνέλαβε τὸν Ἰογόρθαν, καὶ δήσας παρέδωκε Λευκίῳ Σύλλᾳ
τῷ ταμίᾳ τῷ πρὸς τὴν παράπεμψιν ἐκπεμφθέντι.

Plut. *Sulla* 3 ὁ δὲ Βόκχος ἐτύγχανε μὲν ἔτι γε πάλαι γαμβρὸν
ὄντα μισῶν καὶ φοβούμενος τὸν Ἰογόρθαν, τότε δὲ ἡττημένῳ καὶ
πεφευγότι πρὸς αὐτὸν ἐπιβουλεύων ἐκάλει τὸν Σύλλαν, δι' ἐκείνου
μάλιστα βουλόμενος τὴν σύλληψιν καὶ παράδοσιν τοῦ Ἰογόρθα
γενέσθαι [ἢ δι' αὐτοῦ]. κοινωσάμενος δὲ τῷ Μαρίῳ καὶ λαβὼν στρατιώτας ὀλίγους ὁ Σύλλας τὸν μέγιστον ὑπέδυ κίνδυνον, ὅτι βαρβάρῳ
καὶ πρὸς τοὺς οἰκειοτάτους ἀπίστῳ πιστεύσας ὑπὲρ τοῦ παραλαβεῖν
ἕτερον ἑαυτὸν ἐνεχείρισεν. οὐ μὴν ἀλλὰ ὁ Βόκχος ἀμφοτέρων
κύριος γενόμενος καὶ καταστήσας ἑαυτὸν εἰς ἀνάγκην τοῦ παρα-
σπονδῆσαι τὸν ἕτερον, καὶ πολλὰ διενεχθεὶς τῇ γνώμῃ, τέλος ἐκύρωσε
τὴν πρώτην προδοσίαν καὶ παρέδωκε τῷ Σύλλᾳ τὸν Ἰογόρθαν.

Id. *Mar.* 10 ἀφῃρέθη γὰρ (ὁ Μάριος) ὑπὸ Σύλλα τὴν τοῦ
κατορθώματος δόξαν, ὡς ὑπ' ἐκείνου Μέτελλος . . . καὶ τοῦτο
πρῶτον ὑπῆρξεν αὐτοῖς σπέρμα τῆς ἀνηκέστου καὶ χαλεπῆς ἐκείνης
στάσεως, ἢ μικρὸν ἐδέησεν ἀνατρέψαι τὴν Ῥώμην· πολλοὶ γὰρ
ἐβούλοντο τοῦ Σύλλα τὸ ἔργον εἶναι τῷ Μαρίῳ φθονοῦντες, αὐτός

τε Σύλλας σφραγῖδα ποιησάμενος ἐφόρει γλυφὴν ἔχουσαν ἐγχειρι-
ζόμενον ὑπὸ τοῦ Βόκχου τὸν Ἰουγούρθαν ἑαυτῷ.
Plin. *Nat. Hist.* xxxvii. 1. 9. Sulla dictator traditione Iugurthae
semper signavit. [Cf. Sydenham, *R. Rep. Coinage* p. 145; pl. 24, n.
879 presumably reproduces Sulla's seal.]
[Cf. Plut. *Sull.* 6; *Mar.* 32; Sall. *Iug.* 102–13; Liv. *Ep.* lxvi;
Vellei. ii. 12; Val. Max. viii. 14. 4; Florus i. 36 (iii. 1); Oros.
v. 15.]

Gaul. Defeat of Mallius and Caepio by the Cimbri

Sall. *Iug.* 114 Per idem tempus advorsum Gallos ab ducibus
nostris Q. Caepione et Cn. Manlio male pugnatum. Quo metu
Italia omnis contremuerat.

Liv. *Ep.* lxvii. M. Aurelius Scaurus, legatus consulis, a Cimbris fuso exercitu captus est; et cum in consilium ab his ad-
vocatus deterreret eos ne Alpes transirent Italiam petituri, eo
quod diceret Romanos vinci non posse, a Boiorige feroci iuvene
occisus est. Ab iisdem hostibus Cn. Manlius consul et Q.
Servilius Caepio proconsul victi proelio castris quoque binis exuti
sunt. Militum milia octoginta occisa, calonum et lixarum quadraginta, secundum A⟨ntiatem apud⟩ *A*rausionem. [Cf. Oros. v. 16.]

Licinianus, p. 11F Et M. Aurelium Scaurum consularem
virum ceperunt equo deiectum. Nam is vocatus in concilium
ab is nihil indignum viro Romano, qui tantis honoribus functus erat, aut fecit aut dixit. Itaque interfectus est cum posset
effugere. Et nec ipsis petentibus ducem se tradere sustinuit
verecundia ut amisso exercitu incolumis esset. Qua victoria
Cimbrorum territus Mallius consul litteris supplicibus cum
Caepionem orasset ut copiis iunctis simul et exercitu ampliato
Gallis resisterent impetrare non potuit. Et cum Rhodanum
traiecisset et apud milites gloriatus esset timenti consuli se
auxilium laturum, ne communicare quidem cum eo consilium
belli gerendi voluit, nec legatis quos senatus miserat ut concordes
essent simulque rem publicam iuvarent auscultare dignatus est.
Cimbrorum etiam legatos pacem volentes et agros petentes
frumentumque quod sererent, ita contumeliose submovit, ut
desperata pace ado*rti sint* postero die. Castra eius non longe
a Malli castris constituta. Neque adduci potuit, cum non
multo abesset, ut exercitum iungeret. Et maxima pars exercitus
d*eleta est*. . . . ⟨Commissa est pugna⟩ pridie Nonas Octobres.

Dio Cass. fr. 91 ὁ Σερουίλιος ὑπὸ τοῦ πρὸς τὸν συνάρχοντα φθόνου τὰ μὲν ἄλλα ἐξ ἴσου οἱ ἐπετέτραπτο, τῷ δὲ δὴ ἀξιώματι οἷα ὑπατεύοντος αὐτοῦ ἠλαττοῦτο. πολλῶν γὰρ κακῶν αἴτιος τῷ στρατεύματι ἐγένετο. καὶ μετὰ θάνατον Σκαύρου τὸν Σερουίλιον μετεπέμψατο· ὁ δὲ ἀπεκρίνατο τὴν ἑαυτοῦ ἑκάτερον δεῖν φυλάττειν. εἶτα ἐλπίσας τὸν Μάλλιον καθ' ἑαυτόν τι κατορθώσειν, ἐφθόνησεν αὐτῷ μὴ μόνος εὐδοκιμήσῃ, καὶ ἦλθε μὲν πρὸς αὐτόν, οὔτε δὲ ἐν τῷ αὐτῷ χωρίῳ ηὐλίσατο οὔτε τι βούλευμα κοινὸν ἐποιήσατο. . . . καὶ τὸ ⟨μὲν⟩ πρῶτον φοβεροὶ καὶ ὡς τοῖς πολεμίοις, μέχρις οὗ ἡ διαφορὰ αὐτῶν ἐλάνθανεν, ἐγίγνοντο, ὡς καὶ ἐς ἐπιθυμίαν σπονδῶν αὐτοὺς προαγαγεῖν· ὡς δὲ πρὸς Μάλλιον ὑπατεύοντα διεκηρυκεύσαντο, ὁ Σερουίλιος ἠγανάκτησεν ὅτι μὴ πρὸς ἑαυτὸν ἐπρεσβεύσαντο, καὶ οὔτε τι συμβατικὸν ἀπεκρίνατο ὀλίγου τε καὶ τοὺς πρεσβευτὰς διέφθειρεν. οἱ στρατιῶται τὸν Σερουίλιον ἠνάγκασαν πρὸς Μάλλιον ἐλθεῖν καὶ μετ' αὐτοῦ βουλεύσασθαι περὶ τῶν παρόντων. τοσούτου δὲ ὁμοφρονῆσαι ἐδέησαν ὥστε καὶ ἐχθίους ἢ πρόσθεν ἦσαν ἐκ τῆς συνουσίας ἐγένοντο.

Plut. Luc. 27 ἐν ἐκείνῃ . . . [τῇ ἡμέρᾳ] ἡ μετὰ Καιπίωνος ἀπώλετο στρατιὰ συμβαλοῦσα Κίμβροις. . . . ἦν δὲ πρὸ μιᾶς νωνῶν Ὀκτωβρίων [cf. Plut. Mar. 11; Sert. 3; Vellei. ii. 12; Diod. xxxvi. 1; Oros. v. 16; Eutrop. v. 1].

S. C. de foedere cum Astypalaeensibus renovando

I.G.R.R. iv. 1028 (from Astypalaea). (See p. 35 and p. 38, above.)

(a) l. 9 ff. ὅτι [τε Πόπλιος Ῥουτ‖ίλι]ος ὕπατος τὸν ταμίαν κατὰ τὸ διάταγμα [ξένια δοῦναι αὐτῶι | κ]ελεύσῃ(ι) θυσίαν τε ἐν Καπετωλίω(ι), ἐὰν θέλῃ(ι), ποιῆσ[αι αὐτῶ(ι) ἐξῇ(ι) κατὰ] | τὸν νόμον [τόν τε] Ῥόβριον καὶ τὸν Ἀκίλιον . . . .

(b) part of text of *foedus.*

B.C. 104 · A.U.C. 650

INTERNAL HISTORY

Triumph of Marius on 1 January

Sall. *Iug.* 114 Kalendis Ianuariis magna gloria consul triumphavit.

Liv. *Ep.* lxvii. In triumpho C. Marii ductus ante currum eius Iugurtha cum duobus filiis, et in carcere necatus est. Marius triumphali veste in senatum venit, quod nemo ante eum fecerat.

Fast. Triumph. (Degrassi, *o.c.*) [104 B.C.] [C. Marius C. f. C. n. co(n)s(ul) 11, anno D]CXLIX [de Numideis et rege Iugurtha k. Ian.]

C.I.L. I². 1., p. 195 (*I.L.S.* 59) Eum (Iugurtham) cepit et triumphans in secundo consulatu ante currum suum duci iussit.

Ib. Veste triumphali calceis patriciis [? in senatum venit]. [Cf. Plut. *Mar.* 12; Vellei. ii. 12; Val. Max. vi. 9. 14; Plin. *Nat. Hist.* xxxiii. 1. (4) 12; Eutrop. iv. 27; Florus i. 36 (iii. 1); Oros. v. 15.]

Caepio deprived of his imperium; Lex Cassia

Ascon. 78C L. Cassius L. f. Longinus tribunus plebis C. Mario C. Flavio coss. plures leges ad minuendam nobilitatis potentiam tulit, in quibus hanc etiam ut quem populus damnasset cuive imperium abrogasset in senatu ne esset. Tulerat autem eam maxime propter simultates cum Q. Servilio qui ante biennium consul fuerat et cui populus, quia male adversus Cimbros rem gesserat, imperium abrogavit. [Cf. Cic. *de Dom.* 31. 83.]

Livy, *Ep.* lxvii. Caepionis, cuius temeritate clades accepta erat, damnati bona publicata sunt (see below, p. 91), primi post regem Tarquinium, imperiumque ei abrogatum (*sc.* late in 105 B.C.; see above, p. 84, Plut. *Luc.* 27).

Quaestio auri Tolosani

Cic. *de Nat. Deor.* iii. 30. 74 Cognosce alias quaestiones, auri Tolosani, coniurationis Iugurthinae [cf. Dio Cass. fr. 90 and Oros. v. 15 quoted p. 80; [Victor] *de Vir. Ill.* 73. 5 quoted p. 107. For the date see Broughton, *M.R.R.* i. p. 566, note 8].

The Legend

Gell. iii. 9 Cum oppidum Tolosanum . . . Quintus Caepio consul diripuisset multumque auri in eius oppidi templis fuisset, quisquis ex ea direptione aurum attigit misero cruciabilique exitu periit [cf. Iustin. xxxii. 3. 9–11, Strab. iv. 1. 13 (from Timagenes)].

Val. Max. vi. 9. 13 Q. Caepio ... in publicis vinculis spiritum
deposuit, corpusque eius funestis carnificis manibus laceratum in
scalis Gemoniis iacens magno cum horrore totius fori Romani
conspectum est. (See below, p. 91.)

Trial of M. Junius Silanus

Cic. *pro Cornel.* ap. Ascon. 80C Domitius M. Silanum, consularem hominem, quemadmodum tribunus plebis vexavit?

Ascon. *in Cornelian.* p. 80C (Silanus) adversus Cimbros rem
male gesserat; quam ob causam Domitius eum apud populum
accusavit. Criminabatur rem cum Cimbris iniussu populi ges-
sisse, idque principium fuisse calamitatum, quas eo bello populus
accepisset. ... Sed plenissime Silanus absolutus est. (81) Cn.
Domitius tribunus fuerat ... C. Mario II C. Fimbria coss.

Cic. *Div. in Caec.* 20. 67 Nuper Cn. Domitium scimus M.
Silano diem dixisse propter unius hominis Aegritomari, paterni
amici atque hospitis, iniurias [cf. eund. *in Verr.* ii. 47. 118].

Prosecution of M. Aemilius Scaurus

Cic. *pro Scaur.* ap. Ascon. 21C Subiit etiam populi iudicium
inquirente Cn. Domitio tribuno plebis.

Ascon. *in Scaurian.* p. 21C Domitius qui consul fuit cum
C. Cassio, cum esset tribunus plebis, iratus Scauro, quod eum
in augurum collegium non cooptaverat, diem ei dixit apud
populum et multam irrogavit, quod eius opera sacra populi
Romani deminuta esse diceret. Crimini dabat sacra publica
populi Romani deum Penatium, quae Lavini fierent, opera eius
minus recte casteque fieri. Quo crimine absolutus est Scaurus
quidem, sed ita ut a tribus tribubus damnaretur, a XXXII
absolveretur, et in his pauca puncta inter damnationem et
absolutionem interessent.

Cic. *pro Deiot.* 11. 31 (Cn. Domitius) cum tribunus plebis
M. Scaurum principem civitatis in iudicium populi vocavisset
Scaurique servus ad eum clam domum venisset et crimina in
dominum delaturum se esse dixisset, prehendi hominem iussit
ad Scaurumque deduci [cf. Dio Cass. fr. 92].

Lex Domitia

Cic. *de Leg. Agr.* ii. 7. 18 EODEM MODO, . . . VT COMITIIS
P. M. Ne hoc quidem vidit (Rullus) maiores nostros tam fuisse

popularis, ut quem per populum creari fas non erat, propter religionem sacrorum, in eo tamen, propter amplitudinem sacerdoti, voluerint populo supplicari. Atque hoc idem de ceteris sacerdotiis Cn. Domitius, tribunus plebis, vir clarissimus, tulit: quod populus per religionem sacerdotia mandare non poterat, ut minor pars populi vocaretur: ab ea parte qui esset factus, is a collegio cooptaretur. . . . Domitius, quod per caerimonias populi fieri non poterat, ratione assecutus est, ut id, quoad posset, quoad fas esset, quoad liceret, populi ad partes daret . . . quod dari populo nullo modo poterat, tamen quodam modo dedit.

Vellei. ii. 12 Quo anno (103 B.C.) Cn. Domitius tribunus pl. legem tulit ut sacerdotes, quos antea collegae sufficiebant, populus crearet [but cf. Ascon. 81C (quoted p. 86)].

Suet. *Nero* 2 Cn. Domitius in tribunatu pontificibus offensior quod alium quam se in patris sui locum cooptassent, ius sacerdotum subrogandorum a collegiis ad populum transtulit. [For an earlier attempt in 145 B.C. see Cic. *de Amic.* 25. 96 Meministis Q. Maxumo, fratre Scipionis, et L. Mancino consulibus quam popularis lex de sacerdotiis C. Licini Crassi videbatur! Cooptatio enim collegiorum ad populi beneficium transferebatur.]

Tribunate of L. Marcius Philippus? His agrarian proposal

Cic. *de Off.* ii. 21. 73 Perniciose enim Philippus in tribunatu, cum legem agrariam ferret, quam tamen antiquari facile passus est et in eo vehementer se moderatum praebuit, sed cum in agendo multa populariter, tum illud male, 'non esse in civitate duo milia hominum, qui rem haberent'.

Quaestorship of Saturninus

Diodor. xxxvi. 12 Σατουρνῖνος ὁ δήμαρχος ζηλώσας βίον ἀκόλαστον καὶ ταμίας ὑπάρχων, εἰς τὴν ἐξ Ὠστίας εἰς Ῥώμην τοῦ σίτου παρακομιδὴν ἐτάχθη, διὰ δὲ τὴν ῥᾳθυμίαν καὶ φαυλότητα τῆς ἀγωγῆς δόξας κακῶς προεστάναι τῆς προειρημένης ἐπιμελείας, ἐπιτιμήσεως ἔτυχε προσηκούσης· ἡ δὲ σύγκλητος παρελομένη τὴν ἐξουσίαν παρέδωκεν ἄλλοις τὴν ἐπιστασίαν ταύτην.

Cic. *de Har. Resp.* 20. 43 Saturninum, quod in annonae caritate quaestorem a sua frumentaria procuratione senatus amovit eique rei M. Scaurum praefecit, scimus dolore factum esse popularem.

Id. *pro Sest.* 17. 39 (Saturninus) quod a se quaestore Ostiensi per ignominiam ad principem et senatus et civitatis M. Scaurum rem frumentariam tralatam sciebat, dolorem suum magna contentione animi persequebatur.

Election of Marius to the Consulship for the following year

C.I.L. I². 1, p. 195 (*I.L.S.* 59) Tertium cos. absens creatus est.

EXTERNAL HISTORY

Gaul. Military preparations and innovations of Marius

Plut. *Mar.* 14 εὐτύχημα δὲ δοκεῖ τῷ Μαρίῳ μέγα γενέσθαι· τῶν γὰρ βαρβάρων ὥσπερ τινὰ παλίρροιαν τῆς ὁρμῆς λαβόντων καὶ ῥυέντων πρότερον ἐπὶ τὴν Ἰβηρίαν χρόνον ἔσχε καὶ τὰ σώματα γυμνάσαι τῶν ἀνδρῶν καὶ τὰ φρονήματα πρὸς τὸ θαρρεῖν ἀναρρῶσαι.

Diod. xxxvi. 3 κατὰ τὴν ἐπὶ τοὺς Κίμβρους τοῦ Μαρίου στρατείαν ἔδωκεν ἡ σύγκλητος ἐξουσίαν τῷ Μαρίῳ ἐκ τῶν πέραν θαλάττης ἐθνῶν μεταπέμπεσθαι συμμαχίαν. ὁ μὲν οὖν Μάριος ἐξέπεμψε πρὸς Νικομήδην τὸν τῆς Βιθυνίας βασιλέα περὶ βοηθείας. ὁ δὲ ἀπόκρισιν ἔδωκεν, τοὺς πλείους τῶν Βιθυνῶν ὑπὸ τῶν δημοσιωνῶν διαρπαγέντας δουλεύειν ἐν ταῖς ἐπαρχίαις (cf. p. 94).

Plin. *Nat. Hist.* x. 4. 16 Romanis eam (aquilam) legionibus Gaius Marius in secundo consulatu suo proprie dicavit. Erat et antea prima cum quattuor aliis. Lupi, minotauri, equi, aprique singulos ordines anteibant. Paucis ante annis sola in aciem portari coepta erat, reliqua in castris relinquebantur. Marius in totum ea abdicavit. Ex eo notatum non fere legionis umquam hiberna esse castra ubi aquilarum non sit iugum.

Plut. *Mar.* 25 λέγεται . . . ὑπὸ Μαρίου καινοτομηθῆναι τὸ περὶ τοὺς ὑσσούς. τὸ γὰρ εἰς τὸν σίδηρον ἔμβλημα τοῦ ξύλου πρότερον μὲν ἦν δυσὶ περόναις κατειλημμένον σιδηραῖς, τότε δὲ ὁ Μάριος τὴν μὲν ὥσπερ εἶχεν εἴασε, τὴν δ᾽ ἑτέραν ἐξελὼν ξύλινον ἧλον εὔθραυστον ἀντ᾽ αὐτῆς ἐνέβαλε, τεχνάζων προσπεσόντα τὸν ὑσσὸν τῷ θυρεῷ τοῦ πολεμίου μὴ μένειν ὀρθόν, ἀλλὰ τοῦ ξυλίνου κλασθέντος ἥλου καμπὴν γίνεσθαι περὶ τὸν σίδηρον καὶ παρέλκεσθαι τὸ δόρυ διὰ τὴν στρεβλότητα τῆς αἰχμῆς ἐνεχόμενον.

Festus, p. 267L *Muli Mariani* dici solent a C. Mari instituto, cuius milites in furca interposita tabella varicosius onera sua portare assueverant [cf. *ib.* 121L, but see Plut. *Mar.* 13].

Festus, p. 345L *Parmulis* pugnare milites soliti sunt; quarum usum sustulit C. Marius datis in vicem earum Bruttianis.

Works of Marius on the Rhone

Strabo iv. 1. 8 Μάριος . . . ὁρῶν τυφλόστομον γινόμενον (τὸν Ῥοδανὸν) ἐκ τῆς προσχώσεως καὶ δυσείσβολον, καινὴν ἔτεμε διώρυχα καὶ ταύτῃ δεξάμενος τὸ πλέον τοῦ ποταμοῦ Μασσαλιώταις ἔδωκεν ἀριστεῖον κατὰ τὸν πρὸς Ἄμβρωνας καὶ Τωυγενοὺς πόλεμον· ἐξ οὗ πλοῦτον ἠνέγκαντο πολύν, τέλη πραττόμενοι τοὺς ἀναπλέοντας καὶ τοὺς καταγομένους· ὅμως οὖν ἔτι μένει δυσείσπλοα διὰ . . . τὴν ταπεινότητα τῆς χώρας, ὥστε μὴ καθορᾶσθαι μηδ' ἐγγὺς ἐν ταῖς δυσαερίαις [cf. Plut. *Mar.* 15].

Sulla legate to Marius

Plut. *Sulla* 4 (ὁ Μάριος) ἡγούμενος ἐλάττονα τοῦ φθονεῖσθαι τὸν Σύλλαν ἐχρῆτο πρὸς τὰς στρατείας, τὸ μὲν δεύτερον ὑπατεύων πρεσβευτῇ τὸ δὲ τρίτον χιλιάρχῳ.

[Victor] *de Vir. Ill.* 75 (Sulla) bello Cimbrico et Teutonico legatus bonam operam navavit.

Asia. Alliance between Mithridates of Pontus and Nicomedes of Bithynia

They occupy Paphlagonia

Iustin. xxxvii. 4. 3 Inita deinde cum Nicomede societate Paphlagoniam invadit (Mithridates) victamque cum socio dividit. Quam cum teneri a regibus senatui nuntiatum esset, legatos ad utrumque misit, qui gentem restitui in pristinum statum iuberent. Mithridates, cum se iam parem magnitudini Romanorum crederet, superbo responso hereditarium patri suo regnum obvenisse respondit: mirari se, quod cum ei relata controversia non fuerit, sibi referatur. Nec territus minis Galatiam quoque occupat. Nicomedes quoniam se tueri iure non poterat, iusto regi redditurum respondit. Atque ita filium suum mutato nomine Pylaemenem Paphlagonum regum nomine appellat et quasi

stirpi regiae reddidisset regnum, falso nomine tenet. Sic ludibrio
habiti legati Romam revertuntur [cf. Diod. xxxvi. 3 (quoted
p. 94].[For the chronology see Magie, *R. Rule* 1093.]

Slave revolt in Attica (104–102 B.C.)

Posidonius fr. 35 Jac. (ap. Athen. vi. 104. p. 272e) καὶ αἱ
πολλαὶ δὲ αὗται Ἀττικαὶ μυριάδες τῶν οἰκετῶν δεδεμέναι εἰργάζοντο
τὰ μέταλλα. Ποσειδώνιος γοῦν . . . ὁ φιλόσοφος καὶ ἀποστάντας
φησὶν αὐτοὺς καταφονεῦσαι μὲν τοὺς ἐπὶ τῶν μετάλλων φύλακας,
καταλαβέσθαι δὲ τὴν ἐπὶ Σουνίωι ἀκρόπολιν καὶ ἐπὶ πολὺν χρόνον
πορθῆσαι τὴν Ἀττικήν. οὗτος δ' ἦν ὁ καιρὸς ὅτε καὶ ἐν Σικελίαι ἡ
δευτέρα τῶν δούλων ἐπανάστασις ἐγένετο.

[For coins perhaps issued by the slaves in revolt see Svoronos,
Trésor des monnaies d'Athènes, pl. 78 nos. 25–27; cf. A. R. Bellenger
in *Hesperia*, Suppl. viii (1949), pp. 24–25.]

Slave Outbreaks preceding Second Sicilian Slave war

Diod. xxxvi. 2 πρὸ δὲ τῆς κατὰ τὴν Σικελίαν τῶν δούλων
ἐπαναστάσεως ἐγένοντο κατὰ τὴν Ἰταλίαν πλείους ἀποστάσεις ὀλιγο-
χρόνιοι καὶ μικραί, καθάπερ τοῦ δαιμονίου προσημαίνοντος τὸ μέγεθος τῆς ἐσομένης κατὰ τὴν Σικελίαν ἐπαναστάσεως.

B.C. 103 · A.U.C. 651

Consuls, C. MARIUS III, L. AURELIUS ORESTES

INTERNAL HISTORY

Tribunate of Saturninus; lex Appuleia agraria

Cic. *Brut.* 62. 224 Seditiosorum omnium post Gracchos L.
Appuleius Saturninus eloquentissimus visus est; magis specie
tamen et motu atque ipso amictu capiebat homines quam aut
dicendi copia aut mediocritate prudentiae.

Plut. *Mar.* 14 Λούκιος Σατορνῖνος ὁ μάλιστα τῶν δημάρχων
ἄγων τὸ πλῆθος.

[Victor] *de Vir. Ill.* 73 Lucius Appuleius Saturninus, tribunus
plebis seditiosus, ut gratiam Marianorum militum pararet, legem

tulit, ut veteranis centena agri iugera in Africa dividerentur: intercedentem Baebium collegam facta per populum lapidatione summovit. [For Marian settlements in Africa see p. 94.]

Lex Frumentaria (?)

See p. 107 (100 B.C.)

Trial and condemnation of Caepio and Mallius

Licinianus, p. 13F Cn. Mallius ob eandem causam quam et Caepio L. Saturnini rogatione e civitate plebiscito (*MS* est cito) eiectus [cf. Cic. *de or.* ii. 84. 124 and 47. 197 (below); Livy *Ep.* lxvii (quoted p. 85)].

[Cic.] *ad Herenn.* i. 14. 24 Purgatio est, cum consulto negat se reus fecisse. Ea dividitur in imprudentiam, fortunam, necessitatem: fortunam, ut Caepio ad tribunos plebis de exercitus amissione.

Val. Max. iv. 7. 3 L. Reginus . . . tribunus plebis Caepionem in carcerem coniectum, quod illius culpa exercitus noster a Cimbris et Teutonis videbatur deletus, veteris et artae amicitiae memor publica custodia liberavit nec hactenus amicum egisse contentus fugae eius comes accessit. [Cf. Cic. *pro Balb.* 11. 28 . . . Q. Caepione P. Rutilio Zmyrnae . . . .]

Lex Appuleia de maiestate. Seditio Norbani and its sequel

Cic. *de Or.* ii. 25. 107 Iam quid vocetur quaeritur, cum quo verbo quid appellandum sit contenditur; ut mihi ipsi (Antonio) cum hoc Sulpicio fuit in Norbani causa summa contentio. Pleraque enim de eis quae ab isto obiciebantur cum confiterer, tamen ab illo maiestatem minutam negabam; ex quo verbo lege Appuleia tota illa causa pendebat.

Ib. 47. 197 . . . Vim, fugam, lapidationem, crudelitatem tribuniciam (*sc.* Norbani) in Caepionis gravi miserabili casu . . . deinde principem et senatus et civitatis, M. Aemilium, lapide percussum esse constabat; vi pulsum e templo L. Cottam et T. Didium, cum intercedere vellent rogationi, nemo poterat negare.

Ib. 28. 124 (Antonius) non dubitavit . . . demonstrare . . . illam Norbani seditionem ex luctu civium et ex Caepionis odio, qui exercitum amiserat, neque reprimi potuisse et iure esse conflatam. . . . Quid ego de Cn. Mallii, quid de Q. Regis commiseratione dicam? [Cf. *ib.* 21. 89; 40. 167; 49. 201; *Part. orat.* 30. 105.]

Cic. *de Off.* ii. 14. 49 Etiam P. Sulpici eloquentiam accusatio illustravit, cum seditiosum et inutilem civem, C. Norbanum, in iudicium vocavit.

Val. Max. viii. 5. 2 (M. Aemilius Scaurus) C. Norbanum maiestatis crimine publicae quaestioni subiectum ex professo opprimere conatus est.

[For the trial of Norbanus see below, p. 118.]

[On the date of the Lex Appuleia de maiestate see Broughton, *M.R.R.* i. 565 note 4. For the Lex Latina Bantiae reperta, possibly a copy of this law, see *C.I.L.* I². 2. n. 582, Riccobono *F.I.R.A.* i. p. 82 f., and H. S. Jones, *J.R.S.* 1926 p. 171; cf. G. Tibiletti, *Athenaeum* N.S. 31 (1953), 1 ff., who identifies the law from Bantia with the Lex Servilia repetundarum of Glaucia (see pp. 100 f.).]

Prosecutions of C. Memmius and C. Flavius Fimbria
(c. 103/2 B.C.?)

Val. Max. viii. 5. 2 M. etiam Aemilius Scaurus princeps senatus C. Memmium (pr. 104?) repetundarum reum destricto testimonio insecutus est, item C. Flavium eadem lege accusatum testis proscidit . . . nec tamen . . . quemquam illorum affligere potuit.

* Cic. *pro Font.* 11. 24 Tamen huius (*sc.* Scauri) cuius iniurati nutu prope terrarum orbis regebatur iurati testimonio neque in C. Fimbriam neque in C. Memmium creditum est.

Trial of T. Albucius

Cic. *in Pis.* 38. 92 Albucius, cum in Sardinia triumphasset, Romae damnatus est.

Id. *de Prov. Cons.* 7. 15 Albucius, quod a senatu petebat, ipse sibi in Sardinia ante decreverat; constabat enim Graecum hominem ac levem in ipsa provincia quasi triumphasse; itaque hanc eius temeritatem senatus supplicatione denegata notavit.

Id. *Div. in Caec.* 19. 63 Itaque neque L. Philoni in C. Servilium nominis deferendi potestas est data . . . neque Cn. Pompeio in T. Albucium.

Id. *de Off.* ii. 14. 49 Etsi laudabilior est defensio, tamen etiam accusatio probata persaepe est. . . . Sed hoc quidem non est saepe faciendum nec umquam nisi aut rei publicae causa . . .

aut ulciscendi . . . aut patrocinii, ut . . . pro Sardis [in Albucio]
Iulius.

Id. *pro Scauro* 40 Damnatus est T. Albucius, C. Megaboccus
ex Sardinia nonnullis etiam laudantibus Sardis.

Marius elected Consul for the fourth time

Liv. *Ep.* lxvii. Quartum consulatum dissimulanter captans
consecutus est.

Plut. *Mar.* 14 ἐνισταμένων δὲ τῶν ἀρχαιρεσιῶν καὶ τοῦ συνάρχοντος αὐτοῦ τελευτήσαντος, ἀπολιπὼν ἐπὶ τῶν δυνάμεων Μάνιον
Ἀκύλλιον αὐτὸς ἧκεν εἰς Ῥώμην. μετιόντων δὲ πολλῶν καὶ ἀγαθῶν
τὴν ὑπατείαν, Λούκιος Σατορνῖνος . . . ὑπὸ τοῦ Μαρίου τεθερα-
πευμένος ἐδημηγόρει κελεύων ἐκεῖνον ὕπατον αἱρεῖσθαι. θρυπτο-
μένου δὲ τοῦ Μαρίου καὶ παραιτεῖσθαι τὴν ἀρχὴν φάσκοντος, ὡς
δὴ μὴ δεομένου, προδότην αὐτὸν ὁ Σατορνῖνος ἀπεκάλει τῆς πατρίδος
ἐν κινδύνῳ τοσούτῳ φεύγοντα τὸ στρατηγεῖν.

EXTERNAL HISTORY

Movements of the Cimbri; Marius' preparations

Liv. *Ep.* lxvii. Cimbri, vastatis omnibus, quae inter Rhodanum et Pyrenaeum sunt, per saltum in Hispaniam transgressi,
ibique multa loca populati, a Celtiberis fugati sunt: reversique
in Galliam in Veliocassis se Teutonis coniunxerunt.

Vellei. ii. 12 Tertius (consulatus) in apparatu belli consumptus.

Strab. iv. 1. 8. (183c). (See p. 89, above.)

Plut. *Mar.* 14 οὐ μὴν ἧκον (οἱ βάρβαροι) ὡς προσεδοκῶντο ταχέως, ἀλλὰ πάλιν διῆλθε τῷ Μαρίῳ ὁ τῆς ὑπατείας χρόνος.

Sulla military tribune to Marius

Plut. *Sulla* 4 (quoted p. 89).

Negotiations of Mithridates with the Cimbri and other peoples

Iustin. xxxviii. 3. 6 Mithridates intellecto quantum bellum
suscitaret, legatos ad Cimbros, alios ad Gallograecos et Sarmatas Bastarnasque auxilium petitum mittit. Nam omnes has

gentes Romanum meditabundus bellum variis beneficiorum
muneribus iam ante inlexerat.

Marius' African settlements

[Caes.] *Bell. Afr.* 56 Namque Gaetuli ex equitatu regio nobi-
liores equitumque praefecti, quorum patres cum Mario ante
meruerant eiusque beneficio agris finibusque donati post Sullae
victoriam sub Hiempsalis regis erant dati potestatem . . .

I.L.S. 1334 (from Uchi Maius), coloniae Marianae Augustae
Alexandrianae Uchitanorum maiorum [cf. *ib.* 9405].

Ib. 6790 (from Thibari) (A.D. 287–289) muni[ci]pi Mariani
Thibaritanorum [see S. Gsell, *Hist. Afr. nord.* t. vii. p. 10].

A.É. 1951. n. 81 (from Thuburnica) C. Mario C. f. cos VII
conditori coloniae Q. F[urfani]us Q. f. Lem. Bellicus omnibus
honoribus in col. sua functus flam. Aug. perp. (etc.).

[Cf. ed. note *ad loc.* and Broughton, *M.R.R.* ii. 645, addit.
note on i. 575.]

Elogia of land commissioners; settlement at Cercina (103 or
100 B.C.?)

(1) *Inscr. Ital.* xiii. 3. n. 7 (from the Forum Augusti, Rome)
[C. Iu]lius [C. f. Caesar] | pater di[vi Iuli, | p]r. q. tr. [mil.,
x vir | c]olonos Cerce[inam deduxit].

(2) *Ib.* n. 75 (from Rome) [C. Iulius C. f. L. n.] Caesar |
[pater divi Iul]i | [tr. mil. x vir agr. dand. adtr. iu]dic. q. pr. |
[inter cives et peregrinos pro] cos. in Asia. [See Broughton,
A.J.A. 52 (1948) 323–30; id. *M.R.R.* i. 578, note 6 on both
inscrr.]

(3) *Ib.* n. 6 (from the Forum Augusti) [C. Iuliu]s L. [f.
Caesar | S]trab[o | aed. cur.] q. tr. mil. [bis x vir | agr. dand.]
adtr. iu[d. pontif.].

Second Sicilian Slave war

Diod. xxxvi. 3 κατὰ τὴν ἐπὶ τοὺς Κίμβρους τοῦ Μαρίου στρατείαν ἔδωκεν ἡ σύγκλητος ἐξουσίαν τῷ Μαρίῳ ἐκ τῶν πέραν
θαλάττης ἐθνῶν μεταπέμπεσθαι συμμαχίαν. ὁ μὲν οὖν Μάριος
ἐξέπεμψε πρὸς Νικομήδην τὸν τῆς Βιθυνίας βασιλέα περὶ βοηθείας·
ὁ δὲ ἀπόκρισιν ἔδωκε τοὺς πλείους τῶν Βιθυνῶν ὑπὸ τῶν δημοσιωνῶν

διαρπαγέντας δουλεύειν ἐν ταῖς ἐπαρχίαις. τῆς δὲ συγκλήτου ψηφισα-
μένης ὅπως μηδεὶς σύμμαχος ἐλεύθερος ἐν ἐπαρχίᾳ δουλεύῃ καὶ
τῆς τούτων ἐλευθερώσεως οἱ στρατηγοὶ πρόνοιαν ποιῶνται, τότε
κατὰ τὴν Σικελίαν ὢν στρατηγὸς Λικίνιος Νερούας ἀκολούθως τῷ
δόγματι συχνοὺς τῶν δούλων ἠλευθέρωσε, κρίσεις προθείς, ὡς ἐν
ὀλίγαις ἡμέραις πλείους τῶν ὀκτακοσίων τυχεῖν τῆς ἐλευθερίας.
καὶ ἦσαν πάντες οἱ κατὰ τὴν νῆσον δουλεύοντες μετέωροι πρὸς τὴν
ἐλευθερίαν. οἱ δ' ἐν ἀξιώμασι συνδραμόντες παρεκάλουν τὸν στρατηγὸν ἀποστῆναι ταύτης τῆς ἐπιβολῆς. ὁ δ' εἴτε χρήμασι πεισθεὶς
εἴτε χάριτι δουλεύσας, τῆς μὲν τῶν κριτηρίων τούτων σπουδῆς
ἀπέστη, καὶ τοὺς προσιόντας ἐπὶ τῷ τυχεῖν τῆς ἐλευθερίας ἐπι-
πλήττων εἰς τοὺς ἰδίους κυρίους προσέταττεν ἐπαναστρέφειν. οἱ δὲ
δοῦλοι συστραφέντες καὶ τῶν Συρακουσῶν ἀπαλλαγέντες, καὶ καταφυγόντες εἰς τὸ τῶν Παλικῶν τέμενος, διελάλουν πρὸς ἀλλήλους
ὑπὲρ ἀποστάσεως [cf. Dio Cass. fr. 93]. (4) (after an outbreak
near Heraclea, and the defeat of M. Titinius legate of the
praetor, the slaves) εἰς ἐκκλησίαν συνελθόντες καὶ βουλῆς προτε-
θείσης πρῶτον μὲν εἴλοντο βασιλέα τὸν ὀνομαζόμενον Σαλούιον,
δοκοῦντα τῆς ἱεροσκοπίας ἔμπειρον εἶναι καὶ ταῖς γυναικείαις θέαις
αὐλομανοῦντα. οὗτος βασιλεύσας τὰς μὲν πόλεις ἀργίας καὶ τρυφῆς
νομίζων ἐξέκλινεν, εἰς τρία δὲ μερίσας τοὺς ἀποστάτας καὶ ἴσους
ἡγεμόνας ἐγκαταστήσας ταῖς μερίσι, προσέταξεν ἐπιέναι τὴν χώραν
καὶ πρὸς ἕνα τόπον καὶ καιρὸν ἅπαντας ἀπαντᾶν. ... (5) περὶ δὲ
τὴν Αἰγεσταίων καὶ Λιλυβαϊτῶν χώραν, ἔτι δὲ τῶν ἄλλων τῶν
πλησιοχώρων, ἐνόσει πρὸς ἀπόστασιν τὰ πλήθη τῶν οἰκετῶν.
γίνεται δὲ τούτων ἀρχηγὸς Ἀθηνίων ὄνομα, ἀνὴρ ἀνδρείᾳ διαφέρων,
Κίλιξ τὸ γένος. οὗτος οἰκονόμος ὢν δυοῖν ἀδελφῶν μεγαλοπλούτων,
καὶ τῆς ἀστρομαντικῆς πολλὴν ἔχων ἐμπειρίαν, ἔπεισε τῶν οἰκετῶν
πρῶτον μὲν τοὺς ὑφ' ἑαυτὸν τεταγμένους περὶ διακοσίους ὄντας,
ἔπειτα τοὺς γειτνιῶντας, ὥστε ἐν πέντε ἡμέραις συναχθῆναι πλείους
τῶν χιλίων. ὑπὸ δὲ τούτων αἱρεθεὶς βασιλεὺς καὶ διάδημα περι-
θέμενος ... οὐ ... προσεδέχετο πάντας τοὺς ἀφισταμένους, ἀλλὰ
τοὺς ἀρίστους ποιούμενος στρατιώτας, τοὺς ἄλλους ἠνάγκαζε μένον-
τας ἐπὶ τῶν προγεγενημένων ἐργασιῶν ἐπιμελεῖσθαι τῆς ἰδίας
ἕκαστον οἰκονομίας καὶ τάξεως· ἐξ ὧν καὶ τροφὰς ἀφθόνους τῶν
στρατιωτῶν ἐχορηγεῖτο. (7) (Salvius, who assumes the title of
Trypho and is recognized by Athenio, makes Triocala the
centre of his power) κατεσκεύασε δὲ καὶ βασιλικὴν οἰκίαν καὶ
ἀγορὰν δυναμένην δέξασθαι πλῆθος ἀνθρώπων. ἐξελέξατο δὲ καὶ
τῶν φρονήσει διαφερόντων ἀνδρῶν τοὺς ἱκανούς, οὓς ἀποδείξας
συμβούλους ἐχρῆτο συνέδροις αὐτοῖς· τήβεννάν τε περιπόρφυρον

περιεβάλλετο καὶ πλατύσημον ἔδυ χιτῶνα κατὰ τοὺς χρηματισμούς, καὶ ῥαβδούχους εἶχε μετὰ πελέκεων τοὺς προηγουμένους, καὶ τἄλλα πάντα ὅσα ποιοῦσί τε καὶ ἐπικοσμοῦσιν ἐπετήδευε βασιλείαν. (8) (after L. Licinius Lucullus had been sent from Rome and had defeated Trypho and Athenio) μετὰ . . . ἐνάτην ἡμέραν ὁ στρατηγὸς ἧκε πολιορκήσων τὰ Τριόκαλα. καὶ τὰ μὲν ἀναιρῶν, τὰ δὲ ἀναιρούμενος, ἔλαττον ἔχων ἀπηλλάγη, καὶ οἱ ἀποστάται αὖθις ἐφρονηματίζοντο. ἤνυε δὲ τῶν δεόντων ὁ στρατηγὸς εἴτε διὰ ῥᾳστώνην εἴτε διὰ δωροδοκίαν οὐδέν· ἀνθ' ὧν καὶ δίκην ὕστερον κριθεὶς Ῥωμαίοις ἔδωκε [cf. Florus ii. 7 (iii. 19)].

B.C. 102 · A.U.C. 652

Consuls, C. MARIUS IV, Q. LUTATIUS CATULUS

INTERNAL HISTORY

Censors, Q. CAECILIUS METELLUS NUMIDICUS (COS. 109), C. CAECILIUS METELLUS CAPRARIUS (COS. 113)

The censorship; attempted exclusion of Saturninus and Glaucia from the Senate

App. *Bell. Civ.* i. 28 τιμητὴς δὲ Κόιντος Καικίλιος Μέτελλος Γλαυκίαν τε βουλεύοντα καὶ Ἀπουλήιον Σατορνῖνον δεδημαρχηκότα ἤδη τῆς ἀξιώσεως παρέλυεν, αἰσχρῶς βιοῦντας, οὐ μὴν ἐδυνήθη· ὁ γάρ οἱ συνάρχων οὐ συνέθετο. [For the character of Glaucia see the anecdote in Cic. *Rab. Post.* 6. 14.]

Cic. *pro Sest.* 47. 101 (Q. Metellus) cum florentem hominem in populari ratione L. Saturninum censor notasset, cumque insitivum Gracchum contra vim multitudinis incitatae censu prohibuisset . . . de civitate maluit quam de sententia demoveri [cf. Dio Cass. fr. 95. 2 (quoted p. 110)].

Val. Max. ix. 7. 2 (L. Equitius) Q. Metellum censorem, quod ab eo tanquam Gracchi filio censum recipere nolebat, lapidibus prosternere conatus est (see p. 102).

[Victor] *de Vir. Ill.* 73 (Saturninus) quendam libertini ordinis subornavit, qui se Tiberii Gracchi filium fingeret. Ad hoc testimonium Sempronia soror Gracchorum producta, nec precibus nec minis adduci potuit ut dedecus familiae agnosceret [cf. *ib.* 62].

Degrassi, *Inscr. Ital.* xiii. 3. n. 16, pp. 21–22 (*elogium* from the

Forum Augusti, Rome?) *frag.* (*a*) Q. Caec[ilius Q. f. Metellus Numidicus censor, cos. pr. - - -] (*b*) [- - - -]statem[- - - - ce]nsor L. Eq[uitium censu prohibuit - - -]s[- - -].

Oros. v. 17 L. Apuleius Saturninus ... Q. Metello Numidico ... acerrimus inimicus, qui eum censorem creatum protractum domo atque in Capitolium confugientem armata multitudine obsedit, unde equitum Romanorum indignatione deiectus est, plurima ante Capitolium caede facta.

Election of Marius to a fifth consulship

Dio Cassius fr. 94. 1 καὶ ἀπ' αὐτῶν (*sc.* after Aquae Sextiae) ὁ Μάριος καίπερ ἐν τῷ πλήθει μόνῳ πρότερον ὅτι ἐξ αὐτοῦ γεγονὼς ἦν, καὶ ὅτι ὑπ' αὐτοῦ ηὔξητο, εὖ φερόμενος, τότε καὶ τοὺς εὐπατρίδας ὑφ' ὧν ἐμισεῖτο ἐξενίκησεν ὥστε πρὸς πάντων ὁμοίως καὶ ἐπαινεῖσθαι. τήν τε ἀρχὴν καὶ ἐς τὸ ἐπιὸν ἔτος, ὅπως καὶ τὰ λοιπὰ προσκατεργάσηται, παρ' ἑκόντων καὶ ὁμογνωμονούντων αὐτῶν ἔλαβεν.

EXTERNAL HISTORY

Marius defeats the Ambrones and Teutones at Aquae Sextiae

Plut. *Mar.* 15 τῶν δὲ βαρβάρων διελόντων σφᾶς αὐτοὺς δίχα Κίμβροι μὲν ἔλαχον διὰ Νωρικῶν ἄνωθεν ἐπὶ Κάτλον χωρεῖν καὶ τὴν πάροδον ἐκείνην βιάζεσθαι, Τεύτονες δὲ καὶ Ἄμβρωνες διὰ Λιγύων ἐπὶ Μάριον παρὰ θάλατταν.

Liv. *Ep.* lxviii. C. Marius consul summa vi oppugnata a Teutonis et Ambronibus castra defendit. Duobus deinde proeliis circa Aquas Sextias eosdem hostes delevit, in quibus caesa traduntur hostium ducenta milia, capta nonaginta. Marius absens quintum consul creatus est. Triumphum oblatum, donec et Cimbros vinceret, distulit.

Vellei. ii. 12 Quarto (consulatu) trans Alpis circa Aquas Sextias cum Teutonis conflixit, amplius CL milia hostium priore ac postero die ab eo trucidata gensque excisa Teutonum.

Florus i. 38 (iii. 3) Marius mira statim velocitate occupatis compendiis praevenit hostem, prioresque Teutonas sub ipsis Alpium radicibus adsecutus in loco quem Aquas Sextias vocant quo ... proelio oppressit! Vallem fluviumque medium hostes tenebant, nostris aquarum nulla copia. Consultone id egerit imperator an errorem in consilium verterit, dubium; certe necessitate acta virtus victoriae causa fuit. Nam flagitante aquam exercitu, 'Si viri estis' inquit 'en, illic habetis.' Itaque tanto ardore pugnatum est, ea caedes hostium fuit ut victor Romanus cruento flumine non plus aquae biberit quam sanguinis barbarorum. Certe rex ipse Teutobodus quaternos senosque equos transilire solitus vix unum, cum fugeret, ascendit, proximoque in saltu conprehensus insigne spectaculum triumphi fuit. Quippe vir proceritatis eximiae super tropaea sua eminebat.

Frontin. *Strat.* ii. 4. 6 Marius circa Aquas Sextias, cum in animo haberet postera die depugnare adversus Teutonos, Marcellum cum parva manu equitum peditumque nocte post terga hostium misit et ad inplendam multitudinis speciem agasones lixasque armatos simul ire iussit iumentorumque magnam partem instratorum centunculis, ut per hoc facies equitatus obiceretur, praecepitque ut, cum animadvertissent committi proelium, ipsi in terga hostium descenderent: qui apparatus tantum terroris intulit, ut asperrimi hostes in fugam versi sint [cf. Plut. *Mar.* 19–24; Oros. v. 16; Frontin. *Strat.* i. 2. 6; ii. 2. 8; ii. 7. 12; ii. 9. 1; [Frontin.] *Strat.* iv. 7. 5].

Attitude of the Cimbri; behaviour of Catulus

Plut. *Mar.* 23 ὁ γὰρ δὴ Κάτλος ἀντικαθήμενος τοῖς Κίμβροις τὰς μὲν ὑπερβολὰς τῶν Ἄλπεων ἀπέγνω φυλάσσειν, μὴ κατὰ πολλὰ τὴν δύναμιν μέρη διαιρεῖν ἀναγκαζόμενος ἀσθενὴς γένοιτο, καταβὰς δ' εὐθὺς εἰς τὴν Ἰταλίαν καὶ τὸν Ἀτισῶνα ποταμὸν λαβὼν πρὸ αὑτοῦ καὶ φραξάμενος πρὸς τὰς διαβάσεις ἑκατέρωθεν ἰσχυροῖς χαρακώμασιν, ἔζευξε τὸν πόρον, ὡς ἐπιβοηθεῖν εἴη τοῖς πέραν, εἰ πρὸς τὰ φρούρια βιάζοιντο διὰ τῶν στενῶν οἱ βάρβαροι. . . . ἀποδειλιάσαντες οἱ πλεῖστοι τῶν στρατιωτῶν ἐξέλειπον τὸ μέγα στρατόπεδον καὶ ἀνεχώρουν . . . οἱ δὲ βάρβαροι τὸ μὲν πέραν τοῦ Ἀτισῶνος φρούριον ἐπελθόντες ἔλαβον, καὶ τοὺς αὐτόθι Ῥωμαίους ἀνδρῶν κρατίστους γενομένους καὶ προκινδυνεύσαντας ἀξίως τῆς πατρίδος θαυμάσαντες ὑποσπόνδους ἀφῆκαν [cf. Liv. *Ep.* lxviii (quoted p. 103), and Florus i. 38 (iii. 3) (p. 103)]. [To this event perhaps belongs [Victor] *de Vir. Ill.* 72 (M. Aemilius Scaurus) filium suum, qui praesidium deseruerat, in conspectum suum vetuit accedere: ille ob hoc dedecus mortem sibi conscivit.]

M. Antonius sent against the 'Cilices'

Liv. *Ep.* lxviii. M. Antonius praetor in Ciliciam maritimos praedones ... persecutus est.

Obsequens 44 (104) (ad ann. 102) Piratae in Sicilia (*scr.* Cilicia) a Romanis deleti.

Cic. *de Orat.* i. 18. 82 Cum pro consule in Ciliciam proficiscens venissem Athenas, compluris tum ibi dies sum propter navigandi difficultatem commoratus.

Degrassi *I.L.L.R.P.* i. 342 (cf. S. Dow, *Harv. Stud. Cl. Ph.* lx (1951), 81 ff.) (from Corinth):

Quod neque conatus quisquanst nequei [– – –]au[it?],
    noscite rem, ut famaa facta feramus virei:
auspicio ⟨Antoni Marc⟩i pro consule classis
    Isthmum traductast missaque per pelagus.
ipse iter eire profectus Sidam. classem Hirrus Atheneis
    pro praetore anni e tempore constituit.
lucibus haec pauc[ei]s parvo perfecta tumultu
    magna[a qu]om ratione atgue salut[e bonaa?].
q[u]ei probus est lauda[t], quei contra est in[vidus damnat?]
    invid[ea]nt, dum q[uos add(?)]ecet id v[ideant].

Slave war in Sicily

Diod. xxxvi. 9 Γάϊος δὲ Σερουίλιος καταπεμφθεὶς στρατηγὸς διάδοχος Λουκούλλου, οὐδ' αὐτός τι ἄξιον μνήμης ἔπραξε· διὸ καὶ ὁμοίως Λουκούλλῳ ὕστερον φυγῇ κατεδικάσθη. τελευτήσαντος δὲ Τρύφωνος, διάδοχος τῆς ἀρχῆς ὁ Ἀθηνίων καθίσταται, καὶ τοῦτο μὲν πόλεις ἐπολιόρκει, τοῦτο δὲ πᾶσαν τὴν χώραν ἀδεῶς κατέτρεχε καὶ πολλῶν ἐκυρίευσε, τοῦ Σερουιλίου μηδὲν ἀντιπράττοντος.

Florus ii. 7 (iii. 19) Ab hoc (Athenione) quoque praetorii exercitus fusi, capta Servili castra, capta Luculli.

Settlement of Celtiberi in Spain (102 B.C. or later?)

App. *Iber.* 100 πόλιν δ' ἑτέραν τῆς Κολένδης πλησίον ᾤκουν μιγάδες Κελτιβήρων, οὓς Μᾶρκος Μάριος συμμαχήσαντας αὐτῷ κατὰ Λυσιτανῶν, τῆς βουλῆς ἐπιτρεπούσης, ᾤκικει πρὸ πέντε ἐνιαυτῶν. ἐλῄστευον δ' ἐξ ἀπορίας οὗτοι· καὶ κρίνας αὐτοὺς ὁ Δείδιος (cos. 98 B.C.) ἀνελεῖν, συνθεμένων αὐτῷ τῶν δέκα πρέσβεων ἔτι παρόντων, ἔφη τοῖς ἐπιφανέσιν αὐτῶν ἐθέλειν τὴν Κολενδέων χώραν αὐτοῖς προσορίσαι πενομένοις κτλ. (cf. p. 117, below).

B.C. 101 · A.U.C. 653

Consuls, C. MARIUS V, M'. AQUILLIUS

INTERNAL HISTORY

Triumph of Marius

Liv. *Ep.* lxviii. Marius, totius civitatis consensu exceptus, pro duobus triumphis, qui offerebantur, uno contentus fuit. Primores civitatis, qui ei aliquamdiu ut novo homini, ad tantos honores evecto, inviderant, conservatam ab eo rem publicam fatebantur.

Plut. *Mar.* 27 μάλιστα δὲ οἱ πολλοὶ κτίστην τε Ῥώμης τρίτον ἐκεῖνον (Μάριον) ἀνηγόρευον . . . καὶ θριαμβεύειν μόνον ἠξίουν ἀμφοτέρους τοὺς θριάμβους. οὐ μὴν ἐθριάμβευσεν οὕτως, ἀλλὰ μετὰ τοῦ Κάτλου, μέτριον ἐπὶ τηλικαύταις εὐτυχίαις βουλόμενος παρέχειν ἑαυτόν. ἔστι δ' ὅ τι καὶ τοὺς στρατιώτας φοβηθεὶς παρατεταγμένους, εἰ Κάτλος ἀπείργοιτο τῆς τιμῆς, μηδὲ ἐκεῖνον ἐᾶν θριαμβεύειν.

[For the five-day *supplicationes* decreed to Marius cf. Cic. *de prov. cons.* 26–27.]

Election of Marius to a sixth consulship

Liv. *Ep.* lxix. C. Marius . . . qui sextum consulatum per tribus sparsa pecunia emerat.

Plut. *Mar.* 28 τῆς δέ ἕκτης (*sc.* ὑπατείας) ὡς οὐδ' εἷς πρώτης ὠρέγετο, θεραπείαις τὸν δῆμον ἀναλαμβάνων καὶ πρὸς χάριν ἐνδιδοὺς τοῖς πολλοῖς . . . ὡς δὲ Ῥουτίλιος ἱστορεῖ, τὰ μὲν ἄλλα φιλαλήθης ἀνὴρ καὶ χρηστός, ἰδίᾳ δὲ τῷ Μαρίῳ προσκεκρουκώς, [φησὶν, ὡς] καὶ τῆς ἕκτης ἔτυχεν ὑπατείας ἀργύριον εἰς τὰς φυλὰς καταβαλὼν πολύ.

Vellei. ii. 12. 6 Sextus consulatus veluti praemium ei meritorum datus.

* Lex Servilia Repetundarum of C. Servilius Glaucia

Cic. *in Verr.* II. i. 9. 26 Verum, ut opinor, Glaucia primus tulit ut comperendinaretur reus; antea vel iudicari primo poterat vel amplius pronuntiari.

[On *ampliatio* cf. Val. Max. viii. i. 11 P. Scipio Aemilianus L. Cottam ad praetorem accusavit. Cuius caussa, quamquam gravissimis criminibus erat confossa, septies ampliata, et ad ultimum octavo iudicio absoluta est.]

Cic. *pro Scaur.* 1. 2 (see below, p. 127).

Ascon. *in Scaurian.* p. 21 C (see below, p. 127).

Cic. *Brut.* 62. 224 Longe . . . post natos homines improbissimus C. Servilius Glaucia, sed peracutus et callidus cum primisque ridiculus. Is . . . plebem tenebat et equestrem ordinem beneficio legis devinxerat.

Id. *pro Rab. Post.* 4. 8 Iubet lex Iulia persequi ab eis ad quos ea pecunia quam is ceperit qui damnatus sit pervenerit. Si est hoc novum in lege Iulia sicuti multa sunt severius scripta quam in antiquis legibus et sanctius, inducatur sane etiam consuetudo huius generis iudiciorum nova; sin hoc totidem verbis translatum caput est quot fuit non modo in Cornelia sed etiam ante in lege Servilia, per deos immortalis! quid agimus, iudices?

Id. *pro Balbo* 23. 54 An accusatori maiores nostri maiora praemia quam bellatori esse voluerunt? Quod si acerbissima lege Servilia principes viri et gravissimi et sapientissimi cives hanc Latinis, id est foederatis, viam ad civitatem populi iussu patere passi sunt, . . . dubitandum fuit quin, quo in genere iudicum praemia rata essent, in eodem iudicia imperatorum valerent? Num fundos igitur factos populos Latinos arbitramur aut Serviliae legi aut ceteris quibus Latinis hominibus erat propositum aliqua ex re praemium civitatis? [For the view that this refers to the Lex Servilia Caepionis see Badian, *C.R.* 1954, 101 f.] [Cf. Val. Max. viii. 1. 8.]

[For the date of this law see Balsdon, *P.B.S.R.* 1938 p. 114 and Broughton, *M.R.R.* i. 573, note 2. For the fragments of a Lex repetundarum (?) found at Tarentum (*A.É.* 1950, n. 80)   * variously identified (e.g. as the Lex Servilia Glauciae and the Lex Servilia Caepionis) see R. Bartoccini, *Epigrafica* ix (1947) pp. 1–29, A. Piganiol, *C.R.A.I.* 1951 pp. 58–63 and esp. G. Tibiletti, *Athenaeum* N.S. 31 (1953), 38 ff.; cf. p. 106 below.]

Saturninus and the Ambassadors of Mithridates

Diod. xxxvi. 15 εἰς τὴν ῾Ρώμην ἧκον πρεσβευταὶ Μιθριδάτου τοῦ βασιλέως, κομίζοντες μεθ᾽ αὑτῶν χρημάτων πλῆθος πρὸς τὴν τῆς συγκλήτου δωροδοκίαν. ὁ δὲ Σατορνῖνος δόξας ἀφορμὴν ἔχειν κατὰ τῆς συγκλήτου, μεγάλην ὕβριν τῇ πρεσβείᾳ ἐνεδείξατο. καὶ τῶν συγκλητικῶν παροξυνάντων τοὺς πρεσβευτάς, καὶ συνεργήσειν ἐπαγγελλομένων, οἱ καθυβρισθέντες ἐπήνεγκαν κρίσιν τῷ Σατορνίνῳ περὶ τῆς εἰς αὐτοὺς ὕβρεως. τοῦ δὲ ἀγῶνος ὄντος δημοσίου καὶ μεγάλου διὰ τὴν τῶν πρεσβευτῶν ἀσυλίαν καὶ τὴν συνήθη παρὰ Ῥωμαίοις πρὸς τὴν ὑπὲρ τῶν πρεσβειῶν μισοπονηρίαν· ὁ δὲ Σατορνῖνος θανάτου κατηγορούμενος ὑπὸ τῶν συγκλητικῶν, ὡς ἂν ἐκείνων δικαζόντων τὰς τοιαύτας κρίσεις, εἰς τοὺς μεγίστους ἐνέπεσε φόβους τε καὶ κινδύνους. καὶ διὰ τὸ μέγεθος τῶν ὑποκειμένων ἀγώνων πτήξας κατέφυγεν ἐπὶ τὸν κοινὸν τῶν ἀκληρούντων ἔλεον . . . τοῦ δὲ δήμου συνεξαιρομένου ταῖς δεήσεσι, πολλαὶ μυριάδες συνέδραμον ἐπὶ τὸ κριτήριον, καὶ παραδόξως ἀπελύθη· καὶ συνεργὸν ἔχων τὸν δῆμον, πάλιν ἀνερρήθη δήμαρχος.

Saturninus' election to the tribunate

App. *Bell. Civ.* i. 28 ὁ Ἀπουλήιος, ὡς ἀμυνούμενος τὸν Μέτελλον, ἐς ἑτέραν παρήγγελλε δημαρχίαν, φυλάξας στρατηγοῦντα τὸν Γλαυκίαν (pr. 100 B.C.) καὶ τῆσδε τῶν δημάρχων τῆς χειροτονίας προεστῶτα.

Liv. *Ep.* lxix. L. Appuleius Saturninus, adiuvante C. Mario, et per milites occiso A. Nunnio competitore, tribunus plebis per vim creatus, non minus violenter tribunatum, quam petierat, gessit.

[Victor] *de Vir. Ill.* 73 Saturninus Aulo Nunno competitore interfecto tribunus plebis refectus.

Florus ii. 4 (iii. 16) Occiso palam comitiis A. Ninnio competitore tribunatus subrogare conatus est in eius locum C. Gracchum, hominem sine tribu, sine notore, sine nomine; sed subdito titulo in familiam ipse se adoptabat [cf. Oros. v. 17].

Val. Max. ix. 7, 1 L. Equitium qui se Ti. Gracchi filium simulabat tribunatumque adversus leges *cum* L. Saturnino petebat, a C. Mario quintum consulatum gerente in publicam custodiam ductum populus claustris carceris convulsis raptum humeris suis per summam animorum alacritatem portavit [cf. *ib.* 2].

Ib. 3 Populus enim A. Nunnium, competitorem Saturnini, novem iam creatis tribunis unoque loco duobus candidatis restante, vi prius in aedes privatas conpulit: extractum deinde interemit, ut caede integerrimi civis facultas apiscendae potestatis taeterrimo [civi] daretur.

EXTERNAL HISTORY

Marius and Sulla

Plut. *Sulla*, 4 (ὁ Σύλλας) τὸν Μάριον αἰσθόμενος ἀχθόμενον αὐτῷ καὶ μηκέτι προϊέμενον ἡδέως πράξεων ἀφορμάς, ἀλλὰ ἐνιστάμενον τῇ αὐξήσει, Κάτλῳ τῷ συνάρχοντι τοῦ Μαρίου προσένειμεν ἑαυτόν.

Marius and Catulus defeat the Cimbri at Vercellae

Liv. *Ep.* lxviii. Cimbri cum repulso ab Alpibus fugatoque Q. Catulo proconsule, qui fauces Alpium obsidebat† flumen Atesim castellum editum insederat relinqueret,† quae tamen virtute sua explicata fugientem proconsulem exercitumque consecuta est in Italiam traiecissent,† iunctisque eiusdem Catuli et C. Marii exercitibus proelio victi sunt, in quo caesa traduntur hostium centum quadraginta milia, capta sexaginta.

Vellei. ii. 12 Quinto (consulatu) citra Alpis in campis quibus nomen erat Raudiis ipse consul et proconsul Q. Lutatius Catulus fortunatissimo decertavere proelio. Caesa aut capta amplius c *milia* hominum.

Plut. *Mar.* 24 οἱ δὲ (Κίμβροι) τοὺς Τεύτονας ἐκδέχεσθαι καὶ θαυμάζειν ὡς βραδυνόντων φάσκοντες ἀνεβάλλοντο τὴν μάχην, εἴτε ἀγνοοῦντες ὄντως τὴν ἐκείνων φθοράν, εἴτε βουλόμενοι δοκεῖν ἀπιστεῖν.

Ib. 25 Βοιῶριξ δ᾽ ὁ τῶν Κίμβρων βασιλεὺς ὀλιγοστὸς προσιπ-πεύσας τῷ στρατοπέδῳ προὐκαλεῖτο τὸν Μάριον, ἡμέραν ὁρίσαντα καὶ τόπον προελθεῖν καὶ διαγωνίσασθαι περὶ τῆς χώρας. τοῦ δὲ Μαρίου φήσαντος οὐδέποτε Ῥωμαίους συμβούλοις κεχρῆσθαι περὶ μάχης τοῖς πολεμίοις, οὐ μὴν ἀλλὰ καὶ χαριεῖσθαι τοῦτο Κίμβροις, ἡμέραν μὲν ἔθεντο ἀπ᾽ ἐκείνης τρίτην, χώραν δὲ τὸ πεδίον τὸ περὶ Βερκέλλας, Ῥωμαίοις μὲν ἐπιτήδειον ἐνιππάσασθαι, τῶν δ᾽ ἀνάχυσιν τῷ πλήθει παρασχεῖν.

Ib. 26 μετὰ τροπὰς θέρους τῆς μάχης γενομένης, ἃς ἄγουσι Ῥωμαῖοι πρὸ τριῶν ἡμερῶν τῆς νουμηνίας τοῦ νῦν μὲν Αὐγούστου, τότε δὲ Σεξτιλίου μηνός.

Florus i. 38 (iii. 3) Sublatis funditus Teutonis in Cimbros convertitur. Hi iam . . . per hiemem, quae altius Alpes levat, Tridentinis iugis in Italiam provoluti veluti ruina descenderant. Atesin flumen . . . transiluere sed in Venetia . . . ipsa soli

caelique clementia robur elanguit. Ad hoc panis usu carnis-
que coctae et dulcedine vini mitigatos Marius in tempore
adgressus est. . . . In patentissimo, quem Raudium vocant,
campo concurrere. Inde milia sexaginta quinque cecidere, hinc
trecentis minus; per omnem diem conciditur barbarus. Istic
quoque imperator addiderat virtuti dolum . . . primum nebu-
losum nanctus diem, ut hosti inopinatus occurreret, tum ven-
tosum quoque . . . tum acie conversa in orientem ut, quod
ex captivis mox cognitum est, ex splendore galearum ac reper-
cussu quasi ardere caelum videretur. Nec minor cum uxoribus
eorum pugna quam cum ipsis fuit; cum obiectis undique plaustris
atque carpentis altae desuper securibus contisque pugnarent.
Perinde speciosa mors earum fuit quam pugna. Nam cum missa
ad Marium legatione libertatem et sacerdotium non impetrassent
(nec fas erat) suffocatis elisisque passim infantibus suis aut
mutuis concidere vulneribus aut vinculo e crinibus suis facto
ab arboribus iugisque plaustrorum pependerunt. Boiorix rex in
prima acie dimicans impigre nec inultus occubuit [cf. Oros.
v. 16].

Marius' act of enfranchisement on the field of battle

Val. Max. v. 2. 8 Nam C. quidem Marii non solum prae-
cipuus sed etiam praepotens gratae mentis fuit impetus: duas
enim Camertium cohortes mira virtute vim Cimbrorum susti-
nentes in ipsa acie adversus condicionem foederis civitate donavit. Quod quidem factum et vere et egregie excusavit dicendo
inter armorum strepitum verba se iuris civilis exaudire non
potuisse. Et sane id tempus tunc erat quo magis defendere
quam audire leges oportebat [cf. Plut. Mar. 28; Reg. et Imperat.
Apophth., Marii, 5].

Cic. pro Balbo 20. 46 Possumusne igitur tibi probare auctorem
exempli atque facti illius, quod a te reprenditur, C. Marium?
. . . Is igitur . . . cohortes universas Camertium civitate donavit, cum
Camertinum foedus omnium foederum sanctissimum atque aequis-
simum sciret esse.

Slave war in Sicily; command of M'. Aquillius

Diod. xxxvi. 10 ὁ Ἀκύλλιος στρατηγὸς κατὰ τῶν ἀποστατῶν
σταλεὶς διὰ τῆς ἰδίας ἀνδρείας ἐπιφανεῖ μάχῃ τοὺς ἀποστάτας

ἐνίκησε. καὶ πρὸς αὐτὸν δὲ τὸν βασιλέα τῶν ἀποστατῶν Ἀθηνίωνα
συμβαλών, ἡρωικὸν ἀγῶνα συνεστήσατο. καὶ τοῦτον μὲν ἀνεῖλεν,
αὐτὸς δ᾽ εἰς τὴν κεφαλὴν τρωθεὶς ἐθεραπεύθη. καὶ στρατεύει ἐπὶ
τοὺς ὑπολειπομένους τῶν ἀποστατῶν ὄντας μυρίους. οὐχ ὑπο-
μεινάντων δὲ τὴν ἔφοδον ἀλλ᾽ εἰς τὰ ὀχυρώματα καταφυγόντων,
ὅμως Ἀκύλλιος οὐκ ἐνεδίδου πάντα πράττων, ἕως αὐτοὺς ἐκπολι-
ορκήσας ἐχειρώσατο.

The East; struggle for Cappadocia between Mithridates and Nicomedes

Iustin. xxxviii. 1. 2 Nicomedes rex Bithyniae vacuam morte
regis Cappadociam invadit. Quod cum nuntiatum Mithridati
fuisset, per simulationem pietatis auxilia sorori ad expellendum
Cappadocia Nicomedem mittit. . . . Mithridates praesidia Nico-
medis Cappadocia expellit, regnumque sororis filio restituit,
egregium prorsus factum ni subsecuta fraus esset.

B.C. 100 · A.U.C. 654

Consuls, C. MARIUS VI, L. VALERIUS FLACCUS

INTERNAL HISTORY

Tribunate of Saturninus; leges Appuleiae

(i) Lex agraria; banishment of Metellus

Liv. Ep. lxix. (Saturninus) cum legem agrariam per vim
tulisset, Metello Numidico, quod in eam non iuraverat, diem
dixit: qui cum a bonis civibus defenderetur, ne causa certa-
minum esset, in exilium voluntarium Rhodum profectus est.
App. Bell. Civ. i. 29 ὁ μὲν Ἀπουλήιος νόμον ἐσέφερε, δια-
δάσασθαι γῆν ὅσην ἐν τῇ νῦν ὑπὸ Ῥωμαίων καλουμένῃ Γαλατίᾳ
Κίμβροι γένος Κελτῶν κατειλήφεσαν, καὶ αὐτοὺς ὁ Μάριος ἔναγχος
ἐξελάσας τὴν γῆν ὡς οὐκέτι Γαλατῶν ἐς Ῥωμαίους περιεσπάκει.
προσέκειτο δέ, εἰ κυρώσειε τὸν νόμον ὁ δῆμος, τὴν βουλὴν πένθ᾽
ἡμέραις ἐπομόσαι πεισθήσεσθαι τῷ νόμῳ, ἢ τὸν οὐκ ὀμόσαντα μήτε
βουλεύειν καὶ ὀφλεῖν τῷ δήμῳ τάλαντα εἴκοσι, ἐπινοοῦντες οὕτως
ἄλλους τε τῶν δυσχεραινόντων ἀμυνεῖσθαι καὶ Μέτελλον ὑπὸ

φρονήματος οὐκ ἐνδώσοντα ἐς τὸν ὅρκον. . . . πλεονεκτούντων δ' ἐν
τῷ νόμῳ τῶν Ἰταλιωτῶν ὁ δῆμος ἐδυσχέραινε . . . (30) κυρωθέντος
δ' αὐτίκα Μάριος, οἷα ὕπατος, τῇ βουλῇ προυτίθει σκοπεῖν περὶ
τοῦ ὅρκου· καὶ τὸν Μέτελλον εἰδὼς στερρόν τε τῇ γνώμῃ καὶ
βέβαιον ἐφ' ὅ τι φρονήσειεν ἢ εἰπεῖν φθάσειεν, ἐτίθει πρῶτος ἐς
μέσον τὴν γνώμην τὴν ἑαυτοῦ μετ' ἐνέδρας, καὶ ἔλεγεν ὡς οὔποτε
τὸν ὅρκον ἑκὼν τόνδε αὐτὸς ὀμόσει. συναποφηναμένου δὲ ταῦτα
καὶ τοῦ Μετέλλου καὶ τῶν ἄλλων αὐτοὺς ἐπαινεσάντων, ὁ Μάριος
διέλυσε τὴν βουλήν. εἶτα τῆς πέμπτης ἡμέρας, ἢ τῷ ὅρκῳ τελευταία
κατὰ τὸν νόμον ἦν, ἀμφὶ δεκάτην ὥραν αὐτοὺς κατὰ σπουδὴν συναγαγὼν ἔφη τὸν δῆμον ἐσπουδακότα περὶ τὸν νόμον δεδιέναι, μηχανὴν δ' ὁρᾶν καὶ σόφισμα τοιόνδε· ὀμόσειν γάρ, ᾗ νόμος ἐστί,
τῷδε πεισθήσεσθαι τῷ νόμῳ . . . (31) καὶ ὤμνυε σὺν τοῖς φίλοις
πρῶτος. ὤμνυον δὲ καὶ οἱ λοιποί, τὸ ἑαυτοῦ δεδιὼς ἕκαστος.
Μέτελλος δ' οὐκ ὤμοσε μόνος ἀλλ' ἐπὶ τῆς ἑαυτοῦ προαιρέσεως
διέμεινεν ἀφόβως. . . . (ὁ Γλαυκίας καὶ ὁ Ἀπουλήιος) ψήφισμά τε
φυγῆς ἐπέγραφον αὐτῷ, καὶ τοὺς ὑπάτους ἐπικηρῦξαι προσετίθεσαν
μηδένα Μετέλλῳ κοινωνεῖν πυρὸς ἢ ὕδατος ἢ στέγης· ἔς τε τὴν
δοκιμασίαν τοῦδε τοῦ ψηφίσματος ἡμέραν προύγραφον . . . καὶ τὸ
ψήφισμα ὁ Ἀπουλήιος ἐκύρου καὶ τὰ ἐν τῷ ψηφίσματι Μάριος
ἐπεκήρυττεν [cf. Plut. Mar. 29].

[For similar clauses requiring the swearing of an oath of
observance in other laws of about this time, see the Lex Latina
Bantiae reperta ll. 14 f., the 'Lex repetundarum' found at
Tarentum ll. 20 f. (above, p. 101, and Appendix II. C), and the
'Piracy Law' (Appendix II. B section iv).]

Cic. de Domo 31. 82 Ubi enim tuleras, ut mihi aqua et igni
interdiceretur? quod . . . Saturninus de Metello tulit.

Id. pro Sestio 16. 37 Ad suam . . . quandam magis ille (Metellus) gloriam quam ad perspicuam salutem rei publicae spiritus
sumpserat, cum unus in legem per vim latam iurare noluerat;
denique videbatur ea condicione tam fortis fuisse, ut cum
patriae caritate constantiae gloriam commutaret. Erat autem
res ei cum exercitu C. Marii invicto, habebat inimicum C.
Marium, conservatorem patriae, sextum iam illum consulatum
gerentem; res erat cum L. Saturnino, iterum tribuno pl., vigi-
lante homine et in causa populari si non moderate, at certe
populariter abstinenterque versato. Cessit, ne aut victus a fortibus viris cum dedecore caderet aut victor multis et fortibus
civibus rem publicam orbaret [cf. pro Sest. 47. 101; de Leg. iii.
11. 26; pro Cluent. 35. 95; pro Balbo 5. 11; de Domo 31. 82; in

Pis. 9. 20; *pro Planc.* 36. 89; [Cic.] *Ant. ir.* 11. 27; Val. Max. iii. 8. 4].

[Victor] *de Vir. Ill.* 62 Idem (*sc.* Metellus) in legem Apuleiam per vim latam iurare noluit, quare in exilium actus Smyrnae exulavit.

Ib. 73 Aqua et igni interdixit ei qui in leges suas non iurasset. Huic legi multi nobiles obrogantes, cum tonuisset, clamarunt: iam, inquit, nisi quiescetis, grandinabit. Metellus Numidicus exulare quam iurare maluit.

(ii) *Lex de coloniis deducendis*

[Victor] *de Vir. Ill.* 73 Tribunus plebis refectus (Saturninus) Siciliam Achaiam Macedoniam novis colonis destinavit et aurum Tolosanum (Baiter: *codd.* dolo an) scelere Caepionis partum ad emptionem agrorum convertit.

Cic. *pro Balbo* 21. 48 Cum lege Apuleia coloniae non essent deductae, qua lege Saturninus C. Mario tulerat ut in singulas colonias ternos (*leg.*? trecenos) cives Romanos facere posset, negabat (Antistius) hoc beneficium re ipsa sublata valere debere.

(iii) *Lex frumentaria*

[Cic.] *ad Herenn.* i. 12. 21 Cum L. Saturninus legem frumentariam de semissibus (*codd.*; *v.l.* senis?) et trientibus laturus esset, ⟨Q.⟩ Caepio, qui per id temporis quaestor urbanus erat, docuit senatum aerarium pati non posse largitionem tantam. Senatus decrevit, si eam legem ad populum ferat, adversus rem publicam videri eum facere. Saturninus ferre coepit. Collegae intercedere. Ille nihilo minus cistellam detulit. Caepio, ut illum contra intercedentibus collegis, adversus rem publicam vidit ferre, cum viris bonis impetum facit, pontes disturbat, cistas deicit, impedimento est quo setius feratur: arcessitur Caepio maiestatis. [See p. 110. For the date see Broughton, *M.R.R.* i. 578, note 3. For the earlier repeal of the *lex Sempronia* see Cic. *Brut.* 62. 222 '(M. Octavius) tantum auctoritate dicendoque valuit, ut legem Semproniam frumentariam populi frequentis suffragiis abrogaverit.' Cf. eund. *de Off.* ii. 21. 72, p. 33.]

The Piracy Law from Delphi

(*S.E.G.* iii. 378) (see Appendix II. B).

Consular Elections. The riot and its suppression

Liv. *Ep.* lxix. Apuleius Saturninus tribunus plebis C. Memmium candidatum consulatus, quoniam adversarium eum actionibus suis timebat, occidit. Quibus rebus concitato senatu, in cuius causam et C. Marius, homo varii et mutabilis ingenii consiliique semper secundum fortunam, transierat, oppressus armis cum Glaucia praetore et aliis eiusdem furoris sociis bello quodam interfectus est.

Oros. v. 17 Saturninus Memmium . . . fieri consulem timens, orta subito seditione fugientem per P. Mettium satellitem informi stipite comminutum interfecit.

Val. Max. iii. 2. 18 Cum tr. pl. Saturninus et praetor Glaucia et Equitius designatus tr. pl. maximos in civitate nostra seditionum motus excitavissent, nec quisquam se populo concitato opponeret, primum M. Aemilius Scaurus C. Marium consulatum sextum gerentem hortatus est ut libertatem legesque manu defenderet, protinusque arma sibi adferri iussit. Quibus allatis ultima senectute confectum et paene dilapsum corpus induit spiculoque innixus ante fores curiae constitit ac parvulis et extremis spiritus reliquiis ne res publica expiraret effecit : praesentia enim animi sui senatum et equestrem ordinem ad vindictam exigendam impulit.

Florus ii. 4 (iii. 16) Quippe ut satellitem furoris sui Glauciam consulem faceret, C. Memmium competitorem interfici iussit, et in eo tumultu regem ex satellitibus suis se appellatum laetus accepit. Tum vero iam conspiratione senatus, ipso quoque iam Mario consule, quia tueri non poterat, adverso, directae in foro acies; pulsus inde Capitolium invasit. Sed cum abruptis fistulis obsideretur senatuique per legatos paenitentiae fidem faceret, ab arce degressus cum ducibus factionis receptus in curiam est. Ibi eum facta irruptione populus fustibus saxisque coopertum in ipsa quoque morte laceravit.

Cic. *Brut.* 62. 224 (C. Servilius Glaucia) Is ex summis et fortunae et vitae sordibus in praetura consul factus esset, si rationem eius haberi licere iudicatum esset.

Vellei. ii. 12 Non tamen huius consulatus (*sc.* Mari sextus) fraudetur gloria, quo Servili Glauciae Saturninique Apulei furorem continuatis honoribus rem publicam lacerantium et gladiis quoque et caede comitia discutientium, consul armis compescuit hominesque exitiabiles in Hostilia curia morte multavit.

Val. Max. viii. 6. 2 (Saturninus) a quo in modum vexilli
pilleum servituti ad arma capienda ostentatum erat.

Cic. *Rab. perd.* 7. 20 Fit senatus consultum, ut C. Marius,
L. Valerius consules adhiberent tribunos pl. et praetores quos eis
videretur, operamque darent ut imperium populi Romani maie-
stasque conservaretur. Adhibent omnes tribunos pl. praeter Saturninum, *praetores* praeter Glauciam; qui rem publicam salvam
esse vellent, arma capere et se sequi iubent. Parent omnes,
. . . arma populo Romano C. Mario consule distribuente dantur
[cf. *ib.* 6. 18; *de Leg.* iii. 9. 20; *pro Mil.* 5. 14; [Cic.] *ad Herenn.*
iv. 22. 31]. [For the date (10 Dec.), see App. *Bell. Civ.* i. 33. 1.]

Oros. v. 17 Cum . . . ipse Saturninus et Saufeius et Labienus
cogente Mario in curiam confugissent, per equites Romanos
effractis foribus occisi sunt. C. Glaucia extractus e domo Claudii
trucidatus est. Furius, tribunus plebi, bona omnium publicanda
decrevit. Cn. Dolabella, Saturnini frater, per forum holitorium
fugiens, cum L. Giganio interfectus est.

[Victor] *de Vir. Ill.* 73 Marius, senatus consulto armatus, quo
censeretur, darent operam consules, ne quid res publica detrimenti caperet, Saturninum et Glauciam in Capitolium persecutus obsedit, maximoque astu [*codd.* maximo quaestu] incisis
fistulis, in deditionem accepit: nec deditis fides servata. Glauciae
fracta cervix: Apuleius, cum in curiam fugisset, lapidibus et
tegulis desuper interfectus est. Caput eius Rabirius quidam
senator per convivia in ludibrium circumtulit.

Val. Max. vi. 3. 1 c Et M. Flacci et L. Saturnini seditio-
sissimorum civium corporibus trucidatis penates ab imis funda-
mentis eruti sunt.

C.I.L. I². 1. p. 195 (*I.L.S.* 59) (Marius) rem p. turbatam seditionibus tr. pl. et praetor. qui armati Capitolium occupaverunt
VI cos. vindicavit.

Marius' pledge to Saturninus?

Cic. *Rab. perd.* 10. 28 Ac si fides Saturnino data est, quod abs te
saepissime dicitur, non eam C. Rabirius sed C. Marius dedit,
idemque violavit, si in fide non stetit. Quae fides, Labiene,
qui potuit sine senatus consulto dari? [cf. Plut. *Mar.* 30 and
[Victor] *de Vir. Ill.* 73 (quoted above)].

The validity of Saturninus' laws

Cic. *de Leg.* ii. 6. 14 M. Igitur tu Titias et Apuleias leges

nullas putas? Q. Ego vero ne Livias quidem. M. Et recte,
quae praesertim uno versiculo senatus puncto temporis sublatae
sint. [But see the whole context, and cf. Cic. *pro Balbo* 21. 48
(p. 107); Diod. xxxvi. 16 (p. 112) καθόδου παρὰ τοὺς νόμους.]

Attempt to recall Metellus

Oros. v. 17 Cato atque Pompeius rogationem de reditu
Metelli Numidici totius urbis gaudio promulgarunt: quae ne
perficeretur Marii consulis et Furii tribuni plebis factionibus
intercessum est.

Dio Cass. fr. 95. 2 ὁ Φούριος ἔχθραν τῷ Μετέλλῳ οὕτως ἔσχεν
ὅτι τὸν ἵππον αὐτοῦ τιμητεύων ἀφείλετο.

Q. Servilius Caepio ex-quaestor (see p. 107 and Appendix III. Coins A. 4) brought to trial for 'maiestas'

[Cic.] *ad Herenn.* i. 12. 21 Arcessitur Caepio maiestatis. Con-
stitutio legitima ex definitione.

Ib. ii. 12. 17 Maiestatem is minuit, qui ea tollit ex quibus
rebus civitatis amplitudo constat. Quae sunt ea, Q. Caepio?
suffragia, magistratus. Nempe igitur tu et populum suffragio et
magistratum consilio privasti, cum pontes disturbasti.

Cic. *Brut.* 46. 169 Omnium . . . eloquentissimus extra hanc
urbem T. Betucius Barrus Asculanus, cuius sunt aliquot orationes
Asculi habitae; una Romae contra Caepionem nobilis sane,
quoi orationi Caepionis ore respondit Aelius.

Triumph of M. Antonius (Dec. 100 B.C.?)

Cic. *Rab. perd.* 9. 26 Nam si C. Rabirius fraudem capitalem
admisit quod arma contra L. Saturninum tulit . . . M. Antonium,
qui tum extra urbem cum praesidio fuit, . . . ceteros pari dignitate praeditos . . . quemadmodum mortuos defendemus?

Plut. *Pomp.* 24 Ἥλω δὲ (*sc.* by pirates) καὶ θυγάτηρ Ἀντωνίου,
θριαμβικοῦ ἀνδρός [cf. Cic. *de imp. Cn. Pomp.* 12. 33].

Birth of C. Julius Caesar

Macrob. *Sat.* i. 12. 34 (Quintilis) in honorem Iulii Caesaris

dictatoris . . . Iulius appellatus est, quod hoc mense a. d. iv
Idus Quintilis Iulius procreatus sit [cf. App. *Bell. Civ.* ii. 106].
    Suet. *Div. Iul.* 88 Periit sexto et quinquagensimo aetatis anno
[cf. Plut. *Caes.* 69; App. *Bell. Civ.* ii. 149]. [For the date see R.
Syme, *C. Ph.* 1955, 132.]

EXTERNAL HISTORY

Foundation of colonies in Liguria and Corsica

    Strabo iv. 6. 7. . . . Ἐπορεδίαν Ῥωμαίων ἀποικίαν, ἣν συνῴ-
κισαν μὲν φρουρὰν εἶναι βουλόμενοι τοῖς Σαλασσοῖς, ὀλίγον δ'
ἀντέχειν ἐδύναντο οἱ αὐτόθι, ἕως ἠφανίσθη τὸ ἔθνος.
    Plin. *Nat. Hist.* iii. 17. 123 Oppidum Eporedia Sibyllinis
a populo Romano conditum iussis.
    Ib. iii. 6. 80 (Corsica) civitates habet xxxii et colonias
Marianam a C. Mario deductam, Aleriam a dictatore Sulla.
    Vellei. i. 15 Eporedia Mario Sextum Valerioque Flacco
consulibus. [See U. Ewins, *P.B.S.R.* 1952, 70–71.]
    Seneca *ad Helv.* 7. 9 Deductae deinde sunt duae civium
Romanorum coloniae, altera a Mario, altera a Sulla.

Slave war in Sicily

    Obsequens 45 (105) (100 B.C.) Fugitivi in Sicilia proeliis
trucidati.

Triumph of T. Didius from Thrace

See *S.E.G.* iii. 378, lines 28–29 (Appendix II. B); Broughton,
M.R.R. i. 571 and note 1; Degrassi, *Inscr. Ital.* xiii. 1. p. 562.

B.C. 99 · A.U.C. 655

Consuls, M. ANTONIUS, A. POSTUMIUS ALBINUS

INTERNAL HISTORY

Opposition to attempts to recall Metellus

Oros. v. 17 (quoted p. 110 (Dec. 100 B.C.?)).

112 B.C. 99 · A.U.C. 655

Plut. *Mar.* 31 δόγματος δ' εἰσφερομένου Μέτελλον ἀπὸ τῆς φυγῆς ἀνακαλεῖσθαι, πολλὰ καὶ διὰ λόγων καὶ δι' ἔργων μάτην ἐναντιωθεὶς (ὁ Μάριος) τέλος ἀπεῖπε.

App. *Bell. Civ.* i. 33 ἀναιρεθέντων δὲ τῶν ἀμφὶ τὸν Ἀπουλήιον, ἡ μὲν βουλὴ καὶ ὁ δῆμος ἐκεκράγεσαν κατακαλεῖν Μέτελλον, Πούπλιος δὲ Φούριος δήμαρχος, οὐδ' ἐλευθέρου πατρὸς ἀλλ' ἐξελευθέρου, θρασέως ἐνίστατο αὐτοῖς, καὶ οὐδὲ Μετέλλου τοῦ Μετέλλου παιδὸς ἱκετεύοντος αὐτὸν ἐν ὄψει τοῦ δήμου καὶ δακρύοντος καὶ τοῖς ποσὶ προσπίπτοντος ἐνεκλάσθη.

Cic. *post Red. ad Quir.* 5. 11 Numquam de Metello non modo C. Marius, qui erat inimicus, sed ne is quidem qui secutus est, M. Antonius, homo eloquentissimus, cum A. Albino collega (*sc.* 99 B.C.) senatum aut populum est cohortatus. [But cf. Cic. *de Orat.* ii. 40. 167 (quoted p. 114).]

Id. *post Red. in Sen.* 15. 37 Pro Q. Metello . . . spectata iam adulescentia filius, . . . L. et C. Metelli consulares, . . . eorum liberi . . . Q. Metellus Nepos qui tum consulatum petebat, . . . Luculli Servilii Scipiones Metellarum filii flentes ac sordidati populo Romano supplicaverunt. (38) Nunquam in hoc ordine de Q. Metello mentio facta est; tribuniciis (restitutus) rogationibus interfectis inimicis [cf. Cic. *post Red. ad Quir.* 3. 6; *post Red. in Sen.* 10. 25].

Diod. xxxvi. 16 περὶ τῆς τοῦ Μετέλλου φυγῆς ἐπ' ἔτη δύο γινομένων λόγων ἐν ταῖς ἐκκλησίαις, ὁ υἱὸς αὐτοῦ κόμην ὑποτρέφων καὶ πώγωνα καὶ πιναρὰν ἔχων ἐσθῆτα περιῄει κατὰ τὴν ἀγορὰν δεόμενος τῶν πολιτῶν. καὶ μετὰ δακρύων προσπίπτων τοῖς ἑκάστου γόνασιν ᾐτεῖτο τὴν τοῦ πατρὸς κάθοδον. ὁ μὲν οὖν δῆμος καίπερ οὐ βουλόμενος ἀφορμὴν διδόναι τοῖς φυγάσι τῆς καθόδου παρὰ τοὺς νόμους, ὅμως διὰ τὸν ἔλεον τοῦ νεανίσκου καὶ τὴν ὑπὲρ τοῦ γονέως σπουδὴν κατήγαγε τὸν Μέτελλον, καὶ τὸν υἱὸν αὐτοῦ διὰ τὴν περὶ τὸν γεννήσαντα γεγενημένην φιλοτιμίαν Εὐσεβῆ προσηγόρευσεν.

Marius goes to Asia (late 99 or 98 B.C.)

Plut. *Mar.* 31 οὐχ ὑπομένων (ὁ Μάριος) κατερχόμενον ἐπιδεῖν τὸν Μέτελλον ἐξέπλευσεν εἰς Καππαδοκίαν καὶ Γαλατίαν, λόγῳ μὲν ἀποδώσων ἃς εὔξατο τῇ Μητρὶ τῶν θεῶν θυσίας, ἑτέραν δὲ τῆς ἀποδημίας ἔχων ὑπόθεσιν λανθάνουσαν τοὺς πολλούς . . . ἤλπιζε γὰρ τοὺς βασιλεῖς συνταράξας καὶ Μιθριδάτην ἐπίδοξον ὄντα πολεμήσειν ἀναστήσας καὶ παροξύνας εὐθὺς ἐπ' αὐτὸν ἡγεμὼν αἱρεθήσεσθαι . . . διὸ καὶ Μιθριδάτου πάσῃ χρησαμένου θεραπείᾳ καὶ τιμῇ πρὸς αὐτὸν οὐ καμφθεὶς οὐδ' ὑπείξας ἀλλ' εἰπών, "ἢ μεῖζον, ὦ βασιλεῦ, πειρῶ δύνασθαι Ῥωμαίων ἢ ποίει σιωπῇ τὸ προστασσόμενον," ἐξέπληξεν αὐτόν, ὡς φωνῆς μὲν πολλάκις παρρησίας δὲ τότε πρῶτον ἀκούσαντα Ῥωμαϊκῆς.

Cic. *ad Brut.* i. 5. 3 C. enim Marius, cum *in* Cappadocia esset, lege Domitia factus est augur [cf. *C.I.L.* I². i. p. 195; *I.L.S.* 59]. [For date of election see Broughton, *M.R.R.* ii. *s.a.* 97 B.C.]

Degrassi, *I.L.L.R.P.* i. 343 (from Delos) [C. Marium C. f. lega]tum Alexandreae Italicei quei fuere | [virtut]is beneficique ergo. | Ἀγασίας Μηνοφίλου | Ἐφέσιος ἐποίει. [See Degrassi's note *ad loc.* Cf. now E. Badian, *J.R.S.* 58 (1968) 244.]

Tribunate of Sex. Titius; his agrarian law

Cic. *de Orat.* ii. 11. 48 (quoted p. 115).

Obsequens 46 (106) Sex. ⟨Ti⟩tius tribunus plebis de agris dividendis populo cum repugnantibus collegis pertinaciter legem ferret, corvi duo numero in alto volantes ita pugnaverunt supra contionem ut rostris unguibusque lacerarentur. Aruspices sacra Apollin*i* litanda et de lege quae ferebatur supersedendum pronuntiarunt.

Val. Max. viii. 1. *Damn.* 3 Sex. quoque Titium similis casus prostravit. Erat innocens, erat agraria lege lata gratiosus apud populum. [Cf. Cic. *de Leg.* ii. 6. 14 (p. 109 above).]   *

EXTERNAL HISTORY

Conclusion of Sicilian Slave war. Ovatio of Aquillius

Liv. *Ep.* lxix (*fin.*) M'. Aquillius proconsul in Sicilia bellum servile excitatum confecit [cf. Obsequens 45 (105) (100 B.C.) (quoted p. 111); Sydenham, *RRC.* n. 798].

Diod. xxxvi. 10 ὁ μὲν οὖν κατὰ Σικελίαν τῶν οἰκετῶν πόλεμος διαμείνας ἔτη σχεδόν που τέτταρα τραγικὴν ἔσχε τὴν καταστροφήν (i.e. the mutual slaying of the prisoners at Rome, *ibid.*).

Cic. *de Orat.* ii. 47. 195 (Aquillium) ovantem in Capitolium ascendisse . . . .

[For the date, see Broughton, *M.R.R.* ii. 4 (*ovatio* before v Kal. Feb. 98 B.C.).]

B.C. 98 · A.U.C. 656

INTERNAL HISTORY

Recall of Metellus from exile

Liv. *Ep.* lxix. Q. Caecilius Metellus ab exilio ingenti totius civitatis favore reductus est.

Gell. xiii. 29. 1 (Peter *H.R.R.* i. fr. 76) Verba sunt Claudi Quadrigarii ex annalium eius xiii: 'Contione dimissa Metellus in Capitolium venit cum mortalibus multis; inde domum proficiscitur, tota civitas eum reduxit.'

Cic. *pro Planc.* 28. 69 (Calidi) lege Q. Metellus in civitatem . . . restitutus [cf. [Victor] *de Vir. Ill.* 62].

App. *Bell. Civ.* i. 33 Μετέλλῳ δ' ἡ κάθοδος ἐδόθη, καί φασιν αὐτῷ τὴν ἡμέραν οὐκ ἀρκέσαι περὶ τὰς πύλας δεξιουμένῳ τοὺς ἀπαντῶντας.

Val. Max. iv. 1. 13 Numidicus autem Metellus populari factione patria pulsus in Asiam secessit. In qua cum ei forte ludos Trallibus spectanti litterae redditae essent, quibus scriptum erat maximo senatus et populi consensu reditum illi in urbem datum, non e theatro prius abiit quam spectaculum ederetur.

Cic. *ad Fam.* i. 9. 16 (Q. Metellum) post reditum dictitant fracto animo et demisso fuisse.

Val. Max. v. 2. 7 Metellus vero Pius pertinaci erga exulem patrem amore tam clarum lacrimis quam alii victoriis cognomen adsecutus non dubitavit consul pro Q. Calidio praeturae candidato supplicare populo, quod tribunus plebis legem, qua pater eius in civitatem restitueretur, tulerat [cf. Cic. *pro Planc.* 29. 69; Diod. xxxvi. 16 (quoted p. 112)].

Schol. Bob. 176St. Hic (*sc.* Pius filius) exolantem cum Caecilio Nepote accersebat (Stangl.: *codd.* cum Pompilio Nepote cō?)

Cic. *de Orat.* ii. 40. 167 (quoted by M. Antonius, perhaps from a speech of his own: cf. the sequel) Si pietati summa tribuenda laus est, debetis moveri cum Q. Metellum tam pie lugere videatis.

Plut. *Mar.* 31 (see p. 112).

Lex Caecilia Didia

Cic. *Phil.* v. 3. 8 Vbi lex Caecilia et Didia, ubi promulgatio
trinum nundinum? [Cf. eund. *de Domo* 16. 41; Schol. Bob. *ad
or. pro Sest.* 64. 135 (p. 140St.).]

Cic. *de Domo* 20. 53 Quae est, quaeso, alia vis, quae sententia Caeciliae legis et Didiae nisi haec, ne populo necesse
sit in coniunctis rebus compluribus aut id quod nolit accipere aut id quod velit repudiare? [Cf. eund. *pro Sest.* 64. 135.]

Death of Furius (see pp. 109 f., 112)

App. *Bell. Civ.* i. 33 Φούριον μὲν ἐπὶ τῷδε ἐς δίκην Γάιος
Κανουλήιος δήμαρχος ὑπῆγε, καὶ ὁ δῆμος οὐδὲ τοὺς λόγους ὑπο-
μείνας διέσπασε τὸν Φούριον.

Dio. Cass. fr. 95. 3 Πούπλιον Φούριον γραφέντα ἐφ' οἷς δημαρ-
χήσας ἐπεποιήκει ἀπέκτειναν ἐν αὐτῇ τῇ ἐκκλησίᾳ οἱ Ῥωμαῖοι,
ἀξιώτατον μέν που ἀπολέσθαι ὄντα (καὶ γὰρ ταραχώδης ἦν καὶ
τῷ Σατουρνίνῳ καὶ τῷ Γλαυκίᾳ πρῶτον συστὰς μετεβάλετο, καὶ
πρὸς τοὺς ἀντιστασιώτας αὐτῶν αὐτομολήσας σφίσι συνεπέθετο),
οὐ μέντοι καὶ προσήκοντα τούτῳ τῷ τρόπῳ φθαρῆναι. καὶ τοῦτο
μὲν ἐν δίκῃ δή τινι γεγονέναι ἔδοξεν.

Condemnation of C. Appuleius Decianus

Cic. *pro Rab. perd. reo* 9. 24 At C. Decianus . . . quia,
cum hominem omnibus insignem notis turpitudinis P. Furium
accusaret summo studio bonorum omnium, queri est ausus in
contione de morte Saturnini, condemnatus est.

Val. Max. viii. 1. *Damn.* 2 C. autem Deciano spectatae in-
tegritatis viro vox sua exitium attulit: nam cum P. Furium
inquinatissimae vitae pro rostris accusaret, quia quadam in
parte actionis de morte L. Saturnini queri ausus fuerat, nec
reum damnavit et insuper ei poenas addictas pependit.

Condemnation of Titius

Cic. *pro Rab. perd. reo* 9. 24 Sex. Titius, quod habuit imaginem L. Saturnini domi suae, condemnatus est [cf. Val. Max.
viii. 1. *Damn.* 3 (p. 113, above)].

Cic. *de Or.* ii. 11. 48 Testimonium saepe dicendum est, . . .
ut mihi (Antonio) . . . necesse fuit in Sex. Titium, seditiosum

civem et turbulentum; explicavi in eo testimonio dicendo omnia
consilia consulatus mei, quibus illi tribuno plebis pro re publica
restitissem, quaeque ab eo contra rem publicam facta arbitrarer,
exposui.

Prosecution and acquittal of M'. Aquillius (98 B.C. or later?)

Liv. *Ep.* lxx. Cum M'. Aquilius de pecuniis repetundis causam
diceret, ipse iudices rogare noluit; M. Antonius, qui pro eo
perorabat, tunicam a pectore eius discidit ut honestas cicatrices
ostenderet. Indubitate absolutus est. Cicero eius rei solus auctor.

Cic. *in Verr.* v. 1. 3 Venit mihi in mentem, in iudicio M'.
Aquili quantum auctoritatis, quantum momenti oratio M.
Antoni habuisse existimata sit: qui, ut erat in dicendo non
solum sapiens sed etiam fortis, causa prope perorata, ipse arri-
puit M'. Aquilium constituitque in conspectu omnium tuni-
camque eius a pectore abscidit ut cicatrices populus Romanus
iudicesque aspicerent adverso corpore exceptas; simul et de
illo vulnere quod ille in capite ab hostium duce acceperat
multa dixit eoque adduxit eos, qui erant iudicaturi, vehementer
ut vererentur ne quem virum fortuna ex hostium telis eripuisset
cum sibi ipse non pepercisset, hic non ad populi Romani laudem
sed ad iudicum crudelitatem videretur esse servatus.

Id. *de Orat.* ii. 47. 196 Cum C. Marius maerorem orationis
meae praesens ac sedens multum lacrimis suis adiuvaret cumque
ego illum crebro appellans conlegam ei suum commendarem
atque ipsum advocatum ad communem imperatorum fortunam
defendendam invocarem . . . .

Ib. 28. 124 Iudicibus cicatrices adversas senis imperatoris
ostendere. [Cf. *ib.* 47. 195 for the senility of Aquillius.]

Id. *Brut.* 62. 222 Fufius . . . ex accusatione M'. Aquili dili-
gentiae fructum ceperat [cf. eund. *de Off.* ii. 14. 50; *pro Font.*
17. 38].

Id. *pro Flacco* 39. 98 M'. Aquilium patres nostri multis
avaritiae criminibus testimoniisque convictum, quia cum fugitivis fortiter bellum gesserat, iudicio liberaverunt.

EXTERNAL HISTORY

Spain. Success in Lusitania

Fast. Triumph. L. Cornelius P. f. L. n. Dolabell. pro co(n)s(ule)
a. DCLV ex Hispania ulterior(e) de Lusitan(eis) V k. Feb.

B.C. 97 · A.U.C. 657

Consuls, CN. CORNELIUS LENTULUS, P. LICINIUS CRASSUS

INTERNAL HISTORY

S. C. condemning sacrifice of human victims

Plin. *Nat. Hist.* xxx. 3. 12 DCLVII demum anno urbis Cn. Cornelio Lentulo P. Licinio Crasso consulibus senatus consultum factum est ne homo immolaretur, palamque fit in tempus illut sacra prodigiosa celebrata (see p. 58).

Censors, L. VALERIUS FLACCUS, M. ANTONIUS

Plut. *Mar.* 30 (Μάριος) τοῖς τε δυνατοῖς ἅμα καὶ τῷ δήμῳ προσκεκρουκώς, τιμητείας παραπεσούσης, ἐπίδοξος ὢν οὐ μετῆλθεν, ἀλλ' εἴασεν ἑτέρους ὑποδεεστέρους αἱρεθῆναι δεδιὼς ἀποτυχεῖν.

The Censorship

Val. Max. ii. 9. 5 M. autem Antonius et L. Flaccus censores Duronium senatu moverunt, quod legem de coercendis conviviorum sumptibus latam tribunus plebi abrogaverat. Mirifica notae causa.

Cic. *de Orat.* ii. 68. 274 Audisset te (Antonium) censorem a M. Duronio de ambitu postulatum.

EXTERNAL HISTORY

Spain. Success of T. Didius against the Celtiberians

Liv. *Ep.* lxx. T. Didius proconsul adversus Celtiberos feliciter pugnavit.

App. *Iber.* 99 Τίτος Δείδιος ἐπελθὼν Ἀρουακῶν μὲν ἔκτεινεν ἐς δισμυρίους, Τερμησὸν δὲ, μεγάλην πόλιν ἀεὶ δυσπειθῆ Ῥωμαίοις γενομένην, ἐξ ἐρυμνοῦ κατήγαγεν ἐς τὸ πεδίον, καὶ ἐκέλευσεν οἰκεῖν ἀτειχίστους. Κολένδαν δὲ προσκαθίσας ἐνάτῳ μηνὶ παρέλαβεν ἐγχειρίσασαν ἑαυτήν, καὶ τοὺς Κολενδέας ἅπαντας μετὰ παίδων καὶ γυναικῶν ἀπέδοτο [cf. *ib.* 100 (his slaughter of Celtiberi settled near Colenda by M. Marius; cf. p. 99, above)].

Sertorius serving under Didius in Spain

Gell. ii. 27. 2 Sallustius de Sertorio duce in historiis ita scripsit 'Magna gloria tribunus militum in Hispania T. Didio imperante . . . fuit' [Sall. *Hist.* i. 88M; cf. Plut. *Sert.* 3].

B.C. 96 · A.U.C. 658

Consuls, CN. DOMITIUS AHENOBARBUS, C. CASSIUS LONGINUS

EXTERNAL HISTORY

Cyrene bequeathed to Rome

Liv. *Ep.* lxx. Ptolemaeus Cyrenarum rex, cui cognomen Apionis fuit, mortuus heredem populum Romanum reliquit, et eius regni civitates senatus liberas esse iussit [cf. Obsequens 49 (109); Hieron. Euseb. *Chron. Ol.* 171. 2; App. *Bell. Civ.* i. 111 (p. 255, below); Iustin. xxxix. 5. 2; Plin. *Nat. Hist.* xix. 3. 40].

B.C. 95 · A.U.C. 659

Consuls, L. LICINIUS CRASSUS, Q. MUCIUS P. F. P. N. SCAEVOLA

INTERNAL HISTORY

Trial and acquittal of Norbanus (95 B.C.?)

Cic. *de Orat.* ii. 47. 197 ff. (see pp. 91–92 above). [For the date see esp. *ib.* 48. 198 Ego (*sc.* Antonius), homo censorius, vix satis honeste viderer seditiosum civem et in hominis consularis cala-mitate crudelem posse defendere. Erant optimi cives iudices, bonorum virorum plenum forum, vix ut mihi tenuis quaedam venia daretur excusationis, quod tamen eum defenderem, qui mihi quaestor fuisset.]

Id. *de Off.* ii. 14. 49 (quoted p. 92).

Val. Max. viii. 5. 2 (quoted p. 92).

Cic. *de Orat.* ii. 25. 107; 28. 124 (quoted p. 91) and refs. cited p. 92.

Defence of Q. Caepio by Crassus

Cic. *Brut.* 44. 162 sed est etiam L. Crassi in consulatu pro Q. Caepione †defensione iuncta† (?defensiuncula) non brevis ut laudatio, ut oratio autem brevis.

Lex Licinia Mucia

Cic. *de Off.* iii. 11. 47 Esse pro cive, qui civis non sit, rectum est non licere; quam legem tulerunt sapientissimi consules Crassus et Scaevola (see context, quoted p. 24).

Id. *pro Cornel.* ap. Ascon. 67C Legem Liciniam et Muciam de civibus redigendis video constare inter omnis, quamquam duo consules omnium quos vidimus sapientissimi tulissent, non modo inutilem sed perniciosam rei publicae fuisse [cf. eund. *de Orat.* ii. 64. 257].

Id. *pro Sest.* 13. 30 Nihil acerbius socii et Latini ferre soliti sunt quam se, id quod perraro accidit, ex urbe exire a consulibus iuberi.

Schol. Bob. *in orat. pro Sestio*, p. 129St. Huiusmodi leges ferri dicebantur de civibus redigendis. Qualem tulerat L. Licinius Crassus et Q. Mucius Scaevola: ut redire socii et Latini in civitates suas iuberentur.

Ascon. *in Cornelian.* p. 67C L. Licinium Crassum oratorem et Q. Mucium Scaevolam Pontificem Maximum eundemque et oratorem et iuris consultum significat. . . . Cum summa cupiditate civitatis Romanae Italici populi tenerentur et ob id magna pars eorum pro civibus Romanis se gereret, necessaria lex visa est, ut in suae quisque civitatis ius redigeretur. Verum ea lege ita alienati animi sunt principum Italicorum populorum, ut ea vel maxima causa belli Italici, quod post triennium exortum est, fuerit. [See below, p. 133, Diodor. xxxvii. 13 μυρίους γὰρ ἀναλαβὼν ἐκ τῶν τὰς εὐθύνας φοβουμένων . . . and p. 138.]

Sall. *Hist.* i. 20M Citra Padum omnibus Lex Licinia ⟨in⟩-grata fuit.

Cic. *Brut.* 16. 63 (Lysias) Athenis est et natus et mortuus et functus omni civium munere, quamquam Timaeus eum quasi Licinia et Mucia lege repetit Syracusas.

Id. *pro Balbo* 24. 54 Acerbissima lege Servilia principes viri ac gravissimi et sapientissimi cives . . . Latinis, id est foederatis, viam ad civitatem populi iussu patere passi sunt, neque ius est hoc reprehensum Licinia et Mucia lege.

Ib. 21. 48 Cum . . . acerrima de cıvitate quaestio Licinia et Mucia lege venisset, num quis eorum, qui de foederatis civitatibus esset civitate donatus, in iudicium est vocatus?

Cf. *ib.* Nam Spoletinus T. Matrinius, unus ex iis quos C. Marius civitate donasset, dixit causam ex colonia Latina in primis firma et inlustri. Quem cum disertus homo L. Antistius accusaret . . . cum lege Apuleia coloniae non essent deductae, qua lege Saturninus C. Mario tulerat ut in singulas colonias ternos (*leg.*? trecenos) cives Romanos facere posset, negabat hoc beneficium re ipsa sublata valere debere. . . . Sed tamen tanta auctoritas in C. Mario fuit ut non per L. Crassum, adfinem suum hominem incredibili eloquentia, sed paucis ipse verbis causam illius gravitate sua defenderit et probarit.

The Consular Provinces (see p. 122 below, 94 B.C.)

Ascon.14C L. autem Crasso collega fuit Q. Scaevola pontifex qui, cum animadverteret Crasso propter summam eius in re publica potentiam ac dignitatem senatum in decernendo triumpho gratificari, non dubitavit rei publicae magis quam collegae habere rationem ac ne fieret S.C. intercessit. Idem provinciam, cuius cupiditate plerique etiam boni viri deliquerant, deposuerat ne sumptui esset †oratio (see Balsdon, *C.R. 1937*, 8 ff.).

Hortensius commences his forensic career

Cic. *Brut.* 64. 229 (Hortensius) L. Crasso Q. Scaevola consulibus primum in foro dixit et apud hos ipsos quidem consules, et cum eorum qui adfuerunt tum ipsorum consulum qui omnes intellegentia anteibant iudicio discessit probatus.

EXTERNAL HISTORY

The East. The Senate's dealings with Bithynia and Cappadocia

Iustin. xxxviii. 2. 3 Nicomedes, timens ne Mithridates accessione Cappadociae etiam Bithyniam finitimam invaderet, subornat puerum . . . qui a senatu Romano paternum (Ariarathis) regnum peteret. . . . Quod ubi Mithridates cognovit, et ipse pari impudentia Gordium Romam mittit qui senatui adseveret puerum, cui Cappadociae regnum tradiderat, ex eo Ariarathe genitum qui bello Aristonici auxilia Romanis ferens cecidisset. Sed senatus, studio regum intellecto aliena regna falsis nominibus furantium, Mithridati Cappadociam et Nicomedi ad solacia eius Paphlagoniam ademit. . . . Uterque populus libertate donatus est. Sed Cappadoces munus libertatis abnuentes negant vivere gentem sine rege posse. Itaque rex illis a senatu Ariobarzanes statuitur. [For the date of his accession, see Magie, *R. Rule* 1029; E. Badian, *Athenaeum* N.S. 37 (1959), 279 ff.]

Strabo xii. 2. 11 ἐκλιπόντος τοῦ βασιλικοῦ γένους (in Cappadocia) οἱ μὲν Ῥωμαῖοι συνεχώρουν αὐτοῖς αὐτονομεῖσθαι κατὰ τὴν συγκειμένην φιλίαν τε καὶ συμμαχίαν πρὸς τὸ ἔθνος, οἱ δὲ πρεσβευσάμενοι τὴν μὲν ἐλευθερίαν παρῃτοῦντο (οὐ γὰρ δύνασθαι φέρειν αὐτὴν ἔφασαν) βασιλέα δ’ ἠξίουν αὐτοῖς ἀποδειχθῆναι. οἱ δὲ θαυμάσαντες εἴ τινες οὕτως εἶεν ἀπειρηκότες πρὸς τὴν ἐλευθερίαν . . . ἐπέτρεψαν δ’ οὖν αὐτοῖς ἐξ ἑαυτῶν ἑλέσθαι κατὰ χειροτονίαν ὃν ἂν βούλωνται· καὶ εἵλοντο Ἀριοβαρζάνην.

Negotiations of Mithridates with Tigranes

Iustin. xxxviii. 3. 1 Erat eo tempore Tigranes rex Armeniae, obses Parthis ante multum temporis datus nec olim ab isdem in regnum paternum remissus. Hunc Mithridates mire ad societatem Romani belli, quod olim meditabatur, perlicere cupiebat.

B.C. 94 · A.U.C. 660

Consuls, C. COELIUS CALDUS, L. DOMITIUS AHENOBARBUS

INTERNAL HISTORY

S. C. prohibiting loans to provincial envoys

Ascon. *in Cornelian.* p. 57C C. Cornelius rettulerat (67 B.C.) . . . ne quis legatis externarum nationum pecuniam expensum ferret. Cuius relationem repudiavit senatus et decrevit satis cautum videri eo S.C. quod *aliquot* ante annos L. Domitio C. Caelio coss. factum erat, cum senatus ante pauculos annos *ex eodem* illo S.C. decrevisset ne quis Cretensibus pecuniam mutuam daret. [Cf. Dio Cass. fr. 111 (70/69 B.C.).]

The consular elections

Cic. *pro Mur.* 17. 36 Quis L. Philippum summo ingenio, opera, gratia, nobilitate a M. Herennio superari posse arbitratus est? [Cf. eund. *Brut.* 166.]

EXTERNAL HISTORY

Q. Mucius Scaevola and P. Rutilius Rufus in Asia

Diod. xxxvii. 5 Κόϊντος Σκαιουόλας μεγίστην εἰσηνέγκατο σπουδὴν διὰ τῆς ἰδίας ἀρετῆς διορθώσασθαι τὴν φαυλότητα τοῦ ζήλου. ἐκπεμφθεὶς γὰρ εἰς τὴν Ἀσίαν στρατηγός, ἐπιλεξάμενος τὸν ἄριστον τῶν φίλων σύμβουλον Κόϊντον ʿΡοτίλιον μετ᾽ αὐτοῦ συνήδρευε βουλευόμενος καὶ πάντα διατάττων καὶ κρίνων τὰ κατὰ τὴν ἐπαρχίαν . . . πᾶσι . . . τοῖς ἠδικημένοις ἀκριβῆ κριτήρια προστατεύων καταδίκους ἐν ἅπασιν ἐποίει τοὺς δημοσιώνας, καὶ τὰς μὲν ἀργυρικὰς βλάβας τοῖς ἠδικημένοις ἐκτίνειν ἠνάγκαζε τὰ δὲ θανατικὰ τῶν ἐγκλημάτων ἠξίου κρίσεως θανατικῆς.

Ascon. 14C (see p. 120 above).

Cic. *in Verr.* iii. 90. 209 An . . . proferes . . . Q. Scaevolam, M. Scaurum, Q. Metellum? qui omnes provincias habuerunt et frumentum cellae nomine imperaverunt.

Id. *Fam.* i. 9. 26 Accepi tuas litteras de publicanis, *in* quibus aequitatem tuam non potui non probare; †felicitate a quid vellem consequi potuisses, ne eius ordinis, quem semper ornasti, rem aut voluntatem offenderes. Equidem non desinam tua decreta defendere, sed nosti consuetudinem hominum; scis, quam graviter inimici ipsi illi Q. Scaevolae fuerint.

Id. *Att.* v. 17. 5 Et simul hanc gloriam iustitiae et abstinentiae fore inlustriorem spero si cito decesserimus, id quod Scaevolae contigit qui solos novem mensis Asiae praefuit.

Dittenberger, *O.G.I.S.* 437–9 (the Mucieia).

Scaevola's provincial edict

Cic. *Att.* vi. 1. 15 De Bibuli edicto nihil novi praeter illam exceptionem de qua tu ad me scripseras 'nimis gravi praeiudicio in ordinem nostrum'. Ego tamen habeo ἰσοδυναμοῦσαν sed tectiorem ex Q. Muci P. f. edicto Asiatico, extra quam si ita negotium gestum est ut eo stari non oporteat ex fide bona; multaque sum secutus Scaevolae, in iis illud in quo sibi libertatem censent Graeci datam, ut Graeci inter se disceptent suis legibus.

Val. Max. viii. 15. 6 Ac ne Q. quidem Scaevolae, quem L. Crassus in consulatu collegam habuit, gloria parum illustris, qui Asiam tam sancte et tam fortiter obtinuit, ut senatus deinceps in eam provinciam ituris magistratibus exemplum atque normam officii Scaevolam decreto suo proponeret.

Treaty between Rome and Thyrrheum in Acarnania

*S.I.G.*³ 732 (from Thyrrheum) συμμαχία ποτὶ 'Ρωμαίους. | ἐπὶ ὑπάτων Γαΐου Κοιλίου Κάλδου Γαΐου υἱοῦ, | [Λ]ευκίου Δομετίου Γναΐου Αἰνοβάρβου, στρατη|[γο]ῦντος κατὰ πόλιν Γαΐου Σεντίου Γαΐου υἱοῦ, || [ἐπὶ δ]ὲ τῶν ξένων Λευκίου Γελλίου Λευκίου υἱοῦ, πίναξ | [συμμ]αχίας ἀνετέθη κατὰ συγκλήτου δόγμα, | [πρεσβε]υσάντων Δωροθέου τοῦ 'Ιάσονος, | [Μενάνδρου] τοῦ Μενάνδρου. τῷ δήμῳ | [τῷ 'Ρωμα]ίων [κα]ὶ τῷ δήμῳ τ[ῷ] Θυρρεί[ων | εἰρήνη καὶ φιλία καὶ συμμαχία ἔστω – – – –].

Crassus in Gaul

Val. Max. iii. 7. 6 Cum ex consulatu (L. Crassus) provinciam Galliam obtineret, atque in eam C. Carbo cuius patrem damnaverat (119 B.C.) ad speculanda acta sua venisset, non solum eum inde non summovit sed insuper locum ei in tribunali adsignavit nec ulla de re nisi eo in consilium adhibito cognovit. Itaque acer et vehemens Carbo nihil aliud Gallica peregrinatione consecutus est quam ut animadverteret sontem patrem suum ab integerrimo viro in exilium missum.

Cic. *de Invent.* ii. 37. 111 L. Licinius Crassus consul quosdam in citeriore Gallia nullo illustri neque certo duce neque eo nomine neque numero praeditos ut digni essent, qui hostes populi Romani esse dicerentur, qui tunc excursionibus et latrociniis infestam provinciam redderent, consectatus est et confecit; Romam redit; triumphum ab senatu postulat.

B.C. 93 · A.U.C. 661

Consuls, C. VALERIUS FLACCUS, M. HERENNIUS

INTERNAL HISTORY

Praetorship of Sulla

Plut. *Sulla* 5 ὁ δὲ Σύλλας . . . ἐπὶ στρατηγίαν πολιτικὴν ἀπεγρά-ψατο καὶ διεψεύσθη· . . . ἐνιαυτῷ . . . κατόπιν ἔτυχε τῆς στρατηγίας, τοῦ δήμου τὸ μέν τι θεραπείᾳ, τὸ δὲ καὶ χρήμασι προσαγαγόμενος. διὸ δὴ καὶ στρατηγοῦντος αὐτοῦ καὶ πρὸς Καίσαρα μετ᾽ ὀργῆς εἰπόντος, ὡς χρήσεται τῇ ἰδίᾳ πρὸς αὐτὸν ἐξουσίᾳ, γελάσας ὁ Καῖσαρ, "'Ορθῶς," ἔφη, "τὴν ἀρχὴν ἰδίαν νομίζεις· ἔχεις γὰρ αὐτὴν πριάμενος." [For the date (97(?)) see E. Badian, *Athenaeum* N.S. 37 (1959), 279ff.]

[Victor] *de Vir. Ill.* 75 Praetor inter cives ius dixit. Praetor Ciliciam provinciam habuit.

Plin. *Nat. Hist.* viii. 16. 53 Leonum simul plurium pugnam Romae princeps dedit Scaevola P. filius in curuli aedilitate, centum autem iubatorum primus omnium L. Sulla, qui postea dictator fuit, in praetura.

Seneca *de Brev. Vit.* 13. 6 Primus L. Sulla in circo leones solutos dedit, cum alioqui adligati darentur, ad conficiendos eos missis a rege Boccho iaculatoribus.

Triumphs for successes in Spain over Celtiberians and Lusitanians

Fast. Triumph. T. Didius T. f. Sex. n. II, pro co(n)s(ule) ex Hispania a. DCLX de Celtibereis IIII idus Iun.

P. Licinius M. f. P. n. Crassus pro co(n)s(ule) an. DCLX de Lusitaneis pridie idus Iun.

EXTERNAL HISTORY

The East. Tigranes recovers Cappadocia for Mithridates

Iustin. xxxviii. 3. 3 Primo adventu Tigranis Ariobarzanes sublatis rebus suis Romam contendit, atque ita per Tigranem rursus Cappadocia iuris esse Mithridatis coepit.

B.C. 92 · A.U.C. 662

Consuls, C. CLAUDIUS PULCHER, M. PERPERNA

INTERNAL HISTORY

Censors, CN. DOMITIUS AHENOBARBUS; L. LICINIUS CRASSUS

Schools of 'Latin Orators' closed by edict

Suet. *de Gramm. et Rhet.* 25 Cn. Domitius Ahenobarbus L. Licinius Crassus censores ita edixerunt: Renuntiatum est nobis, esse

homines, qui novum genus disciplinae instituerunt, ad quos
iuventus in ludum conveniat; eos sibi nomen imposuisse Latinos
rhetoras; ibi homines adulescentulos dies totos desidere. Maiores
nostri, quae liberos suos discere et quos in ludos itare vellent,
instituerunt. Haec nova, quae praeter consuetudinem ac morem
maiorum fiunt, neque placent neque recta videntur. Quapropter
et iis qui eos ludos habent et iis qui eo venire consuerunt
videtur faciundum ut ostenderemus nostram sententiam, nobis
non placere [cf. Gell. xv. 11. 2]. [For similar *S.C.* of 161 B.C.
see Gell. *ib.*]

Cic. *de Or.* iii. 24. 93 Rerum est silva magna, quam cum
Graeci iam non tenerent ob eamque causam iuventus nostra
dedisceret paene discendo, etiam Latini, si dis placet, hoc
biennio magistri dicendi exstiterunt; quos ego (Licinius Crassus)
censor edicto meo sustuleram, non quo, ut nescio quos dicere
aiebant, acui ingenia adulescentium nollem, sed contra ingenia
obtundi nolui, conroborari impudentiam . . . cum impudentiae
ludus esset, putavi esse censoris ne longius id serperet providere.

Tac. *Dial. de Or.* 35 At nunc adulescentuli nostri deducuntur
in scholas istorum qui rhetores vocantur, quos paulo ante
Ciceronis tempora extitisse nec placuisse maioribus nostris ex eo
manifestum est, quod a Crasso et Domitio censoribus claudere,
ut ait Cicero, ludum impudentiae iussi sunt.

Dissension between the censors

Cic. *Brut.* 44. 164 Ipsa illa censoria contra Cn. Domitium
conlegam non est oratio, sed quasi capita rerum et orationis
commentarium paulo plenius; nulla est enim altercatio clamoribus umquam habita maioribus.

Condemnation of P. Rutilius Rufus

Vellei. ii. 13 Potestatem (iudiciorum) nacti equites Gracchanis
legibus cum in multos clarissimos atque innocentissimos viros
saevissent, tum P. Rutilium, virum non saeculi sui sed omnis
aevi optimum, interrogatum lege repetundarum maximo cum
gemitu civitatis damnaverant.

Liv. *Ep.* lxx. P. Rutilius, vir summae innocentiae, quoniam
legatus Q. Mucii proconsulis a publicanorum iniuriis Asiam
defenderat, invisus equestri ordini, penes quem iudicia erant,

repetundarum damnatus in exsilium missus est [cf. Cic. ap. Ascon. *in Scaurian.* p. 21 C].

Cic. *Brut.* 30. 115 (Rutilius) cum innocentissimus in iudicium vocatus esset, quo iudicio convulsam penitus scimus esse rem publicam, cum essent eo tempore eloquentissimi viri L. Crassus et M. Antonius consulares, eorum adhibere neutrum voluit. Dixit ipse pro sese et pauca C. Cotta, quod sororis erat filius,—et is quidem tamen ut orator, quamquam erat admodum adulescens [cf. eund. *de Or.* i. 53. 229].

Id. *pro Font.* 17. 38 (P. Rutilius) etsi damnatus est, mihi videtur tamen inter viros optimos atque innocentissimos esse numerandus. Ille igitur ipse homo sanctissimus ac temperantissimus multa audivit in sua causa, quae ad suspicionem stuprorum ac libidinum pertinerent.

Id. *in Pis.* 39. 95 Damnatio . . . obtigit P. Rutilio, quod specimen habuit civitas innocentiae. Maior mihi iudicum et rei publicae poena illa visa est quam Rutili.

Dio Cass. fr. 97. 1 τοῦ Ῥουτιλίου ἀγαθοῦ ὄντος ἀνδρὸς ἀδικώτατα κατεψηφίσαντο· ἐσήχθη γὰρ ἐς δικαστήριον ἐκ κατασκευασμοῦ τῶν ἱππέων ὡς δωροδοκή⟨...⟩ Κυίντῳ Μουκίῳ, καὶ ἐζημιώθη ὑπ' αὐτῶν χρήμασι· ταῦτα ἐποίησαν θυμῷ φέροντες ὅτι πολλὰ περὶ τὰς τελωνίας πλημμελοῦντας ἐπέσχεν. . . . (2) ὁ Ῥουτίλιος ἀπελογήσατο μὲν γενναιότατα καὶ οὐδὲν ὅ τι οὐκ εἶπεν ὧν ⟨ἂν⟩ ἀνὴρ ἀγαθὸς συκοφαντούμενος, καὶ πολὺ πλεῖον τὰ τῶν κοινῶν ἢ τὰ ἑαυτοῦ ὀδυρόμενος φθέγξαιτο, ἑάλω δὲ καὶ τῆς γε οὐσίας εὐθὺς ἐξέστη. ἐξ οὗπερ οὐχ ἥκιστα ἐφωράθη μηδέν οἱ προσήκουσαν καταδίκην ὀφλήσας . . . οὕτω μὲν ἐπηρεάσθη, καί τινα ὁ Μάριος αἰτίαν τῆς ἁλώσεως αὐτοῦ ἔσχεν. ἀρίστῳ γὰρ καὶ εὐδοκιμωτάτῳ αὐτῷ ὄντι ἐβαρύνετο. διόπερ καὶ ἐκεῖνος τῶν τε πραττομένων ἐν τῇ πόλει καταγνοὺς καὶ ἀπαξιώσας τοιούτῳ ἔτι ἀνθρώπῳ συζῆσαι ἐξεχώρησε μηδενὸς ἀναγκάζοντος καὶ ἐς αὐτήν γε τὴν Ἀσίαν ἐλθὼν τέως μὲν ἐν Μυτιλήνῃ διῆγεν, ἔπειτα ἐκείνης ἐν τῷ Μιθριδατικῷ πολέμῳ κακωθείσης ἐς Σμύρναν μετῳκίσθη κἀνταῦθα κατεβίω οὐδὲ ἠθέλησεν ἐπανελθεῖν οἴκαδε [cf. Cic. *pro Balbo* 11. 28].

Quint. *Inst. Orat.* xi. 1. 12 Nisi forte . . . P. Rutilius, vel cum illo paene Socratico genere defensionis est usus, vel cum revocante eum P. Sulla manere in exilio maluit, quid sibi maxime conduceret nesciebat.

Oros. v. 17. 12 Rutilius . . . adeo fidei atque innocentiae constantia usus est, ut, die sibi ab accusatoribus dicta, usque ad cognitionem neque capillum barbamve promiserit neque sordida veste humilive habitu suffragatores conciliarit, inimicos permulserit, iudices temperarit, orationem quoque a praetore concessam nihilo summissiorem quam animum habuerit.

Val. Max. ii. 10. 5 Quid damnatione, quid exilio miserius? Atqui P. Rutilio conspiratione publicanorum perculso auctoritatem adimere non valuerunt. Cui Asiam petenti omnes provinciae illius civitates legatos secessum eius opperientes obviam miserunt. Exulare aliquis †loco hoc aut triumphare iustius dixerit?

Suet. de Gramm. et Rhet. 6 Aurelius Opillus . . . dimissa . . . schola, Rutilium Rufum damnatum in Asiam secutus, ibidem Smyrnae †simulque consenuit.

Cic. Brut. 30. 114 Multa praeclara de iure; doctus vir et Graecis litteris eruditus, Panaeti auditor, prope perfectus in Stoicis; quorum peracutum et artis plenum orationis genus scis tamen esse exile nec satis populari adsensioni accommodatum.

Athen. iv. 66 ἐστὶν Ἀπίκιος ὁ καὶ τῆς φυγῆς αἴτιος γενόμενος Ῥουτιλίῳ τῷ τὴν Ῥωμαϊκὴν ἱστορίαν ἐκδεδωκότι τῇ Ἑλλήνων φωνῇ [cf. Cic. de Nat. Deor. iii. 32. 80].

Prosecution of M. Aemilius Scaurus (92 or 91 B.C.?)

Cic. pro Scaur. ap. Ascon. 21 C Reus est factus a Q. Servilio Caepione lege Servilia, cum iudicia penes equestrem ordinem essent et P. Rutilio damnato nemo tam innocens videretur ut non timeret illa.

Ascon. ad loc. Q. Servilius Caepio Scaurum ob legationis Asiaticae invidiam et adversus leges pecuniarum captarum reum fecit repetundarum lege quam tulit Servilius Glaucia. Scaurus tanta fuit continentia animi et magnitudine ut Caepionem contra reum detulerit et breviore die inquisitionis accepta effecerit ut ille prior causam diceret; M. quoque Drusum tribunum plebis cohortatus sit ut iudicia commutaret (cf. Florus ii. 5, quoted p. 130).

Cf. Val. Max. iii. 7. 8 (M. Scaurus) cum pro rostris accusaretur, quod ab rege Mitridate ob rem publicam prodendam pecuniam accepisset causam suam ita egit: etc. [with details from trial under Lex Varia; cf. Ascon. 22C (p. 137 below)].

Plin. Nat. Hist. xxxvi. 15. 116 Unde M. Scaurus pater, totiens princeps civitatis et Mariani sodalicii rapinarum provincialium sinus?

[For a possible explanation of this phrase see Badian, Athenaeum N.S. 34 (1956), 120 note 3; cf. eund. ib. 37 (1959), 279 ff.]

EXTERNAL HISTORY

*Sulla propraetor in Cilicia; restoration of Ariobarzanes
and intercourse with Parthia*

[Victor] *de Vir. Ill.* 75 Praetor inter cives ius dixit. Praetor
Ciliciam provinciam habuit. [For the date (96 (?)) see E. Badian,
Athenaeum N.S. 37 (1959), 279 ff.]

Liv. *Ep.* lxx. Ariobarzanes in regnum Cappadociae a L.
Cornelio Sylla reductus est. Parthorum legati, a rege Arsace
missi, venerunt ad Syllam, ut amicitiam populi Romani peterent.

Plut. *Sulla,* 5 μετὰ δὲ τὴν στρατηγίαν εἰς τὴν Καππαδοκίαν
ἀποστέλλεται, τὸν μὲν ἐμφανῆ λόγον ἔχων πρὸς τὴν στρατείαν
Ἀριοβαρζάνην καταγαγεῖν, αἰτίαν δὲ ἀληθῆ Μιθριδάτην ἐπισχεῖν
πολυπραγμονοῦντα καὶ περιβαλλόμενον ἀρχὴν καὶ δύναμιν οὐκ ἐλάττονα τῆς ὑπαρχούσης. ἰδίαν μὲν οὖν δύναμιν οὐ πολλὴν ἐπήγετο,
χρησάμενος δὲ τοῖς συμμάχοις προθύμοις, καὶ πολλοὺς μὲν αὐτῶν
Καππαδόκων, πλείονας δ᾽ αὖθις Ἀρμενίων προσβοηθοῦντας ἀποκτείνας Γόρδιον μὲν ἐξήλασεν, Ἀριοβαρζάνην δ᾽ ἀπέδειξε βασιλέα.
διατρίβοντι δ᾽ αὐτῷ παρὰ τὸν Εὐφράτην ἐντυγχάνει Πάρθος ᾽Ορό-
βαζος, Ἀρσάκου βασιλέως πρεσβευτής, οὔπω πρότερον ἀλλήλοις
ἐπιμεμειγμένων τῶν γενῶν [cf. App. *Mithr.* 57].

Vellei. ii. 24 Cum ad eum (Sullam) primum omnium
Romanorum legati Parthorum venissent, et in iis quidam magi ex
notis corporis respondissent caelestem eius vitam et memoriam
futuram . . . [cf. Plut. *Sulla* 5].

B.C. 91 · A.U.C. 663

Consuls, L. MARCIUS PHILIPPUS, SEX. IULIUS CAESAR

INTERNAL HISTORY

*Tribunate of M. Livius Drusus. Character and career
of Drusus*

[Victor] *de Vir. Ill.* 66 Marcus Livius Drusus . . . aedilis
munus magnificentissimum dedit . . . quaestor in Asia nullis
insignibus uti voluit, ne quid ipso esset insignius.

C.I.L. I². 1. p. 199 (*I.L.S.* 49) M. Livius M. f. C. n. Drusus,
pontifex tr. mil. xvir stlit. iudic., tr. pl., xvir a. d. a. lege

sua et eodem anno vvir a. d. a. lege Saufe[i]a, in magistratu occisus est.

Seneca *de Brev. Vit.* 6. 1 Livius Drusus, vir acer et vehemens, cum leges novas et mala Gracchana movisset, stipatus ingenti totius Italiae coetu, exitum rerum non pervidens, quas res agere licebat nec iam liberum erat semel inchoatas relinquere, exsecratus inquietam a primordiis vitam dicitur dixisse : 'uni sibi ne puero quidem umquam ferias contigisse.' Ausus est enim et pupillus adhuc et praetextatus iudicibus reos commendare et gratiam suam foro interponere tam efficaciter quidem, ut quaedam iudicia constet ab illo rapta.

Vellei. ii. 14 (Drusi) morum minime omittatur argumentum. Cum aedificaret domum in Palatio . . . promitteretque ei architectus ita se eam aedificaturum, ut liber a conspectu immunisque ab omnibus arbitris esset neque quisquam in eam despicere posset, Tu vero, inquit, si quid in te artis est, ita compone domum meam, ut quidquid agam ab omnibus perspici possit.

Cic. *de Off.* i. 30. 108 Erat . . . in M. Druso adulescente singularis severitas.

Id. *Brut.* 62. 222 M. Drusum . . ., gravem oratorem ita dumtaxat cum de re publica diceret, . . . in praesidiis rei publicae . . . collocemus [cf. eund. *de Dom.* 19. 50 (p. 135)].

Seneca *de Ben.* vi. 34. 2 Gracchus et mox Livius Drusus instituerunt segregare turbam suam et alios in secretum recipere, alios cum pluribus, alios universos.

Plin. *Nat. Hist.* xxv. 5. 52 Drusum . . . apud nos, tribunorum popularium clarissimum, cui ante omnis plebs adstans plausit, optimates vero bellum Marsicum imputavere, constat hoc medicamento (Melampodio) liberatum comitiali morbo in Anticyra insula.

Ib. xxxiii. 1. 20 Inter Caepionem quoque et Drusum ex anulo in auctione venali inimicitiae coepere, unde origo socialis belli et exitia rerum [cf. Dio Cass. fr. 96].

Plin. *Nat. Hist.* xxxiii. 11. 141 Drusus Livius in tribunatu plebei x (pondo milia argenti habuit).

Cic. *de Or.* i. 7. 24 Drusi tribunatus pro senatus auctoritate susceptus [cf. [Sall.] *ad Caes. sen.* ii. 6. 4; Suet. *Tib.* 3 (p. 42)].

Cic. *pro Mil.* 7. 16 Nobilissimus vir senatus propugnator atque illis quidem temporibus paene patronus.

Diod. xxxvii. 10 μόνος ἔδοξεν ἔσεσθαι προστάτης τῆς συγκλήτου.

General character of his Tribunate

Vellei. ii. 13 Tribunatum iniit M. Livius Drusus, vir nobilissimus, eloquentissimus, sanctissimus, meliore in omnia ingenio
animoque quam fortuna usus. Qui cum senatui priscum restituere cuperet decus et iudicia ab equitibus ad eum transferre
ordinem . . . in iis ipsis quae pro senatu moliebatur senatum
habuit adversarium non intellegentem, si qua de plebis commodis ab eo agerentur, veluti inescandae inliciendaeque multitudinis causa fieri, ut minoribus perceptis maiora permitteret.

Florus ii. 5 (iii. 17) Equites Romani tanta potestate subnixi
ut qui fata fortunasque principum haberent in manu, inter-
ceptis vectigalibus peculabantur suo iure rem publicam; senatus exilio Metelli, damnatione Rutili debilitatus omne decus
maiestatis amiserat. In hoc statu rerum pares opibus animis
dignitate (unde et nata Livio Druso aemulatio) equitem Servilius Caepio, senatum Livius Drusus adserere. Signa aquilae et
vexilla deerant: ceterum sic urbe in una quasi in binis castris
dissidebatur. Prior Caepio in senatum impetu facto reos ambitus
Scaurum et Philippum principes nobilitatis elegit. His ut motibus
resisteret Drusus, plebem ad se Gracchanis legibus isdemque
socios ad plebem spe civitatis erexit. Exstat vox ipsius, nihil se
ad largitionem ulli reliquisse nisi si quis aut caenum dividere
vellet aut caelum.

Seneca *ad Marc.* 16. 4 Cornelia Livii Drusi clarissimum
iuvenem illustris ingenii, vadentem per Gracchana vestigia,
imperfectis tot rogationibus intra penates interemptum suos,
amiserat incerto caedis auctore [cf. [Cic.] *ad Herenn.* iv. 34. 46].

[Victor] *de Vir. Ill.* 66 Tribunus plebis Latinis civitatem,
plebi agros, equitibus curiam, senatui iudicia permisit. Nimiae
liberalitatis fuit; ipse etiam professus nemini se ad largiendum
praeter caelum et caenum reliquisse.

Liv. *Ep.* lxx, lxxi. Senatus cum impotentiam equestris ordinis
in iudiciis exercendis ferre nollet, omni vi niti coepit ut ad se
iudicia transferret, sustinente causam eius M. Livio Druso
tribuno plebis, qui ut vires sibi adquireret perniciosa spe largi-
tionum plebem concitavit . . . M. Livius Drusus tribunus plebis
quo maioribus viribus senatus causam susceptam tueretur, socios
et Italicos populos spe civitatis Romanae sollicitavit, iisque
adiuvantibus per vim legibus agrariis frumentariisque latis,
iudiciariam quoque pertulit, ut aequa parte iudicia penes

senatum et equestrem ordinem essent. Cum deinde promissa sociis civitas praestari non posset, irati Italici defectionem agitare coeperunt.

Laws of Drusus

(a) Agrarian and Colonial Law

App. *Bell. Civ.* i. 35 ὁ δὲ τὸν δῆμον . . . προθεραπεύων, ὑπήγετο ἀποικίαις πολλαῖς ἔς τε τὴν Ἰταλίαν καὶ Σικελίαν ἐψηφισμέναις μὲν ἐκ πολλοῦ, γεγονυίαις δὲ οὔπω [cf. Florus *l.c.*; [Victor] *l.c.*; Liv. *l.c.*; *C.I.L.* I². 1. p. 199 quoted p. 128; Seneca *l.c.*].
App. *Bell. Civ.* i. 36 οἱ Ἰταλιῶται . . . περὶ τῷ νόμῳ τῆς ἀποικίας ἐδεδοίκεσαν, ὡς τῆς δημοσίας Ῥωμαίων γῆς, ἣν ἀνέμητον οὖσαν ἔτι . . . ἐγεώργουν, αὐτίκα σφῶν ἀφαιρεθησομένης.

(b) Lex iudiciaria

App. *Bell. Civ.* i. 35 τήν τε βουλὴν καὶ τοὺς ἱππέας, οἳ μάλιστα δὴ τότε ἀλλήλοις διὰ τὰ δικαστήρια διεφέροντο, ἐπικοίνῳ νόμῳ συναγαγεῖν ἐπειρᾶτο, σαφῶς μὲν οὐ δυνάμενος ἐς τὴν βουλὴν ἐπανενεγκεῖν τὰ δικαστήρια, τεχνάζων δ᾽ ἐς ἑκατέρους ὧδε. τῶν βουλευτῶν διὰ τὰς στάσεις τότε ὄντων μόλις ἀμφὶ τοὺς τριακοσίους, ἑτέρους τοσούσδε αὐτοῖς ἀπὸ τῶν ἱππέων ἐσηγεῖτο ἀριστίνδην προσκαταλεγῆναι καὶ ἐκ τῶνδε πάντων ἐς τὸ μέλλον εἶναι τὰ δικαστήρια· εὐθύνας τε ἐπ᾽ αὐτῶν γίγνεσθαι δωροδοκίας προσέγραφεν [cf. Vellei. ii. 13 (quoted p. 130); Liv. *Ep.* lxxi (quoted p. 130); Diod. xxxvii. 10 (quoted p. 135)].

Cic. *pro Rab. Post.* 7. 16 Potentissimo et nobilissimo tribuno plebis, M. Druso, novam (*codd.* unam) in equestrem ordinem quaestionem ferenti: 'si quis ob rem iudicandam (*codd.* iudicatam) pecuniam accepisset,' aperte equites Romani restiterunt.

Id. *pro Cluent.* 56. 153 O viros fortes, equites Romanos qui homini clarissimo ac potentissimo, M. Druso, tribuno plebis, restiterunt, cum ille nihil aliud ageret cum illa cuncta quae

tum erat nobilitate nisi ut ei qui rem iudicassent huiusce modi
quaestionibus in iudicium vocarentur.

Ascon. *in Scaurian.* p. 21C Scaurus . . . M. . . . Drusum
tribunum plebis cohortatus . . . ut iudicia commutaret [cf.
Cic. *pro Scaur.* ap. Ascon. *l.c.*].

(c) Monetary Law

Plin. *Nat. Hist.* xxxiii. 3. 46 Livius Drusus in tribunatu plebei
octavam partem aeris argento miscuit.

(d) Proposal to extend the Franchise

App. *Bell. Civ.* i. 35 Λίβιος Δροῦσος δημαρχῶν . . . δεηθεῖσι
τοῖς Ἰταλιώταις νόμον αὖθις ἐσενεγκεῖν περὶ τῆς πολιτείας ὑπέσχετο.
Vellei. ii. 14 Tum conversus Drusi animus, quando bene
incepta male cedebant, ad dandam civitatem Italiae.

The Agitation for the Franchise

Plut. *Cato Min.* 2 ἔπραττον οἱ σύμμαχοι τῶν Ῥωμαίων ὅπως
μεθέξουσι τῆς ἐν Ῥώμῃ πολιτείας. καί τις Πομπαίδιος Σίλλων,
ἀνὴρ πολεμικὸς καὶ μέγιστον ἔχων ἀξίωμα, τοῦ δὲ Δρούσου φίλος,
κατέλυσε παρ' αὐτῷ πλείονας ἡμέρας, ἐν αἷς γενονὼς τοῖς παιδίοις
συνήθης, "ἄγε," εἶπεν, "ὅπως ὑπὲρ ἡμῶν δεήσεσθε τοῦ θείου συναγω-
νίσασθαι περὶ τῆς πολιτείας."

Diod. xxxvii. 11 [ὅρκος Φιλίππου] ὄμνυμι τὸν Δία τὸν Καπετώλιον καὶ τὴν Ἑστίαν τῆς Ῥώμης καὶ τὸν πατρῷον αὐτῆς Ἄρην
καὶ τὸν γενάρχην Ἥλιον καὶ τὴν εὐεργέτιν ζῴων τε καὶ φυτῶν Γῆν,
ἔτι δὲ τοὺς κτίστας γεγενημένους τῆς Ῥώμης ἡμιθέους καὶ τοὺς
συναυξήσαντας τὴν ἡγεμονίαν αὐτῆς ἥρωας, τὸν αὐτὸν φίλον καὶ
πολέμιον ἡγήσεσθαι Δρούσῳ καὶ μήτε βίου μήτε τέκνων καὶ γονέων
μηδεμιᾶς φείσεσθαι ψυχῆς, ἐὰν [μὴ] συμφέρῃ Δρούσῳ τε καὶ τοῖς
τὸν αὐτὸν ὅρκον ὀμόσασιν. ἐὰν δὲ γένωμαι πολίτης τῷ Δρούσου
νόμῳ πατρίδα ἡγήσομαι τὴν Ῥώμην καὶ μέγιστον εὐεργέτην
Δροῦσον. καὶ τὸν ὅρκον τόνδε παραδώσω ὡς ἂν μάλιστα πλεί-
στοις δύνωμαι τῶν πολιτῶν. καὶ εὐορκοῦντι μέν μοι ἐπίκτησις εἴη
τῶν ἀγαθῶν, ἐπιορκοῦντι δὲ τἀναντία [cf. Cic. *Brut.* 89. 304].

[Victor] *de Vir. Ill.* 66 (see p. 136 below).

Ib. 80 (Cato) cum in domo avunculi Drusi educaretur, nec

pretio nec minis potuit adduci a Q. Popedio Silone, Marsorum
principe, ut favere se causae sociorum diceret.

Diod. xxxvii. 13 ὁ τῶν Μάρσων ἡγούμενος Πομπαίδιος ἐπ-
εβάλετο μεγάλῃ καὶ παραβόλῳ πράξει. μυρίους γὰρ ἀναλαβὼν ἐκ
τῶν τὰς εὐθύνας φοβουμένων ἔχοντας ὑπὸ τοῖς ἱματίοις ξίφη
προῆγεν ἐπὶ τῆς Ῥώμης. διενοεῖτο δὲ περιστῆσαι τῇ συγκλήτῳ
τὰ ὅπλα καὶ τὴν πολιτείαν αἰτεῖσθαι, ἢ μὴ πείσας πυρὶ καὶ σιδήρῳ
τὴν ἡγεμονίαν διαλυμήνασθαι. ἀπαντήσαντος δὲ αὐτῷ Γαΐου Δομιτίου καὶ ἐρομένου, Ποῖ προάγεις; εἶπεν, Εἰς Ῥώμην ἐπὶ τὴν
πολιτείαν κεκλημένος ὑπὸ τῶν δημάρχων. ὁ δὲ Δομίτιος ὑπολαβὼν ἔφησεν ἀκινδυνότερον αὐτὸν καὶ κάλλιον τεύξεσθαι τῆς
πολιτείας, ἂν μὴ πολεμικῶς ἐπὶ τὴν σύγκλητον παραγένηται. ταύτην
γὰρ βούλεσθαι τὴν χάριν δοῦναι τοῖς συμμάχοις μὴ βιασθεῖσαν
ἀλλ᾽ ὑπομνησθεῖσαν. ὁ δὲ ἱεράν τινα τὴν συμβουλὴν τἀνδρὸς θέμενος
καὶ πεισθεὶς τοῖς λόγοις ἐπανῆλθεν ἐπὶ τὴν οἰκείαν.

App. Bell. Civ. i. 36 οἱ Ἰταλιῶται . . . καὶ οἶδε περὶ τῷ νόμῳ
τῆς ἀποικίας ἐδεδοίκεσαν, ὡς τῆς δημοσίας Ῥωμαίων γῆς, ἣν ἀνέμητον οὖσαν οἱ μὲν ἐκ βίας οἱ δὲ λανθάνοντες ἐγεώργουν, αὐτίκα
σφῶν ἀφαιρεθησομένης, καὶ πολλὰ καὶ περὶ τῆς ἰδίας ἐνοχλησόμενοι.
Τυρρηνοί τε καὶ Ὀμβρικοὶ ταὐτὰ δειμαίνοντες τοῖς Ἰταλιώταις καί,
ὡς ἐδόκει, πρὸς τῶν ὑπάτων ἐς τὴν πόλιν ἐπαχθέντες ἔργῳ μὲν ἐς
ἀναίρεσιν Δρούσου λόγῳ δ᾽ ἐς κατηγορίαν, τοῦ νόμου φανερῶς
κατεβόων καὶ τὴν τῆς δοκιμασίας ἡμέραν ἀνέμενον.

Opposition to the Livian Laws

Florus ii. 5 (iii. 17) Aderat promulgandi dies, cum subito
tanta vis hominum undique apparuit ut hostium adventu obsessa
civitas videretur. Ausus tamen obrogare legibus consul Philippus, sed adprehensum faucibus viator non ante dimisit quam
sanguis in os et oculos redundaret. Sic per vim latae iussaeque
leges.

[Victor] de Vir. Ill. 66 Caepionem inimicum actionibus suis
resistentem ait se de saxo Tarpeio praecipitaturum. Philippo
consuli, legibus agrariis resistenti, ita collum in comitio ob-
torsit, ut multus sanguis efflueret e naribus; quam ille, luxuriam
exprobrans, muriam de turdis esse dicebat. Deinde ex gratia
nimia in invidiam venit: nam plebs acceptis agris gaudebat,
expulsi dolebant: equites in senatum lecti laetabantur, sed
praeteriti querebantur: senatus permissis iudiciis exsultabat, sed
societatem cum equitibus aegre ferebat. Unde Livius anxius,
ut Latinorum postulata differret, qui promissam civitatem

flagitabant, repente in publico concidit, sive morbo comitiali, seu hausto caprino sanguine, semianimis domum relatus.

Plin. *Nat. Hist.* xxviii. 9. 148 Drusus tribunus plebei traditur caprinum bibisse, cum pallore et invidia veneni sibi dati insimulare Q. Caepionem inimicum vellet.

Cic. *de Or.* iii. 1. 1 Ut . . . Romam rediit (Crassus) extremo ludorum scaenicorum die, vehementer commotus oratione ea, quae ferebatur habita esse in contione a Philippo, quem dixisse constabat videndum sibi esse aliud consilium; illo senatu se rem publicam gerere non posse, mane Idibus Septembribus et ille et senatus frequens vocatu Drusi in curiam venit. Ibi cum Drusus multa de Philippo questus esset, rettulit ad senatum de illo ipso, quod in eum ordinem consul tam graviter in contione esset invectus. . . . Deploravit (Crassus) . . . casum atque orbitatem senatus, cuius ordinis a consule, qui quasi parens bonus aut tutor fidelis esse deberet, tanquam ab aliquo nefario praedone diriperetur patrimonium dignitatis; neque vero esse mirandum, si cum suis consiliis rem publicam profligasset, consilium senatus a re publica repudiaret. Hic cum homini et vehementi et diserto et in primis forti ad resistendum Philippo quasi quasdam verborum faces admovisset, non tulit ille et graviter exarsit pigneribusque ablatis Crassum instituit coercere. . . . Illa tanquam cycnea fuit divini hominis (Crassi) vox et oratio. . . . Namque tum latus ei dicenti condoluisse sudoremque multum consecutum esse audiebamus; ex quo cum cohorruisset, cum febri domum rediit dieque septimo est lateris dolore consumptus.

Val. Max. ix. 5. 2 Cum senatus ad eum (Drusum) misisset, ut in curiam veniret, 'Quare non potius,' inquit, 'ipse in Hostiliam Curiam propinquam rostris, id est ad me, venit?' Piget adicere quod sequitur. Tribunus senatus imperium despexit, senatus tribuni verbis paruit.

Cic. *pro Planc.* 14. 33 (Granius) tribuno pl. potentissimo homini, M. Druso, sed multa in re publica molienti, cum ille eum salutasset et, ut fit, dixisset: 'Quid agis, Grani?' respondit: 'Immo vero tu, Druse, quid agis?'

Invalidation of the Laws

Cic. *pro Cornel.* ap. Ascon. 68C Quae lex lata esse dicatur, ea non videri populum teneri: ut L. Marcio Sex. Iulio consulibus de legibus Liviis.

Ascon. *in Cornelian.* p. 68C Puto vos reminisci has esse leges Livias quas illis coss. M. Livius Drusus tribunus plebis tulerit. Qui cum senatus partes tuendas suscepisset et leges pro optimatibus tulisset, postea eo licentiae est progressus ut nullum in his morem servaret. Itaque Philippus cos., qui ei inimicus erat, obtinuit a senatu ut leges eius omnes uno S. C. tollerentur. Decretum est enim contra auspicia esse latas neque iis teneri populum.

Cic. *de Dom.* 16. 41 Iudicavit senatus M. Drusi legibus, quae contra legem Caeciliam et Didiam latae essent, populum non teneri.

Ib. 19. 50. Quid? Si etiam pluribus de rebus uno sortitore tulisti, tamenne arbitraris id quod M. Drusus in legibus suis plerisque, perbonus ille vir, M. Scauro et L. Crasso consiliariis non obtinuerit, id te posse . . . obtinere?

Id. *de Leg.* ii. 12. 31 Quid religiosius quam . . . (leges non iure rogatas) tollere, . . . ut Livias consilio Philippi consulis et auguris?

Ib. ii. 6. 14 Ego vero ne Livias quidem (leges esse puto). Et recte, quae praesertim uno versiculo senatus, puncto temporis sublatae sint [cf. eund. *de Dom.* 19. 50; Florus ii. 5 (iii. 17)].

Diod. xxxvii. 10 ὁ Δροῦσος τῆς συγκλήτου τοὺς νόμους αὐτοῦ ἀκυρούσης ἔφη ἑαυτὸν ἐξουσίαν ἔχοντα πᾶσαν τῶν νόμων δυνάμενόν τε ἑαυτὸν κωλῦσαι δόγματα γράφειν, τοῦτο μὲν ἑκουσίως μὴ ποιήσειν, καλῶς εἰδότα τοὺς ἐξαμαρτήσαντας ταχὺ τευξομένους τῆς προσηκούσης δίκης. ἀκυρουμένων δὲ τῶν ὑφ' αὐτοῦ γραφέντων νόμων ἄκυρον ἔσεσθαι καὶ τὸν περὶ τῶν κριτηρίων νόμον, οὗ συντελεσθέντος τὸν μὲν ἀδωροδοκήτως βεβιωκότα μηδεμιᾶς τεύξεσθαι κατηγορίας, τοὺς δὲ τὰς ἐπαρχίας σεσυληκότας ἀχθήσεσθαι πρὸς τὰς τῆς δωροδοκίας εὐθύνας. ὥστε τοὺς διὰ φθόνον καθαιροῦντας τὴν ἑαυτοῦ δόξαν τοῖς ἰδίοις δόγμασι καθάπερ αὐτόχειρας κινδυνεύειν.

Death of Drusus, and its Consequences

Vellei. ii. 14 Quod (the gift of citizenship) cum moliens revertisset e foro, immensa illa et incondita quae eum semper comitabatur cinctus multitudine, in area domus suae cultello percussus, qui adfixus lateri eius relictus est, intra paucas horas decessit. Sed cum ultimum redderet spiritum, intuens circumstantium maerentiumque frequentiam effudit vocem convenientissimam conscientiae suae: Ecquandone, inquit, propinqui amicique, similem mei civem habebit res publica?

App. *Bell. Civ.* i. 36 ὁ Δροῦσος αἰσθανόμενός τε καὶ οὐ θαμινὰ προιών, ἀλλ' ἔνδον ἐν περιπάτῳ βραχὺ φῶς ἔχοντι χρηματίζων ἀεί, καὶ περὶ ἑσπέραν τὸ πλῆθος ἀποπέμπων, ἐξεβόησεν ἄφνω πεπλῆχθαι, καὶ λέγων ἔτι κατέπεσεν. εὑρέθη δὲ ἐς τὸν μηρὸν αὐτῷ σκυτοτόμου μαχαίριον ἐμπεπηγμένον [cf. Oros. v. 18; Cic. de Nat. Deor. iii. 32. 80; [Cic.] ad Herenn. iv. 22. 31].

[Victor] de Vir. Ill. 66 (Livius) semianimis domum relatus. Vota pro illo per Italiam publice suscepta sunt et cum Latini consulem in Albano monte interfecturi essent, Philippum admonuit ut caveret: unde in senatu accusatus, cum domum se reciperet, immisso inter turbam percussore corruit. Invidia caedis apud Philippum et Caepionem fuit.

Seneca de Brev. Vit. 6. 2 Disputatur an ipse sibi manus adtulerit. Subito enim volnere per inguen accepto conlapsus est, aliquo dubitante an mors eius voluntaria esset, nullo an tempestiva.

Vellei. ii. 15 Mors Drusi iam pridem tumescens bellum excitavit Italicum; quippe L. Caesare et P. Rutilio consulibus . . . universa Italia, cum id malum ab Asculanis ortum esset (quippe Servilium praetorem Fonteiumque legatum occiderant) ac deinde a Marsis exceptum in omnis penetrasset regiones, arma adversus Romanos cepit.

The Lex Varia de Maiestate, and the Commission established by this Law (90 B.C.?)

App. Bell. Civ. i. 37 οὕτω μὲν δὴ καὶ Δροῦσος ἀνῄρητο δημαρχῶν καὶ οἱ ἱππεῖς ἐπίβασιν ἐς συκοφαντίαν τῶν ἐχθρῶν τὸ πολίτευμα αὐτοῦ τιθέμενοι Κόιντον Οὐάριον δήμαρχον ἔπεισαν εἰσηγήσασθαι κρίσεις εἶναι, κατὰ τῶν τοῖς Ἰταλιώταις ἐπὶ τὰ κοινὰ φανερῶς ἢ κρύφα βοηθούντων, ἐλπίσαντες τοὺς δυνατοὺς ἅπαντας αὐτίκα ἐς ἔγκλημα ἐπίφθονον ὑπάξεσθαι, καὶ δικάσειν μὲν αὐτοί, γενομένων δ' ἐκείνων ἐκποδὼν δυνατώτερον ἔτι τῆς πόλεως ἐπάρξειν. τὸν μὲν δὴ νόμον ἀπαγορευόντων τῶν ἑτέρων δημάρχων μὴ τίθεσθαι, περιστάντες οἱ ἱππεῖς σὺν ξιφιδίοις γυμνοῖς ἐκύρωσαν.

Ascon. in Scaurian. p. 22C Italico bello exorto, cum ob sociis negatam civitatem nobilitas in invidia esset, Q. Varius tr. pl. legem tulit ut quaereretur de iis, quorum ope consiliove socii contra populum Romanum arma sumpsissent.

Val. Max. viii. 6. 4 Q. autem Varius propter obscurum ius civitatis Hybrida cognominatus tribunus pl. legem adversus intercessionem collegarum perrogavit, quae iubebat quaeri quorum dolo malo socii ad arma ire coacti essent, magna cum clade rei publicae: sociale enim prius, deinde civile bellum excitavit. Sed dum ante pestiferum tribunum pl. quam certum civem agit, sua lex eum domesticis laqueis constrictum absumpsit [cf. Cic. *Brut.* 89. 305. p. 151 below].

Cic. *Brut.* 89. 304 Exercebatur una lege iudicium Varia, ceteris propter bellum intermissis.

Ascon. *in Cornelian.* p. 73C Bello Italico, . . . cum multi Varia lege inique damnarentur, quasi id bellum illis auctoribus conflatum esset, . . . senatus decrevit ne iudicia, dum tumultus Italicus esset, exercerentur.

Accusation of Scaurus

Cic. *pro Scauro* ap. Ascon. 22C Ab eodem (*sc.* Servilio Caepione) etiam lege Varia custos ille rei publicae proditionis est in crimen vocatus; vexatus a Q. Vario tribuno plebis est.

Ascon. *in Scaurian.* p. 22C Tum Q. Caepio vetus inimicus Scauri, sperans se invenisse occasionem opprimendi eius, *egit* ut Q. Varius tribunus plebis belli concitati crimine adesse apud se Scaurum iuberet annorum LXXII. Ille per viatorem accersitus, cum iam ex morbo male solveretur, dissuadentibus amicis ne se in illa valetudine et aetate invidiae populi obiceret, innixus nobilissimis iuvenibus processit in forum, deinde accepto respondendi loco dixit: 'Q. Varius Hispanus M. Scaurum principem senatus socios in arma ait convocasse; M. Scaurus princeps senatus negat; testis nemo est: utri vos, Quirites, convenit credere?' Qua voce ita omnium commutavit animos ut ab ipso etiam tribuno dimitteretur [cf. [Victor] *de Vir. Ill.* 72].

Accusation of C. Cotta

Cic. *Brut.* 56. 205 Cottae pro se lege Varia quae inscribitur, eam L. Aelius scripsit Cottae rogatu. [For date of Cotta's exile cf. Cic. *Brut.* 89. 305.]

[Cic.] *antequam in exsil. iret* 11. 27 C. Cotta . . . Q. Vario tr. pl. inferiore genere orto cedendum putavit.

The Roman Treasury

Plin. *Nat. Hist.* xxxiii. 3. 55 In aerario populi Romani fuere . . . Sexto Iulio L. Marcio cos., hoc est belli socialis initio, auri . . . ⌐XVI⌐ X̄X̄DCCCXXXI.

EXTERNAL HISTORY

The Marsic War (Bellum Italicum)

Diod. xxxvii. 1 ἀφ' ὧν χρόνων αἱ τῶν ἀνθρώπων πράξεις διὰ
τῆς ἱστορικῆς ἀναγραφῆς εἰς αἰώνιον μνήμην παρεδόθησαν, μέγιστον
ἴσμεν πόλεμον τὸν Μαρσικὸν ὀνομασθέντα ἀπὸ Μάρσων [cf. Strabo
v. 4. 2 (p. 142 below), but note also C.I.L. I². 588 (78 B.C.) . . .
bello Italico].

Causes of the War and Grievances of the Allies

Diod. xxxvii. 2 στασιάσαντος τοῦ δημοτικοῦ πρὸς τὴν σύγκλητον, εἶτα ἐκείνης ἐπικαλεσαμένης τοὺς ἐκ τῆς Ἰταλίας ἐπικου-
ρῆσαι, καὶ ὑποσχομένης τῆς πολυεράστου Ῥωμαϊκῆς πολιτείας
μεταδοῦναι καὶ νόμῳ κυρῶσαι, ἐπεὶ οὐδὲν τῶν ὑπεσχημένων τοῖς
Ἰταλιώταις ἐγένετο, ὁ ἐξ αὐτῶν πόλεμος πρὸς Ῥωμαίους ἐξεκαύθη,
ὑπατευόντων ἐν τῇ Ῥώμῃ Λευκίου Μαρκίου Φιλίππου καὶ Σέξτου
Ἰουλίου [cf. App. Bell. Civ. i. 39 (p. 140)].

Cic. de Off. ii. 21. 75 Nondum centum et decem anni sunt,
cum de pecuniis repetundis a L. Pisone lata lex est nulla antea
cum fuisset. At vero postea tot leges et proximae quaeque durio-
res, tot rei, tot damnati, tantum Italicum bellum propter iudiciorum metum excitatum, tanta sublatis legibus et iudiciis
expilatio direptioque sociorum, ut inbecillitate aliorum, non
nostra virtute valeamus. [See Ascon. 67C and Diod. xxxvi. 13,
quoted p. 133; Appian, Bell. Civ. i. 38, quoted p. 139.]

Vellei. ii. 15 Causa fuit iustissima: petebant enim eam civitatem, cuius imperium armis tuebantur: per omnis annos atque
omnia bella duplici numero se militum equitumque fungi neque
in eius civitatis ius recipi, quae per eos in id ipsum pervenisset
fastigium, per quod homines eiusdem et gentis et sanguinis ut
externos alienosque fastidire posset.

C. Gracchus ap. Gell. x. 3. 3 (O.R.F.² p. 191) Nuper Teanum
Sidicinum consul venit. Uxor eius dixit se in balneis virilibus
lavari velle. Quaestori Sidicino M. Mario datum est negotium
uti balneis exigerentur qui lavabantur. Uxor renuntiat viro
parum cito sibi balneas traditas esse, et parum lautas fuisse.
Idcirco palus destitutus est in foro eoque adductus suae civitatis
nobilissimus homo M. Marius. Vestimenta detracta sunt, virgis
caesus est. Caleni, ubi id audierunt, edixerunt ne quis in balneis
lavisse vellet, cum magistratus Romanus ibi esset. Ferentini ob

eandem causam praetor noster quaestores arripi iussit: alter se de muro deiecit, alter prensus et virgis caesus est. . . . Quanta libido quantaque intemperantia sit hominum adulescentium, unum exemplum vobis ostendam. His annis paucis ex Asia missus est qui per id tempus magistratum non ceperat, homo adulescens pro legato. Is in lectica ferebatur. Ei obviam bubulcus de plebe Venusina advenit et per iocum, cum ignoraret qui ferretur, rogavit num mortuum ferrent. Ubi id audivit, lecticam iussit deponi, struppis, quibus lectica deligata erat, usque adeo verberari iussit, dum animam efflavit [cf. Cato ap. Gell. x. 3. 17, and a Latin in Diod. xxxvii. 12 οὐ γάρ εἰμι 'Ρωμαῖος, ἀλλ' ὅμοιος ὑμῶν ὑπὸ ῥάβδοις τεταγμένος περινοστῶ τὴν 'Ιταλίαν].

Iustin. xxxviii. 4. 13 Universam Italiam bello Marsico consurrexisse non iam libertatem sed consortium imperii civitatisque poscentium.

The Confederated Nations. Outbreak of the War

Florus ii. 6 (iii. 18) Cum ius civitatis, quam viribus auxerant, socii iustissime postularent, quam in spem eos cupidine dominationis Drusus erexerat, postquam ille domestico scelere oppressus est, eadem fax, quae illum cremavit, socios in arma et in expugnationem urbis accendit. . . . Primum fuit belli consilium ut in Albano monte festo die Latinarum Iulius Caesar et Marcius Philippus consules inter sacra et aras immolarentur. Postquam id nefas proditione discussum est, Asculo furor omnis erupit, in ipsa quidem ludorum frequentia trucidatis qui tunc aderant ab urbe legatis. Hoc fuit impii belli sacramentum. Inde iam passim ab omni parte Italiae duce et auctore belli discursante Poppaedio diversa per populos et urbes signa cecinere.

Liv. Ep. lxxii. Italici populi defecerunt, Picentes, Vestini, Marsi, Paeligni, Marrucini, Samnites, Lucani, initio belli a Picentibus moto. Q. Servilius proconsul in oppido Asculo cum omnibus civibus Romanis qui in eo oppido erant occisus est. Saga populus sumpsit.

App. Bell. Civ. i. 38 καὶ οἱ 'Ιταλοὶ τοῦ τε Δρούσου πάθους πυνθανόμενοι καὶ τῆς ἐς τὴν φυγὴν τούτων προφάσεως, οὐκ ἀνασχετὸν σφίσιν ἔτι ἡγούμενοι τοὺς ὑπὲρ σφῶν πολιτεύοντας τοιάδε πάσχειν οὐδ' ἄλλην τινὰ μηχανὴν ἐλπίδος ἐς τὴν πολιτείαν ἔτι ὁρῶντες, ἔγνωσαν ἀποστῆναι 'Ρωμαίων ἄντικρυς καὶ πολεμεῖν αὐτοῖς κατὰ κράτος. κρύφα τε διεπρεσβεύοντο συντιθέμενοι περὶ τῶνδε,

καὶ ὅμηρα διέπεμπον ἐς πίστιν ἀλλήλοις. ὧν ἐς πολὺ μὲν οὐκ
ἐπῄσθοντο Ῥωμαῖοι διὰ τὰς ἐν ἄστει κρίσεις τε καὶ στάσεις. ὡς
δ᾽ ἐπύθοντο, περιέπεμπον ἐς τὰς πόλεις ἀπὸ σφῶν τοὺς ἑκάστοις
μάλιστα ἐπιτηδείους, ἀφανῶς τὰ γιγνόμενα ἐξετάζειν. καί τις ἐκ
τούτων μειράκιον ὅμηρον ἰδὼν ἐξ Ἄσκλου πόλεως ἐς ἑτέραν ἀγό-
μενον, ἐμήνυσε τῷ περὶ τὰ χωρία ἀνθυπάτῳ Σερουιλίῳ. . . . ὁ δὲ
Σερουίλιος θερμότερον ἐσδραμὼν ἐς τὸ Ἄσκλον καὶ πανηγυρίζουσι
τοῖς Ἀσκλαίοις χαλεπῶς ἀπειλῶν, ἀνῃρέθη ὡς ὑπ᾽ ἤδη πεφωρα-
μένων. ἐπανῃρέθη δ᾽ αὐτῷ καὶ Φοντήιος, ὃς ἐπρέσβευεν αὐτῷ. . . .
πεσόντων δὲ τῶνδε οὐδὲ τῶν ἄλλων Ῥωμαίων τις ἦν φειδώ, ἀλλὰ
τοὺς παρὰ σφίσι πάντας οἱ Ἀσκλαῖοι συνεκέντουν ἐπιτρέχοντες καὶ
τὰ ὄντα αὐτοῖς διήρπαζον.
Diod. xxxvii. 13 ἐκεῖνος (ὁ Σερουίλιος) . . . οὐχ ὡς ἐλευθέροις
καὶ συμμάχοις ὁμιλῶν ἀλλ᾽ ὡς δούλοις ἐνυβρίζων καὶ φόβων
μεγάλων ἀπειλαῖς παρώξυνε τοὺς συμμάχους ἐπὶ τὴν καθ᾽ ἑαυτοῦ
καὶ τῶν ἄλλων τιμωρίαν.

Obsequens 54 (114) Asculo per ludos Romani trucidati [cf.
55 (115) a Picentibus Romani barbaro more excruciati].

Embassy of the Allies to Rome

App. Bell. Civ. i. 39 πέμψασι δ᾽ αὐτοῖς ἐς Ῥώμην πρέσβεις,
αἰτιωμένους ὅτι πάντα Ῥωμαίοις ἐς τὴν ἀρχὴν συνεργασάμενοι
οὐκ ἀξιοῦνται τῆς τῶν βεβοηθημένων πολιτείας, ἡ βουλὴ μάλα
καρτερῶς ἀπεκρίνατο, εἰ μεταγινώσκουσι τῶν γεγονότων, πρεσβεύειν
ἐς αὐτήν, ἄλλως δὲ μή. οἱ μὲν δὴ πάντα ἀπογνόντες ἐς παρασκευὴν
καθίσταντο.

Massacre at Pinna

Diod. xxxvii. 20. 1 οἱ Πιννῆται δειναῖς συνείχοντο συμφοραῖς.
ἀμετάπειστον δ᾽ ἔχοντες τὴν πρὸς Ῥωμαίους συμμαχίαν ἠναγκά-
ζοντο κατεξανίστασθαι τῶν περὶ ψυχὴν παθῶν καὶ περιορᾶν τὰ
τέκνα στερισκόμενα τοῦ ζῆν ἐν ὀφθαλμοῖς τῶν γεγεννηκότων [cf. §§ 3
and 4; Val. Max. v. 4. Ext. 7].

Sertorius Quaestor in Cisalpine Gaul

Plut. Sert. 4 ταμίας ἀποδείκνυται τῆς περὶ Πάδον Γαλατίας ἐν
δέοντι.
Gell. ii. 27. 2 Sallustius de Sertorio duce in historiis ita
scripsit: '. . . magno usui bello Marsico paratu militum et
armorum fuit' [Sall. Hist. i. 88M].

*The East. Expulsion of Nicomedes from Bithynia, and
of Ariobarzanes from Cappadocia*

Iustin. xxxviii. 3. 4 Mortuo Nicomede etiam filius eius et
ipse Nicomedes regno a Mithridate pellitur.

App. *Mithr.* 10 ὁ δὲ . . . Νικομήδει . . . τῷ Νικομήδους τοῦ
Προυσίου, Βιθυνίας ὡς πατρῴας ὑπὸ 'Ρωμαίων ἀποδειχθέντι βασι-
λεύειν, Σωκράτη τὸν ἀδελφὸν αὐτοῦ Νικομήδους, ὅτῳ χρηστὸς ἐπώ-
νυμον ἦν, μετὰ στρατιᾶς ἐπέπεμψε· καὶ τὴν Βιθυνῶν ἀρχὴν ὁ
Σωκράτης ἐς αὐτὸν περιέσπασεν. τοῦ δ' αὐτοῦ χρόνου Μιθράας καὶ
Βαγώας Ἀριοβαρζάνη τόνδε τὸν ὑπὸ 'Ρωμαίων κατηγμένον ἐς τὴν
Καππαδοκίαν ἐκβαλόντες, Ἀριαράθην κατήγαγον ἐς αὐτήν. [Cf.
Licinian. 29–30F.]

B.C. 90 · A.U.C. 664

Consuls, L. IULIUS CAESAR, P. RUTILIUS LUPUS

INTERNAL HISTORY

Financial situation at Rome

Cic. *de Leg. Agr.* ii. 29. 80 An obliti estis, Italico bello amissis
ceteris vectigalibus, quantos agri Campani fructibus exercitus
alueritis?

The Quaestio Variana (cf. pp. 136–7)

Cic. *Brut.* 89. 304 Erat Hortensius in bello primo anno miles,
altero tribunus militum, Sulpicius legatus; aberat etiam M.
Antonius; exercebatur una lege iudicium Varia ceteris propter
bellum intermissis; cui frequens aderam, quanquam pro se
ipsi dicebant oratores non illi quidem principes, L. Memmius
et Q. Pompeius, sed oratores tamen teste diserto utique Philippo,
cuius in testimonio contentio et vim accusatoris habebat et
copiam. (305) . . . Diserti autem Q. Varius, C. Carbo, Cn.
Pomponius, et hi quidem habitabant in rostris. . . . Sed me
cupidissimum audiendi primus dolor percussit, Cotta cum est
expulsus. . . . Iam consequente anno (*sc.* 89 B.C.) Q. Varius
sua lege damnatus excesserat (see below, p. 151) [cf. App. *Bell.
Civ.* i. 37; Ascon. 73C].

Lex Iulia de Civitate passed at the close of the year

App. *Bell. Civ.* i. 49 Ἰταλιωτῶν δὲ τοὺς ἔτι ἐν τῇ συμμαχίᾳ παραμένοντας ἐψηφίσατο (ἡ βουλή) εἶναι πολίτας, οὗ δὴ μάλιστα μόνον οὐ (*codd.* μόνου) πάντες ἐπεθύμουν. καὶ τάδε ἐς Τυρρηνοὺς περιέπεμπεν, οἳ δὲ ἄσμενοι τῆς πολιτείας μετελάμβανον. καὶ τῇδε τῇ χάριτι ἡ βουλὴ τοὺς μὲν εὔνους εὐνουστέρους ἐποίησε, τοὺς δὲ ἐνδοιάζοντας ἐβεβαιώσατο, τοὺς δὲ πολεμοῦντας ἐλπίδι τινὶ τῶν ὁμοίων πραοτέρους ἐποίησεν.

Gell. iv. 4. 3 Civitas universo Latio lege Iulia data est.

Cic. *pro Balbo* 8. 21 Leges de civili iure sunt latae; quas Latini voluerunt, adsciverunt; ipsa denique Iulia, qua lege civitas est sociis et Latinis data, qui fundi populi facti non essent, civitatem non haberent.

I.L.S. 8888 (see p. 156 below).

Vellei. ii. 16 Paulatim deinde recipiendo in civitatem qui arma aut non ceperant aut deposuerant maturius vires refectae sunt.

Lex Calpurnia de Civitate (90 B.C.)

Sisenna fr. 17P (from Bk. III) Lucius Calpurnius Piso ex senati consulto duas novas tribus . . . [see also p. 152].

EXTERNAL HISTORY

Constitution of the Italian League; the Federal Leaders and Forces

Strabo v. 4. 2 δεόμενοι τυχεῖν ἐλευθερίας καὶ πολιτείας μὴ τυγχάνοντες ἀπέστησαν καὶ τὸν Μαρσικὸν καλούμενον ἐξῆψαν πόλε- μον, Κορφίνιον τὴν τῶν Πελίγνων μητρόπολιν κοινὴν ἅπασι τοῖς Ἰταλιώταις ἀποδείξαντες πόλιν ἀντὶ τῆς Ῥώμης, ὁρμητήριον τοῦ πολέμου, μετονομασθεῖσαν Ἰταλικήν, καὶ ἐνταῦθα δὴ τοὺς συνεπομέ- νους ἀθροίσαντες καὶ χειροτονήσαντες ὑπάτους καὶ στρατηγούς· δύο δ' ἔτη συνέμειναν ἐν τῷ πολέμῳ μέχρι διεπράξαντο τὴν κοινωνίαν περὶ ἧς ἐπολέμουν. Μαρσικὸν δὲ ὠνόμασαν τὸν πόλεμον ἀπὸ τῶν ἀρξάντων τῆς ἀποστάσεως καὶ μάλιστα ἀπὸ Πομπαιδίου.

Vellei. ii. 16 Italicorum autem fuerunt celeberrimi duces Silo Popaedius, Herius Asinius, Insteius Cato, C. Pontidius, Telesinus Pontius, Marius Egnatius, Papius Mutilus. . . . Caput imperii sui Corfinium legerant atque appellarant Italicam.

Diod. xxxvii. 2 ἐπισημοτάτη καὶ μεγίστη καὶ κοινὴ πόλις ἄρτι συντετελεσμένη τοῖς Ἰταλιώταις τὸ Κορφίνιον ἦν, ἐν ᾗ τά τε ἄλλα ὅσα μεγάλην πόλιν καὶ ἀρχὴν κρατύνουσι συνεστήσαντο καὶ ἀγορὰν εὐμεγέθη καὶ βουλευτήριον, καὶ τὰ ἄλλα τὰ πρὸς πόλεμον ἀφθόνως ἅπαντα, καὶ χρημάτων πλῆθος καὶ τροφῆς δαψιλῆ χορηγίαν. συνεστήσαντο δὲ καὶ σύγκλητον κοινὴν πεντακοσίων ἀνδρῶν, ἐξ ὧν οἵ τε τῆς πατρίδος ἄρχειν ἄξιοι προαχθήσεσθαι ἔμελλον καὶ οἱ προβουλεύσασθαι δυνάμενοι περὶ τῆς κοινῆς σωτηρίας. καὶ τούτοις ἐπέτρεψαν τὰ κατὰ τὸν πόλεμον διοικεῖν, αὐτοκράτορας ποιήσαντες τοὺς συνέδρους. οὗτοι δ᾽ ἐνομοθέτησαν δύο μὲν ὑπάτους κατ᾽ ἐνιαυτὸν αἱρεῖσθαι, δώδεκα δὲ στρατηγούς. καὶ κατεστάθησαν ὕπατοι μὲν Κόϊντος Πομπαίδιος Σίλων, Μάρσος μὲν τὸ γένος . . . καὶ δεύτερος ἐκ τοῦ Σαυνιτῶν γένους Γάϊος Ἀπώνιος Μότυλος . . . τὴν δ᾽ ὅλην Ἰταλίαν εἰς δύο μέρη διελόντες, ὑπατικὰς ἐπαρχίας ταύτας καὶ μερίδας ἀπέδειξαν. . . . οὕτω πάντα δεξιῶς καὶ κατὰ μίμησιν, τὸ σύνολον φάναι, τῆς Ῥωμαϊκῆς καὶ ἐκ παλαιοῦ τάξεως τὴν ἑαυτῶν ἀρχὴν διαθέμενοι κατὰ τὸ σφοδρότερον λοιπὸν εἴχοντο καὶ τοῦ ἐφεξῆς πολέμου, τὴν κοινὴν πόλιν Ἰταλίαν ἐπονομάσαντες.

App. Bell. Civ. i. 40 Ἰταλοῖς δ᾽ ἦσαν μὲν στρατηγοὶ καὶ κατὰ πόλεις ἕτεροι, κοινοὶ δ᾽ ἐπὶ τῷ κοινῷ στρατῷ καὶ τοῦ παντὸς αὐτοκράτορες Τίτος Λαφρήνιος καὶ Γάϊος Ποντίλιος καὶ Μάριος Ἐγνάτιος καὶ Κόϊντος Ποπαίδιος καὶ Γάϊος Πάπιος καὶ Μάρκος Λαμπώνιος καὶ Γάϊος Οὐιδακίλιος καὶ Ἔριος Ἀσίνιος καὶ Οὐέττιος Σκάτων, οἳ τὸν στρατὸν ὁμοίως μερισάμενοι τοῖς Ῥωμαίων στρατηγοῖς ἀντεκαθέζοντο.

Sisenna fr. 102P (Bk. IV) ap. Non. Marc. p. 565L s.v. 'opinio.' Popedius opinione frustrata.

App. Bell. Civ. i. 39 καὶ αὐτοῖς ἐπὶ τῷ κατὰ πόλιν στρατῷ κοινὸς ἦν ἱππέων τε καὶ πεζῶν ἕτερος ἐς δέκα μυριάδας.

[For the coinage of the Marsic confederacy see Appendix III. Coins A. 5.]

The Roman Commanders

App. Bell. Civ. i. 40 ἡγοῦντο δὲ Ῥωμαίων μὲν ὕπατοι Σέξτος (sic) τε Ἰούλιος Καῖσαρ καὶ Πόπλιος Ῥουτίλιος Λοῦπος. . . . τό τε ποικίλον τοῦ πολέμου καὶ πολυμερὲς ἐνθυμούμενοι ὑποστρατήγους τοῖς ὑπάτοις συνέπεμψαν τοὺς τότε ἀρίστους, ὑπὸ μὲν Ῥουτιλίῳ Γναῖόν τε Πομπήιον, τὸν πατέρα Πομπηίου τοῦ Μάγνου παρονομασθέντος, καὶ Κόϊντον Καιπίωνα καὶ Γάϊον Περπένναν καὶ Γάϊον Μάριον καὶ Οὐαλέριον Μεσσάλαν, ὑπὸ δὲ Σέξτῳ Καίσαρι Πόπλιον

Λέντλον ⟨καὶ Κόϊντον Κάτλον⟩ (cf. Cic. de Orat. ii. 12 and 44),
ἀδελφὸν αὐτοῦ Καίσαρος, καὶ Τίτον Δίδιον καὶ Λικίνιον Κράσσον καὶ
Κορνήλιον Σύλλαν, καὶ Μάρκελλον ἐπὶ τοῖσδε.

Cic. pro Font. 19. 43 Recordamini, quos legatos nuper in
bello Italico L. Iulius, quos P. Rutilius, quos L. Cato, quos
Cn. Pompeius habuerit; scietis fuisse tum M. Cornutum, L.
Cinnam, L. Sullam praetorios homines, belli gerendi peritis-
simos; praeterea C. Marium, T. (codd. P.) Didium, Q. Catulum, P. Crassum, non litteris homines ad rei militaris scientiam
sed rebus gestis ac victoriis eruditos.

Id. Brut. 89. 304 Erat Hortensius in bello primo anno
miles, altero tribunus militum, Sulpicius legatus; aberat etiam
M. Antonius.

The Marsic War

(a) Rutilius Lupus and his legates against the northern peoples, Picentes, Marsi, Vestini, Marrucini, Paeligni

Dio Cass. fr. 98. 1 ὁ Λοῦπος τοὺς εὐπατρίδας τοὺς συστρατευο-
μένους οἱ ὡς καὶ τὰ βουλεύματα αὐτοῦ τοῖς ἐναντίοις ἐξαγγέλ-
λοντας ὑποπτεύσας, ἐπέστειλε περὶ αὐτῶν τῇ βουλῇ.

Liv. Ep. lxxiii. Cum P. Rutilius consul parum prospere
adversus Marsos pugnasset et in eo proelio cecidisset, C. Marius
legatus eius meliore eventu cum hostibus acie conflixit. Ser. Sulpicius Paelignos proelio fudit. Q. Caepio legatus Rutilii cum
obsessus prospere in hostes erupisset et ob eum successum
aequatum ei cum C. Mario esset imperium, temerarius factus
et circumventus insidiis fuso exercitu cecidit. . . . C. Marius
proelio Marsos fudit, Herio Asinio praetore Marrucinorum
occiso. (lxxiv) C. Marius cum Marsis dubio eventu pugnavit.

App. Bell. Civ. i. 41 Πρησενταῖος δὲ Πόπλιος Περπένναν μυρίων
ἀνδρῶν ἡγούμενον ἐτρέψατο, καὶ ἔκτεινεν ἐς τετρακισχιλίους, καὶ τῶν
λοιπῶν τοῦ πλέονος μέρους τὰ ὅπλα ἔλαβεν. ἐφ' ὅτῳ Περπένναν
Ῥουτίλιος ὕπατος παρέλυσε τῆς στρατηγίας, καὶ τὸ μέρος τοῦ
στρατοῦ Γαΐῳ Μαρίῳ προσέθηκεν.

Ib. 43 Ῥουτίλιος δὲ ὁ ὕπατος καὶ Γάιος Μάριος ἐπὶ τοῦ Λίριος
ποταμοῦ γεφύρας ἐς διάβασιν ἐξ οὐ πολλοῦ διαστήματος ἀπ' ἀλλήλων ἐπήγνυντο· καὶ Οὐέττιος Σκάτων αὐτοῖς ἀντεστρατοπέδευε παρὰ
τὴν Μαρίου μάλιστα γέφυραν, ἔλαθέ τε νυκτὸς περὶ τὴν Ῥουτιλίου
γέφυραν λόχους ἐν φάραγξιν ἐνεδρεύσας. ἅμα δ' ἕῳ τὸν Ῥουτίλιον

διελθεῖν ὑπεριδὼν ἀνέστησε τὰς ἐνέδρας, καὶ πολλοὺς μὲν ἔκτεινεν
ἐπὶ τοῦ ξηροῦ πολλοὺς δ' ἐς τὸν ποταμὸν κατῶσεν. ὅ τε Ῥουτίλιος
αὐτὸς ἐν τῷδε τῷ πόνῳ βέλει τρωθεὶς ἐς τὴν κεφαλὴν μετ' ὀλίγον
ἀπέθανεν. καὶ Μάριος ἐπὶ τῆς ἐτέρας ὢν γεφύρας, τὸ συμβὰν ἐκ
τῶν φερομένων κατὰ τὸ ῥεῦμα σωμάτων εἰκάσας τοὺς ἐν ποσὶν
ὤσατο, καὶ τὸ ῥεῦμα περάσας τὸν χάρακα τοῦ Σκάτωνος ὑπ' ὀλίγων
φυλαττόμενον εἷλεν, ὥστε τὸν Σκάτωνα νυκτερεῦσαί τε ἔνθαπερ
ἐνίκησε, καὶ ἀποροῦντα ἀγορᾶς ἀναζεῦξαι περὶ τὴν ἔω.

Oros. v. 18. 11 Rutilius consul Marium propinquum suum
legatum sibi legit: quem adsidue summonentem moram bello
utilem fore et paulisper in castris exerceri militem oportere
tironem, dolo id eum agere ratus contempsit seseque in insidias
Marsorum et universum agmen exercitus sui incautus iniecit,
ubi et ipse consul occisus et multi nobiles interfecti et octo
milia Romanorum militum caesa sunt. Arma et corpora inter-
fectorum in conspectu Marii legati Tolenus fluvius pertulit
atque in testimonium cladis evexit. Marius raptis continuo
copiis victores insperatus oppressit, octo milia et ipse Marsorum
interfecit [cf. Dio fr. 98. 2].

Ovid, *Fasti* vi. 565

Hanc (Leucothea) tibi, 'Quo properas,' memorant dixisse,
    Rutili,
'Luce mea Marso consul ab hoste cades.'
Exitus accessit verbis, flumenque Toleni
Purpureum mixtis sanguine fluxit aquis.

App. *Bell. Civ.* i. 44 Καιπίωνι Κόϊντος Ποπαίδιος ὁ ἀντιστράτηγος οἷά τις αὐτόμολος προσέφυγεν. . . . καὶ ἐδεῖτο κατὰ σπουδὴν
αὐτῷ τὸν Καιπίωνα ἔπεσθαι μετὰ τῆς στρατιᾶς ὡς καταληψόμενον
αὐτοῦ τὸ στρατόπεδον ἔρημον ἔτι ἄρχοντος. Καιπίων μὲν δὴ πειθό-
μενος εἵπετο, Ποπαίδιος δὲ πλησίον τῆς ἐσκευασμένης ἐνέδρας
γενόμενος ἀνέδραμεν ἔς τινα λόφον ὡς κατοψόμενος τοὺς πολεμίους, καὶ σημεῖον αὐτοῖς ἐπῆρεν. οἳ δὲ ἐκφανέντες αὐτόν τε
Καιπίωνα καὶ πολλοὺς σὺν αὐτῷ κατέκοψαν· καὶ τὸ λοιπὸν τῆς
στρατιᾶς Καιπίωνος ἡ σύγκλητος Μαρίῳ προσέζευξεν.

Oros. v. 18. 14 Caepio autem a Vestinis et Marsis deductus
in insidias cum exercitu trucidatus est.

App. *Bell. Civ.* i. 46 Μάρσους δὲ Κορνήλιος Σύλλας καὶ Γάϊος
Μάριος ἐπιθεμένους σφίσι συντόνως ἐδίωκον, μέχρι θριγκοῖς ἀμπέλων ἐμπεσεῖν αὐτούς. καὶ Μάρσοι μὲν τοὺς θριγκοὺς κακοπαθῶς
ὑπερέβαινον, Μαρίῳ δὲ καὶ Σύλλᾳ διώκειν ὑπὲρ τούτους οὐκ ἔδοξεν.

Κορνήλιος δὲ Σύλλας ἐπὶ θάτερα τῶνδε τῶν ἀμπέλων στρατοπεδεύων αἰσθόμενος τοῦ γεγονότος ὑπήντα τοῖς ἐκφεύγουσι τῶν Μάρσων, καὶ πολλοὺς καὶ ὅδε ἀπέκτεινεν [cf. Plut. *Mar.* 33; Oros. v. 18].

App. *Bell. Civ.* i. 47 περὶ δὲ τὸ Φάλερνον ὄρος Γναῖον Πομπήϊον Οὐιδακίλιος καὶ Τίτος Λαφρήνιος καὶ Πόπλιος Οὐέττιος ἐς ταὐτὸν ἀλλήλοις συνελθόντες ἐτρέποντο, καὶ κατεδίωκον ἐς πόλιν Φίρμον . . . Λαφρήνιος δὲ παρεκάθητο Πομπηΐῳ ἐς τὸ Φίρμον κατακεκλεισμένῳ.

Oros. v. 18. 10 Cn. Pompeius praetor cum Picentibus iussu senatus bellum gessit et victus est.

App. *Bell. Civ.* i. 47 ὁ δὲ (Πομπήϊος) αὐτίκα μὲν ὁπλίζων τοὺς ὑπολοίπους ἐς χεῖρας οὐκ ᾔει, προσελθόντος δὲ ἑτέρου στρατοῦ Σουλπίκιον περιέπεμπεν ὀπίσω τοῦ Λαφρηνίου γενέσθαι, καὶ αὐτὸς κατὰ μέτωπον ἐπῄει. γενομένης δ' ἐν χερσὶ τῆς μάχης καὶ πονουμένοιν ἀμφοῖν, ὁ Σουλπίκιος ἐνεπίμπρη τὸ τῶν πολεμίων στρατόπεδον, καὶ τοῦθ' οἱ πολέμιοι κατιδόντες ἐς Ἄσκλον ἔφευγον ἀκόσμως ἅμα καὶ ἀστρατηγήτως· Λαφρήνιος γὰρ ἐπεπτώκει μαχόμενος. Πομπήϊος δὲ καὶ τὸ Ἄσκλον ἐπελθὼν ἐπολιόρκει.

Liv. *Ep.* lxxiv. Cn. Pompeius Picentes proelio fudit ** obsedit; propter quam victoriam Romae praetextae et alia magistratuum insignia sumpta sunt. . . .

Oros. v. 18. 17 Cn. Pompeius Picentes gravi proelio fudit, qua victoria senatus laticlavia et cetera dignitatis insignia recepit, cum togas tantummodo victoria Caesaris primum respirante sumpsisset.

App. *Bell. Civ.* i. 49 καὶ τάδε μὲν ἀμφὶ τὴν Ἰταλίαν ἦν τὴν περὶ τὸν Ἰόνιον· αἰσθόμενοι δ' αὐτῶν οἱ ἐπὶ θάτερα τῆς Ῥώμης Τυρρηνοὶ καὶ Ὀμβρικοὶ καὶ ἄλλα τινὰ αὐτοῖς ἔθνη γειτονεύοντα, πάντες ἐς ἀπόστασιν ἠρεθίζοντο.

Liv. *Ep.* lxxiv. A. Plotius legatus Umbros, L. Porcius praetor Etruscos, cum uterque populus defecisset, proelio vicerunt.

Oros. v. 18. 17 Porcius Cato praetor Etruscos, Plotius legatus Umbros plurimo sanguine impenso et difficillimo labore vicerunt.

Florus ii. 6 (iii. 18) Ecce Ocriculum, ecce Grumentum, ecce Faesulae, ecce Carseoli, Aesernia, Nuceria, Picentia caedibus ferro et igne vastantur.

App. *Bell. Civ.* i. 50 οἱ δὲ περὶ τὸν Ἰόνιον οὔπω τὴν Τυρρηνῶν μετάνοιαν (after the lex Iulia) ἐγνωκότες, μυρίους καὶ πεντακισχιλίους ὁδὸν ἀτριβῆ καὶ μακρὰν ἐς τὴν Τυρρηνίαν ἐπὶ συμμαχίᾳ περιέπεμπον. καὶ αὐτοῖς ἐπιπεσὼν Γναῖος Πομπήϊος, ὕπατος ὢν ἤδη (sc. 89 B.C.), διέφθειρεν ἐς πεντακισχιλίους. καὶ τῶν λοιπῶν

ἐς τὰ σφέτερα δι' ἀπόρου χώρας καὶ χειμῶνος ἐπιπόνου διατρεχόν-
των, οἱ ἡμίσεις βαλανηφαγοῦντες διεφθάρησαν.

Ib. 48 Σέξτος δὲ Καῖσαρ (cos. 91 B.C.), ἑξήκοντος αὐτῷ τοῦ
χρόνου τῆς ἀρχῆς ἀνθύπατος ὑπὸ τῆς βουλῆς αἱρεθείς, ἐπέδραμεν
ἀνδράσι δισμυρίοις μεταστρατοπεδεύουσί ποι, καὶ ἔκτεινεν αὐτῶν
ἐς ὀκτακισχιλίους, ὅπλα τε πολὺ πλειόνων ἔλαβεν. χρονίου δ' αὐτῷ
τῆς περὶ τὸ Ἄσκλον οὔσης πολιορκίας, ἀποθνήσκων ἐκ νόσου
ἀντιστράτηγον ἀπέφηνε Γάϊον Βαίβιον.

Ib. 49 ἡ βουλὴ . . . τὴν μὲν θάλασσαν ἐφρούρει τὴν ἀπὸ Κύμης
ἐπὶ τὸ ἄστυ δι' ἀπελευθέρων, τότε πρῶτον ἐς στρατείαν δι' ἀπορίαν
ἀνδρῶν καταλεγέντων.

Liv. *Ep.* lxxiv. Libertini tunc primum militare coeperunt.

Glandes Asculanae (90–89 B.C.)

C.I.L. I². p. 560 n. 848 on one side ITALI; on the other
T.LAF(renius) PR(aetor).

Ib. n. 853 Italienses [cf. Diodor. xxxvii. 2 (p. 143 above,
ad fin.)].

Ib. n. 858 fer(i) Pom(peium); fer(i) Sul(picium)? [cf. App.
Bell. Civ. i. 47 (p. 146 above)].

(b) The South. Campaign of L. Julius Caesar and his legates against the Samnites and the Southern peoples under the command of C. Papius Mutilus

Defeat of the Consul at Aesernia. Capture of Aesernia

App. *Bell. Civ.* i. 41 Οὐέττιος μὲν Σκάτων Σέξτον Ἰούλιον
τρεψάμενός τε καὶ δισχιλίους κτείνας ἐπὶ Αἰσερνίαν ἤλασε ῥωμαΐ-
ζουσαν· καὶ αὐτὴν οἱ μὲν συντάττοντες, Λεύκιός τε Σκιπίων καὶ
Λεύκιος Ἀκίλιος, θεραπόντων ἐσθῆτας ὑποδύντες ἀπέδρασαν, χρόνῳ
δὲ καὶ λιμῷ παρεστήσαντο οἱ πολέμιοι.

Liv. *Ep.* lxxiii. L. Iulius Caesar consul male adversus Samnites pugnavit. . . . L. Iulius Caesar consul feliciter adversus
Samnites pugnavit. Ob eam victoriam Romae saga posita sunt.
Et ut varia belli fortuna esset, Aesernia colonia cum M. Mar-
cello in potestatem Samnitium venit.

Oros. v. 18. 11 Iulius Caesar Samnitium pugna victus caeso
fugit exercitu. . . . (14) Iulius Caesar postquam apud Aeserniam
victus aufugerat, contractis undique copiis adversum Samnites

et Lucanos dimicans multa hostium milia interfecit. Cumque
ab exercitu imperator appellatus esset Romamque nuntios de
victoria misisset, senatus saga, hoc est vestem maeroris, ... hac
spe adridente deposuit. ... Sylla cum viginti et quattuor cohortibus Aeserniam missus, ubi artissima obsidione Romani cives
et milites premebantur, maximo bello et plurima caede hostium
urbem sociosque servavit.

Frontin. *Strat.* i. 5. 17 L. Sulla, bello sociali apud Aeserniam
inter angustias deprehensus ab exercitu hostium, cui Duil-
lius praeerat, conloquio petito de condicionibus pacis agitabat
sine effectu: hostem tamen propter indutias neglegentia reso-
lutum animadvertens, nocte profectus relicto bucinatore, qui
vigilias ad fidem remanentium divideret et quarta vigilia com-
missa consequeretur, incolumes suos cum omnibus impedimentis
tormentisque in tuta perduxit.

Florus ii. 6 (iii. 18) Ipse Iulius Caesar exercitu omisso cum
in urbem cruentus referretur, miserabili funere media urbe
per viam defecit [cf. Diod. xxxvii. 18].

Defeat of Crassus near Grumentum

App. *Bell. Civ.* 1. 41 Μάρκος Λαμπώνιος τῶν ἀμφὶ Λικίνιον
Κράσσον ἀνεῖλεν ἐς ὀκτακοσίους, καὶ τοὺς λοιποὺς ἐς Γρούμεντον
πόλιν συνεδίωξεν.

Frontin. *Strat.* ii. 4. 15, 16 Volscorum castra cum prope a
virgultis silvaque posita essent, Camillus ea omnia quae con-
ceptum ignem usque in vallum perferre poterant incendit et
sic adversarios exuit castris. P. Crassus bello sociali eodem
modo prope cum copiis omnibus interceptus est.

Successes of the Allies

App. *Bell. Civ.* i. 42 Γάϊος δὲ Πάπιος Νῶλάν τε εἷλεν ἐκ προδοσίας ... καὶ Σταβίας εἷλε καὶ Μινέρουιον καὶ Σάλερνον, ... ὡς
δὲ καὶ Νουκερίας τὰ ἐν κύκλῳ πάντα κατέπρησεν, αἱ πλησίον αὐτῷ
πόλεις καταπλαγεῖσαι προσετίθεντο, στρατιάν τε αἰτοῦντι παρέσχον
ἐς μυρίους πεζοὺς καὶ ἱππέας χιλίους· μεθ' ὧν ὁ Πάπιος Ἀχέρραις
παρεκάθητο. Σέξτου δὲ Καίσαρος Γαλάτων πεζοὺς μυρίους καὶ
Νομάδας Μαυρουσίους ἱππέας καὶ πεζοὺς προσλαβόντος τε καὶ
χωροῦντος ἐπὶ τὰς Ἀχέρρας, ὁ Πάπιος Ὀξύνταν, υἱὸν Ἰογόρθου τοῦ
Νομάδων ποτὲ βασιλέως, ὑπὸ Ῥωμαίων ἐν Οὐενουσίᾳ φυλαττόμενον,

ἤγαγεν ἐκ τῆς Οὐενουσίας, καὶ περιθεὶς αὐτῷ πορφύραν βασιλικὴν
ἐπεδείκνυ θαμινὰ τοῖς Νομάσι τοῖς σὺν Καίσαρι. πολλῶν δ᾽ ὡς
πρὸς ἴδιον βασιλέα αὐτομολούντων ἀθρόως, τοὺς μὲν λοιποὺς τῶν
Νομάδων ὡς ὑπόπτους ὁ Καῖσαρ ἐς Λιβύην ἀπέπεμψε, Παπίου δὲ
πελάσαντος αὐτῷ σὺν καταφρονήσει, καὶ μέρος ἤδη τοῦ χάρακος
διασπῶντος, τοὺς ἱππέας ἐκπέμψας κατ᾽ ἄλλας πύλας ἔκτεινε τοῦ
Παπίου περὶ ἑξακισχιλίους· καὶ ἐπὶ τῷδε Καῖσαρ ... ἐξ Ἀχερρῶν
ἀνεζεύγνυεν.

Ib. 45 Σέξτος δὲ Καῖσαρ μετὰ τρισμυρίων πεζῶν καὶ ἱππέων
πεντακισχιλίων διεξιών τινα φάραγγα καὶ κρημνούς, ἄφνω προσπε-
σόντος αὐτῷ Μαρίου Ἐγνατίου, ἐς τὴν φάραγγα περιωσθεὶς ἔφυγεν
ἐπὶ κλίνης, διὰ νόσον, ἐπί τινα ποταμὸν οὗ μία γέφυρα ἦν· καὶ
ἐνταῦθα τὸ πλέον τῆς στρατιᾶς ἀπολέσας καὶ τῶν ὑπολοίπων τὰ
ὅπλα, μόλις ἐς Τεανὸν καταφυγὼν ὥπλιζεν οὓς ἔτι εἶχεν ὡς ἐδύνατο.
ἑτέρου δὲ πλήθους αὐτῷ κατὰ σπουδὴν ἐπελθόντος, ἐπὶ Ἀχέρρας
ἔτι πολιορκουμένας ὑπὸ τοῦ Παπίου μετῄει.

Ib. 41 Μάριος δὲ Ἐγνάτιος Οὐέναφρον ἑλὼν ἐκ προδοσίας ἔκτεινε
δύο Ῥωμαίων σπείρας ἐν αὐτῇ.

Successes of C. Vidacilius in Apulia

App. *Bell. Civ.* i. 42 Οὐιδακιλίῳ δ᾽ ἐν Ἰαπυγίᾳ προσετίθεντο
Κανύσιοι καὶ Οὐενούσιοι καὶ ἕτεραι πόλεις πολλαί. τινὰς δὲ καὶ
ἀπειθούσας ἐξεπολιόρκει, καὶ τῶν ἐν αὐταῖς Ῥωμαίων τοὺς μὲν
ἐπιφανεῖς ἔκτεινε τοὺς δὲ δημότας καὶ δούλους ἐστράτευεν.

Transalpine Gaul. Victory of C. Caecilius over the Salluvii

Liv. *Ep.* lxxiii. C. Caelius in Gallia Transalpina Salluvios
rebellantes vicit.

The East. Restoration of Nicomedes and Ariobarzanes

Liv. *Ep.* lxxiv. Nicomedes in Bithyniae, Ariobarzanes in
Cappadociae regnum reducti sunt.

App. *Mithr.* 11 Ῥωμαῖοι δὲ Νικομήδην ὁμοῦ καὶ Ἀριοβαρζάνην
ἐπανῆγον ἐς τὴν οἰκείαν ἑκάτερον, πρέσβεις τέ τινας αὐτοῖς ἐς τοῦτο
συνέπεμψαν, ὧν Μάνιος Ἀκύλιος ἡγεῖτο, καὶ συλλαβεῖν ἐς τὴν
κάθοδον ἐπέστειλαν Λευκίῳ τε Κασσίῳ, τῆς περὶ τὸ Πέργαμον
Ἀσίας ἡγουμένῳ, στρατιὰν ἔχοντι ὀλίγην καὶ τῷδε τῷ εὐπάτορι
Μιθριδάτῃ [for C. Cassius see *S.I.G.*³ 741].

Iustin. xxxviii. 3. 4 Mortuo Nicomede etiam filius eius, et ipse
Nicomedes, regno a Mithridate pellitur, qui cum supplex Romam
venisset, decernitur in senatu ut uterque in regnum restituantur;
in quod tum missi M'. Aquilius et Mallius† Maltinus legati.

B.C. 89 · A.U.C. 665

Consuls, CN. POMPEIUS STRABO, L. PORCIUS CATO
Censors, P. Licinius Crassus, L. Iulius Caesar

INTERNAL HISTORY

Financial Crisis; Murder of the Praetor Asellio

Liv. *Ep.* lxxiv. A. Sempronius Asellio praetor, quoniam
secundum debitores ius dicebat, ab iis qui foenerabant in foro
occisus est.

App. *Bell. Civ.* i. 54 τοῦ δ᾽ αὐτοῦ χρόνου κατὰ τὸ ἄστυ οἱ
χρῆσται πρὸς ἀλλήλους ἐστασίασαν, οἱ μὲν πράττοντες τὰ χρέα
σὺν τόκοις, νόμου τινὸς παλαιοῦ διαγορεύοντος μὴ δανείζειν ἐπὶ
τόκοις ἢ ζημίαν τὸν οὕτω δανείσαντα προσοφλεῖν. . . . ἔθους δὲ
χρονίου τοὺς τόκους βεβαιοῦντος, οἱ μὲν κατὰ τὸ ἔθος ᾔτουν, οἱ δὲ
οἷον ἐκ πολέμων τε καὶ στάσεων ἀνεβάλλοντο τὰς ἀποδόσεις· εἰσὶ
δ᾽ οἳ καὶ τὴν ζημίαν τοὺς δανείσαντας ἐκτίσειν ἐπηπείλουν. ὅ τε
στρατηγὸς Ἀσελλίων, ᾧ ταῦτα προσέκειτο, ἐπεὶ διαλύων αὐτοὺς οὐκ
ἔπειθεν, ἐδίδου κατ᾽ ἀλλήλων αὐτοῖς δικαστήρια, τὴν τοῦ νόμου
καὶ ἔθους ἀπορίαν ἐς τοὺς δικαστὰς περιφέρων. οἱ δανεισταὶ δὲ χαλε-
πήναντες ὅτι τὸν νόμον παλαιὸν ὄντα ἀνεκαίνιζε, κτείνουσιν αὐτὸν
ὧδε. ὁ μὲν ἔθυε τοῖς Διοσκούροις ἐν ἀγορᾷ, τοῦ πλήθους ὡς ἐπὶ
θυσίᾳ περιστάντος· ἑνὸς δὲ λίθου τὸ πρῶτον ἐπ᾽ αὐτὸν ἀφεθέντος,
ἔρριψε τὴν φιάλην καὶ ἐς τὸ τῆς Ἑστίας ἱερὸν ἵετο δρόμῳ. οἱ δὲ
αὐτὸν προλαβόντες τε ἀπέκλεισαν ἀπὸ τοῦ ἱεροῦ, καὶ καταφυγόντα
ἔς τι πανδοκεῖον ἔσφαξαν. πολλοί τε τῶν διωκόντων ἐς τὰς παρθένους αὐτὸν ἡγούμενοι καταφυγεῖν, ἐσέδραμον ἔνθα μὴ θέμις ἦν
ἀνδράσιν. οὕτω μὲν καὶ Ἀσελλίων στρατηγῶν τε καὶ σπένδων,
καὶ ἱερὰν καὶ ἐπίχρυσον ἐσθῆτα ὡς ἐν θυσίᾳ περικείμενος, ἀμφὶ
δευτέραν ὥραν ἐσφάζετο ἐν ἀγορᾷ μέσῃ παρὰ ἱεροῖς. καὶ ἡ σύγκλητος ἐκήρυσσεν, εἴ τίς τι περὶ τὸν Ἀσελλίωνος φόνον ἐλέγξειεν,
ἐλευθέρῳ μὲν ἀργύριον, δούλῳ δὲ ἐλευθερίαν, συνεγνωκότι δὲ ἄδειαν·
οὐ μὴν ἐμήνυσεν οὐδείς, τῶν δανειστῶν περικαλυψάντων [cf. Liv.
vii. 42].

Val. Max. ix. 7. 4 Creditorum quoque consternatio adversus
Semproni Asellionis praetoris urbani caput intolerabili modo
exarsit. Quem, quia causam debitorum susceperat, concitati
a L. Cassio tribuno plebis pro aede Concordiae, sacrificium
facientem ab ipsis altaribus fugere extra forum coactum inque
tabernula latitantem praetextatum discerpserunt.

Lex Plautia Iudiciaria

Cic. *pro Cornel.* ap. Ascon. p. 79C Memoria teneo, cum primum
senatores cum equitibus Romanis lege Plotia iudicarent, hominem dis ac nobilitati perinvisum, Cn. Pompeium, causam lege
Varia de maiestate dixisse [perhaps Cn. Pomponius, tr. pl.
90 B.C.].

Ascon. *in Cornelian.* p. 79C M. Plautius Silvanus tribunus
plebis Cn. Pompeio Strabone L. Porcio Catone consulibus,
secundo anno belli Italici, cum equester ordo in iudiciis domi-
naretur, legem tulit adiuvantibus nobilibus; quae lex vim eam
habuit quam Cicero significat: nam ex ea lege tribus singulae
ex suo numero quinos denos suffragio creabant qui eo anno
iudicarent. Ex eo factum est, ut senatores quoque in eo numero
essent, et quidam etiam ex ipsa plebe.

Condemnation of Q. Varius

Cic. *Brut.* 89. 305 Consequente anno Q. Varius sua lege
damnatus excesserat.

Id. *de Nat. Deor.* iii. 33. 81 Summo cruciatu supplicioque
Q. Varius, homo importunissimus, periit, si, quia Drusum ferro,
Metellum veneno sustulerat, illos conservari melius fuit quam
poenas sceleris Varium pendere.

Val. Max. viii. 6. 4 (quoted p. 136).

Lex Plautia Papiria

Cic. *pro Archia* 4. 7 Data est civitas Silvani lege et Carbonis:
si qui foederatis civitatibus ascripti fuissent, si tum cum lex
ferebatur in Italia domicilium habuissent et si sexaginta diebus
apud praetorem essent professi.

Schol. Bob. p. 175 St. Silvanus et Carbo cos. legem tulerunt, ut
omnes qui essent ex foederatis populis civitatem Romanam con-
sequerentur, si modo illo tempore quo lex lata esset domicilium

in Italia haberent et intra diem sexagensimum professi apud
praetorem fuissent. [On Silvanus and Carbo trr. pl. v. Broughton
M.R.R. ii. under 89 B.C.]

App. *Bell. Civ.* i. 53 Ἰταλία πᾶσα προσεχώρησεν ἐς τὴν Ῥωμαίων πολιτείαν, χωρὶς γε Λευκανῶν καὶ Σαυνιτῶν τότε. δοκοῦσι
γάρ μοι καὶ οἶδε τυχεῖν ὧν ἔχρῃζον ὕστερον. ἐς δὲ τὰς φυλὰς
ὅμοια τοῖς προτυχοῦσιν ἕκαστοι κατελέγοντο, τοῦ μὴ τοῖς ἀρχαίοις
ἀναμεμιγμένοι ἐπικρατεῖν ἐν ταῖς χειροτονίαις, πλέονες ὄντες.

Vellei. ii. 17 Finito ex maxima parte . . . Italico bello, quo
quidem Romani victis . . . universis civitatem dare maluerunt,
consulatum inierunt Q. Pompeius et L. Cornelius Sulla.

Grants of Citizenship

Sisenna fr. 119P (Bk. IV) Tamen Tudertibus senati consulto
et populi iusso dat civitatem.

Id. fr. 120P (Bk. IV) Milites, ut lex Calpurnia concesserat,
virtutis ergo civitate donari . . . [cf. Vellei. ii. 16 (p. 142); Diod.
xxxvii. 17]. [For the date of the Lex Calpurnia see above, p. 142
and Syme, *Historia* 1955. 58.]

Cic. *pro Balbo* 22. 50 Quid? Cn. Pompeius pater rebus Italico
bello maximis gestis P. Caesium . . . Ravennatem foederato ex
populo nonne civitate donavit? [cf. *I.L.S.* 8888 (p. 156 below)].

Enrolment of new citizens

Vellei. ii. 20 Cum ita civitas Italiae data esset, ut in octo
tribus contribuerentur novi cives, ne potentia eorum et multitudo veterum civium dignitatem frangeret plusque possent recepti in beneficium quam auctores beneficii, Cinna in omnibus
tribubus eos se distributurum pollicitus est (87 B.C.).

App. *Bell. Civ.* i. 49 Ῥωμαῖοι μὲν δὴ τούσδε τοὺς νεοπολίτας
οὐκ ἐς τὰς πέντε καὶ τριάκοντα φυλάς, αἳ τότε ἦσαν αὐτοῖς, κατέλεξαν, ἵνα μὴ τῶν ἀρχαίων πλέονες ὄντες ἐν ταῖς χειροτονίαις
ἐπικρατοῖεν, ἀλλὰ δεκατεύοντες ἀπέφηναν ἑτέρας ἐν αἷς ἐχειροτόνουν
ἔσχατοι. καὶ πολλάκις αὐτῶν ἡ ψῆφος ἀχρεῖος ἦν, ἅτε τῶν πέντε
καὶ τριάκοντα προτέρων τε καλουμένων καὶ οὐσῶν ὑπὲρ ἥμισυ.
ὅπερ ἢ λαθὸν αὐτίκα ἢ καὶ ὡς αὐτὸ ἀγαπησάντων τῶν Ἰταλιωτῶν
ὕστερον ἐπιγνωσθὲν ἑτέρας στάσεως ἦρξεν [cf. *ib.* 53 (quoted
above); Sisenna fr. 17P (quoted p. 142)].

Lex Pompeia de Transpadanis

Ascon. *in Pisonian.* p. 3C Neque illud dici potest, sic eam coloniam (Placentiam) esse deductam, quemadmodum post plures aetates Cn. Pompeius Strabo, pater Cn. Pompei Magni, Transpadanas colonias deduxerit. Pompeius enim non novis colonis eas constituit, sed veteribus incolis manentibus ius dedit Latii, ut possent habere ius quod ceterae Latinae coloniae, id est ut petendo magistratus civitatem Romanam adipiscerentur.

Plin. *Nat. Hist.* iii. 20. 138 Non sunt adiectae (tropaeo Augusti) Cottianae civitates xv, quae non fuerunt hostiles, item attributae municipiis lege Pompeia.

Status of Cisalpine Gaul after 89 B.C.

Cic. *in Verr.* II. i. 12. 34 (Verres) Quaestor Cn. Papirio consuli fuisti abhinc annos quattuordecim. . . . (13) Quaestor ex senatus consulto provinciam sortitus es; obtigit tibi consularis ut cum consule Cn. Carbone esses eamque provinciam obtineres. . . . Venit exspectatus in Galliam ad exercitum consularem [cf. App. *Bell. Civ.* i. 66, 86].

Cic. *pro Balb.* 22. 50 Cn. Pompeius pater rebus Italico bello maximis gestis P. Caesium . . . Ravennatem foederato ex populo nonne civitate donavit? [cf. eund. *Fam.* viii. 1. 4 (52 B.C.)]. [See U. Ewins, *P.B.S.R.* 1955. 73 f.]

Censors. Omission of Census

Cic. *pro Archia,* 5. 11 (censoribus) Iulio et Crasso nullam populi partem esse censam. [See p. 150 and p. 160.]

Plin. *Nat. Hist.* xiii. 3. 24 Certum est Antiocho rege Asiaque devictis urbis anno DCLXV P. Licinium Crassum L. Iulium Caesarem censores edixisse ne quis venderet unguenta exotica. Sic enim appellavere.

Festus, p. 366L Referri diem prodictam, id est anteferri, religiosum est, ut ait Veranius in eo qui est Auspiciorum de Comitiis, idque exemplo comprobat L. Iuli et P. Licini censorum, qui id fecerint sine ullo decreto augurum, et ob id lustrum parum felix fuerit.

Sulla elected Consul

Liv. *Ep.* lxxv. (L. Sulla) quantis . . . raro quisquam alius ante consulatum rebus gestis, ad petitionem consulatus Romam est profectus.

App. *Bell. Civ.* i. 51 χειμῶνος δ᾽ ἐπιόντος ὁ μὲν (Σύλλας) ἐς Ῥώμην ἀνέστρεφεν ἐς ὑπατείαν παραγγέλλων.

Plut. *Sulla*, 6 καὶ παρελθὼν εἰς τὴν πόλιν ὕπατος . . . ἀποδείκνυται μετὰ Κοΐντου Πομπηΐου, πεντήκοντα ἔτη γεγονώς.

Triumph of Cn. Pompeius (see below, p. 156)

EXTERNAL HISTORY

The Marsic War

Diod. xxxvii. 2 καὶ διεπολέμησαν Ῥωμαίοις τὰ πλεῖστα κατὰ τὸ ἐπικρατέστερον, ἕως Γναῖος Πομπήϊος ὕπατος αἱρεθεὶς καὶ στρατηγὸς τοῦ πολέμου, καὶ Σύλλας στρατηγὸς ὑπὸ τῷ ἑτέρῳ ὑπάτῳ Κάτωνι, ἐπιφανεστάταις μάχαις τοὺς Ἰταλιώτας οὐχ ἅπαξ ἀλλὰ πολλάκις νικήσαντες, τὰ πράγματα αὐτῶν εἰς τὸ συντρίβεσθαι περιέστησαν.

Florus ii. 6 (iii. 18) Magna populi Romani fortuna, et semper in malis maior, totis denuo viribus insurrexit: aggressique singulos populos Cato discutit Etruscos, Gabinius Marsos, Carbo Lucanos, Sylla Samnites.

(a) The North. Campaign of the Consuls, Cn. Pompeius and L. Porcius Cato. Capture of Asculum

Liv. *Ep.* lxxiv. Cn. Pompeius consul Marsos acie vicit.

Plut. *Mar.* 33 τέλος δ᾽ ἀφῆκε (Μάριος) τὴν στρατηγίαν ὡς ἐξαδυνατῶν τῷ σώματι διὰ τὴν ἀσθένειαν.

Dio Cass. fr. 100 Κάτων ἀστικὸν καὶ ἀφηλικέστερον τὸ [τε] πλεῖον τοῦ στρατοῦ ἔχων ἐς τὰ ἄλλα ἦττος ἔρρωτο καί ποτε (ἐπιτιμῆσαί σφισιν), ὅτι μήτε πονεῖν μήτε τὰ παραγγελλόμενα προθύμως ⟨ποιεῖν⟩ ἤθελον, ἐπιτολμήσας ὀλίγου κατεχώσθη βληθεὶς ὑπ᾽ αὐτῶν. καὶ ἐτεθνήκει γ᾽ ἄν, εἰ λίθων εὐπορήκεσαν· ἐπεὶ δὲ τὸ χωρίον, ἐν ᾧ συνειλέχατο, ἐγεωργεῖτο καὶ δίυγρον κατὰ τύχην ἦν, οὐδὲν ὑπὸ βώλων ἔπαθεν. συνελήφθη δὲ ὁ τῆς στάσεως ἄρξας Γάϊος Τίτιος, ἀνὴρ ἀγοραῖος καὶ ἐκ δικαστηρίων τὸν βίον ποιούμενος τῇ τε παρρησίᾳ μετὰ ἀναισχυντίας κατακορεῖ χρώμενος, καὶ ἐς τὸ ἄστυ ἐς τοὺς δημάρχους ἐπέμφθη, οὐκ ἐκολάσθη δέ.

Oros. v. 18. 24 Porcius Cato consul Marianas copias habens cum aliquanta strenue gessisset, gloriatus est C. Marium non maiora fecisse, et ob hoc, cum ad lacum Fucinum contra

Marsos bellum gereret, a filio C. Marii in tumultu belli quasi *
ab incerto auctore prostratus est.

Liv. *Ep.* lxxv. L. Porcius consul rebus prospere gestis fusisque
aliquotiens Marsis, dum castra eorum expugnat, cecidit. Ea res
hostibus victoriam eius proelii dedit.

App. *Bell. Civ.* i. 50 τοῦ δ' αὐτοῦ χειμῶνος Πόρκιος μὲν Κάτων,
ὁ σύναρχος τοῦ Πομπηίου, Μάρσοις πολεμῶν ἀνῃρέθη.

Florus ii. 6 (iii. 18) Strabo vero Pompeius omnia flammis
ferroque populatus non prius finem caedium fecit quam Asculi
eversione (89 B.C.) manibus tot exercituum consulum direpta-
rumque urbium dis litaretur utcumque.

App. *Bell. Civ.* i. 48 πατρὶς δ' ἦν Οὐιδακιλίου τὸ Ἄσκλον, καὶ
δεδιὼς ὑπὲρ αὐτῆς ἠπείγετο, σπείρας ἄγων ὀκτώ. προπέμψας τε τοῖς
Ἀσκλαίοις ἐκέλευσεν, ὅταν αὐτὸν ἴδωσι πόρρωθεν ἐπιόντα, ἐκδρα-
μεῖν ἐπὶ τοὺς περικαθημένους. . . . ἀλλ' Ἀσκλαῖοι μὲν ἀπώκνησαν,
ὁ δὲ Οὐιδακίλιος καὶ ὡς ἐς τὴν πόλιν διὰ μέσων τῶν πολεμίων
ἐσδραμὼν . . . οὐκ ἐλπίζων δ' ἔτι τὴν πόλιν περιέσεσθαι, τοὺς μὲν
ἐχθροὺς . . . ἔκτεινε πάντας, ἐν δὲ ἱερῷ πυρὰν νήσας, καὶ κλίνην
ἐπιθεὶς ἐπὶ τῇ πυρᾷ, παρευωχήθη σὺν τοῖς φίλοις, καὶ προϊόντος τοῦ
πότου φάρμακόν τε προσηνέγκατο, καὶ κατακλίνας αὐτὸν ἐπὶ τῆς
πυρᾶς ἐκέλευσε τοῖς φίλοις ἅψαι τὸ πῦρ. καὶ Οὐιδακίλιος μὲν ὧδε
φιλοτιμηθεὶς πρὸ τῆς πατρίδος ἀποθανεῖν κατελύθη (89 B.C.; see
Strachan-Davidson *ad loc.*).

Vellei. ii. 21 Cn. Pompeius, Magni pater, . . . Asculum
ceperat, circa quam urbem, cum in multis aliis regionibus
exercitus dispersi forent, V et LXX milia civium Romanorum,
amplius LX Italicorum una die conflixerant.

Cic. *Phil.* xii. 11. 27 Cn. Pompeius, Sexti filius, consul me
praesente, cum essem tiro in eius exercitu, cum P. Vettio
Scatone, duce Marsorum, inter bina castra collocutus est . . .
quem cum Scato salutasset, 'Quem te appellem?' inquit. At
ille 'Voluntate hospitem, necessitate hostem.' Erat in illo col-
loquio aequitas; nullus timor, nulla suberat suspicio, mediocre
etiam odium. Non enim ut eriperent nobis socii civitatem, sed
ut in eam reciperentur, petebant.

App. *Bell. Civ.* i. 52 Γναῖος δὲ Πομπήιος ὑπηγάγετο Μάρσους
καὶ Μαρρουκίνους καὶ Οὐηστίνους [cf. Liv. *Ep.* lxxvi (88 B.C.)].

Liv. *Ep.* lxxvi. Cn. Pompeius proconsul Vestinos et Paelignos
in deditionem accepit. Marsi quoque a L. Cinna et Caecilio Pio
legatis aliquot proeliis fracti petere pacem coeperunt [contrast
Florus ii. 6 (quoted above)]. Asculum a Cn. Pompeio captum est.

Glandes Asculanae (see p. 147 above).

Ascon. *in Pisonian.* p. 14C Pompeii pater bello Italico de Picentibus . . . triumphavit.

Plin. *Nat. Hist.* vii. 43. 135 Triumphare P. Ventidium de Parthis (fortuna) voluit quidem solum, sed eundem in triumpho Asculano Cn. Pompei duxit puerum.

Val. Max. vi. 9. 9 Asculo capto Cn. Pompeius Magni pater P. Ventidium aetate impuberem in triumpho suo populi oculis subiecit.

Fast. Triumph. Cn. Pompeius Sex. f. Cn. n. Strabo co(n)s(ul) a. DCLXIV de Asculaneis Picentibus vi k. Ian.

Grant of citizenship by Cn. Pompeius Strabo

I.L.S. 8888 (*C.I.L.* I². 2. 709, 2440 and p. 726) (from Rome). [C]n. Pompeius Sex. [f. imperator] virtutis caussa. | equites Hispanos ceives [Romanos fecit in castr]eis apud Asculum a.d. xiv k. Dec. | ex lege Iulia. In consilio [fuerunt] : | (1) L. Gellius L. f. Trom., (2) Cn. Octavius Q. f. . . . (and some fifty other names incl. . . . (5) L. Junius L. f. Gal. . . . (18) C. Rabeiri C. f. Gal. . . . (26) L. Vettius L. f. Vel. . . . (30) Cn. Pompei Cn. f. Clu., (31) Sex. Pompei Sex. f. Clu. . . . (34) Q. Hirtulei L. f. Ser. . . . (46) L. Sergi L. f. Tro.).

Turma Salluitana: | (there follow the names of thirty equites of the *turma*. All are given a *patria* except the first four of the. list).

(To the rt. of these names) : Cn. Pompeius Sex. f. imperator | virtutis caussa turmam | Salluitanam donavit in | castreis apud Asculum | cornuculo et patella, torque, | armilla, palereis; et frumen[t]um | duplex.

(b) The South. Roman successes under Sulla etc.

Plin. *Nat. Hist.* iii. 5. 70 In Campano autem agro Stabiae oppidum fuere usque ad Cn. Pompeium et L. Catonem consules, pridie Kalend. Mai., quo die L. Sulla legatus bello sociali id delevit, quod nunc in villam abiit.

Liv. *Ep.* lxxv. A. Postumius Albinus legatus cum classi praeesset infamis crimine proditionis ab exercitu suo interfectus est.

Oros. v. 18. 22 Cum ad obsidendos Pompeios Romanus isset exercitus, et Postumius Albinus, vir consularis, tunc L. Syllae

legatus, intolerabili superbia omnium in se militum odia susci-
tasset, lapidibus occisus est.

App. *Bell. Civ.* i. 50 Λεύκιος δὲ Κλοέντιος Σύλλᾳ περὶ τὰ
Πομπαῖα ὄρη στρατοπεδεύοντι μάλα καταφρονητικῶς ἀπὸ σταδίων
τριῶν παρεστρατοπέδευε. καὶ ὁ Σύλλας . . . ἐπέδραμε τῷ Κλοεντίῳ.
καὶ τότε μὲν ἡττώμενος ἔφευγε, προσλαβὼν δὲ τοὺς χορτολογοῦντας
τρέπεται τὸν Κλοέντιον. ὃ δ᾽ αὐτίκα μὲν πορρωτέρω μετεστρατο-
πέδευεν, ἀφικομένων δ᾽ αὐτῷ Γαλατῶν αὖθις ἐπλησίαζε τῷ Σύλλᾳ.
καὶ συνιόντων τῶν στρατῶν Γαλάτης ἀνὴρ μεγέθει μέγας προδραμὼν
προυκαλεῖτό τινα ῾Ρωμαίων ἐς μάχην. ὡς δ᾽ αὐτὸν ὑποστὰς Μαυ-
ρούσιος ἀνὴρ βραχὺς ἔκτεινεν, ἐκπλαγέντες οἱ Γαλάται αὐτίκα
ἔφευγον. παραλυθείσης δὲ τῆς τάξεως οὐδ᾽ ὁ ἄλλος ὅμιλος ἔτι τοῦ
Κλοεντίου παρέμενεν, ἀλλ᾽ ἔφευγεν ἐς Νῶλαν ἀκόσμως. καὶ ὁ
Σύλλας ἑπόμενος ἔκτεινεν ἐς τρισμυρίους ἐν τῷ δρόμῳ, καὶ
τῶν Νωλαίων αὐτοὺς μιᾷ πύλῃ δεχομένων, ἵνα μὴ οἱ πολέμιοι σφίσι
συνεσπέσοιεν, ἑτέρους ἔκτεινεν ἀμφὶ τοῖς τείχεσιν ἐς δισμυρίους·
καὶ σὺν τοῖσδε Κλοέντιος ἀγωνιζόμενος ἔπεσεν.

Vellei. ii. 16 (Minatius Magius Aeculanensis) tantam hoc
bello Romanis fidem praestitit, ut cum legione, quam ipse
in Hirpinis conscripserat, Herculaneum simul cum T. Didio
caperet, Pompeios cum L. Sulla oppugnaret Compsamque
occuparet.

Cic. *de Div.* i. 33. 72 Alia . . . subito ex tempore coniectura
explicantur . . . ut in Sullae scriptum historia videmus . . .
ut, cum ille in agro Nolano immolaret ante praetorium, ab
infima ara subito anguis emergeret, cum quidem C. Postumius
haruspex oraret illum, ut in expeditionem exercitum educeret;
id cum Sulla fecisset, tum ante oppidum Nolam florentissuma
Samnitium castra cepit.

Liv. *Ep.* lxxv. L. Cornelius Sylla legatus Samnites proelio
vicit et bina castra eorum expugnavit.

App. *Bell. Civ.* i. 51 Σύλλας δ᾽ ἐς ἔθνος ἕτερον ᾿Ιρπίνους μετε-
στρατοπέδευε, καὶ προσέβαλεν Αἰκουλάνῳ. οἱ δὲ Λευκανοὺς προσ-
δοκῶντες αὐτῆς ἡμέρας σφίσιν ἐπὶ συμμαχίαν ἀφίξεσθαι, τὸν
Σύλλαν καιρὸν ἐς σκέψιν ᾔτουν. ὁ δ᾽ αἰσθανόμενος τοῦ τεχνάσμα-
τος ὥραν αὐτοῖς ἔδωκε, κἂν τῇδε ξυλίνῳ ὄντι τῷ τείχει κλη-
ματίδας περιτιθεὶς μετὰ τὴν ὥραν ὑφῆπτεν· οἱ δὲ δείσαντες τὴν
πόλιν παρεδίδουν. καὶ τήνδε μὲν ὁ Σύλλας διήρπαζεν ὡς οὐκ εὐνοίᾳ
προσελθοῦσαν ἀλλ᾽ ὑπ᾽ ἀνάγκης, τῶν δ᾽ ἄλλων ἐφείδετο προστιθε-
μένων, μέχρι τὸ ᾿Ιρπίνων ἔθνος ἅπαν ὑπηγάγετο.

Liv. *Ep.* lxxv. L. Sylla Hirpinos domuit [cf. Vellei. ii. 16

(quoted p. 157) for capture of Compsa; [Victor] de Vir. Ill.
75].

App. Bell. Civ. i. 51 καὶ μετῆλθεν (Σύλλας) ἐπὶ Σαυνίτας, οὐχ
ᾗ Μοτίλος ὁ τῶν Σαυνιτῶν στρατηγὸς τὰς παρόδους ἐφύλαττεν,
ἀλλ' ἑτέραν ἀδόκητον ἐκ περιόδου. προσπεσὼν δ' ἄφνω πολλούς τε
ἔκτεινε, καὶ τῶν ὑπολοίπων σποράδην διαφυγόντων ὁ μὲν Μοτίλος
τραυματίας ἐς Αἰσερνίαν σὺν ὀλίγοις κατέφυγεν, ὁ δὲ Σύλλας αὐτοῦ
τὸ στρατόπεδον ἐξελὼν ἐς Βουάνον παρῆλθεν, ᾗ ⟨τὸ⟩ κοινοβούλιον
ἦν τῶν ἀποστάντων. τρεῖς δ' ἄκρας τῆς πόλεως ἐχούσης, καὶ τῶν
Βουάνων ἐς τὸν Σύλλαν ἐπεστραμμένων, περιπέμψας τινὰς ὁ Σύλλας
ἐκέλευε καταλαβεῖν ἥν τινα τῶν ἄλλων δυνηθεῖεν ἄκραν, καὶ καπνῷ
τοῦτο σημῆναι. γενομένου δὲ τοῦ καπνοῦ συμβαλὼν τοῖς ἐκ μετώπου
καὶ μαχόμενος ὥραις τρισὶ καρτερῶς εἷλε τὴν πόλιν.

Liv. Ep. lxxv. L. Sylla . . . Samnites pluribus proeliis fudit,
aliquot populos recepit.

App. Bell. Civ. i. 52 Γάϊος Κοσκώνιος, ἕτερος Ῥωμαίων στρατηγός, ἐπελθὼν Σαλαπίαν τε ἐνέπρησε καὶ Κάννας παρέλαβε, καὶ
Κανύσιον περικαθήμενος Σαυνίταις ἐπελθοῦσιν ἀντεμάχετο ἐγκρατῶς,
μέχρι φόνος πολὺς ἑκατέρων ἐγένετο καὶ ὁ Κοσκώνιος ἐλαττούμενος
ἐς Κάννας ὑπεχώρει. Τρεβάτιος δ' αὐτὸν ὁ τῶν Σαυνιτῶν στρατηγός, ποταμοῦ διείργοντος, ἐκέλευεν ἢ περᾶν ἐπ' αὐτὸν ἐς μάχην
ἢ ἀναχωρεῖν ἵνα περάσειεν. ὁ δ' ἀναχωρεῖ, καὶ διαβάντι τῷ Τρε-
βατίῳ προσπεσὼν μάχῃ τε κρείττων ἐγένετο, καὶ . . . μυρίους καὶ
πεντακισχιλίους διέφθειρεν. οἱ δὲ λοιποὶ μετὰ τοῦ Τρεβατίου
διέφυγον ἐς Κανύσιον. καὶ ὁ Κοσκώνιος τὴν Λαριναίων καὶ Οὐενου-
σίων καὶ Ἀσκλαίων ἐπιδραμὼν ἐς Ποιδίκλους ἐσέβαλε, καὶ δύσιν
ἡμέραις τὸ ἔθνος παρέλαβεν.

Liv. Ep. lxxv. Cosconius et Lucan⟨i⟩us Samnites acie vicerunt,
Marium Egnatium, nobilissimum hostium ducem, occiderunt,
compluraque eorum oppida in deditionem acceperunt.

Diod. xxxvii. 2 Γαΐου Κοσκονίου σταλέντος εἰς Ἰαπυγίαν στρατηγοῦ, πολλάκις ἡττήθησαν· εἶτα ἐλαττωθέντες, καὶ ἐκ πολλῶν
ὀλίγοι καταλειφθέντες, κοινῇ γνώμῃ τὴν κοινὴν ἐκλείπουσι πόλιν
τὸ Κορφίνιον, διὰ τὸ τοὺς Μάρσους καὶ πάντα τὰ γειτνιῶντα τῶν
ἐθνῶν προσκεχωρηκέναι τοῖς Ῥωμαίοις.

Liv. Ep. lxxvi. A. Gabinius legatus, rebus adversus Lucanos
prospere gestis et plurimis oppidis expugnatis, in obsidione
hostium castrorum cecidit. [The siege of Grumentum, mentioned by Seneca (de Ben. iii. 23) (quoting Claudius Quadrigarius
'in duodevicensimo annalium' (fr. 80P)), perhaps belongs to this
campaign.]

Renewed Organization of the Allies

Diod. xxxvii. 2 εἰς δὲ τὴν ἐν Σαυνίταις Αἰσερνίαν καθιδρύ-
θησαν, πέντε στρατηγοὺς αὐτοῖς ἐπιστήσαντες, ὧν ἑνὶ μάλιστα
Κοΐντῳ Πομπαιδίῳ Σίλωνι τὴν πάντων ἡγεμονίαν ἐπίστευσαν διὰ
τὴν περὶ αὐτὸν ἐν τῷ στρατηγεῖν ἀρετὴν καὶ δόξαν. οὗτος δὲ μετὰ
τῆς κοινῆς τῶν στρατηγῶν γνώμης κατεσκεύασε μεγάλην δύναμιν, ὡς
τοὺς σύμπαντας μετὰ τῶν προϋπαρχόντων περὶ τρισμυρίους γενέσθαι.
χωρὶς δὲ τούτων τοὺς δούλους ἐλευθερώσας καὶ ὡς ὁ καιρὸς ἐδίδου
καθοπλίσας, συνῆγεν οὐ πολὺ λείποντας τῶν δισμυρίων ἱππεῖς δὲ
χιλίους.

Disturbance in Thrace

Liv. Ep. lxxiv. Incursiones Thracum in Macedoniam popu-
lationesque continet [cf. ib. lxxvi.].

Oros. v. 18. 30 Isdem temporibus rex Sothimus cum magnis
Thracum auxiliis Graeciam ingressus cunctos Macedoniae fines
depopulatus est tandemque a C. Sentio praetore superatus
redire in regnum coactus est [cf. Obsequens 53 (113) M⟨a⟩edo-
rum in Macedonia gens provinciam cruente vastavit (92 B.C.)].

The East. Aggressions of Nicomedes

App. Mithr. 11 ἐγκειμένων δὲ τῶν πρέσβεων, ὁ Νικομήδης,
πολλὰ μὲν ὑπὲρ τῆς ἐπικουρίας τοῖς στρατηγοῖς καὶ τοῖς πρέσβεσιν
ὡμολογηκὼς χρήματα δώσειν καὶ ἔτι ὀφείλων, πολλὰ δὲ ἄλλα παρὰ
τῶν ἐπομένων Ῥωμαίων δεδανεισμένος, καὶ ὀχλούμενος, ἄκων ἐσ-
έβαλεν ἐς τὴν Μιθριδάτου γῆν· καὶ ἐλεηλάτησεν ἐπὶ πόλιν Ἄμα-
στριν, οὐδενὸς οὔτε κωλύοντος αὐτὸν οὔτε ἀπαντῶντος. ὁ γάρ τοι
Μιθριδάτης ἑτοίμην ἔχων δύναμιν ὅμως ὑπεχώρει, πολλὰ καὶ δίκαια
διδοὺς ἐγκλήματα τῷ πολέμῳ γενέσθαι.

Florus i. 40 (iii. 5) Causam quidem illius belli praetenderat
apud Cassium legatum adtrectari terminos suos a Nicomede
Bithyno.

Sall. Hist. iv. 69. 10M (Ep. Mithridatis) Nam quid ego me
appellem? Quem diiunctum undique regnis et tetrarchiis ab
imperio eorum, quia fama erat divitem neque servaturum esse,
per Nicomedem bello lacessiverunt.

Memnon 22 (Jacoby, F. Gr. H.) μετὰ ταῦτα δὲ ὁ πρὸς Ῥωμαίους
βαρὺς Μιθριδάτῃ τῷ Πόντου βασιλεῖ συνέστη πόλεμος, φαινομένην
λαβὼν αἰτίαν τὴν τῆς Καππαδοκίας κατάληψιν.

The Publicani in Asia

I.L.S. 8770 (from Ilium) ὁ δῆμος | Λεύκιον ᾿Ιούλιον | Λευκίου υἱὸν Καίσαρα | τιμητὴν γενόμενον | (89 B.C.) καὶ ἀποκαταστή|σαντα τὴν ἱερὰν | χώραν τῇ ᾿Αθηνᾷ | τῇ ᾿Ιλιάδι καὶ ἐξελόμενον | αὐτὴν ἐκ τῆς δημοσιωνίας. [See p. 150 and p. 153.]

[Cf. *Inschr. v. Priene* n. 111, ll. 14 ff. and 112 ff., for an instance of successful resistance to encroachments by the *publicani* a few years earlier. Note that the L. Caesar of *I.L.S.* 8770 could be the censor of 61 B.C.: see C. Nicolet, *Insula Sacra* 119-20.]

B.C. 88 · A.U.C. 666

Consuls, L. CORNELIUS SULLA, Q. POMPEIUS RUFUS

INTERNAL HISTORY

Tribunate of P. Sulpicius Rufus

Cic. *de Har. Resp.* 19. 41 Quid ego de P. Sulpicio loquar? cuius tanta in dicendo gravitas, tanta iucunditas, tanta brevitas fuit, ut posset, vel ut prudentes errarent vel ut boni minus bene sentirent, perficere dicendo.

Id. *Brut.* 55. 203 Fuit enim Sulpicius vel maxume omnium, quos quidem ego audiverim, grandis et, ut ita dicam, tragicus orator. Vox cum magna tum suavis et splendida, gestus et motus corporis ita venustus, ut tamen ad forum, non ad scaenam institutus videretur; incitata et volubilis nec ea redundans tamen nec circumfluens oratio [cf. eund. *de Or.* i. 8. 30; ii. 21. 88; iii. 8. 31].

Early political attitude of Sulpicius

Cic. *de Or.* i. 7. 25 Exierant autem cum ipso Crasso adulescentes et Drusi maxime familiares, et in quibus magnam tum spem maiores natu dignitatis suae conlocarent, C. Cotta, qui [tum] tribunatum plebis petebat, et P. Sulpicius qui deinceps eum magistratum petiturus putabatur.

Ib. iii. 3. 11 Sulpicius . . . quibuscum privatus coniunctissime vixerat, hos in tribunatu spoliare instituit omni dignitate.

Id. *de Har. Resp.* 20. 43 Sulpicium ab optima causa profectum Gaioque Iulio consulatum contra leges petenti resistentem longius quam voluit popularis aura provexit.

Id. *Brut.* 63. 226 Coniunctus igitur Sulpici aetati P. Antistius fuit, . . . qui . . . in tribunatu primum contra C. Iuli illam consulatus petitionem extraordinariam veram causam agens est probatus; et eo magis quod eandem causam cum ageret eius conlega ille ipse Sulpicius, hic plura et acutiora dicebat [cf. eund. *Phil.* xi. 5. 11].

Diod. xxxvii. 2. 12 Διὸ καὶ τοῦ Μαρσικοῦ πολέμου σχεδὸν ἤδη διαλυομένου, πάλιν δὲ προγεγενημέναι στάσεις ἐμφύλιοι κατὰ τὴν Ῥώμην κινήσεις ἐλάμβανον, ἀντιποιουμένων πολλῶν ἐνδόξων τὸ τυχεῖν τῆς κατὰ Μιθριδάτου στρατηγίας διὰ τὸ μέγεθος τῶν ἐπάθλων· Γάϊος τε γὰρ Ἰούλιος καὶ Γάϊος Μάριος ὁ ἑξάκις ὑπατεύσας ἀντεφιλονείκουν καὶ τὸ πλῆθος ἦν ἑκατέροις συμμεριζόμενον ταῖς γνώμαις.

Ascon. *in Scaurian.* p. 25C Duos Caesares fratres C. et L. significat: ex quibus Lucius et consul et censor fuit, Gaius aedilicius quidem occisus est, sed tantum in civitate potuit ut causa belli civilis contentio eius cum Sulpicio tr. fuerit. Nam et sperabat et id agebat Caesar ut omissa praetura consul fieret: cui cum primis temporibus iure Sulpicius resisteret, postea nimia contentione ad ferrum et ad arma processit.

Quintil. *Inst. Or.* vi. 3. 75 C. Caesar Pomponio ostendenti vulnus ore exceptum in seditione Sulpiciana, quod is se passum pro Caesare pugnantem gloriabatur, 'Nunquam fugiens respexeris', inquit.

Cic. *de Amic.* 1. 2 Meministi enim profecto, Attice, et eo magis quod P. Sulpicio utebare multum, cum is tribunus pl. capitali odio a Q. Pompeio qui tum erat consul dissideret, quocum coniunctissime et amantissime vixerat, quanta esset hominum vel admiratio vel querela.

Plut. *Mar.* 35 ταῦτα τὴν πόλιν ἐκ πολλῶν χρόνων ὕπουλον γεγενημένην καὶ νοσοῦσαν ἀνέρρηξεν, εὐφυέστατον εὑρόντος ὄργανον Μαρίου πρὸς τὸν κοινὸν ὄλεθρον τὸ Σουλπικίου θράσος, ὃς διὰ τἆλλα πάντα θαυμάζων καὶ ζηλῶν τὸν Σατουρνῖνον ἀτολμίαν ἐπεκάλει τοῖς πολιτεύμασιν αὐτοῦ καὶ μελλήσιν. αὐτὸς δὲ μὴ μέλλων ἑξακοσίους μὲν εἶχε περὶ αὐτὸν τῶν ἱππικῶν οἷον δορυφόρους, καὶ τούτους ἀντισύγκλητον ὠνόμαζεν.

App. *Bell. Civ.* i. 55 Σύλλας μὲν ὑπατεύων ἔλαχε στρατηγεῖν τῆς Ἀσίας καὶ τοῦδε τοῦ Μιθριδατείου πολέμου (καὶ ἦν ἔτι ἐν

'Ρώμῃ) Μάριος δὲ τὸν πόλεμον εὐχερῆ τε καὶ πολύχρυσον ἡγούμενος
εἶναι, καὶ ἐπιθυμῶν τῆς στρατηγίας, ὑπηγάγετό οἱ συμπράσσειν ἐς
τοῦτο Πούπλιον Σουλπίκιον δήμαρχον ὑποσχέσεσι πολλαῖς [cf. Plut.
Sulla, 8].

Leges Sulpiciae

(a) Command against Mithridates transferred to Marius

Liv. Ep. lxxvii. Cum P. Sulpicius tribunus plebis auctore
C. Mario perniciosas leges promulgasset, . . . ut C. Marius
adversus Mithridatem Ponti regem dux crearetur . . . .
Vellei. ii. 18 P. Sulpicius . . . legem . . . ad populum tulit,
qua Sullae imperium abrogaretur, C. Mario bellum decerneretur
Mithridaticum.
App. Bell. Civ. i. 56 (ὁ Σουλπίκιος) Μάριον εὐθὺς ἐχειροτόνει
τοῦ πρὸς Μιθριδάτην πολέμου στρατηγεῖν ἀντὶ Σύλλα.
Plut. Mar. 34 Σουλπίκιος δήμαρχος, ἀνὴρ θρασύτατος, παρα-
γαγὼν Μάριον ἀπεδείκνυεν ἀνθύπατον στρατηγὸν ἐπὶ Μιθριδάτην.
Id. Sulla, 8 ὁ Σουλπίκιος οὐκ ἀφείλετο τοῦ Σύλλα τὴν ὑπατείαν,
ἀλλὰ τὴν ἐπὶ Μιθριδάτην στρατείαν μόνον εἰς Μάριον μετήνεγκε·
καὶ πέμπει χιλιάρχους εὐθὺς εἰς Νῶλαν παραληψομένους τὸ στράτευμα καὶ πρὸς τὸν Μάριον ἄξοντας [cf. Val. Max. ix. 7. Mil.
Rom. 1; Eutrop. v. 4; Florus ii. 9 (iii. 21); [Victor] de Vir. Ill. 67].

(b) Recall of exiles

Liv. Ep. lxxvii. Cum P. Sulpicius tribunus plebis . . . leges
promulgasset ut exsules revocarentur . . . .
[Cic.] ad Herenn. ii. 28, 45 Sulpicius qui intercesserat ne
exsules quibus causam dicere non licuisset reducerentur, idem
posterius inmutata voluntate cum eandem legem ferret, alio
se ferre dicebat . . . nam non exsules sed vi eiectos se reducere.

(c) Distribution of new citizens and freedmen amongst all the tribes

Liv. Ep. lxxvii. Cum P. Sulpicius . . . leges promulgasset
ut . . . novi cives libertinique in tribus distribuerentur . . . .
App. Bell. Civ. i. 55 τοὺς ἐκ τῆς Ἰταλίας νεοπολίτας, μειονε-
κτοῦντας ἐπὶ ταῖς χειροτονίαις, ἐπήλπιζεν (Μάριος) ἐς τὰς φυλὰς

ἁπάσας διαιρήσειν, οὐ προλέγων μέν τι περὶ τῆς ἑαυτοῦ χρείας, ὡς δὲ ὑπηρέταις ἐς πάντα χρησόμενος εὔνοις. καὶ νόμον αὐτίκα ὁ Σουλπίκιος ἐσέφερε περὶ τοῦδε· οὗ κυρωθέντος ἔμελλε πᾶν ὅ τι βούλοιτο Μάριος ἢ Σουλπίκιος ἔσεσθαι, τῶν νεοπολιτῶν πολὺ παρὰ τοὺς ἀρχαίους πλειόνων ὄντων [cf. Ascon. in Cornelian. p. 64C].

Plut. *Sulla*, 8 (Σουλπίκιος) τὴν 'Ρωμαίων πολιτείαν ἐξελευθερικοῖς καὶ μετοίκοις πωλῶν ἀναφανδὸν ἠρίθμει τιμὴν διὰ τραπέζης ἐν ἀγορᾷ κειμένης.

(d) Prohibition of Debt on the part of Senators

Plut. *Sulla*, 8 νόμον δὲ κυρώσας μηδένα συγκλητικὸν ὑπὲρ δισχιλίας δραχμὰς ὀφείλειν, αὐτὸς ἀπέλιπε μετὰ τὴν τελευτὴν ὀφλήματος μυριάδας τριακοσίας.

Opposition of the Consuls; force employed by Sulpicius; flight of the consul Pompeius; retirement of Sulla

Liv. *Ep.* lxxvii. Adversantibus consulibus Q. Pompeio et L. Syllae (cum Sulpicius) vim intulisset, occiso ⟨Q. Pompeio⟩ Q. Pompei consulis filio, genero Syllae, L. Sylla consul cum exercitu in urbem venit.

Plut. *Mar.* 35 ἐπελθὼν δὲ μεθ' ὅπλων ἐκκλησιάζουσι τοῖς ὑπάτοις τοῦ μὲν ἑτέρου φυγόντος ἐξ ἀγορᾶς τὸν υἱὸν ἐγκαταλαβὼν ἀπέσφαξε, Σύλλας δὲ παρὰ τὴν οἰκίαν τοῦ Μαρίου διωκόμενος, οὐδενὸς ἂν προσδοκήσαντος, εἰσέπεσε· καὶ τοὺς μὲν διώκοντας ἔλαθε δρόμῳ παρενεχθέντας, ὑπ' αὐτοῦ δὲ Μαρίου λέγεται κατὰ θύρας ἑτέρας ἀσφαλῶς ἀποπεμφθεὶς διεκπεσεῖν εἰς τὸ στρατόπεδον. αὐτὸς δὲ Σύλλας ἐν τοῖς ὑπομνήμασιν οὔ φησι καταφυγεῖν πρὸς τὸν Μάριον.

Id. *Sulla*, 8 ἀπραξίας δὲ διὰ ταῦτα τῶν ὑπάτων ψηφισαμένων ἐπαγαγὼν αὐτοῖς ἐκκλησιάζουσι περὶ τὸν νεὼν τῶν Διοσκούρων ὄχλον ἄλλους τε πολλοὺς καὶ τὸ Πομπηΐου τοῦ ὑπάτου μειράκιον ἐπὶ τῆς ἀγορᾶς ἀνεῖλεν· αὐτὸς δὲ Πομπήϊος λαθὼν ἐξέφυγε. Σύλλας δ' εἰς τὴν οἰκίαν τοῦ Μαρίου συνδιωχθεὶς ἠναγκάσθη προελθὼν τὰς ἀπραξίας λῦσαι.

App. *Bell. Civ.* i. 56 καὶ ὁ Σύλλας ἐπελθὼν ἐβάστασε τὴν ἀργίαν, ἔς τε Καπύην ἐπὶ τὸν ἐκεῖ στρατόν, ὡς ἐκ Καπύης ἐς τὴν Ἀσίαν ἐπὶ τὸν Μιθριδάτου πόλεμον διαβαλῶν, ἠπείγετο [cf. Cic. *Phil.* viii. 2. 7; Vellei. ii. 18].

Plut. *Sulla*, 9 φθάσαντος δὲ τοῦ Σύλλα διαφυγεῖν εἰς τὸ

στρατόπεδον, καὶ τῶν στρατιωτῶν, ὡς ἐπύθοντο ταῦτα (the trans-
ference of the command), καταλευσάντων τοὺς χιλιάρχους . . . .
Diod. xxxvii. 2 ὁ μέντοι Σύλλας ὕπατος ὢν χωρισθεὶς τῆς
Ῥώμης πρὸς τὰς περὶ Νῶλαν ἠθροισμένας παρεγένετο δυνάμεις.
καὶ πολλοὺς τῶν πλησιοχώρων καταπληξάμενος ἠνάγκασε παρα-
δοῦναι σφᾶς αὐτοὺς καὶ τὰς πόλεις.

The Sulpician Laws carried

App. Bell. Civ. i. 56 ὁ δὲ Σουλπίκιος, ἀναιρεθείσης τῆς ἀργίας
καὶ Σύλλα τῆς πόλεως ἀποστάντος, ἐκύρου τὸν νόμον.
Plut. Sulla, 9 ἡ δὲ σύγκλητος ἦν μὲν οὐχ. αὑτῆς, ἀλλὰ τοῖς
Μαρίου καὶ Σουλπικίου διωκεῖτο προστάγμασι.
Id. Mar. 35 ὅ τε Σουλπίκιος ἤδη κρατῶν ἐχειροτόνησε τῷ
Μαρίῳ τὴν στρατηγίαν.

Return of Sulla; outlawry of his opponents; death of Sulpicius and repeal of his laws; flight of Marius

Liv. Ep. lxxvii. Sylla consul cum exercitu in urbem venit,
et adversus factionem Sulpicii et Marii in ipsa urbe pugnavit
eamque expulit; ex qua duodecim a senatu hostes, inter quos
C. Marius pater et filius iudicati sunt. P. Sulpicius cum in
quadam villa lateret, indicio servi sui retractus et occisus est.
Servus, ut praemium promissum indici haberet, manumissus
et ob scelus proditi domini de saxo deiectus est. C. Marius
filius in Africam traiecit. C. Marius pater cum in paludibus
Minturnensium lateret, extractus est ab oppidanis; et cum
missus ad occidendum eum servus natione Gallus maiestate
tanti viri perterritus recessisset, impositus publice navi delatus
est in Africam.
App. Bell. Civ. i. 60 τότε δὲ Σουλπίκιον δημαρχοῦντα ἔτι, καὶ
σὺν αὐτῷ Μάριον ἑξάκις ὑπατευκότα, καὶ τὸν Μαρίου παῖδα καὶ
Πούπλιον Κέθηγον καὶ Ἰούνιον Βροῦτον, καὶ Γναῖον καὶ Κόϊντον
Γράνιον, καὶ Πούπλιον Ἀλβινοουανὸν καὶ Μάρκον Λαιτώριον, ἑτέρους
τε ὅσοι μετ' αὐτῶν ἐς δώδεκα μάλιστα ἐκ Ῥώμης διεπεφεύγεσαν,
ὡς στάσιν ἐγείραντας καὶ πολεμήσαντας ὑπάτοις, καὶ δούλοις κηρύ-
ξαντας ἐλευθερίαν ἐς ἀπόστασιν, πολεμίους Ῥωμαίων ἐψήφιστο
εἶναι, καὶ ἐντυχόντα νηποινεὶ κτείνειν ἢ ἀνάγειν ἐπὶ τοὺς ὑπάτους·
τά τε ὄντα αὐτοῖς ἐδεδήμευτο. καὶ ζητηταὶ διέθεον ἐπὶ τοὺς ἄνδρας
[cf. Diod. xxxvii. 29].

Cic. *Brut.* 45. 168 Q. Rubrius Varro, qui a senatu hostis cum C. Mario iudicatus est . . . .

Plut. *Sulla*, 10 Σύλλας δὲ τὴν βουλὴν συναγαγὼν καταψηφί-ζεται θάνατον αὐτοῦ τε Μαρίου καὶ ὀλίγων ἄλλων, ἐν οἷς Σουλπίκιος ἦν ὁ δήμαρχος.

Val. Max. iii. 8. 5 Dispulsis prostratisque inimicorum partibus Sulla occupata urbe senatum armatus coegerat ac summa cupiditate ferebatur ut C. Marius quam celerrime hostis iudicaretur.

Vellei. ii. 19 Tum Sulla contracto exercitu ad urbem rediit eamque armis occupavit, duodecim auctores novarum pessimarumque rerum, inter quos Marium cum filio et P. Sulpicio, urbe exturbavit ac lege lata exules fecit [cf. Cic. *Phil.* viii. 2. 7; *de Har. Resp.* 25. 54; Vellei. ii. 19; for the march of Sulla on Rome and his victory cf. Plut. *Sulla*, 9; *Mar.* 35; App. *Bell. Civ.* i. 57–58. For the death of Sulpicius cf. Cic. *Brut.* 64. 227; [Cic.] *ad Herenn.* i. 15, 25; iv. 22, 31; Val. Max. vi. 5. 7. For the flight of Marius cf. Plut. *Mar.* 35–40; *Sert.* 4; Vellei. ii. 19; Val. Max. ii. 10. 6; Diod. xxxvii. 29; Oros. v. 19; [Victor] *de Vir. Ill.* 67; Cic. *de Fin.* ii. 32. 105; *pro Sest.* 22. 50; *in Pis.* 19. 43; *pro Planc.* 10. 26; Sisenna, fr. 125P; Florus ii. 9. 8].

Sullan Legislation; Leges Corneliae Pompeiae

Liv. *Ep.* lxxvii. L. Sylla civitatis statum ordinavit, exinde colonias deduxit.

App. *Bell. Civ.* i. 59 ἅμα δ' ἡμέρᾳ τὸν δῆμον ἐς ἐκκλησίαν συναγαγόντες ὠδύροντο περὶ τῆς πολιτείας ὡς ἐκ πολλοῦ τοῖς δημοκοποῦσιν ἐκδεδομένης, καὶ αὐτοὶ τάδε πράξαντες ὑπ' ἀνάγκης. ἐσηγοῦντό τε μηδὲν ἔτι ἀπροβούλευτον ἐς τὸν δῆμον ἐσφέρεσθαι, νενομισμένον μὲν οὕτω καὶ πάλαι, παραλελυμένον δ' ἐκ πολλοῦ, καὶ τὰς χειροτονίας μὴ κατὰ φυλὰς ἀλλὰ κατὰ λόχους, ὡς Τύλλιος βασιλεὺς ἔταξε, γίγνεσθαι, νομίσαντες διὰ δυοῖν τοῖνδε οὔτε νόμον οὐδένα πρὸ τῆς βουλῆς ἐς τὸ πλῆθος ἐσφερόμενον, οὔτε τὰς χειροτονίας ἐν τοῖς πένησι καὶ θρασυτάτοις ἀντὶ τῶν ἐν περιουσίᾳ καὶ εὐβουλίᾳ γιγνομένας δώσειν ἔτι στάσεων ἀφορμάς. πολλά τε ἄλλα τῆς τῶν δημάρχων ἀρχῆς, τυραννικῆς μάλιστα γεγενημένης, περιελόντες, κατέλεξαν ἐς τὸ βουλευτήριον, ὀλιγανθρωπότατον δὴ τότε μάλιστα ὂν καὶ παρὰ τοῦτ' εὐκαταφρόνητον ἀθρόους ἐκ τῶν ἀρίστων ἀνδρῶν τριακοσίους. ὅσα τε ὑπὸ Σουλπικίου ἐκεκύρωτο μετὰ τὴν κεκηρυγμένην ὑπὸ τῶν ὑπάτων ἀργίαν, ἅπαντα διελύετο ὡς οὐκ ἔννομα.

Unciaria Lex

Festus, p. 464L Unciaria lex appellari coepta est, quam
L. Sulla et Q. Pom⟨peius Rufus⟩ tulerunt, qua sanctum est ut
debi⟨tores decimam partem⟩. . . .

Sulla's conduct in Rome; election of Magistrates

App. *Bell. Civ.* i. 63 ἐν δὲ Ῥώμῃ Σύλλας μέν, ὅπλοις τὴν πόλιν
ὅδε πρῶτος καταλαβών τε καὶ δυνηθεὶς ἂν ἴσως ἤδη μοναρχεῖν, ἐπεὶ
τοὺς ἐχθροὺς ἠμύνατο, τὴν βίαν ἑκὼν ἀπέθετο, καὶ τὸν στρατὸν ἐς
Καπύην προπέμψας αὖθις ἦρχεν ὡς ὕπατος.

Plut. *Sulla*, 10 θεραπεύων τὸ τῶν πολλῶν μῖσος ὕπατον κατέστησεν ἀπὸ τῆς ἐναντίας στάσεως Λεύκιον Κίνναν, ἀραῖς καὶ ὅρκοις
καταλαβὼν εὐνοήσειν τοῖς ἑαυτοῦ πράγμασιν. ὁ δὲ ἀναβὰς εἰς τὸ
Καπιτώλιον ἔχων ἐν τῇ χειρὶ λίθον ὤμνυεν, εἶτα ἐπαρασάμενος
ἑαυτῷ μὴ φυλάττοντι τὴν πρὸς ἐκεῖνον εὔνοιαν ἐκπεσεῖν τῆς πόλεως
ὥσπερ ὁ λίθος [διὰ] τῆς χειρός, κατέβαλε χαμᾶζε τὸν λίθον οὐκ
ὀλίγων παρόντων [cf. Schol. Gronov. p. 286 St., below, p. 171].

Dio Cass. fr. 102. 2 τὸν Κίνναν Γναῖόν τέ τινα Ὀκτάουιον
διαδόχους ἀπέφηνεν . . . τοῦτον μὲν γὰρ ἐπί τε ἐπιεικείᾳ ἐπαινούμενον ἠπίστατο καὶ οὐδὲν παρακινήσειν ἐνόμιζεν· ἐκεῖνον δὲ . . .
οὐκ ἠθέλησε . . . ἐκπολεμῶσαι, δυνάμενόν τέ τι καὶ αὐτὸν ἤδη καὶ
ἑτοίμως . . . ἔχοντα πᾶν ⟨οἱ⟩ ὁτιοῦν ὑπουργῆσαι.

Triumph of P. Servilius Vatia

Fast. Triumph. (Degrassi *o.c.*) [88 B.C.] [P. Serv]ilius C. f. M. n.
Vatia pro pr(aetore) an. DCLXV [de – – –] xii k. Novem.

Attempt to recall Cn. Pompeius. Death of Q. Pompeius

Sall. *Hist.* ii. 21M Nam Sullam consulem de reditu eius
(Cn. Pompei) legem ferentem ex composito tr. pl. C. Herennius prohibuerat. [See Badian, *Hermes* 83 (1955), 107 f., for the
view that this refers to Pompeius Strabo, and not his son (80 B.C.).]

App. *Bell. Civ.* i. 63 Κόϊντον δὲ Πομπήϊον, τὸν ἕτερον ὕπατον,
ὁ δῆμος οἰκτείρων τοῦ δέους ἐψηφίσατο ἄρχειν Ἰταλίας καὶ ἑτέρου
τοῦ περὶ αὐτὴν στρατοῦ, τότε ὄντος ὑπὸ Γναίῳ Πομπηΐῳ. τοῦθ' ὁ
Γναῖος πυθόμενός τε καὶ δυσχεράνας ἥκοντα μὲν τὸν Κόϊντον ἐς τὸ

στρατόπεδον ἐσεδέξατο, καὶ τῆς ἐπιούσης τι χρηματίζοντος ὑπεχώ-
ρησε μικρὸν οἷα ἰδιώτης, μέχρι τὸν ὕπατον πολλοὶ καθ᾽ ὑπόκρισιν
ἀκροάσεως περιστάντες ἔκτειναν.
Liv. *Ep.* lxxvii. Q. Pompeius consul, ad accipiendum a Cn.
Pompeio proconsule exercitum profectus, consilio eius occisus
est [cf. Vellei. ii. 20].
Val. Max. ix. 7. *Mil. Rom.* 2 Q. enim Pompeium, Sullae
collegam, senatus iussu ad exercitum Cn.
Pompeii, quem aliquamdiu invita civitate obtinebat, contendere ausum, ambitiosi
ducis illecebris corrupti milites, sacrificare incipientem adorti,
in modum hostiae mactaverunt.

EXTERNAL HISTORY

Marsic War. Victories of Mam. Aemilius and Q. Metellus in the South

Liv. *Ep.* lxxvi. Asculum a Cn. Pompeio captum est (89 B.C.).
Caesis et a Mam. Aemilio legato Italicis, Silo Poppaedius dux
Marsorum auctor eius rei in proelio cecidit.
Diod. xxxvii. 2 συμβαλὼν δὲ ῾Ρωμαίοις (Πομπαίδιος) Μαμέρκου
στρατηγοῦντος αὐτῶν, ῾Ρωμαίους μὲν ἀναιρεῖ ὀλίγους· τῶν δὲ
οἰκείων ὑπὲρ ἑξακισχιλίους ἀποβάλλει. καὶ Μέτελλος κατὰ τὴν
Ἀπουλίαν τὴν Οὐενουσίαν πόλιν ἀξιόλογον οὖσαν καὶ στρατιώτας
πολλοὺς ἔχουσαν ἐξεπολιόρκησε κατὰ καιρὸν τὸν αὐτόν. . . . ἐπι-
κρατούντων δ᾽ ἐπὶ μᾶλλον καὶ μᾶλλον τῶν ῾Ρωμαίων, πέμπουσιν οἱ
Ἰταλοὶ πρὸς Μιθριδάτην τὸν βασιλέα Πόντου, ἀκμάζοντα τότε
πολεμικῇ χειρὶ καὶ παρασκευῇ, ἀξιοῦντες ἐπὶ τὴν Ἰταλίαν κατὰ
῾Ρωμαίων ἄγειν τὰς δυνάμεις· οὕτω γὰρ ῥᾳδίως ἂν συναφθέντων τὸ
῾Ρωμαϊκὸν καταβληθήσεσθαι κράτος. ὁ δὲ Μιθριδάτης ἀπόκρισιν
δίδωσιν ἄξειν τὰς δυνάμεις εἰς τὴν Ἰταλίαν ἐπειδὰν αὐτῷ καταστήσῃ
τὴν Ἀσίαν· τοῦτο γὰρ καὶ ἔπραττε. διὸ παντελῶς οἱ ἀποστάται
τεταπεινωμένοι ἀπεγίνωσκον· λοιποὶ γὰρ ὑπῆρχον Σαυνιτῶν ὀλίγοι
καὶ Σάβελλοι διατρίβοντες ἐν τῇ Νώλᾳ, καὶ πρός γε τούτοις οἱ περὶ
Λαμπώνιον καὶ Κλεπίτιον, ἔχοντες λείψανα τῶν Λευκανῶν [cf. App.
Mithr. 112]. [See Appendix III. Coins A. 5 (f) and (g).]
App. *Bell. Civ.* i. 53 Καικίλιος δ᾽ αὐτῷ (Κοσκωνίῳ) Μέτελλος
ἐπελθὼν ἐπὶ τὴν στρατηγίαν διάδοχος, ἐς Ἰάπυγας ἐμβαλὼν ἐκράτει
καὶ ὅδε μάχῃ τῶν Ἰαπύγων. καὶ Ποπαίδιος, ἄλλος τῶν ἀφεστώτων
στρατηγός, ἐνταῦθα ἔπεσεν· οἱ δὲ λοιποὶ σποράδην ἐς τὸν Καικίλιον
διέφυγον. καὶ τάδε μὲν ἦν περὶ τὴν Ἰταλίαν ἀμφὶ τὸν συμμαχικὸν

πόλεμον, ἀκμάσαντα δὴ μάλιστα μέχρι τῶνδε, ἕως Ἰταλία πᾶσα προσεχώρησεν ἐς τὴν Ῥωμαίων πολιτείαν, χωρίς γε Λευκανῶν καὶ Σαυνιτῶν τότε.

[Victor] de Vir. Ill. 63 Quintus Metellus Pius . . . praetor bello sociali Q. Popedium Marsorum ducem interfecit.

First Mithridatic War

Mithridates overruns the province of Asia, orders a general massacre of the Romans, and sends an army to Greece

(a) Asia

Liv. Ep. lxxvi. Ariobarzanes Cappadociae, Nicomedes Bithyniae regno a Mithridate Ponti rege pulsi sunt . . . (lxxvii) Mithridates Ponti rex, Bithynia et Cappadocia occupatis et pulso Aquilio legato, Phrygiam provinciam populi Romani cum ingenti exercitu intravit.

Memnon 22 (Jac.) ὕστερον δὲ Σύλλα καὶ Μαρίου περὶ τὴν Ῥωμαϊκὴν πολιτείαν ἀναρριπισάντων τὴν στάσιν, τέσσαρας μυριάδας πεζῶν καὶ μυρίους ἱππέας Ἀρχελάῳ τῷ στρατηγῷ παραδοὺς ὁ Μιθριδάτης κατὰ Βιθυνῶν ἐκέλευσε στρατεύειν· καὶ κρατεῖ τῆς μάχης συμβαλὼν Ἀρχέλαος, φεύγει δὲ καὶ Νικομήδης μετ᾽ ὀλίγων. ταῦτα μαθὼν Μιθριδάτης, παραγεγονότος αὐτῷ καὶ τοῦ συμμαχικοῦ, ἄρας ἀπὸ τοῦ πρὸς τῇ Ἀμασείᾳ πεδίου διὰ τῆς Παφλαγονίας ᾔει, πεντεκαίδεκα μυριάδας στρατὸν ἐπαγόμενος. Μάνιος δέ, τῶν ἀμφὶ Νικομήδην συστρατευομένων αὐτῷ μονῇ τῇ τοῦ Μιθριδάτου φήμῃ διασκεδασθέντων, μετὰ Ῥωμαίων ὀλίγων ἀντιπαρατάσσεται Μηνοφάνει (?) τῷ Μιθριδάτου στρατηγῷ, καὶ τραπεὶς φεύγει πᾶσαν τὴν δύναμιν ἀποβαλών. ἐμβαλὼν δὲ σὺν ἀδείᾳ Μιθριδάτης εἰς τὴν Βιθυνίαν τάς τε πόλεις καὶ τὴν χώραν ἀμαχὶ κατέσχε, καὶ τῶν ἄλλων δὲ πόλεων τῶν κατὰ τὴν Ἀσίαν αἱ μὲν ἡλίσκοντο αἱ δὲ προσεχώρουν τῷ βασιλεῖ, καὶ μεταβολὴ τῶν ὅλων ἀθρόα καθίστατο, Ῥοδίων μόνον πρὸς Ῥωμαίους στεργόντων φιλίαν· δι᾽ ἦν κατ᾽ αὐτῶν Μιθριδάτης καὶ κατὰ γῆν καὶ κατὰ θάλατταν ἐκίνει τὸν πόλεμον, εἰ καὶ τὸ πλέον Ῥόδιοι ἔσχον, ὡς καὶ αὐτὸν Μιθριδάτην ναυμαχοῦντα ἐγγὺς τοῦ ἁλῶναι ἐλθεῖν. μετὰ δὲ ταῦτα μαθὼν Μιθριδάτης ὡς οἱ κατὰ τὰς πόλεις σποράδες Ῥωμαῖοι τῶν παρ᾽ αὐτοῦ διανοουμένων ἐμποδὼν ἵστανται, γράφει πρὸς πάσας, ὑπὸ μίαν ἡμέραν τοὺς παρ᾽ αὐταῖς Ῥωμαίους φονεύειν. καὶ πολλοὶ πεισθέντες τοσοῦτον φόνον εἰργάσαντο ὡς μυριάδας ὀκτὼ ἐν μιᾷ καὶ τῇ αὐτῇ ἡμέρᾳ τὸν διὰ ξίφους ὄλεθρον ὑποστῆναι.

App. *Mithr.* 22 σατράπαις ἅπασι καὶ πόλεων ἄρχουσι δι᾽
ἀπορρήτων ἔγραφε, τριακοστὴν ἡμέραν φυλάξαντας ὁμοῦ πάντας
ἐπιθέσθαι τοῖς παρὰ σφίσι ῾Ρωμαίοις καὶ ᾽Ιταλοῖς, αὐτοῖς τε καὶ
γυναιξὶν αὐτῶν καὶ παισὶ καὶ ἀπελευθέροις ὅσοι γένους ᾽Ιταλικοῦ,
κτείναντάς τε ἀτάφους ἀπορρῖψαι καὶ τὰ ὄντα αὐτοῖς μερίσασθαι
πρὸς βασιλέα Μιθριδάτην. ἐπεκήρυξε δὲ καὶ ζημίαν τοῖς καταθά-
πτουσιν αὐτοὺς ἢ ἐπικρύπτουσι, καὶ μήνυτρα τοῖς ἐλέγχουσιν ἢ τοὺς
κρυπτομένους ἀναιροῦσι, θεράπουσι μὲν ἐπὶ δεσπότας ἐλευθερίαν,
χρήσταις δ᾽ ἐπὶ δανειστὰς ἥμισυ τοῦ χρέους. τάδε μὲν δὴ δι᾽ ἀπορρήτων ὁ Μιθριδάτης ἐπέστελλεν ἅπασιν ὁμοῦ, καὶ τῆς ἡμέρας ἐπελθούσης συμφορῶν ἰδέαι ποικίλαι κατὰ τὴν Ἀσίαν ἦσαν.

Diod. xxxvii. 26 ὁ Μιθριδάτης τοὺς τῶν ῾Ρωμαίων ἡγεμόνας
κατὰ τὴν Ἀσίαν νικήσας, καὶ πολλοὺς ζωγρήσας, ἅπαντας τιμήσας
καὶ ἐσθῆσι καὶ ἐφοδίοις ἀπέλυσεν εἰς τὰς πατρίδας. . . . ἐνέπεσεν
εἰς τὰς πόλεις ὁρμὴ προστίθεσθαι τῷ βασιλεῖ. . . . καὶ κατὰ τὴν
παρουσίαν τοῦ βασιλέως ἀπήντων αἱ πόλεις ἐκχεόμεναι πανδημεὶ
μετ᾽ ἐσθῆτος λαμπρᾶς καὶ πολλῆς χαρᾶς [cf. App. *Mithr.* 17–27;
Plut. *Sulla*, 11; Vellei. ii. 18; Strabo xii. 3. 40; Florus iii. 5;
Eutrop. v. 5; Iustin. xxxviii. 3; Oros. vi. 2. For the massacre
of the Romans cf. Cic. *de imp. Cn. Pomp.* 5. 11; 3. 7; Dio Cass.
fr. 101. 1; Tac. *Ann.* iv. 14; Plin. *Nat. Hist.* ii. 209. For the
escape of P. Rutilius Rufus from Mytilene at that time see
Cic. *pro Rab. Post.* 10. 27. For the death of M'. Aquillius see
App. *Mithr.* 21, 113; Cic. *Tusc. Disp.* v. 5. 14; but cf. Licinian.
p. 27F (below, p. 187). For the faithfulness of Rhodes see
App. *Mithr.* 24–26; and for that of Stratoniceia in Caria see
inscr. *O.G.I.* 441. Cf. also Dittenberger, *S.I.G.*³ 741 (Chaere-
mon of Nysa). For Mithridates' new coin era at Pergamum
see Appendix III. Coins B. 3].

(b) Greece

Liv. *Ep.* lxxviii. Archelaus praefectus regis in Graeciam cum
exercitu venit, Athenas occupavit. Praeterea trepidationem
urbium insularumque, aliis ad Mithridatem aliis ad populum
Romanum civitates suas trahentibus, continet.

Memnon 22 (Jac.) ᾽Ερετρίας δὲ καὶ Χαλκίδος καὶ ὅλης Εὐβοίας
τοῖς τοῦ Μιθριδάτου προσθεμένων, καὶ ἄλλων πόλεων αὐτῷ προσ-
χωρούντων, καὶ μὴν καὶ Λακεδαιμονίων ἡττηθέντων, Σύλλαν ἐκπέμ-
πουσιν οἱ ῾Ρωμαῖοι.

Florus i. 40 (iii. 5) Terror Asiae Europam quoque regi

aperiebat. Itaque missis Archelao Neoptolemoque praefectis, excepta Rhodo, quae pro nobis firmius stetit, ceterae Cyclades, Delos, Euboea, et ipsum Graeciae decus Athenae tenebantur. Italiam iam ipsamque urbem Romam regius terror adflabat.

Paus. i. 20. 5 ἦν Ἀριστίων Ἀθηναῖος, ᾧ Μιθριδάτης πρεσβεύειν ἐς τὰς πόλεις τὰς Ἑλληνίδας ἐχρῆτο. οὗτος ἀνέπεισεν Ἀθηναίους Μιθριδάτην θέσθαι Ῥωμαίων ἐπίπροσθεν· ἀνέπεισε δὲ οὐ πάντας, ἀλλ' ὅσον δῆμος ἦν καὶ δήμου τὸ ταραχῶδες· Ἀθηναῖοι δὲ ὧν τις λόγος παρὰ τοὺς Ῥωμαίους ἐκπίπτουσιν ἐθελονταί.

Plut. Sulla, 11 Ἀρχέλαος ταῖς μὲν ναυσὶν ὁμοῦ τι συμπάσης ἐπικρατῶν τῆς θαλάττης τάς τε Κυκλάδας νήσους ἐδουλοῦτο, καὶ τῶν ἄλλων ὅσαι Μαλέας ἐντὸς ἵδρυνται, καὶ τὴν Εὔβοιαν αὐτὴν εἶχεν, ἐκ δὲ Ἀθηνῶν ὁρμώμενος τὰ μέχρι Θετταλίας ἔθνη τῆς Ἑλλάδος ἀφίστη. . . . (12) Σύλλας δὲ τὰς μὲν ἄλλας πόλεις εὐθὺς εἶχεν ἐπιπρεσβευομένας καὶ καλούσας, ταῖς δὲ Ἀθήναις διὰ τὸν τύραννον Ἀριστίωνα βασιλίζειν ἠναγκασμέναις ἄθρους ἐπέστη καὶ τὸν Πειραιᾶ περιλαβὼν ἐπολιόρκει [cf. Posidon. (Jacoby, F. Gr. H.) fr. 36; Strabo ix. 1. 20; App. Mithr. 28; Plut. Sulla, 13; Praec. ger. r.p. 14; Dio Cass. fr. 101. 2; I.G.R.R. i. 175].

[For contemporary coinage at Athens, see Appendix III. Coins B. 4.]

Campaign of Q. Bruttius Sura

App. Mithr. 29 ἐπί τε Βοιωτίαν τραπεὶς (Bruttius Sura) . . . ἀμφὶ Χαιρώνειαν Ἀρχελάῳ καὶ Ἀριστίωνι τρισὶν ἡμέραις συνεπλέκετο, ἴσου καὶ ἀγχωμάλου παρ' ὅλον τὸν ἀγῶνα τοῦ ἔργου γιγνομένου. Λακώνων δὲ καὶ Ἀχαιῶν ἐς συμμαχίαν Ἀρχελάῳ καὶ Ἀριστίωνι προσιόντων, ὁ Βρέττιος ἅπασιν ὁμοῦ γενομένοις οὐχ ἡγούμενος ἀξιόμαχος ἔτι ἔσεσθαι ἀνεζεύγνυεν ἐς τὸν Πειραιᾶ, μέχρι καὶ τοῦδε Ἀρχέλαος ἐπιπλεύσας κατέσχεν [cf. Plut. Sulla, 11].

(c) Thrace

Plut. Sulla, 11 Ἀριαράθης . . . Θρᾴκην καὶ Μακεδονίαν ἐπῄει στρατῷ μεγάλῳ προσαγόμενος.

App. Mithr. 15 (Mithridates) φίλοις . . . ἐς πᾶν τὸ κελευόμενον ἑτοίμοις χρῆται Σκύθαις τε καὶ Ταύροις καὶ Βαστέρναις καὶ Θρᾳξὶ καὶ Σαρμάταις καὶ πᾶσι τοῖς ἀμφὶ Τάναϊν τε καὶ Ἴστρον καὶ τὴν λίμνην ἔτι τὴν Μαιώτιδα.

[171]

B.C. 87 · A.U.C. 667

Consuls, CN. OCTAVIUS, L. CORNELIUS CINNA, cos.'suff. L. CORNELIUS
MERULA

INTERNAL HISTORY

Revolutionary proposals of Cinna in Rome. Opposition of Octavius.
Cinna driven from Rome. Appointment of L. Cornelius Merula
as consul in place of Cinna

App. Bell. Civ. i. 64 οἱ δὲ τῶν φυγάδων φίλοι Κίννᾳ τῷ μετὰ
Σύλλαν ὑπατεύοντι θαρροῦντες τοὺς νεοπολίτας ἠρέθιζον ἐς τὸ ἐν-
θύμημα τοῦ Μαρίου, ταῖς φυλαῖς ⟨πάσαις⟩ ἀξιοῦν ἀναμιχθῆναι, ἵνα
μὴ τελευταῖοι ψηφιζόμενοι πάντων ὦσιν ἄκυροι. τοῦτο δὴ προοίμιον
τῆς αὐτοῦ τε Μαρίου καὶ τῶν ἀμφὶ τὸν ἄνδρα καθόδου. ἀνθιστα-
μένων δὲ τῶν ἀρχαίων κατὰ κράτος, Κίννας μὲν τοῖς νεοπολίταις συν-
έπραττε, νομιζόμενος ἐπὶ τῷδε τριακόσια δωροδοκῆσαι τάλαντα, τοῖς
δ' ἀρχαίοις ὁ ἕτερος ὕπατος Ὀκτάουιος. καὶ οἱ μὲν ἀμφὶ τὸν Κίνναν
προλαβόντες τὴν ἀγορὰν μετὰ κεκρυμμένων ξιφιδίων ἐβόων ἐς τὰς
φυλὰς πάσας ἀναμιγῆναι. τὸ δὲ καθαρώτερον πλῆθος ἐς τὸν Ὀκτάουιον ἐχώρει, καὶ οἵδε μετὰ ξιφιδίων.... Ὀκτάουιος... κατέβαινε
διὰ τῆς Ἱερᾶς ὁδοῦ μετὰ πυκνοῦ πάνυ πλήθους.... ὅσοι δ' αὐτῷ
συνῆσαν, χωρὶς ἐπαγγέλματος ἐμπεσόντες τοῖς νεοπολίταις ἔκτεινάν
τε πολλοὺς καὶ ἑτέρους φεύγοντας ἐπὶ τὰς πύλας ἐδίωκον. (65) Κίννας
δὲ... ἀνὰ τὴν πόλιν ἔθει τοὺς θεράποντας ἐπ' ἐλευθερίᾳ συγκαλῶν.
οὐδενὸς δ' αὐτῷ προσιόντος ἐξέδραμεν ἐς τὰς ἀγχοῦ πόλεις ... ἐρε-
θίζων ἅπαντας ἐς ἀπόστασιν καὶ χρήματα ἐς τὸν πόλεμον συλλέγων.
... ἡ μὲν δὴ βουλὴ τὸν Κίνναν ... ἐψηφίσατο μήτε ὕπατον μήτε
πολίτην ἔτι εἶναι, καὶ Λεύκιον Μερόλαν ἐχειροτόνησαν ἀντ' αὐτοῦ,
τὸν ἱερέα τοῦ Διός. ... Κίννας δὲ ἐς Καπύην τραπόμενος ἔνθα
Ῥωμαίων στρατὸς ἄλλος ἦν, τούς τε ἄρχοντας αὐτοῦ καὶ ὅσοι ἀπὸ
τῆς βουλῆς ἐπεδήμουν ἐθεράπευε.... (66) οἱ δὲ (the allied cities)
χρήματά τε αὐτῷ καὶ στρατιὰν συνετέλουν.

Cic. Phil. viii. 2. 7 Ceteris enim bellis maximeque civilibus
contentionem rei publicae causa faciebat. Sulla cum Sulpicio
de iure legum quas per vim Sulla latas esse dicebat; Cinna
cum Octavio de novorum civium suffragiis; rursus cum Mario et
Carbone Sulla ne dominarentur indigni et ut clarissimorum
hominum crudelissimam puniretur necem.

Schol. Gronov. p. 286St. (ad Cic. in Cat. iii. 10. 24) Coepit

Cinna de libertinorum suffragiis agere, Octavium cum senatu
contra ipsum habuit: ortum est bellum civile. Expulit Octavius
Cinnam; expulsus corrupit milites, pretio collegit exercitum.
Misit ad Marium in Africa: composuit legiones solutis erga-
stulis et venit. Tunc occisus est Octavius et occisus Antonius
orator, Crassi, Catuli, ipsa lumina civitatis.

Vellei. ii. 20 Cinna in omnibus tribubus eos se distributurum
pollicitus est; quo nomine ingentem totius Italiae frequentiam
in urbem acciverat. E qua pulsus collegae optimatiumque viribus
cum in Campaniam tenderet, ex auctoritate senatus consulatus
ei abrogatus est suffectusque in eius locum L. Cornelius Merula
flamen dialis. Haec iniuria homine quam exemplo dignior fuit.
Tum Cinna corruptis primo centurionibus ac tribunis, mox etiam
spe largitionis militibus, ab eo exercitu qui circa Nolam erat
receptus est. Is cum universus in verba eius iurasset, retinens
insignia consulatus patriae bellum intulit, fretus ingenti numero
novorum civium, e quorum delectu trecentas amplius cohortes
conscripserat ac triginta legionum instar impleverat. Opus erat
partibus auctoritate, cuius augendae gratia C. Marium cum
filio de exilio revocavit quique cum iis pulsi erant.

Liv. Ep. lxxix. L. Cornelius Cinna cum perniciosas leges per
vim ferret, pulsus urbe a Cn. Octavio collega cum sex tribunis
plebis; imperioque ei abrogato, corruptum Ap. Claudii exercitum in potestatem suam redigit et bellum urbi intulit etc. (see
below).

* [Cf. Plut. Mar. 41; Sert. 4; Val. Max. i. 6. 10; Florus iii. 21.
9; Cic. Phil. viii. 2. 7; xiii. 1. 2; de Har. Resp. 25. 54; in Cat.
iii. 10. 24; pro Caec. 30. 87. For the appointment of Merula as
consul cf. Diod. xxxviii. 3; for the attachment of Sertorius to
the Cinnan party Plut. Sert. 4.]

Civil War; return of Marius and Cinna to Rome

Liv. Ep. lxxix. Bellum urbi intulit (Cinna) arcessito C.
Mario ex Africa cum aliis exsulibus. In quo bello duo fratres,
alter ex Pompeii exercitu, alter ex Cinnae, ignorantes concurre-
runt, et cum victor spoliaret occisum, agnito fratre, ingenti
lamentatione edita, rogo ei exstructo ipse se supra rogum
transfodit et eodem igne consumptus est. Et cum opprimi
inter initia potuisset, Cn. Pompeii fraude, qui utramque partem
fovendo vires Cinnae dedit, nec nisi profligatis optimatium

rebus auxilium tulit, et consulis segnitia confirmati, Cinna
et Marius quattuor exercitibus, ex quibus duo Q. Sertorio et
Carboni dati sunt, urbem circumsederunt. Ostiam coloniam
Marius expugnavit, et crudeliter diripuit. (lxxx.) Italicis populis
a senatu civitas data est. Samnites, qui soli arma recipiebant,
Cinnae et Mario se coniunxerunt. Ab his Plautius cum exercitu
caesus est. Cinna et Marius cum Carbone et Sertorio Ianiculum oppugnaverunt, et fugati ab Octavio consule recesserunt.
Marius Antium et Ariciam et Lanuvium colonias expugnavit.
Cum spes nulla esset optimatibus resistendi propter segnitiam
et perfidiam et ducum et militum, qui corrupti aut pugnare
nolebant, aut in diversas partes transiebant, Cinna et Marius in
urbem recepti sunt; qui velut captam eam caedibus ac rapinis
vastaverunt.

Licinian. pp. 16 ff.(F) Is (Marius) ergo cum mille circiter
numer*o* collectis ad Cinnam navi pervenit *Telamonem* profectus.
Ex Hispania Brutus ceteri*que* exules ad eum *conflu*xerunt. Et cum
deformis habitu et cultu ⟨ab iis⟩ videretur qui eum *florentem*
victoriis nor*ant* supplicemque se omni*bus* quasi oppressum ab
inimicis commendaret, ⟨mox⟩ legionem voluntari*orum* conscripsit. Cinnae*que de*dit milites et praefecit ⟨eum⟩ Sertorio et
Papirio. Item Milonio traditur *equorum* pars. *Illi praece*pit *ut
ad ur*bem veniret quae⟨deserta⟩ videre*tur*. *Cinnae* succe*ssum* hoc est.
A Pompeio *qui dubi*a voluntate senatus ⟨iussum⟩ recepit, *ut rem
publicam ad*iutum vellet ire, *mora interiecta* est, *do*nec subrepserat
Marius in portum. ⟨Cum in⟩ *e*o ad noctem usque ma*nsisset*,
Ostia urbe potitur ⟨per⟩ Valerium cuius equ*ites* praesidebant.
Nec Pompeius a Sertorii bel*lo* abstinuit sed palam pugnavit.
Et frustra legati *ul*tro citroque missi sunt, *cu*m se Cinna
superiorem *puta*ret. Marius *cu*m suis Ianiculo *potitur* multis
occisis, qui *capt*i Marii *iussu* iugulati *sunt*. Et Octavius acceptis
*se*x cohortibus a Pompeio tra*nsit Tibe*rim. Milonius occiditur,
ceteri s*ub*mov*entur* quos subsidio Milonio Sertorius miserat.
*Cecid*erunt Octaviani . . . milia et senator unus *Aebu*tius, adversariorum septem milia. Potuit capi Ianiculum eodem die. ⟨At⟩
Pompeius ultra Octavium progredi passus non fui*t* se*d* ut Crassum revocaret impulit ne ante debellaretur quam comitia con-
ficerentur ut eum magistratum ipse invaderet, qui timebatur.
Nam et Metelli castra in propinquo erant, quem Catuli duo
et Antonius sen*atus* legati ut patriae subveniret oraverant.

Plut. *Sert.* 5 Μαρίου δὲ καταπλεύσαντος ἐκ Λιβύης καὶ τῷ Κίννᾳ

προστιθέντος ἑαυτὸν ὡς ἰδιώτην ὑπάτῳ, τοῖς μὲν ἄλλοις ἐδόκει δέχεσθαι, Σερτώριος δὲ ἀπηγόρευεν, εἴτε τὸν Κίνναν ἧττον οἰόμενος ἑαυτῷ
πρόσεξειν, ἀνδρὸς ἡγεμονικωτέρου παρόντος, εἴτε τὴν βαρύτητα τοῦ
Μαρίου δεδοικώς, μὴ πάντα τὰ πράγματα συγχέῃ θυμῷ μέτρον οὐκ
ἔχοντι πέρα δίκης ἐν τῷ κρατεῖν προερχόμενος. . . . μεταπέμπεται τὸν
Μάριον Κίννας· καὶ τριχῇ τῆς δυνάμεως διανεμηθείσης ἦρχον οἱ τρεῖς.
Plut. Mar. 41 προσβαλὼν δὲ Τελαμῶνι τῆς Τυρρηνίας καὶ ἀπο-
βὰς ἐκήρυττε δούλοις ἐλευθερίαν· καὶ τῶν αὐτόθι γεωργούντων
καὶ νεμόντων ἐλευθέρων κατὰ δόξαν αὐτοῦ συντρεχόντων ἐπὶ τὴν
θάλασσαν, ἀναπείθων τοὺς ἀκμαιοτάτους, ἐν ἡμέραις ὀλίγαις χεῖρα
μεγάλην ἤθροισε, καὶ τεσσαράκοντα ναῦς ἐπλήρωσεν. [Cf. App.
Bell. Civ. i. 67 συνήγαγε Τυρρηνῶν ἑξακισχιλίους.]

Vellei. ii. 21 Cinna et Marius haud incruentis utrimque
certaminibus editis urbem occupaverunt, sed prior ingressus
Cinna de recipiendo Mario legem tulit.

Dio Cass. fr. 102. 8 ὁ Κίννας τὸν νόμον τὸν περὶ τῆς καθόδου
τῶν φυγάδων ἀνενεώσατο [cf. App. Bell. Civ. i. 67–70; Plut.
Mar. 41–43; Sert. 4–5; Vellei. ii. 21; Dio Cass. fr. 102. 8;
Oros. v. 19; Eutrop. v. 7; Florus ii. 9 (iii. 21); Obsequens,
56a (116); Cic. post Red. in Sen. 15. 38; post Red. ad Quir. 3. 7;
8. 19; [Victor] de Vir. Ill. 69; I.G.R.R. i. 175. Col. 1. 8 ff.].

Conduct of Cn. Pompeius Strabo; his death

Liv. Ep. lxxix (see above, p. 172 f.) [cf. Licinian. pp. 16 f.
cited p. 173].

Vellei. ii. 21 Dum bellum autem infert patriae Cinna, Cn.
Pompeius (cos. 89 B.C.) . . . frustratus spe continuandi consulatus ita se dubium mediumque partibus praestitit, ut omnia
ex proprio usu ageret temporibusque insidiari videretur, et huc
atque illuc, unde spes maior adfulsisset potentiae, sese exercitumque deflecteret. Sed ad ultimum magno atrocique proelio
cum Cinna conflixit cuius commissi patratique sub ipsis moenibus focisque urbis Romanae pugnantibus spectantibusque quam
fuerit eventus exitiabilis vix verbis exprimi potest. Post hoc
cum utrumque exercitum velut parum bello exhaustum lacera-
ret pestilentia, Cn. Pompeius decessit. [Cf. Obsequens 56a (116)
Afflatus sidere interiit.]

Grant of Citizenship to the Italians; the Samnites

Liv. Ep. lxxx (see above, p. 173).

App. Bell. Civ. i. 53 καὶ τάδε μὲν ἦν περὶ τὴν Ἰταλίαν ἀμφὶ

τὸν συμμαχικὸν πόλεμον, ἀκμάσαντα δὴ μάλιστα μεχρὶ τῶνδε,
ἕως Ἰταλία πᾶσα προσεχώρησεν ἐς τὴν Ῥωμαίων πολιτείαν, χωρίς
γε Λευκανῶν καὶ Σαυνιτῶν τότε· δοκοῦσι γάρ μοι καὶ οἵδε τυχεῖν
ὧν ἔχρηζον ὕστερον.

Ib. 68 (after seizure of Ostia by Marius and Ariminum by
Cinna) οἱ δὲ ὕπατοι δεδιότες . . . Καικίλιον Μέτελλον, τὰ λείψανα
τοῦ συμμαχικοῦ πολέμου πρὸς Σαυνίτας διατιθέμενον, ἐκέλευον, ὅπη
δύναιτο εὐπρεπῶς διαλυσάμενον, ἐπικουρεῖν τῇ πατρίδι πολιορ-
κουμένῃ. οὐ συμβαίνοντος δὲ Σαυνίταις ἐς ἃ ᾔτουν τοῦ Μετέλλου,
ὁ Μάριος αἰσθόμενος συνέθετο τοῖς Σαυνίταις ἐπὶ πᾶσιν οἷς ᾔτουν
παρὰ τοῦ Μετέλλου. ὧδε μὲν δὴ καὶ Σαυνῖται Μαρίῳ συνεμά-
χουν.

Licinian. p. 20F (l. 11 ff.) Senatusque per Metelli legatos
consultus de voluntate Samnitium qui se negabant aliter in
pacem venturos, nisi civitas ipsis et perfugis omnibus daretur
bona*que* redderentur, abnuit, dignitatem antiquam P. R. *tu*enti-
bus patribus. Quibus cognitis Cinna per Flavium Fimbriam
leg*ibus*, quas postulabant, eo*s* recepit et copiis suis iunxit. Nec
desinebat Pompeius interim miscere omnia . . . .

Id. p. 21F (l. 9) Dediticiis omnibus civitas data.

Dio Cass. fr. 102. 7 ὅτι οἱ Ῥωμαῖοι στασιάσαντες πρὸς ἀλλήλους τὸν Μέτελλον μετεπέμψαντο κελεύσαντες αὐτῷ πρὸς τοὺς
Σαυνίτας, ὅπως ποτ' ἂν δύνηται, συμβῆναι. . . . ὁ δὲ τούτοις οὐκ
ἐσπείσατο· τήν τε γὰρ πολιτείαν ἠξίουν οὐχ ἑαυτοῖς μόνον, ἀλλὰ
καὶ τοῖς ηὐτομοληκόσι πρὸς σφᾶς δοθῆναι καὶ οὔτε τι τῆς λείας ἣν
εἶχον ἀποδοῦναι ἤθελον καὶ τοὺς αἰχμαλώτους τούς τε αὐτομόλους
σφῶν πάντας ἀπῄτουν, ὥστε μηδὲ τοὺς βουλευτὰς τὴν εἰρήνην ἔτι
τὴν πρὸς αὐτοὺς ἐπὶ τούτοις ἑλέσθαι.

Marius and Cinna in Rome. Massacre of their opponents

Liv. *Ep.* lxxx. (Cinna et Marius) caedibus ac rapinis vastaverunt (urbem), Cn. Octavio consule occiso et omnibus adversae
partis nobilibus trucidatis, inter quos M. Antonio eloquentissimo
viro, C. et L. Caesare, quorum capita in rostris posita sunt. . . .
Crassus ne quid indignum virtute sua pateretur gladio se trans-
fixit.

Cic. *de Or.* iii. 2. 8 . . . Ut mihi non erepta L. Crasso a dis
immortalibus vita, sed donata mors esse videatur. Non vidit
. . . C. Mari fugam, non illam post reditum eius caedem

omnium crudelissimam, non denique in omni genere deformatam
eam civitatem in qua ipse florentissima multum omnibus [gloria]
praestitisset. . . . Tenemus enim memoria Q. Catulum virum
omni laude praestantem, cum sibi non incolumem fortunam
sed exsilium et fugam deprecaretur, esse coactum ut vita se ipse
privaret. Iam M. Antoni in eis ipsis rostris in quibus ille rem
publicam constantissime consul defenderat quaeque censor im-
peratoriis manubiis ornarat positum caput illud fuit a quo
erant multorum [civium] capita servata; neque vero longe ab
eo C. Iuli caput hospitis Etrusci scelere proditum cum L. Iuli
fratris capite iacuit, ut ille, qui haec non vidit, et vixisse cum re
publica pariter et cum illa simul exstinctus esse videatur. Neque
enim propinquum suum maximi animi virum P. Crassum suapte
interfectum manu neque conlegae sui pontificis maximi sanguine simulacrum Vestae respersum esse vidit; cui maerori, qua
mente ille in patriam fuit, etiam C. Carbonis inimicissimi
hominis eodem illo die mors fuisset nefaria; non vidit eorum
ipsorum, qui tum adulescentes Crasso se dicarant, horribilis
miserosque casus. Ex quibus C. Cotta, quem ille florentem reliquerat, paucis diebus post mortem Crassi depulsus per invidiam
* tribunatu non multis ab eo tempore mensibus eiectus est a
civitate.

App. *Bell. Civ.* i. 71 (Octavius) εἰπὼν οὔποτε προλείψειν τὴν
πόλιν ὕπατος ὤν, ἐς τὸ Ἰάνουκλον, ἐκστὰς τοῦ μέσου, διῆλθε μετὰ
τῶν ἐπιφανεστάτων καί τινος ἔτι καὶ στρατοῦ, ἐπί τε τοῦ θρόνου
προυκάθητο τὴν τῆς ἀρχῆς ἐσθῆτα ἐπικείμενος, ῥάβδων καὶ πελέκεων
ὡς ὑπάτῳ περικειμένων. . . . ὁ δὲ Κηνσωρῖνος αὐτοῦ τὴν κεφαλὴν
ἐκτεμὼν ἐκόμισεν ἐς Κίνναν, καὶ ἐκρεμάσθη πρὸ τῶν ἐμβόλων ἐν
ἀγορᾷ πρῶτον τοῦδε ὑπάτου. μετὰ δ᾽ αὐτὸν καὶ τῶν ἄλλων ἀναιρου-
μένων ἐκρήμναντο αἱ κεφαλαί, καὶ οὐ διέλιπεν ἔτι καὶ τόδε τὸ μύσος,
ἀρξάμενόν τε ἀπὸ Ὀκταουίου καὶ ἐς τοὺς ἔπειτα ὑπὸ τῶν ἐχθρῶν
ἀναιρουμένους περιόν. . . . (74) ἐπὶ δὲ τούτοις, ἐς ὑπόκρισιν ἀρχῆς
ἐννόμου μετὰ τοσούσδε φόνους ἀκρίτους, ὑπεβλήθησαν κατήγοροι
τῷ τε ἱερεῖ τοῦ Διὸς Μερόλᾳ κατ᾽ ὀργὴν ἄρα τῆς ἀρχῆς ἣν Κίνναν
οὐδὲν ἀδικῶν διεδέδεκτο, καὶ Λουτατίῳ Κάτλῳ τῷ Μαρίου περὶ τὰ
Κιμβρικὰ συνάρχῳ. . . . οὗτοι μὲν δὴ φυλασσόμενοί τε ἀφανῶς, καὶ
τῆς κυρίας ἡμέρας ἐπελθούσης, ἐς τὴν δίκην ἀνακαλούμενοι . . .
Μερόλας μὲν τὰς φλέβας ἐνέτεμεν ἑαυτοῦ . . . Κάτλος δ᾽ ἐν οἰκήματι
. . . ἑκὼν ἀπεπνίγη.

Diod. xxxviii. 2 ὁ δὲ Ὀκτάουιος οὐδενὶ τρόπῳ συγχωρήσειν
ἑαυτὸν ἔφη καὶ τὴν Ῥώμην ὑπὸ τὴν Κίννου δεσποτείαν. καὶ γὰρ ἂν

εἰ πάντες αὐτὸν καταλίπωσιν, ὅμως ἑαυτὸν διατηρήσειν ἄξιον τῆς ἡγεμονίας καὶ μετὰ τῶν τὰ αὐτὰ φρονούντων.

Plut. *Sert.* 5 Σερτώριος λέγεται μόνος οὔτε ἀποκτεῖναί τινα πρὸς ὀργὴν οὔτε ἐνυβρίσαι κρατῶν, ἀλλὰ καὶ τῷ Μαρίῳ δυσχεραίνειν καὶ τὸν Κίνναν ἐντυγχάνων ἰδίᾳ καὶ δεόμενος μετριώτερον ποιεῖν [cf. Plut. *Mar.* 43–44; Vellei. ii. 22; Diod. xxxviii. 4; Dio Cass. fr. 102. 8 ff.; Eutrop. v. 7; Oros. v. 19; Florus ii. 9 (iii. 21); Val. Max. ii. 8. 7, iv. 3. 14, v. 3. 3; Cic. *pro Sest.* 36. 77, 21. 48; *in Cat.* iii. 10. 24; *Brut.* 89. 307; *pro Scauro* 1–3; *Phil.* i. 14. 34; *Tusc. Disp.* v. 19. 55; *de Nat. Deor.* iii. 32. 80; *ad Att.* ix. 10. 3; Inc. *Paneg. Constantin.* (E. Galletier, *Panég. Lat.* (Budé) n. ix) 20].

Consular Elections

Liv. *Ep.* lxxx. Citra ulla comitia consules in sequentem annum se ipsos renuntiaverunt (Marius et Cinna); eodemque die quo magistratum inierant, Marius Sex. Licinium senatorem de saxo deici iussit [cf. Plut. *Mar.* 45; App. *Bell. Civ.* i. 75].

[Victor] *de Vir. Ill.* 69 (Cinna) iterum et tertium consulem se ipse fecit.

EXTERNAL HISTORY

Close of the Marsic War

Diod. xxxvii. 2 τοῦ δὲ Σύλλα στρατεύσαντος μὲν ἐπὶ τὴν Ἀσίαν κατὰ Μιθριδάτου τῆς δὲ Ῥώμης μεγάλαις ταραχαῖς καὶ φόνοις ἐμφυλίοις περισπωμένης, Μάρκος Λαμπώνιος καὶ Τιβέριος Κλεπίτιος, ἔτι δὲ Πομπήϊος (*leg.*? Πόντιος), οἱ τῶν ὑπολοίπων Ἰταλιωτῶν στρατηγοί, διατρίβοντες ἐν τῇ Βρεττίᾳ ⟨Τ⟩ισίας μὲν πόλιν ὀχυρὰν ἐπὶ πολὺν χρόνον πολιορκήσαντες οὐκ ἴσχυσαν ἑλεῖν· μέρος δὲ ἐπὶ τῆς πολιορκίας τοῦ στρατεύματος καταλιπόντες τῇ λοιπῇ τὸ Ῥήγιον ἰσχυρῶς ἐπολιόρκουν, ἐλπίζοντες εἰ ταύτης κρατήσαιεν ῥᾳδίως εἰς τὴν Σικελίαν διαβιβάσειν τὰς δυνάμεις, καὶ κρατήσειν τῆς εὐδαιμονεστάτης τῶν ὑπὸ τὸν ἥλιον νήσων. ἀλλ' ὁ ταύτης στρατηγὸς Γάϊος ⟨Ν⟩ορβανὸς πολλῇ δυνάμει καὶ παρασκευῇ καὶ προθυμίᾳ χρησάμενος καὶ καταπληξάμενος τοὺς Ἰταλιώτας τῷ μεγέθει τῆς παρασκευῆς ἐξήρπασε τοὺς Ῥηγίνους. εἶτα τῆς περὶ Σύλλαν καὶ Μάριον ἐμφυλίου στάσεως ἀναρριπισθείσης Ῥωμαίοις, οἱ μὲν Σύλλᾳ οἱ δὲ Μαρίῳ συνεμάχησαν· καὶ τὸ μὲν πλέον αὐτῶν ἔπεσε τοῖς πολέμοις τὸ δὲ ὑπόλοιπον ἐπικρατήσαντι Σύλλᾳ προσεχώρησε. καὶ οὕτω τέλεον τῇ ἐμφυλίῳ συναπέσβη στάσει μέγιστος γεγονὼς καὶ ὁ Μαρσικὸς ἐπικληθεὶς πόλεμος.

Mithridatic War

Sulla in Greece. Siege of Athens

App. *Mithr.* 30 Σύλλας δ᾽ ὁ τοῦ Μιθριδατείου πολέμου στρατηγὸς ὑπὸ Ῥωμαίων αἱρεθεὶς εἶναι, τότε πρῶτον ἐξ Ἰταλίας σὺν τέλεσι πέντε καὶ σπείραις τισὶ καὶ ἴλαις ἐς τὴν Ἑλλάδα περαιωθεὶς χρήματα μὲν αὐτίκα καὶ συμμάχους καὶ ἀγορὰν ἔκ τε Αἰτωλίας καὶ Θεσσαλίας συνέλεγεν, ὡς δ᾽ ἀποχρώντως ἔχειν ἐδόκει, διέβαινεν ἐς τὴν Ἀττικὴν ἐπὶ τὸν Ἀρχέλαον. παροδεύοντι δὲ αὐτῷ Βοιωτία τε ἀθρόως μετεχώρει, χωρὶς ὀλίγων, καὶ τὸ μέγα ἄστυ αἱ Θῆβαι, μάλα κουφόνως ἀντὶ Ῥωμαίων ἑλόμενοι τὰ Μιθριδάτεια, ὀξύτερον ἔτι, πρὶν ἐς πεῖραν ἐλθεῖν, ἀπὸ Ἀρχελάου πρὸς Σύλλαν μετετίθεντο. ὁ δ᾽ ἐπὶ τὴν Ἀττικὴν ἐχώρει, καὶ μέρος τι στρατοῦ ἐς τὸ ἄστυ περιπέμψας Ἀριστίωνα πολιορκεῖν, αὐτός, ἔνθαπερ ἦν Ἀρχέλαος, ἐπὶ τὸν Πειραιᾶ κατῆλθε, κατακεκλεισμένων ἐς τὰ τείχη τῶν πολεμίων. . . . Σύλλας δὲ καὶ τοιοῖσδε οὖσι τοῖς τείχεσιν εὐθὺς ἐπῆγε τὰς κλίμακας, καὶ πολλὰ μὲν ἔδρα πολλὰ δ᾽ ἀντέπασχεν, ἰσχυρῶς τῶν Καππαδοκῶν αὐτὸν ἀμυνομένων, ἔστε κάμνων ἐς Ἐλευσῖνα καὶ Μέγαρα ἀνεχώρει, καὶ μηχανὰς ἐπὶ τὸν Πειραιᾶ συνεπήγνυτο.

Paus. i. 20. 5 γενομένης δὲ μάχης πολλῷ περιῆσαν οἱ Ῥωμαῖοι, καὶ φεύγοντας Ἀριστίωνα μὲν καὶ Ἀθηναίους ἐς τὸ ἄστυ καταδιώκουσιν, Ἀρχέλαον δὲ καὶ τοὺς βαρβάρους ἐς τὸν Πειραιᾶ· Μιθριδάτου δὲ στρατηγὸς καὶ οὗτος ἦν, ὃν πρότερον τούτων Μάγνητες οἱ τὸν Σίπυλον οἰκοῦντες, σφᾶς ἐπεκδραμόντα αὐτόν τε τιτρώσκουσι καὶ τῶν βαρβάρων φονεύουσι τοὺς πολλούς [cf. Plut. *Sulla*, 12; Eutrop. v. 6; Gell. xv. 1 (Q. Claud. Quadrigarius fr. 81 (Peter))].

Lucullus sent to collect a fleet

Plut. *Luc.* 2 τῆς μὲν γῆς ἐπικρατῶν ὁ Σύλλας ἐν ταῖς Ἀθήναις, περικοπτόμενος δὲ τὴν ἀγορὰν ἐκ τῆς θαλάττης ὑπὸ τῶν πολεμίων ναυκρατούντων, ἐξέπεμψεν ἐπ᾽ Αἰγύπτου καὶ Λιβύης τὸν Λεύκολλον ἄξοντα ναῦς ἐκεῖθεν [cf. App. *Mithr.* 33]. [For the operations of Sulla against Aristion in Athens and Archelaus in the Piraeus see App. *Mithr.* 34–38.]

Cruelties of Mithridates in Asia

Liv. *Ep.* lxxxii. Expugnatae in Asia urbes a Mithridate et crudeliter direpta provincia. [For the treatment of the Galatians

see App. *Mithr.* 46; Plut. *de Virt. Mul.* 23; of the Chians, App.
Mithr. 46, 47; Posidon. fr. 38 (Jac.) (Nic. Dam. fr. 95 (Jac.));
Memnon 23 (Jac.). For the revolt of Ephesus see App. *Mithr.*
48.]

B.C. 86 · A.U.C. 668

Consuls, L. CORNELIUS CINNA II, C. MARIUS VII, L. VALERIUS
FLACCUS *suffectus*

INTERNAL HISTORY

Death and funeral of Marius. L. Valerius appointed
consul

App. *Bell. Civ.* i. 75 πολλὰ καὶ δεινὰ ἐς Σύλλαν ἐπινοῶν τοῦ
πρώτου μηνὸς τῆς ἀρχῆς ἀπέθανε, καὶ Οὐαλέριον Φλάκκον ὁ Κίννας
ἑλόμενος ἀντ᾿ αὐτοῦ ἐς τὴν Ἀσίαν ἐξέπεμψεν, ἀποθανόντος δὲ καὶ
Φλάκκου Κάρβωνα εἵλετο συνάρχειν ἑαυτῷ.

Diod. xxxvii. 29 τυχὼν ὑπατείας τὸ ἕβδομον οὐκ ἐτόλμησεν ἔτι
τῆς τύχης λαβεῖν πεῖραν δεδιδαγμένος περὶ τῆς κατ᾿ αὐτὴν ἀβε-
βαιότητος μεγάλοις συμπτώμασι. προορώμενος γὰρ τὸν ἀπὸ τοῦ
Σύλλα πόλεμον ἐπικρεμάμενον τῇ Ῥώμῃ μετέστησεν ἑαυτὸν ἐκ τοῦ
ζῆν ἑκουσίως [cf. [Victor] *de Vir. Ill.* 67].

Liv. *Ep.* lxxx. Idibus Ianuariis decessit.

Plut. *Mar.* 45 ἔτη . . . ἑβδομήκοντα βεβιωκώς [cf. Vellei. ii.
23; Oros. v. 19, 23; Cic. *de Nat. Deor.* iii. 32. 81].

Cic. *pro Rosc. Amer.* 12. 33 (C. Fimbria) cum curasset in
funere C. Mari ut Q. Scaevola vulneraretur, vir sanctissimus
atque ornatissimus nostrae civitatis, de cuius laude neque hic
locus est ut multa dicantur . . . diem Scaevolae dixit, posteaquam comperit eum posse vivere. Cum ab eo quaereretur, qui
tandem accusaturus esset eum, . . . aiunt hominem, ut erat
furiosus, respondisse, 'quod non totum telum corpore recepisset'
[cf. Val. Max. ix. 11. 2].

Censors, L. MARCIUS PHILIPPUS, M. PERPERNA

Cic. *in Verr.* II. i. 55. 143 Qui de L. Marcio M. Perperna
censoribus . . . .

Id. *de Dom.* 32. 84 L. Philippus censor avunculum suum
praeteriit in recitando senatu.

Val. Max. viii. 13. 4 Iam de M. Perpenna quid loquar?
Qui omnibus, quos in senatum consul vocaverat, superstes fuit,
septemque tantummodo, quos censor collega L. Philippi legerat,
reliquos vidit, toto ordine amplissimo diuturnior [cf. Dio Cass.
xli. 14].

Euseb. *Chron.* (Hieron. p. 233 Foth.) Descriptione Romae
facta inventa sunt hominum CCCCLXIII milia.

Consular Law (of Valerius Flaccus) remitting ¾ of debts

Vellei. ii. 23 Suffectus Valerius Flaccus, turpissimae legis
auctor, qua creditoribus quadrantem solvi iusserat, cuius facti
merita eum poena intra biennium consecuta est.

Sall. *Cat.* 33 Novissime memoria nostra propter magnitudinem
aeris alieni volentibus omnibus bonis argentum aere solutum est.

Praetor's Edict about the Currency

Cic. *de Off.* iii. 20. 80 Ne noster quidem Gratidianus officio
viri boni functus est tum cum praetor esset collegiumque praetorium tribuni plebi adhibuissent, ut res nummaria de communi
sententia constitueretur; iactabatur enim temporibus illis num-
mus sic, ut nemo posset scire quid haberet. Conscripserunt
communiter edictum cum poena atque iudicio constitueruntque
ut omnes simul in rostra post meridiem escenderent. Et ceteri
quidem alius alio: Marius ab subselliis in rostra recta idque
quod communiter compositum fuerat solus edixit. Et ea res, si
quaeris, ei magno honori fuit, omnibus vicis statuae, ad eas
tus, cerei; quid multa? Nemo umquam multitudini fuit carior,
... Mario praeripere collegis et tribunis plebi popularem gratiam
non ita turpe, consulem ob eam rem fieri, quod sibi tum pro-
posuerat, valde utile videbatur.

Plin. *Nat. Hist.* xxxiii. 9. 132 Ars facta denarios probare,
tam iucunda plebei lege, ut Mario Gratidiano vicatim tota
statuas dicaverit. [For the date, see Broughton *M.R.R.* ii. 57.]

Ib. xxxiv. 6. 27 Statuerunt (statuas) et Romae in omnibus
vicis tribus Mario Gratidiano, ut diximus (cf. xxxiii. 9. 132),
easdemque subvertere Sullae introitu.

Trial of Cn. Pompeius

Plut. *Pomp.* 4 ἅμα δὲ τῷ τελευτῆσαι τὸν Στράβωνα δίκην
κλοπῆς ἔσχεν ὑπὲρ αὐτοῦ δημοσίων χρημάτων ὁ Πομπήιος.

Cic. *Brut.* 64. 230 (Hortensius) cum ... Philippo iam sene pro *
Cn. Pompei bonis dicente in illa causa, adulescens cum esset,
princeps fuit, et in eorum, quos in Sulpici aetate posui, numerum
facile pervenerat.

Persecutions of Cinna

Vellei. ii. 23 Dominante in Italia Cinna maior pars nobilitatis
ad Sullam in Achaiam ac deinde post in Asiam perfugit.

Dio Cass. fr. 106 ὁ Μέτελλος ὑπὸ Κίννου ἡττηθεὶς ἐς τὸν
Σύλλαν ἧκε καὶ πλεῖστα αὐτῷ συνήρατο· (see p. 194) πρὸς γάρ τοι
τὴν δόξαν τῆς τε δικαιοσύνης αὐτοῦ καὶ τῆς εὐσεβείας οὐκ ὀλίγοι
καὶ τῶν τἀναντία τῷ Σύλλᾳ πραττόντων . . . προσεχώρησαν σφίσιν.

Plut. *Sulla,* 22 Μετέλλα μόλις διακλέψασα ἑαυτὴν καὶ τοὺς
παῖδας ἧκεν ἀγγέλλουσα τὴν οἰκίαν αὐτοῦ καὶ τὰς ἐπαύλεις ὑπὸ τῶν
ἐχθρῶν ἐμπεπρῆσθαι καὶ δεομένη τοῖς οἴκοι βοηθεῖν [cf. Oros.
v. 20].

EXTERNAL HISTORY

Mithridatic War

Sulla in Greece. Athens taken by storm. Defeat of Archelaus at Chaeronea

Memnon 22 (Jac.) εἷλε δὲ καὶ τὰς Ἀθήνας· καὶ κατέσκαπτο
ἂν ἡ πόλις εἰ μὴ θᾶττον ἡ σύγκλητος Ῥωμαίων τὴν τοῦ Σύλλα
γνώμην ἀνέκοψε. συχνῶν δὲ παρατάξεων συνισταμένων, ἐν αἷς τὸ
πλεῖον εἶχον οἱ Ποντικοί, καὶ συμμεταβαλλομένων τῶν πραγμάτων
τοῖς κατορθουμένοις, ἔνδεια τοῖς βασιλικοῖς τῆς διαίτης ἐπέστη,
ἀσώτως τε πρὸς ταύτην διακειμένοις καὶ ταμιεύειν τὰ κτηθέντα μὴ
ἐπισταμένοις. καὶ εἰς συμφορῶν ἂν ἐξέπεσον τὴν ἐσχάτην, εἰ
μὴ Ταξίλλης Ἀμφίπολιν ἑλὼν καὶ διὰ ταῦτα τῆς Μακεδονίας πρὸς
αὐτὸν μεταβαλλομένης ἐκεῖθεν τὴν ἀφθονίαν ἐχορήγησε τῶν ἐπιτη-
δείων. οὗτος δὲ καὶ Ἀρχέλαος συμμίξαντες τὰ στρατεύματα ὑπὲρ
τὰς ἓξ μυριάδας τὸ πλῆθος ἦγον, καὶ στρατοπεδεύονται κατὰ
τὴν Φωκίδα χώραν, ὑπαντιάσοντες τῷ Σύλλᾳ. ὁ δὲ καὶ Λούκιον
Ὁρτήνσιον ὑπὲρ τὰς ἓξ χιλιάδας ἄγοντα ἐξ Ἰταλίας συμπαραλαβών,
ἀπὸ συχνοῦ διαστήματος ἀντεστρατοπεδεύετο. ἐπὶ σιτολογίαν δὲ
παρὰ τὸ πρέπον τῶν περὶ Ἀρχέλαον τραπέντων, ἀπροόπτως Σύλλας

ἐπιτίθεται τῷ τῶν πολεμίων στρατοπέδῳ, καὶ τοὺς μὲν εὐρώστους
τῶν ἁλόντων αὐτίκα κτείνει, ἐξ ὧν δὲ φόβον ἐπιθέσεως οὐκ εἶχε,
τούτους περιίστησι τῷ χωρίῳ καὶ πυρὰ κελεύει καίειν ὡς τοὺς ἀπὸ
τῆς σιτολογίας ἀφικνουμένους δέχοιντο μηδεμίαν ὑπόνοιαν παρεχό-
μενοι τοῦ πάθους· καὶ συνέβη ὡς ἐστρατηγήθη, καὶ λαμπρὰν τὴν
νίκην ἔσχον οἱ περὶ τὸν Σύλλαν.

Plut. *Sulla*, 14 ἑλεῖν δὲ τὰς Ἀθήνας αὐτός φησιν ἐν τοῖς ὑπο-
μνήμασι Μαρτίαις καλάνδαις, ἥτις ἡμέρα μάλιστα συμπίπτει τῇ
νουμηνίᾳ τοῦ Ἀνθεστηριῶνος μηνός, ἐν ᾧ κατὰ τύχην ὑπομνήματα
πολλὰ τοῦ διὰ τὴν ἐπομβρίαν ὀλέθρου καὶ τῆς φθορᾶς ἐκείνης
δρῶσιν, ὡς τότε καὶ περὶ τὸν χρόνον ἐκεῖνον μάλιστα τοῦ κατα-
κλυσμοῦ συμπεσόντος. [App. *Mithr.* 39–40; Paus. i. 20. 6; Vellei.
ii. 23; Liv. *Ep.* lxxxi.; Eutrop. v. 6; Oros. vi. 2; Florus i. 40
(iii. 5); *I. G.R.R.* i. 175. For the ruin of the Peiraeus cf. Strabo
ix. 1. 15, xiv. 2. 9. For acts of sacrilege committed by Sulla
cf. Paus. i. 20. 4, ix. 7. 4, ix. 33. 6; Plut. *Sulla*, 12; Diod. xxxviii.
7; for the battle of Chaeronea and the campaign preceding cf.
Plut. *Sulla*, 15–19; App. *Mithr.* 41–45.]

App. *Mithr.* 45 Ἀρχέλαος δὲ καὶ ὅσοι ἄλλοι κατὰ μέρος ἐξέφυγον,
ἐς Χαλκίδα συνελέγοντο, οὐ πολὺ πλείους μυρίων ἐκ δώδεκα μυριάδων γενόμενοι. Ῥωμαίων δὲ ἔδοξαν μὲν ἀποθανεῖν πεντεκαίδεκα
ἄνδρες, δύο δ' αὐτῶν ἐπανῆλθον. τοῦτο μὲν δὴ Σύλλᾳ καὶ Ἀρχελάῳ τῷ Μιθριδάτου στρατηγῷ τῆς περὶ Χαιρώνειαν μάχης τέλος
ἦν, δι' εὐβουλίαν δὴ μάλιστα Σύλλα καὶ δι' ἀφροσύνην Ἀρχελάου
τοιόνδε ἑκατέρῳ γενόμενον [cf. Plut. *Sulla*, 19; Eutrop. v. 6. For
the trophy set up by Sulla after the battle see Plut. *Sulla*, 19;
de Fort. Rom. 4; Paus. ix. 40. 7].

Licinian. p. 24F Sulla Athenas reversus in principes seditionis et noxios animad*vertit* . . . *violentius necatis reliquis.* . . .

Strabo ix. 1. 20 τὸν δ' ἰσχύσαντα μάλιστα τὸν Ἀριστίωνα καὶ
ταύτην βιασάμενον τὴν πόλιν ἐκ πολιορκίας ἑλὼν Σύλλας ὁ τῶν
Ῥωμαίων ἡγεμὼν ἐκόλασε, τῇ δὲ πόλει συγγνώμην ἔνειμε· καὶ
μέχρι νῦν ἐν ἐλευθερίᾳ τε ἐστὶ καὶ τιμῇ παρὰ τοῖς Ῥωμαίοις.

Florus i. 40 (iii. 5) Postquam domuerat (Sulla) ingratis-
simos hominum, tamen, ut ipse dixit, in honorem mortuorum
sacris suis famaeque donavit. [For the fate of Thebes cf. Paus.
ix. 7. 4.]

App. *Mithr.* 51 ὁ δὲ Σύλλας . . . τὴν Βοιωτίαν συνεχῶς μετα-
τιθεμένην διήρπαζε, καὶ ἐς Θεσσαλίαν ἐλθὼν ἐχείμαζε, τὰς ναῦς τὰς
μετὰ Λουκούλλου περιμένων. ἀγνοῶν δ' ὅπῃ ὁ Λούκουλλος εἴη,
ἐναυπηγεῖτο ἑτέρας.

*Landing in Greece of L. Valerius Flaccus and C. Flavius Fimbria,
sent out by the Cinnan party to supersede Sulla. They march across
Northern Greece to the Hellespont*

Plut. *Sulla*, 20 πυνθανόμενος Φλάκκον ἀπὸ τῆς ἐναντίας στάσεως
ὕπατον ᾑρημένον διαπερᾶν τὸν Ἰόνιον μετὰ δυνάμεως, λόγῳ μὲν ἐπὶ
Μιθριδάτην, ἔργῳ δὲ ἐπ᾽ ἐκεῖνον αὐτόν, ὥρμησεν ἐπὶ Θετταλίας ὡς
ἀπαντήσων. γενομένῳ δὲ αὐτῷ περὶ πόλιν Μελίτειαν ἀφικνοῦντο
πολλαχόθεν ἀγγελίαι πορθεῖσθαι τὰ κατόπιν αὖθις οὐκ ἐλάττονι
στρατιᾷ βασιλικῇ τῆς πρότερον [cf. App. *Mithr.* 51].

Memnon 24 (Jac.) ἡ δὲ σύγκλητος Φλάκκον Οὐαλέριον καὶ
Φιμβρίαν πέμπει πολεμεῖν Μιθριδάτῃ, ἐπιτρέψασα καὶ Σύλλα συλ-
λαμβάνειν τοῦ πολέμου, ὅμοια φρονοῦντι τῇ συγκλήτῳ· εἰ δὲ μή,
τὴν πρὸς αὐτὸν πρότερον συνάψαι μάχην.

*Mithridates sends a fresh army to Greece under Dorylaus.
It is defeated by Sulla at Orchomenus*

App. *Mithr.* 49 ὀκτὼ μυριάδων στρατὸς ἤθροιστο τῷ Μιθριδάτῃ
καὶ αὐτὸν Δορύλαος πρὸς Ἀρχέλαον ἦγεν ἐς τὴν Ἑλλάδα, ἔχοντα
τῶν προτέρων ἔτι μυρίους. ὁ δὲ Σύλλας ἀντεστρατοπέδευε μὲν
Ἀρχελάῳ περὶ Ὀρχομενόν.

Frontin. *Strat.* ii. 3. 17 Archelaus adversus L. Sullam in
fronte ad perturbandum hostem falcatas quadrigas locavit,
in secunda acie phalangem Macedonicam, in tertia Romanorum
more armatos auxiliares, mixtis fugitivis Italicae gentis, quorum
pervicaciae plurimum fidebat; levem armaturam in ultimo
statuit; in utroque deinde latere equitatum, cuius amplum
numerum habebat, circumeundi hostis causa posuit. Contra
haec Sulla fossas amplae latitudinis utroque latere duxit et
capitibus earum castella communiit: qua ratione, ne circuiretur
ab hoste et peditum numero et maxime equitatu superante,
consecutus est. Triplicem deinde peditum aciem ordinavit re-
lictis intervallis per ⟨quae⟩ levem armaturam et equitem, quem
in novissimo conlocaverat, [ut] cum res exegisset, emitteret.
Tum postsignanis qui in secunda acie erant imperavit ut densos
numerososque palos firme in terram defigerent, intraque eos
adpropinquantibus quadrigis antesignanorum aciem recepit:
tum demum sublato universorum clamore velites et levem
armaturam ingerere tela iussit. Quibus factis quadrigae hostium
aut implicitae palis aut exterritae clamore telisque in suos

conversae sunt turbaveruntque Macedonum structuram: qua
cedente, cum Sulla ⟨in⟩staret et Archelaus equitem opposuisset,
Romani equites subito emissi averterunt eos consummaveruntque
victoriam. [Probably Orchomenos rather than Chaeronea,
pace Mommsen, *Hist. Rome*, bk. iv. c. 8 and Th. Reinach,
Mithr. Eupator, 171 f.; cf. *C.A.H.* ix. 253.]

Frontin. *Strat.* ii. 8. 12 L. Sulla, cedentibus iam legionibus
exercitui Mithridatico ductu Archelai, stricto gladio in primam
aciem procucurrit appellansque milites dixit, si quis quaesisset
ubi imperatorem reliquissent, responderent pugnantem in Boeo-
tia: cuius rei pudore universi eum secuti sunt.

Licinian. p. 25F ⟨Mane⟩ ferocius impetus fact*us*. Milites
nostri castra capiunt, hostium multitudinem innumerabilem
concidunt, amplius xxv milia capiunt, quae postea sub corona
venierunt. Archelaus parvulo navigio Chalcidem deportatur
[cf. Plut. *Sulla*, 20–21; Polyaen. viii. 9. 2; Oros. vi. 2; Eutrop.
v. 6. 3; Ammian. xvi. 12. 41].

B.C. 85 · A.U.C. 669

Consuls, L. CORNELIUS CINNA III, CN. PAPIRIUS CARBO

INTERNAL HISTORY

Peaceful character of this period

Cic. *Brut.* 90. 308 Triennium fere fuit urbs sine armis, sed
oratorum aut interitu aut discessu aut fuga—nam aberant
etiam adulescentes M. Crassus et Lentuli duo—primas in causis
agebat Hortensius, magis magisque cotidie probabatur Antistius,
Piso saepe dicebat, minus saepe Pomponius, raro Carbo, semel
aut iterum Philippus. At vero ego hoc tempore omni noctis et
dies in omnium doctrinarum meditatione versabar.

Prolongation of their consulship by Cinna and Carbo

Liv. *Ep.* lxxxiii. L. Cinna et Cn. Papirius Carbo ab se ipsis
consules per biennium creati [cf. App. *Bell. Civ.* i. 77].

EXTERNAL HISTORY

Mithridatic War

Flaccus and Fimbria in the region of the Bosporus. Murder of Flaccus. Fimbria assumes command

[Victor] *de Vir. Ill.* 70 Flavius Fimbria . . . Valerio Flacco consuli legatus in Asiam profectus, per simultatem dimissus, corrupto exercitu, ducem interficiendum curavit. Ipse correptis imperii insignibus, provinciam ingressus.

Dio Cass. fr. 104. 1 ὁ ὑποστράτηγος Φλάκκου Φιμβρίας ἐς Βυζάντιον ἐλθόντι αὐτῷ ἐστασίασεν. ἦν γὰρ ἐς πάντα δὴ τολμηρότατος καὶ προπετέστατος, δόξης τε ὁποιασοῦν ἐραστὴς καὶ παντὸς τοῦ ἀμείνονος ὀλίγωρος [cf. Cic. *pro Rosc. Amer.* 12. 33, quoted p. 179; Val. Max. ix. 11. 2].

Memnon 24 (Jac.) Φλάκκου δὲ δυσχεραίνοντος, ὅτι Φιμβρίαν μᾶλλον, ἅτε δὴ φιλανθρώπως ἄρχοντα, τὸ πλῆθος ἄρχειν ἠγάπα, καὶ διαλοιδορουμένου αὐτῷ τε καὶ τῶν στρατιωτῶν τοῖς ἐπιφανεστέροις, δύο τῶν ἄλλων πλέον εἰς ὀργὴν ἐξαφθέντες ἀποσφάττουσιν αὐτόν.

Oros. vi. 2. 9 Fimbria Marianorum scelerum satelles, homo omnium audacissimus, Flaccum consulem, cui legatus ierat, apud Nicomediam occidit.

Strabo xiii. 1. 27 συνεπέμφθη δὲ ὁ Φιμβρίας ὑπάτῳ Οὐαλερίῳ Φλάκκῳ ταμίας προχειρισθέντι ἐπὶ τὸν Μιθριδάτην· καταστασιάσας δὲ καὶ ἀνελὼν τὸν ὕπατον κατὰ Βιθυνίαν αὐτὸς κατεστάθη κύριος τῆς στρατιᾶς [cf. Liv. *Ep.* lxxxii.; Dio Cass. 104. 1–5; Diod. xxxviii. 8. 1; App. *Mithr.* 52].

Victories of Fimbria in Asia Minor

Liv. *Ep.* lxxxiii. Flavius Fimbria in Asia fusis proelio aliquot praefectis Mithridatis urbem Pergamum cepit, obsessumque regem non multum afuit quin caperet. Urbem Ilium, quae se potestati Syllae reservabat, expugnavit ac delevit, et magnam partem Asiae recepit [cf. Plut. *Sulla,*. 23; App. *Mithr.* 53; Strabo xiii. 1. 27; Vellei. ii. 24; Dio Cass. fr. 104. 7; Oros. vi. 2; [Victor] *de Vir. Ill.* 70; August. *de Civ. Dei,* iii. 7; *I.G.R.R.* i. 175].

Memnon 24 (Jac.) ὁ δὲ (Φιμβρίας) πάσης γεγονὼς ἡγεμὼν τῆς δυνάμεως, τὰς μὲν ἑκούσας τὰς δὲ καὶ βιαζόμενος τῶν πόλεων προσήγετο· ὁ δὲ τοῦ Μιθριδάτου υἱός, Ταξίλλην καὶ Διόφαντον καὶ

Μένανδρον τοὺς ἀρίστους τῶν στρατηγῶν ἔχων μεθ' ἑαυτοῦ, καὶ πολλὴν ἄγων δύναμιν, τῷ Φιμβρίᾳ ὑπηντίαζε. τὰ μὲν οὖν πρῶτα τὸ ἐπικρατέστερον οἱ βάρβαροι ἔφερον. Φιμβρίας δὲ ἀνασώσασθαι στρατηγήματι τὰς ἐκ παρατάξεως ἐλαττώσεις διανοούμενος (τὸ γὰρ πολέμιον ὑπερεῖχε πλήθει) ὡς ἐπί τινα ποταμὸν τῶν μαχομένων ἑκατέρα δύναμις ἧκε, καὶ μέσον ἀμφοῖν τοῦτον ἐποιήσαντο, ὄμβρου περὶ τὸν ὄρθρον ῥαγέντος, ἀπροσδόκητος ὁ τῶν Ῥωμαίων στρατηγὸς διαβαίνει τὸν ποταμόν, καὶ ὕπνῳ τῶν πολεμίων ἐν ταῖς σκηναῖς κατεχομένων ἐπιπεσὼν μηδ' αἰσθανομένους κατέκτεινεν, ὀλίγων τῶν ἐν ἡγεμονίαις διαπεφευγότων τὸν ὄλεθρον καὶ τῶν ἱππέων. μεθ' ὧν καὶ Μιθριδάτης ὁ Μιθριδάτου, καὶ πρὸς τὸ Πέργαμον πρὸς τὸν πατέρα Μιθριδάτην ἅμα τοῖς συνεξιππασαμένοις διασώζεται. οὕτω δὲ βαρείας τῆς συμφορᾶς καὶ λαμπρᾶς τοῖς βασιλικοῖς συμπεσούσης, αἱ πλεῖσται τῶν πόλεων πρὸς τοὺς Ῥωμαίους μετέθεντο.

Frontin. *Strat.* iii. 17. 5 Flavius Fimbria in Asia apud Rhyndacum adversum filium Mithridatis, brachiis a latere ductis, deinde fossa in fronte percussa, quietum in vallo militem tenuit, donec hostilis equitatus intraret angustias munimentorum: tunc eruptione facta sex milia eorum cecidit [cf. App. *Mithr.* 52].

Diod. xxxviii. 8. 3 καὶ Κύζικον παρελθὼν (Φιμβρίας) ὡς φίλος, τοῖς μὲν εὐπορωτάτοις τῶν πολιτῶν ἐμέμφετο θανάτου καταιτιασάμενος, δύω δὲ εἰς κατάπληξιν καὶ φόβον καὶ ἄλλων καταδίκους ποιήσας καὶ ῥαβδίσας ἐπελέκισε· τὰς δὲ οὐσίας αὐτῶν ἀναλαβών, καὶ τοῖς ἄλλοις διὰ τῶν προαπολωλότων μέγαν φόβον ἐπιστήσας, ἠνάγκασε λύτρα τῆς σωτηρίας ὅλας τὰς ὑπάρξεις αὐτῷ προέσθαι.

App. *Mithr.* 52 αὐτόν τε βασιλέα συνεδίωξεν (Φιμβρίας) ἐς τὸ Πέργαμον, καὶ ἐς Πιτάνην ἐκ τοῦ Περγάμου διαφυγόντα ἐπελθὼν ἀπετάφρευεν, ἕως ὁ μὲν βασιλεὺς ἐπὶ νεῶν ἔφυγεν ἐς Μυτιλήνην.

Plut. *Luc.* 3 ἐτύγχανε δὲ κατ' ἐκεῖνον τὸν χρόνον ἤδη Μιθριδάτης τὸ Πέργαμον ἐκλελοιπὼς καὶ συνεσταλμένος εἰς Πιτάνην. ἐκεῖ δὲ Φιμβρίου κατέχοντος αὐτὸν ἐκ γῆς καὶ πολιορκοῦντος, εἰς τὴν θάλατταν ἀφορῶν συνῆγε καὶ μετεπέμπετο τοὺς πανταχόθεν στόλους πρὸς αὑτόν, ἀνδρὶ τολμητῇ καὶ νενικηκότι τῷ Φιμβρίᾳ συμπλέκεσθαι καὶ πολεμεῖν ἀπεγνωκώς. ὁ δὲ ταῦτα συνορῶν ναυτικῷ δὲ λειπόμενος πρὸς Λεύκολλον ἔπεμπεν ἥκειν τῷ στόλῳ δεόμενος καὶ συνεξελεῖν ἔχθιστον καὶ πολεμιώτατον βασιλέων, ὡς μὴ τὸ μέγα καὶ διὰ πολλῶν ἀγώνων καὶ πόνων διωκόμενον ἆθλον ἐκφύγοι Ῥωμαίους, Μιθριδάτης εἰς λαβὰς ἥκων καὶ γεγονὼς ἐντὸς ἀρκύων, οὗ ληφθέντος οὐδένα τῆς δόξης οἴσεσθαι πλέον ἢ τὸν ἐμποδὼν τῇ φυγῇ στάντα καὶ διαδιδράσκοντος ἐπιλαβόμενον. . . . καὶ οὐδὲν ἦν ἀπὸ τρόπου τῶν λεγομένων, ἀλλὰ παντὶ δῆλον, ὡς εἰ Φιμβρίᾳ τότε

πεισθεὶς ὁ Λεύκολλος οὐ μακρὰν ὢν περιήγαγεν ἐκεῖσε τὰς ναῦς
καὶ συνέφραξε τὸν λιμένα τῷ στόλῳ, πέρας ἂν εἶχεν ὁ πόλεμος
καὶ μυρίων ἀπηλλαγμένοι κακῶν ἅπαντες ἦσαν. ἀλλ᾿ . . . οὐχ
ὑπήκουσεν, ἀλλὰ Μιθριδάτῃ μὲν ἐκπλεῦσαι παρέσχε καὶ κατα-
γελάσαι τῆς Φιμβρίου δυνάμεως, αὐτὸς δὲ πρῶτον μὲν ἐπὶ Λεκτοῦ
τῆς Τρωάδος βασιλικὰς ναῦς ἐπιφανείσας κατεναυμάχησεν [cf.
Oros. vi. 2; I.G.R.R. i. 175]. [For a cistophorus of Fimbria see
p. 286 below.]

Negotiations between Sulla and Archelaus. Peace of Dardanus (for the date see Magie, R. Rule in Asia Minor, ii. 1110, note 58)

App. Mithr. 54 ὁ δὲ Μιθριδάτης ἐπεὶ καὶ τῆς περὶ Ὀρχομενὸν
ἥττης ἐπύθετο, διαλογιζόμενος τὸ πλῆθος ὅσον ἐξ ἀρχῆς ἐς τὴν
Ἑλλάδα ἐπεπόμφει, καὶ τὴν συνεχῆ καὶ ταχεῖαν αὐτοῦ φθοράν,
ἐπέστελλεν Ἀρχελάῳ διαλύσεις ὡς δύναιτο εὐπρεπῶς ἐργάσασθαι
[cf. Oros. vi. 2].

Memnon 25 (Jac.) Μαρίου δὲ ἀπὸ τῆς φυγῆς ἀνασωθέντος εἰς
τὴν Ῥώμην, Σύλλας δεδιὼς (τῶν ἀντιστασιωτῶν γὰρ ἦν ἐκεῖνος) μὴ
τῇ ὁμοίᾳ φυγῇ τὴν εἰς αὐτὸν ὕβριν ἀποτίσῃ, πρὸς Μιθριδάτην
διεπρεσβεύετο συμβάσεις αὐτῷ τὰς πρὸς Ῥωμαίους ὑποβαλλόμενος.

Plut. Sulla, 22 συνῆλθον (Σύλλας καὶ Ἀρχέλαος) ἐπὶ θαλάττῃ
περὶ Δήλιον, οὗ τὸ ἱερὸν Ἀπόλλωνός ἐστιν.

Licinian. p. 26F Colloquium Sullae et Archelao in Aulide
fuit et condiciones impositae, si rex pacem mallet. . . . Fuerunt
autem hae: Archelaus classem traderet Sullae (cf. Liv. Ep.
lxxxii), rex insulis omnibus, Asia, Bithynia, Paphlagonia de-
cederet, item Gallograecis. Q. Oppium et M'. Aquilium legatos
redderet, item ceteros omnis captivos, quorum non parvus
numerus erat, dimitteret. Inprimis excepti Macedones quorum
fides insignis fuerat, ut uxores et liberi redderentur. Praeterea
naves LXX tectas instructas sociis daret et frumentum vestem
stipendium ipsi praestaret [cf. Plut. Sulla, 22. Further terms
given by other authors are—i. a war indemnity to be paid by
Mithridates (Plut. Sulla, 22; App. Mithr. 55; Memnon 25
(Jac.)). ii. Mithridates guaranteed the undisturbed possession of
his ancient kingdom as a friend and ally of Rome (ll. cc.). iii.
Amnesty to be granted to the Greek cities in Europe or Asia
which had supported Mithridates (Memnon 25 (Jac.))].

Liv. Ep. lxxxiii. Sylla cum in Asiam traiecisset, pacem cum
Mithridate fecit, ita ut is cederet provinciis Asia, Bithynia,
Cappadocia.

Plut. *Sulla*, 24 συνῆλθον οὖν τῆς Τρωάδος ἐν Δαρδάνῳ. . . .
ἐξελέγξας δὲ τὰ πεπραγμένα πικρῶς ὑπ' αὐτοῦ καὶ κατηγορήσας,
πάλιν ἠρώτησεν (Σύλλας) εἰ ποιεῖ τὰ συγκείμενα δι' Ἀρχελάου.
φήσαντος δὲ ποιεῖν, οὕτως ἠσπάσατο καὶ περιλαβὼν ἐφίλησεν αὐτόν,
Ἀριοβαρζάνην δὲ αὖθις καὶ Νικομήδην τοὺς βασιλεῖς προσαγαγὼν
διήλλαξεν. ὁ μὲν οὖν Μιθριδάτης ἑβδομήκοντα ναῦς παραδοὺς καὶ
τοξότας πεντακοσίους εἰς Πόντον ἀπέπλευσεν, ὁ δὲ Σύλλας αἰσθόμενος ἀχθομένους τοὺς στρατιώτας τῇ διαλύσει . . . ἀπελογεῖτο
πρὸς αὐτούς, ὡς οὐκ ἂν ἅμα Φιμβρίᾳ καὶ Μιθριδάτῃ πολεμεῖν εἰ
συνέστησαν ἀμφότεροι κατ' αὐτοῦ δυνηθείς.

Licinian. p. 26F Quibus (terms imposed by Sulla) ille
(Mithridates) tandem paruit. Nam et Fimbriae adventum time-
bat . . . et se de conventis nihil novaturum Sulla praedixerat. . . .
Is ipse Mithridates cum Sulla *apud* Dardanum conpositis reliqua
classe . . . in Pontum proficiscitur [cf. App. *Bell. Civ.* i. 76;
Mithr. 55–58; Memnon 25 (Jac.); Eutrop. v. 7]; *I.G.R.R.* i. 175.

Florus i. 40 (iii. 5) Debellatum foret, nisi de Mithridate
triumphare cito quam vere maluisset. . . . Mithridates tantum
repulsus: itaque non fregit ea res Ponticos, sed incendit.

Cf. [Victor] *de Vir. Ill.* 76 Ipsum (*sc.* Mithridatem) apud
Orchomenum (*codd.* Dardanum) oppidum fudit et oppressit;
et potuit capere, nisi adversum Marium festinans qualemcumque
pacem componere maluisset.

Campaign in Macedonia and Thrace

Licinian. p. 27F Dum de condicionibus disceptatur Maedos
et Dardanos qui socios vexabant Hortensius *legatus* fugaverat.
Ipse Sulla exercitum in Maedicam induxerat prius quam in
Asiam ad colloquium transiret. Quo Dardanos et Denseletas
caesis hos*tibus* qui Macedoniam vexabant in deditionem recepit
[cf. [Victor] *de Vir. Ill.* 75].

App. *Mithr.* 55 Σύλλας τὴν ἐν τοσῷδε ἀργίαν διατιθέμενος,
Ἐνετοὺς καὶ Δαρδανέας καὶ Σιντούς, περίοικα Μακεδόνων ἔθνη,
συνεχῶς ἐς Μακεδονίαν ἐμβάλλοντα, ἐπιὼν ἐπόρθει, καὶ τὸν στρατὸν
ἐγύμναζε καὶ ἐχρηματίζετο ὁμοῦ.

Struggle between Sulla and Fimbria. Death of Fimbria

Liv. *Ep.* lxxxiii. Fimbria desertus ab exercitu qui ad Syllam
transierat, ipse se percussit impetravitque de servo suo, praebens

cervicem, ut se occideret [cf. Plut. *Sulla*, 25; App. *Mithr.* 59–60; Oros. vi. 2. 11].

[Victor] *de Vir. Ill.* 70 (Fimbria) a Sylla Pergami obsessus corrupto exercitu desertus semet occidit.

Vellei. ii. 24 Vix quidquam in Sullae operibus clarius duxerim quam quod, cum per triennium Cinnanae Marianaeque partes Italiam obsiderent, neque inlaturum se bellum iis dissimulavit nec quod erat in manibus omisit, existimavitque ante frangendum hostem quam ulciscendum civem, repulsoque externo metu, ubi quod alienum esset vicisset, †superaret quod erat domesticum.

Restoration of Nicomedes and Ariobarzanes

App. *Mithr.* 60 Κουρίωνι προσέταξε (Σύλλας) Νικομήδην ἐς Βιθυνίαν καὶ Ἀριοβαρζάνην ἐς Καππαδοκίαν καταγαγεῖν [cf. Licinian. p. 28F; *I.G.R.R.* i. 175].

B.C. 84 · A.U.C. 670

Consuls, CN. PAPIRIUS CARBO II, L. CORNELIUS CINNA IV

INTERNAL HISTORY

S. C. redistributing new citizens into all the tribes

Liv. *Ep.* lxxxiv. Novis civibus senatus consulto suffragium datum est.

Preparations against Sulla's return. Negotiations with Sulla. Carbo sole consul after Cinna's death

Liv. *Ep.* lxxxiii. Cum L. Cinna et Cn. Papirius Carbo a se ipsis consules per biennium creati bellum contra Syllam praepararent, effectum est per L. Valerium Flaccum principem senatus qui orationem in senatu habuit, et per eos qui concordiae studebant, ut legati ad Syllam de pace mitterentur. Cinna ab exercitu suo, quem invitum cogebat naves conscendere et adversus Syllam proficisci, interfectus est. Consulatum Carbo solus gessit.

[Victor] *de Vir. Ill.* 69 (Cinna) quarto consulatu cum bellum

contra Syllam pararet, Anconae ob nimiam crudelitatem ab
exercitu lapidibus occisus est.

Plut. *Pomp.* 5 (Pompey) ἐπεὶ δὲ πρὸς Κίνναν εἰς τὸ στρατόπεδον
πορευθεὶς ἐξ αἰτίας τινὸς καὶ διαβολῆς ἔδεισε καὶ ταχὺ λαθὼν
ἐκποδὼν ἐποίησεν ἑαυτόν, οὐκ ὄντος ἐμφανοῦς αὐτοῦ θροῦς διῆλθεν
ἐν τῷ στρατοπέδῳ καὶ λόγος, ὡς ἀνῃρήκοι τὸν νεανίσκον ὁ Κίννας·
ἐκ δὲ τούτου οἱ πάλαι βαρυνόμενοι καὶ μισοῦντες ὥρμησαν ἐπ᾽
αὐτόν κτλ. (death of Cinna).

App. *Bell. Civ.* i. 76 δειμαίνοντες αὐτὸν (Σύλλαν) ὅ τε Κάρβων
καὶ ὁ Κίννας ἐς ὅλην τὴν Ἰταλίαν τινὰς περιέπεμπον, χρήματα καὶ
στρατιὰν καὶ σῖτον αὐτοῖς ἀθροίζειν, τούς τε δυνατοὺς συνουσίαις
ἀνελάμβανον, καὶ τῶν. πόλεων ἠρέθιζον μάλιστα τὰς νεοπολίτιδας
ὡς δι᾽ αὐτὰς ὄντες ἐν τοσῷδε κινδύνου. τάς τε ναῦς ἐπεσκεύαζον
ἀθρόως, καὶ τὰς ἐν Σικελίᾳ μετεκάλουν, καὶ τὴν παράλιον ἐφύ-
λασσον, καὶ οὐδὲν ὀξείας οὐδὲ οἶδε παρασκευῆς μετὰ δέους ἅμα καὶ
σπουδῆς ἐξέλειπον. (77) Σύλλας δ᾽ ἐπὶ φρονήματος ἐπέστελλε τῇ
βουλῇ περὶ . . . ἑαυτοῦ . . . ὧν ἀναγινωσκομένων δέος ἅπαντας ἐπεῖχε,
καὶ πρέσβεις ἔπεμπον οἳ συναλλάξειν αὐτὸν τοῖς ἐχθροῖς ἔμελλον
. . . τοῖς δ᾽ ἀμφὶ τὸν Κίνναν εἴρητο μὴ στρατολογεῖν ἔστε ἐκεῖνον
ἀποκρίνασθαι. οἳ δ᾽ ὑπέσχοντο μὲν ὧδε πράξειν, οἰχομένων δὲ τῶν
πρέσβεων ἐς τὸ μέλλον ἑαυτοὺς ἀνεῖπον ὑπάτους αὐτίκα, τοῦ μὴ διὰ
τὰ ἀρχαιρέσια θᾶττον ἐπανήκειν. καὶ . . . στρατιὰν συνῆγον ἣν ἐς
Λιβυρνίαν, ὡς ἐκεῖθεν ἀπαντήσοντες τῷ Σύλλᾳ, κατὰ μέρος ἐπὶ νεῶν
διεβίβαζον. (78) (After Cinna's death) Κάρβων δ᾽ ἔκ τε Λιβυρνίας
τοὺς διαπεπλευκότας ἐς αὐτὴν μετεκάλει, καὶ τὰ γιγνόμενα δεδιὼς
ἐς τὴν πόλιν οὐ κατῄει, καὶ πάνυ τῶν δημάρχων αὐτὸν καλούντων
ἐπὶ συνάρχου χειροτονίαν. ἀπειλησάντων δὲ ἰδιώτην ἀποφανεῖν,
ἐπανῆλθε μὲν καὶ χειροτονίαν προύθηκεν ὑπάτου, ἀπαισίου δὲ τῆς
ἡμέρας γενομένης ἑτέραν προύγραφε· κἂν ταύτῃ κεραυνοῦ πεσόντος,
. . . οἱ μάντεις ὑπὲρ τὰς θερινὰς τροπὰς ἀνετίθεντο τὰς χειροτονίας
καὶ μόνος ἦρχεν ὁ Κάρβων [cf. Plut. *Pomp.* 5].

Liv. *Ep.* lxxxiv. Sylla legatis qui a senatu missi erant futurum
se in potestate senatus respondit, si cives qui pulsi a Cinna ad se
confugerant restituerentur. Quae condicio cum iusta senatui
videretur, per Carbonem factionemque eius cui bellum videbatur utilius, ne conveniret, effectum est. Idem Carbo, cum ab
omnibus Italiae oppidis coloniisque obsides exigere vellet, ut
fidem eorum contra Syllam obligaret, consensu senatus pro-
hibitus est [cf. App. *Bell. Civ.* i. 79; Plut. *Sulla,* 27].

Vellei. ii. 24 Carbo nullo suffecto collega solus toto anno
consul fuit.

EXTERNAL HISTORY

The armies of Crassus and Metellus Pius

Plut. *Crass.* 6 ὁ δὲ Κράσσος ὀκτὼ μῆνας οὕτω διαγαγὼν καὶ διακλαπείς, ἅμα τῷ πυθέσθαι τὴν Κίννα τελευτὴν φανερὸς γενόμενος, συνδραμόντων πρὸς αὐτὸν οὐκ ὀλίγων ἀνθρώπων, ἐπιλεξάμενος δισχιλίους καὶ πεντακοσίους ἐπήρχετο τὰς πόλεις· καὶ μίαν γε διήρπασε Μαλάκην, ὡς πολλοὶ γεγράφασιν. . . . ἐκ τούτου συναγαγὼν πλοῖα καὶ διαπεράσας εἰς Λιβύην ἀφίκετο πρὸς Μέτελλον Πίον, ἔνδοξον ἄνδρα, συνειλοχότα στρατιὰν οὐκ εὐκαταφρόνητον.

Sulla's settlement of Asia

Cassiod. *Chron.* His consulibus Asiam in XLIV regiones Sulla distribuit.

Cic. *ad Q. fr.* i. 1. 33 Nomen autem publicani aspernari non possunt, qui pendere ipsi vectigal sine publicano non potuerint, quod iis aequaliter Sulla discripserat. Non esse autem leniores in exigendis vectigalibus Graecos quam nostros publicanos, hinc intellegi potest, quod Caunii nuper omnesque ex insulis, quae erant a Sulla Rhodiis attributae, confugerunt ad senatum, nobis ut potius vectigal quam Rhodiis penderent.

Id. *pro Flacc.* 14. 32 (L. Sulla) cum *in* omnes Asiae civitates pro portione pecuniam discripsisset, illam rationem in imperando sumptu et Pompeius et Flaccus secutus est.

App. *Mithr.* 61 αὐτὴν δὲ τὴν Ἀσίαν καθιστάμενος (Σύλλας) Ἰλιέας μὲν καὶ Χίους καὶ Λυκίους καὶ Ῥοδίους καὶ Μαγνησίαν καί τινας ἄλλους, ἢ συμμαχίας ἀμειβόμενος ἢ ὧν διὰ προθυμίαν ἐπεπόνθεσαν οὗ ἕνεκα, ἐλευθέρους ἠφίει καὶ Ῥωμαίων ἀνέγραφε φίλους, ἐς δὲ τὰ λοιπὰ πάντα στρατιὰν περιέπεμπεν. καὶ τοὺς θεράποντας, οἷς ἐλευθερίαν ἐδεδώκει Μιθριδάτης, ἐκήρυττεν αὐτίκα ἐς τοὺς δεσπότας ἐπανιέναι. πολλῶν δὲ ἀπειθούντων . . . ἐγίγνοντο σφαγαὶ . . . τείχη τε πολλῶν καθηρεῖτο, καὶ συχνὰ τῆς Ἀσίας ἠνδραποδίζετο καὶ διηρπάζετο. οἱ δὲ καππαδοκίσαντες ἄνδρες ἢ πόλεις ἐκολάζοντο πικρῶς, καὶ μάλιστα αὐτῶν Ἐφέσιοι . . . ἐπὶ δὲ τοῖσδε καὶ κήρυγμα περιήει, τοὺς ἐν ἀξιώσει κατὰ πόλιν ἐς ἡμέραν ῥητὴν πρὸς τὸν Σύλλαν ἀπαντᾶν ἐς Ἔφεσον [for Ilium cf. Strabo xiii. 1. 27; Magnesia by Sipylus, Strabo xiii. 3. 5 (cf. Magie, *Roman Rule*, p. 1102, note 32, but see Tac. *Ann.* iii. 62); Rhodes, Strabo

xiv. 2. 3; Chios, *I.G.R.R.* iv. 943; Apollonis, Cic. *pro Flacc.* 29. 71; Stratonicea, *O.G.I.* 441; Tabae, *O.G.I.* 442 and *M.A.M.A.* vi. 162; Smyrna, Tac. *Ann.* iv. 56].

Plut. *Sulla,* 25 Σύλλας δὲ κοινῇ μὲν ἐζημίωσε τὴν Ἀσίαν δισμυρίοις ταλάντοις, ἰδίᾳ δὲ τοὺς οἴκους ἐξέτριψεν ὕβρει καὶ πλεονεξίᾳ τῶν ἐπισταθμευόντων. ἐτέτακτο γὰρ ἑκάστης ἡμέρας τῷ καταλύτῃ τὸν ξένον διδόναι τέσσερα τετράδραχμα καὶ παρέχειν δεῖπνον αὐτῷ καὶ φίλοις, ὅσους ἂν ἐθέλῃ καλεῖν, ταξίαρχον δὲ πεντήκοντα δραχμὰς λαμβάνειν τῆς ἡμέρας, ἐσθῆτα δὲ ἄλλην μὲν οἰκουρῶν, ἄλλην δὲ εἰς ἀγορὰν προερχόμενος.

Id. *Luc.* 4 Ἐπεὶ δὲ συνθηκῶν γενομένων Μιθριδάτης μὲν ἀπέπλευσεν εἰς τὸν Εὔξεινον πόντον, Σύλλας δὲ τὴν Ἀσίαν δισμυρίοις ταλάντοις ἐζημίωσε, προσταχθὲν αὐτῷ (Lucullus) τά τε χρήματα ταῦτα πρᾶξαι καὶ νόμισμα κόψαι, παραμύθιόν τι δοκεῖ τῆς Σύλλα χαλεπότητος γενέσθαι ταῖς πόλεσιν [cf. *ib.* 20].

M.A.M.A. iv. 52 (from Synnada) ὁ δῆμος Λεύκιον Λικίννιον Λευκίου υἱὸν Λεύκολλον ἀντιταμίαν πατρῶνα καὶ εὐεργέτην.

I.G.R.R. iv. 1191 (from Thyateira) [ὁ δῆμ]ο[ς ἐτείμησεν] | Λεύκιον Λικίνιο[ν Λευκίου υἱὸν] | Λεύκολλον τὸν ἀντι[ταμίαν] | σ[ω]τῆρα καὶ εὐεργέτην καὶ κ[τίστην] | τοῦ δήμου, ἀρετῆς ἕνεκεν κ[αὶ] | εὐνοίας τῆς εἰς ἑαυτόν.

Licinian. p. 28F Ephesi causis cognitis principes belli securi necat, civitates pecunia multat, oppida inpa*cata* redigit in suam potestatem. Nicomedi regnum Bithyniae restituit *Curio eique adiecit* Paphlago*niam* [cf. App. *Mithr.* 60–63. For the Sullan era in Asia beginning autumn 85 B.C., see *I.G.R.R.* iv. p. 730; Kubitschek, P–W i. 638].

Sulla's return to Greece. Murena left in command

App. *Mithr.* 63 ὁ δὲ (Σύλλας) . . . ἐς τὴν Ἑλλάδα καὶ ἀπ' αὐτῆς ἐς τὴν Ἰταλίαν μετὰ τοῦ πλείονος στρατοῦ διέπλει. . . . Μουρήνας μὲν ὑπὸ Σύλλα σὺν δύο τέλεσι τοῖς Φιμβρίου καθίστασθαι τὰ λοιπὰ τῆς Ἀσίας ὑπελέλειπτο.

[For Sulla's campaign coinage see Appendix III. Coins C.]

Memnon 26 (Jac.) παρὰ τῆς συγκλήτου δὲ Μουρήνας ἡγεμὼν πέμπεται [cf. Cic. *pro Mur.* 5. 11, 12. For Sulla's journey through Greece see Plut. *Sulla,* 26, 27; Nepos, *Atticus,* 4; Lucian, *Zeuxis,* 3; Strabo x. 1. 9; *I.G.* II². 1039, 57 (Συλλεῖα celebrated: see Raubitschek in *Studies* . . . *In Honour of A. C. Johnson,* c. iv); Strabo xiii. 1. 54.]

(b.c. 83) *Sulla's arrival in Italy*

App. *Bell. Civ.* i. 79 καὶ ὁ Σύλλας πέντε Ἰταλοῦ στρατοῦ τέλη καὶ ἱππέας ἑξακισχιλίους, ἄλλους τέ τινας ἐκ Πελοποννήσου καὶ Μακεδονίας προσλαβών, ἅπαντας ἄγων ἐς μυριάδας ἀνδρῶν τέσσαρας, ἐπί τε Πάτρας ἀπὸ τοῦ Πειραιέως καὶ ἐκ Πατρῶν ἐς Βρεντέσιον χιλίαις καὶ ἑξακοσίαις ναυσὶ διέπλει. δεξαμένων δ' αὐτὸν ἀμαχεὶ τῶν Βρεντεσίων, τοῖσδε μὲν ὕστερον ἔδωκεν ἀτέλειαν, ἣν καὶ νῦν ἔχουσιν, αὐτὸς δ' ἀναστήσας τὸν στρατὸν ἦγεν ἐς τὸ πρόσω.

Tigranes, king of Armenia, occupies Syria

Iustin. xl. (Prol.) Extincta . . . regali Antiochorum domo Tigranes Armenius Syriam occupavit.

Id. xl. 1. 3 Omnes in Tigranen regem Armeniae consensere, instructum praeter domesticas vires et Parthica societate et Mithridatis adfinitate. Igitur accitus in regnum Syriae per x et viii annos tranquillissimo regno potitus est; neque bello alium lacessere neque lacessitus inferre alii bellum necesse habuit [but cf. App. *Syr.* 48 ἐπὶ ἔτη τεσσαρεσκαίδεκα and *ib.* 70].

Eutrop. vi. 14 Seleuciam vicinam Antiochiae civitatem libertate donavit (Pompeius), quod regem Tigranen non recepisset.

[For the numismatic evidence for Tigranes' rule in Syria see H. Seyrig, *Syria*, 1950, 5 ff.]

b.c. 83 · a.u.c. 671

Consuls, L. CORNELIUS SCIPIO ASIATICUS, C. NORBANUS

INTERNAL HISTORY

Carbo in Rome. Outlawry of Sulla's supporters

App. *Bell. Civ.* i. 86 Κάρβων δὲ ἐς τὸ ἄστυ προδραμὼν Μέτελλόν τε καὶ τοὺς ἄλλους, ὅσοι ὄντες ἀπὸ τῆς βουλῆς τῷ Σύλλᾳ συνῆσαν, ἐψηφίζετο εἶναι πολεμίους.

Colony at Capua proposed by M. Brutus

Cic. *de Leg. Agr.* ii. 33. 89 Si maiores nostri existimassent quemquam in tam illustri imperio et tam praeclara populi

Romani disciplina *M*. Bruti aut P. Rulli similem futurum (hos
enim nos duos adhuc vidimus, qui hanc rem publicam Capuam
totam transferre vellent), profecto nomen illius urbis non reliquissent.

Ib. 34. 92 Quoniam *M*. Bruti atque illius temporis feci mentionem, commemorabo id quod egomet vidi, cum venissem
Capuam colonia iam deducta L. Considio et Sext. Saltio,
quemadmodum ipsi loquebantur, praetoribus. . . . . (93) Nam
primum, id quod dixi, cum ceteris in coloniis ɪɪviri appellentur,
hi se praetores appellari volebant. . . . Deinde anteibant lictores,
non cum bacillis, sed, ut hic praetoribus urbanis anteeunt, cum
fascibus bini [cf. *ib*. 36. 98].

Burning of the temple of Jupiter on the Capitolium, and destruction of the Sibylline books

Cassiod. *Chron*. His consulibus Capitolium custodum negli-
gentia concrematur [cf. Cic. *in Cat*. iii. 4. 9].

Plut. *Sulla*, 27 ἦν δὲ αὕτη (the day on which the temple was
burnt) πρὸ μιᾶς νωνῶν Κυντιλίων, ἃς νῦν Ἰουλίας καλοῦμεν [cf.
Tac. *Hist*. iii. 72; *Ann*. vi. 12; Plin. *Nat. Hist*. xxxiii. 16; Dionys.
iv. 61, 62; Cic. *in Verr*. iv. 31. 69; Obsequens, 57 (118)].

Dionys. iv. 62 μετὰ δὲ τὴν τρίτην ἐπὶ ταῖς ἑβδομήκοντα καὶ
ἑκατὸν ὀλυμπιάσιν ἐμπρησθέντος τοῦ ναοῦ, εἴτ' ἐξ ἐπιβουλῆς, ὡς
οἴονταί τινες, εἴτ' ἀπὸ ταὐτομάτου, σὺν τοῖς ἄλλοις ἀναθήμασι τοῦ
θεοῦ καὶ οὗτοι (οἱ χρησμοὶ) διεφθάρησαν ὑπὸ τοῦ πυρός. οἱ δὲ νῦν
ὄντες ἐκ πολλῶν εἰσι συμφορητοὶ τόπων, οἱ μὲν ἐκ τῶν ἐν Ἰταλίᾳ
πόλεων κομισθέντες, οἱ δ' ἐξ Ἐρυθρῶν τῶν ἐν Ἀσίᾳ, κατὰ δόγμα
βουλῆς τριῶν ἀποσταλέντων πρεσβευτῶν ἐπὶ τὴν ἀντιγραφήν· οἱ δ'
ἐξ ἄλλων πόλεων καὶ παρ' ἀνδρῶν ἰδιωτῶν μεταγραφέντες· ἐν οἷς
εὑρίσκονταί τινες ἐμπεποιημένοι τοῖς Σιβυλλείοις, ἐλέγχονται δὲ
ταῖς καλουμέναις ἀκροστιχίσι· λέγω δ' ἃ Τερέντιος Οὐάρρων ἱστό-
ρηκεν ἐν τῇ θεολογικῇ πραγματείᾳ.

EXTERNAL HISTORY

The Civil War. Sulla lands in Italy and is joined by Metellus, Pompeius, and others

App. *Bell. Civ*. i. 80 καὶ αὐτῷ Μέτελλος Καικίλιος ὁ Εὐσεβής,
. . . αὐτόκλητος σύμμαχος ἀπήντα μεθ' ἧς εἶχε συμμαχίας, ἀνθύπατος

ἔτι ὤν [cf. Dio Cass. fr. 106 (see p. 181, above)], ἐπὶ δὲ τῷ Μετέλλῳ καὶ Γναῖος Πομπήϊος ὁ μετ᾽ οὐ πολὺ Μέγας παρονομασθείς, Πομπηΐου μὲν ὢν παῖς τοῦ διεφθαρμένου τῷ κεραυνῷ, οὐκ εὔνου τῷ Σύλλᾳ νομισθέντος, τὴν δ᾽ ὑποψίαν διαλυόμενος, ἦλθε καὶ τέλος ἤγαγεν, ἐκ τῆς Πικηνίτιδος κατὰ κλέος τοῦ πατρὸς ἰσχύσαντος ἐν αὐτῇ μάλιστα ἀγείρας. μετὰ δ᾽ οὐ πολὺ καὶ δύο ἄλλα συνέλεξε, καὶ χρησιμώτατος ἐν τοῖς μάλιστα ὅδε ὁ ἀνὴρ ἐγένετο τῷ Σύλλᾳ. ὅθεν αὐτὸν ὁ Σύλλας ἔτι νεώτατον ὄντα ἦγεν ἐν τιμῇ, καὶ ἐπιόντος, φασίν, ὑπανίστατο μόνῳ [cf. Sall. Hist. v. 20M; Plut. Pomp. 6].

Plut. Pomp. 8 Γνοὺς δὲ ὁ Πομπήϊος ἐγγὺς ὄντα, προσέταξε τοῖς ἡγεμόσιν ἐξοπλίζειν καὶ διακοσμεῖν τὴν δύναμιν, ὡς καλλίστη τῷ αὐτοκράτορι καὶ λαμπροτάτη φανείη. μεγάλας γὰρ ἤλπιζε παρ᾽ αὐτοῦ τιμάς· ἔτυχε δὲ μειζόνων. ὡς γὰρ εἶδεν αὐτὸν ὁ Σύλλας προσιόντα ... ἀποπηδήσας τοῦ ἵππου καὶ προσαγορευθείς, ὡς εἰκός, αὐτοκράτωρ, ἀντιπροσηγόρευσεν αὐτοκράτορα τὸν Πομπήϊον [cf. Diod. xxxviii. 10; Liv. Ep. lxxxv; Dio Cass. fr. 107. 1; Vellei. ii. 29].

App. Bell. Civ. i. 80 ἀφίκετο δὲ καὶ Κέθηγος ἐς τὸν Σύλλαν, χαλεπώτατος ἀντιστασιώτης αὐτῷ μετὰ Κίννα καὶ Μαρίου γενόμενος καὶ σὺν ἐκείνοις τῆς πόλεως ἐκπεσών, ἱκέτης τε γιγνόμενος καὶ ἑαυτὸν ὑπηρέτην ἐς ὅ τι βούλοιτο παρέχων. (81) ὁ δὲ καὶ στρατιᾶς πολὺ πλῆθος ἔχων ἤδη καὶ φίλους πολλοὺς τῶν ἐπιφανῶν, τοῖσδε μὲν ὑποστρατήγοις ἐχρῆτο, αὐτὸς δὲ καὶ Μέτελλος ἀνθυπάτῳ ὄντε ἐς τὸ πρόσθεν ἐχώρουν [cf. Plut. Sulla, 27, who states that Sulla landed at Tarentum; Obsequens, 57 (118)].

[For Sulla's coinage (83–81 B.C.) see Appendix III. Coins C.]

Sulla's advance. Victory over Norbanus. Scipio abandoned by his army

Liv. Ep. lxxxv. Sylla in Italiam cum exercitu traiecit missisque legatis qui de pace agerent et a consule C. Norbano violatis, eundem Norbanum proelio vicit [cf. App. Bell. Civ. i. 84, who assigns the battle to Canusium; Plut. Sulla, 27, who locates it περὶ τὸ Τίφατον ὄρος; Vellei. ii. 25, who places it near Capua, and says soon after 'namque ascendens (codd. qua demendes) montem Tiphata cum C. Norbano concurrerat'; Oros. v. 20].

Liv. Ep. lxxxv. Et cum L. Scipionis, alterius consulis, cum quo per omnia id egerat (Sulla) ut pacem iungeret, nec potuerat, castra oppugnaturus esset, universus exercitus consulis,

sollicitatus per emissos a Sylla milites signa ad Syllam transtulit. Scipio cum occidi posset, dimissus est [cf. App. *Bell. Civ.*
i. 85; Plut. *Sulla*, 28; Vellei. ii. 25; Diod. xxxviii. 16; Eutrop.
v. 7; Florus ii. 9 (iii. 21)].

Cic. *Phil.* xii. 11. 27 Sulla cum Scipione inter Cales et
Teanum, cum alter nobilitatis florem, alter belli socios adhi-
buisset, de auctoritate senatus, de suffragiis populi, de iure
civitatis leges inter se et condiciones contulerunt. Non tenuit
omnino colloquium illud fidem; a vi tamen periculoque
afuit.

Ib. xiii. 1. 2 Pacem cum Scipione Sulla sive faciebat sive
simulabat, non erat desperandum si convenisset, fore aliquem
tolerabilem statum civitatis [cf. Plut. *Sert.* 6; Diod. xxxviii. 16].

App. *Bell. Civ.* i. 86 πρὸς Νωρβανὸν ἐς Καπύην περὶ συμ-
βάσεων ἔπεμψεν ἑτέρους, εἴτε δείσας τῆς πλέονος Ἰταλίας ἔτι τοῖς
ὑπάτοις συνισταμένης, εἴτε καὶ ἐς τόνδε καθάπερ ἐς τὸν Σκιπίωνα
τεχνάζων. οὐδενὸς δ᾽ αὐτῷ προσιόντος οὐδ᾽ ἐς ἀπόκρισιν (ὁ γάρ τοι
Νωρβανός, ὡς ἔοικε, μὴ διαβληθείη τὰ ὅμοια ἐς τὸν στρατὸν ἔδει-
σεν), ἀναστήσας Σύλλας ἐχώρει πρόσω, τὰ πολέμια πάντα δῃῶν. τὸ
δ᾽ αὐτὸ καὶ Νωρβανὸς ἔπραττε κατ᾽ ἄλλας ὁδούς.

Second Mithridatic War. War renewed by L. Murena

App. *Mithr.* 64 Μουρήνας μὲν ὑπὸ Σύλλα σὺν δύο τέλεσι τοῖς
Φιμβρίου καθίστασθαι τὰ λοιπὰ τῆς Ἀσίας ὑπελέλειπτο, καὶ πολέμων ἀφορμὰς ἠρεσχήλει δι᾽ ἐπιθυμίαν θριάμβου. Μιθριδάτης δὲ ἐς
τὸν Πόντον ἐσπλεύσας Κόλχοις καὶ Βοσποριανοῖς ἀφισταμένοις ἐπολέμει. . . . Ἀρχέλαόν τε ἐν ὑποψίαις ἐτίθετο ὡς πολλὰ πέρα τοῦ
δέοντος κατὰ τὴν Ἑλλάδα ἐν ταῖς διαλύσεσιν ἐπιχωρήσαντα τῷ
Σύλλᾳ. ὧν ὁ Ἀρχέλαος αἰσθανόμενός τε καὶ δείσας ἐς Μουρήναν ἔφυγε,
καὶ παροξύνας αὐτὸν ἔπεισε Μιθριδάτῃ προεπιχειρεῖν. Μουρήνας μὲν
δὴ διὰ Καππαδοκίας αὐτίκα ἐσβαλὼν ἐς Κόμανα . . . ἱππέας τινὰς
ἔκτεινε τοῦ Μιθριδάτου, καὶ πρέσβεσιν αὐτοῦ τὰς συνθήκας προτεί-
νουσιν οὐκ ἔφη συνθήκας ὁρᾶν· οὐ γὰρ συνεγέγραπτο Σύλλας, ἀλλ᾽
ἔργῳ τὰ λεχθέντα βεβαιώσας ἀπήλλακτο. . . . Μιθριδάτης δ᾽ ἐς
Ῥώμην ἔπεμπε πρός τε τὴν βουλὴν καὶ πρὸς Σύλλαν, αἰτιώμενος ἃ
ποιεῖ Μουρήνας. ὁ δ᾽ ἐν τούτῳ τὸν Ἅλυν ποταμὸν περάσας . . .
τετρακοσίας τοῦ Μιθριδάτου κώμας ἐπέτρεχεν, οὐκ ἀπαντῶντος ἐς
οὐδὲν αὐτῷ τοῦ βασιλέως, ἀλλὰ τὴν πρεσβείαν ἀναμένοντος [cf.
Memnon 26 (Jac.); Liv. *Ep.* lxxxvi; Cic. *de Imp. Cn. Pomp.*
3. 8].

B.C. 82 · A.U.C. 672

Consuls, C. MARIUS, CN. PAPIRIUS CARBO III

INTERNAL HISTORY

Consulship of the younger Marius

Liv. *Ep.* lxxxvi. C. Marius, C. Marii filius, consul ante annos xx per vim creatus. Vellei. ii. 26 Deinde consules Carbo tertium et C. Marius, septiens consulis filius, annos natus XXVI, vir animi magis quam aevi paterni, multa fortiterque molitus neque usquam inferior nominis titulis. App. *Bell. Civ.* i. 87 τοῦ δ᾽ ἐπιόντος ἔτους ὕπατοι μὲν ἐγενέσθην Παπίριός τε Κάρβων αὖθις καὶ Μάριος ὁ ἀδελφιδοῦς Μαρίου τοῦ περιφανοῦς, ἑπτὰ καὶ εἴκοσιν ἔτη γεγονώς. [cf. [Victor] *de Vir. Ill.* 68].

Pecuniary difficulties caused by the Civil War

Val. Max. vii. 6. 4 C. autem Mario Cn. Carbone consulibus civili bello cum L. Sulla dissidentibus, quo tempore non reipublicae victoria quaerebatur sed praemium victoriae res erat publica, senatus consulto aurea atque argentea templorum ornamenta, ne militibus stipendia deessent, conflata sunt.

Massacre in Rome by the anti-Sullan party

Liv. *Ep.* lxxxvi. L. Damasippus praetor, ex voluntate C. Marii consulis cum senatum contraxisset, omnem quae in urbe erat nobilitatem trucidavit. Ex cuius numero Q. Mucius Scaevola pontifex maximus fugiens in vestibulo aedis Vestae occisus est. App. *Bell. Civ.* i. 88 Μάριος δὲ οὐδὲν χρηστὸν ἔτι προσδοκῶν, τοὺς ἰδίους ἐχθροὺς ἠπείγετο προανελεῖν, καὶ Βρούτῳ στρατηγοῦντι τῆς πόλεως ἐπέστελλε ⟨τὴν⟩ σύγκλητον ὡς ἐπί τι ἄλλο συναγαγεῖν, καὶ κτεῖναι Πόπλιον Ἀντίστιον καὶ Παπίριον Κάρβωνα ἕτερον καὶ Λεύκιον Δομίτιον καὶ Μούκιον Σκαιόλαν τὸν τὴν μεγίστην Ῥωμαίοις ἱερωσύνην ἱερωμένον. οἱ μὲν δὴ δύο τῶνδε ἀνῃρέθησαν ἐν τῇ βουλῇ καθὰ Μάριος προσέταξε. . . . Δομίτιος δ᾽ ἐκτρέχων παρὰ τὴν ἔξοδον ἀνῃρέθη, καὶ μικρὸν πρὸ τοῦ βουλευτηρίου Σκαιόλας [cf. Vellei.

ii. 26; Diod. xxxviii. 17; Oros. v. 20; Cic. *de Nat. Deor.* iii. 32. 80; *ad Att.* viii. 3. 6].

[Victor] *de Vir. Ill.* 68 (C. Marius filius) patri saevitia similis curiam armatus obsedit, inimicos trucidavit, quorum corpora in Tiberim praecipitavit. In apparatu belli, quod contra Syllam parabatur, apud Sacriportum vigiliis et labore defessus, sub dio requievit et absens victus fugae, non pugnae interfuit. Praeneste confugit . . . .

Sulla's entry into Rome

App. *Bell. Civ.* i. 89 Σύλλας . . . αὐτίκα ἐπελθὼν τὴν μὲν στρατιὰν ἵδρυσε πρὸ τῶν πυλῶν ἐν τῷ Ἀρείῳ πεδίῳ, αὐτὸς δ' εἴσω παρῆλθεν, ἐκφυγόντων τῶν ἀντιστασιωτῶν ἁπάντων. . . . διοικησά- μενος δ' ὅσα ἤπειγε καὶ τῇ πόλει τινὰς ἐπιστήσας τῶν ἑαυτοῦ ἐξώρμησεν ἐς Κλούσιον, ἔνθα τοῦ πολέμου τὰ λοιπὰ ἤκμαζεν.

Gains and Losses among Roman orators

Cic. *Brut.* 90. 311 Tumultus interim in recuperanda re publica ει crudelis interitus oratorum trium Scaevolae Carbonis Antisti, reditus Cottae Curionis Crassi Lentulorum Pompei, leges et iudicia constituta, recuperata res publica, ex numero autem oratorum Pomponius Censorinus Murena sublati.

The Sullan Proscriptions

Vellei. ii. 28 Primus ille (Sulla), et utinam ultimus, exem- plum proscriptionis invenit, ut in qua civitate petulantis con- vici iudicium *histrioni ex albo* redditur, in ea iugulati civis Romani publice constitueretur auctoramentum, plurimumque haberet, qui plurimos interemisset.

Oros. v. 21 Sylla mox atque urbem victor intravit, tria milia hominum, qui se per legatos dediderant, contra fas contraque fidem datam inermes securosque interfecit. Plurimi tunc quo- que, ut non dicam innocentes, sed etiam ipsius Syllanae partis occisi sunt, quos fuisse plus quam novem milia ferunt. Ita liberae per urbem caedes, percussoribus passim vagantibus ut quemque vel ira vel praeda sollicitabat, agitabantur. Igitur cunctis iam quod singuli timebant aperte frementibus Q. Catulus palam Syllae dixit: 'Cum quibus tandem victuri sumus, si in

bello armatos, in pace inermes occidimus?' Tunc Sylla auctore
L. Fursidio primipilari primus infamem illam tabulam, proscriptionis induxit. Prima proscriptio octoginta hominum fuit,
in quibus quattuor consulares erant Carbo Marius Norbanus et
Scipio et inter eos Sertorius tunc maxime pertimescendus. Item
alia cum quingentis hominibus proposita est. . . . Sed ne in
ipsis quidem tabulis fides ac finis malorum videbatur. Namque
alios quos proscripserant iugulabant, alios autem postquam
iugulaverant proscribebant.

App. Bell. Civ. i. 95 αὐτὸς δὲ ὁ Σύλλας Ῥωμαίους ἐς ἐκκλησίαν
συναγαγὼν πολλὰ ἐμεγαληγόρησεν ἐφ᾽ ἑαυτῷ, καὶ φοβερὰ ἐς κατάπληξιν εἶπεν ἔτερα, καὶ ἐπήνεγκεν ὅτι τὸν μὲν δῆμον ἐς χρηστὴν
ἄξει μεταβολήν, εἰ πείθοιντό οἱ, τῶν δ᾽ ἐχθρῶν οὐδενὸς ἐς ἔσχατον
κακοῦ φείσεται, ἀλλὰ καὶ τοὺς στρατηγοὺς ἢ ταμίας ἢ χιλιάρχους, ἢ ὅσοι τι συνέπραξαν ἄλλοι τοῖς πολεμίοις μεθ᾽ ἣν ἡμέραν
Σκιπίων ὁ ὕπατος οὐκ ἐνέμεινε τοῖς πρὸς αὐτὸν ὡμολογημένοις,
μετελεύσεσθαι κατὰ κράτος. ταῦτα δ᾽ εἰπὼν αὐτίκα βουλευτὰς ἐς
τεσσαράκοντα καὶ τῶν καλουμένων ἱππέων ἀμφὶ χιλίους καὶ ἑξακοσίους ἐπὶ θανάτῳ προύγραφεν. οὗτος γὰρ δοκεῖ πρῶτος οὓς ἐκόλασε
θανάτῳ προγράψαι, καὶ γέρα τοῖς ἀναιροῦσι καὶ μήνυτρα τοῖς ἐλέγ-
χουσι καὶ κολάσεις τοῖς κρύπτουσιν ἐπιγράψαι. μετ᾽ οὐ πολὺ δὲ
βουλευτὰς ἄλλους αὐτοῖς προσετίθει. . . . ἐπὶ δὲ τοὺς τῆς πόλεως
ἐκφυγόντας ζητηταὶ πάντα μαστεύοντες διέθεον, καὶ ὅσους αὐτῶν
λάβοιεν ἀνῄρουν.

Plut. Sulla, 31 ἐτόλμησε τῶν νέων εἷς, Γάϊος Μέτελλος, ἐν τῇ
συγκλήτῳ τοῦ Σύλλα πυθέσθαι, τί πέρας ἔσται τῶν κακῶν, καὶ ποῖ
προελθόντος αὐτοῦ δεῖ πεπαῦσθαι τὰ γινόμενα προσδοκᾶν, "παρ-
αιτούμεθα γάρ," εἶπεν, "οὐχ οὓς [σὺ] ἔγνωκας ἀναιρεῖν τῆς τιμωρίας,
ἀλλὰ τῆς ἀμφιβολίας οὓς ἔγνωκας σώζειν." ἀποκριναμένου δὲ τοῦ
Σύλλα μηδέπω γινώσκειν οὓς ἀφίησιν, ὑπολαβὼν ὁ Μέτελλος,
"οὐκοῦν," ἔφη, "δήλωσον οὓς μέλλεις κολάζειν." καὶ ὁ Σύλλας ἔφη
τοῦτο ποιήσειν. ἔνιοι δὲ οὐ τὸν Μέτελλον, ἀλλὰ Φουφίδιόν τινα
τῶν πρὸς χάριν ὁμιλούντων τῷ Σύλλᾳ τὸ τελευταῖον εἰπεῖν λέγουσιν.
ὁ δ᾽ οὖν Σύλλας εὐθὺς ὀγδοήκοντα προέγραψεν, οὐδενὶ τῶν ἐν τέλει
κοινωσάμενος. ἀγανακτούντων δὲ πάντων, μίαν ἡμέραν διαλιπὼν
ἄλλους προέγραψεν εἴκοσι καὶ διακοσίους, εἶτα τρίτῃ πάλιν οὐκ
ἐλάττους. ἐπὶ δὲ τούτοις δημηγορῶν εἶπεν ὅσους μεμνημένος τυγ-
χάνει προγράφειν, τοὺς δὲ νῦν διαλανθάνοντας αὖθις προγράψειν.
προέγραψε δὲ τῷ μὲν ὑποδεξαμένῳ καὶ διασώσαντι τὸν προγεγραμ-
μένον ζημίαν τῆς φιλανθρωπίας ὁρίζων θάνατον, οὐκ ἀδελφόν, οὐχ
υἱόν, οὐ γονεῖς ὑπεξελόμενος, τῷ δὲ ἀποκτείναντι γέρας δύο τάλαντα

τῆς ἀνδροφονίας, κἂν δοῦλος δεσπότην κἂν πατέρα υἱὸς ἀνέλῃ. . . .
προεγράφοντο δὲ οὐκ ἐν Ῥώμῃ μόνον, ἀλλὰ καὶ ἐν πάσῃ πόλει τῆς
Ἰταλίας [cf. Dio Cass. fr. 109. 9; Liv. Ep. lxxxviii; Val. Max.
ix. 2. 1 ; Diod. xxxviii. 19; Vellei. ii. 28; Florus ii. 9 (iii. 21) ; Plin.
Nat. Hist. vii. 137; Luc. Phars. ii. 139–233; Obsequens, 57 (118)].

Cic. de Dom. 17. 43 Proscriptionis miserrimum nomen illud
et omnis acerbitas Sullani temporis quid habet quod maxime
sit insigne ad memoriam crudelitatis? Opinor poenam in cives
Romanos nominatim sine iudicio constitutam.

Id. pro Rosc. Amer. 45. 130 Nemo est enim qui nesciat
propter magnitudinem rerum multa multos partim improbante,
partim imprudente L. Sulla commisisse. Placet igitur in his
rebus aliquid imprudentia praeteriri? Non placet, iudices, sed
necesse est. . . . Quid miramur, iudices, L. Sullam, cum solus
rem publicam regeret orbemque terrarum gubernaret imperii-
que maiestatem, quam armis receperat, legibus confirmaret,
aliqua animadvertere non potuisse?

Id. pro Sulla, 26. 72 In illa gravi L. Sullae turbulentaque
victoria quis P. Sulla mitior? . . . Quam multorum hic vitam
est a L. Sulla deprecatus! Quam multi sunt summi homines
et ornatissimi et nostri et equestris ordinis, quorum pro salute
se hic Sullae obligavit!

Id. de Off. ii. 8. 27 Sensim . . . consuetudinem et disciplinam
iam antea minuebamus, post vero Sullae victoriam penitus
amisimus; desitum est enim videri quicquam in socios iniquum,
cum exstitisset in cives tanta crudelitas [cf. ib. ii. 14. 51 ; ad Att.
ix. 10. 3; in Verr. i. 16. 43; de Leg. Agr. ii. 21. 56].

[Q. Cic.] Comm. Pet. 2. 9 (Catilina) corroboratus in caede
civium, cuius primus ad rem publicam aditus equitibus Romanis
occidendis fuit (nam illis, quos meminimus, Gallis, qui tum
Titiniorum ac Nanniorum ac Tanusiorum capita demebant,
Sulla unum Catilinam praefecerat); in quibus ille hominem
optimum Q. Caecilium, sororis suae virum, equitem Romanum,
nullarum partium, cum semper natura tum etiam aetate iam
quietum, suis manibus occidit.

Liv. Ep. lxxxviii. Marium senatorii ordinis virum, cruribus
brachiisque fractis, auribus praesectis et effossis oculis necavit
(Sulla).

Ascon. in or. in Tog. Cand. p. 84C Mari Gratidiani . . . caput
abscisum per urbem sua manu Catilina tulerat [cf. [Q. Cic.]
Comm. Pet. 3. 10; Luc. Phars. ii. 175; Florus ii. 9 (iii. 21)].

Disabilities on the descendants of the proscribed

Vellei. ii. 28 Adiectum etiam, ut bona proscriptorum venirent, exclusique paternis opibus liberi etiam petendorum honorum iure prohiberentur simulque, quod indignissimum est, senatorum filii et onera ordinis sustinerent et iura perderent.

Plut. *Sulla*, 31 ὁ δὲ πάντων ἀδικώτατον ἔδοξε, τῶν γὰρ προγεγραμμένων ἠτίμωσε καὶ υἱοὺς καὶ υἱωνοὺς καὶ τὰ χρήματα πάντων ἐδήμευσε.

Sall. *Hist*. i. 55. 6M (*Oratio Lepidi*) Quin solus omnium post memoriam humani ⟨generis⟩ supplicia in post futuros composuit [cf. Liv. *Ep*. lxxxix].

Persecutions and Confiscations throughout Italy

App. *Bell. Civ.* i. 96 πολλὴ δὲ καὶ τῶν Ἰταλιωτῶν ἀναίρεσίς τε καὶ ἐξέλασις καὶ δήμευσις ἦν, ὅσοι τι Κάρβωνος ἢ Νωρβανοῦ ἢ Μαρίου ἢ τῶν ὑπ' ἐκείνοις στρατηγούντων ὑπήκουσαν. κρίσεις τε ἦσαν ἐπὶ τούτοις ἀνὰ τὴν Ἰταλίαν ὅλην πικραὶ καὶ ἐγκλήματα ποικίλα, στρατηγίας ἢ στρατείας ἢ ἐσφορᾶς χρημάτων ἢ ἄλλης ὑπηρεσίας ἢ βουλεύσεως ὅλως κατὰ Σύλλα. . . . καὶ ταῦτ' ἤκμαζε μάλιστα κατὰ τῶν πλουσίων.

Liv. *Ep*. lxxxviii. Urbem ac totam Italiam caedibus replevit (Sulla).

Senec. *Ep. Mor*. v. 6 (47). 10 Mariana (*v.l.* Variana) clade multos splendidissime natos, senatorium per militiam auspicantes gradum, fortuna depressit, alium ex illis pastorem, alium custodem casae fecit.

Sall. *Hist*. i. 55. 17M (*Oratio Lepidi*) Proscriptionem innoxiorum ob divitias, cruciatus virorum inlustrium, vastam urbem fuga et caedibus, bona civium miserorum quasi Cimbricam praedam venum aut dono datam.

Methods of dealing with confiscated property

(a) Distribution to veterans

Cic. *de Leg. Agr*. i. 7. 21 Praetermitto . . . eum . . . nos agrum . . . concessisse, qui ager ipse per sese et Sullanae dominationi et Gracchorum largitioni restitisset.

Ib. ii. 29. 81 Nec L. Sulla, qui omnia sine ulla religione,

quibus voluit, est dilargitus, agrum Campanum attingere ausus
est; Rullus exstitit, qui ex ea possessione rem publicam de-
moveret, ex qua . . . nec Sullae dominatio deiecisset.

(b) Sale

Cic. *pro Quinct.* 24. 76 Emisti (Naevi) bona Sex. Alfeni
L. Sulla dictatore vendente [cf. eund. *pro Rosc. Amer.* 2. 6; 43.
125–6; *de Leg. Agr.* ii. 21. 56].

Sall. *Hist.* i. 55. 18M (*Oratio Lepidi*) At obiectat mihi possessiones ex bonis proscriptorum. Quod quidem scelus illius vel
maxumum est, non me neque quemquam omnium satis tutum
fuisse, si recte faceremus. Atque illa, quae tum formidine merca-
tus sum, pretio soluto, iure dominus, tamen restituo, neque pati
consilium est ullam ex civibus praedam esse.

Plin. *Nat. Hist.* xxxvi. 15. 116 C. Curio . . . opibus appara-
tuque non posset superare Scaurum—unde enim illi vitricus
Sulla et Metella mater proscriptionum sectrix?

Treatment of Italian towns

App. *Bell. Civ.* i. 96 ὡς δ᾽ ἐξέλιπε τὰ καθ᾽ ἕνα [ἄνδρα ἐγκλή-
ματα] ἐπὶ τὰς πόλεις ὁ Σύλλας μετήει καὶ ἐκόλαζε καὶ τάσδε, τῶν
μὲν ἀκροπόλεις κατασκάπτων ἢ τείχη καθαιρῶν, ἢ κοινὰς ζημίας
ἐπιτιθείς, ἢ ἐσφοραῖς ἐκτρύχων βαρυτάταις· ταῖς δὲ πλείοσι τοὺς
ἑαυτῷ στρατευσαμένους ἐπῴκιζεν ὡς ἕξων φρούρια κατὰ τῆς
Ἰταλίας, τήν τε γῆν αὐτῶν καὶ τὰ οἰκήματα ἐς τούσδε μεταφέρων
διεμέριζεν.

Liv. *Ep.* lxxxviii (quoted p. 201).

Cic. *Parad.* vi. 2. 46 Qui . . . dimissiones libertorum ad
defaenerandas diripiendasque provincias, qui expulsiones vici-
norum, qui latrocinia in agris, qui cum servis, cum libertis,
cum clientibus societates, qui possessiones vacuas, qui pro-
scriptiones locupletium, qui caedes municipiorum, qui illam
Sullani temporis messem recordetur, qui testamenta subiecta
tot, qui sublatos homines . . .

Florus ii. 9 (iii. 21) (*ad fin.*) Possis singulorum hominum ferre
poenas, municipia Italiae splendidissima sub hasta venierunt,
Spoletium, Interamnium, Praeneste, Florentia.

Degrassi *I.L.L.R.P.* i. n. 364 (*I.L.S.* 6629) (from Interamna)
(cf. Cichorius, *Röm. Stud.* 185 ff.) A. Pompeio A. f. | Clu., q.,

patrono | municipi Interamnat. | Nahartis, quod eius | opera universum | municipium ex summis | pereiculeis et diffi|cultatibus expeditum | et conservatum est, ex | testamento L. Licini T. f. | statua statuta est.

Vengeance on remains of Marius

Cic. de Leg. ii. 22. 56 C. Mari sitas reliquias apud Anienem dissipari iussit Sulla victor acerbiore odio incitatus quam si tam sapiens fuisset quam fuit vehemens. (57) Quod haud scio an timens ne suo corpori posset accidere primus e patriciis Corneliis igni voluit cremari.

Sulla appointed Dictator

App. Bell. Civ. i. 99 Ῥωμαῖοι δὲ . . . χειροτονοῦσι τὸν Σύλλαν ἐς ὅσον θέλοι τύραννον. . . . τυραννὶς ἐγίγνετο ἐντελής· τοσόνδε μέντοι προσέθεσαν εἰς εὐπρέπειαν τοῦ ῥήματος, ὅτι αὐτὸν αἱροῖντο δικτάτορα ἐπὶ θέσει νόμων, ὧν αὐτὸς ἐφ’ ἑαυτοῦ δοκιμάσειε, καὶ καταστάσει τῆς πολιτείας.

Vellei. ii. 28 Dictator creatus (cuius honoris usurpatio per annos centum et viginti intermissa; nam proximus post annum quam Hannibal Italia excesserat, uti adpareat populum Romanum usum dictatoris ut in metu desiderasse ita in otio timuisse potestatem) imperio, quo priores ad vindicandam maximis periculis rem publicam olim usi erant, eo in inmodicae crudelitatis licentiam usus est.

Plut. Sulla, 33 Δικτάτορα . . . ἑαυτὸν ἀνηγόρευσε, δι’ ἐτῶν ἑκατὸν εἴκοσι τοῦτο τὸ γένος τῆς ἀρχῆς ἀναλαβών. ἐψηφίσθη δὲ αὐτῷ πάντων ἄδεια τῶν γεγονότων, πρὸς δὲ τὸ μέλλον ἐξουσία θανάτου, δημεύσεως, κληρουχιῶν, κτίσεως, πορθήσεως, ἀφελέσθαι βασιλείαν, ᾧ βούλοιτο χαρίσασθαι.

Cic. ad Att. ix. 15. 2 Sulla potuit efficere ab interrege ut dictator diceretur [cf. App. Bell. Civ. i. 98].

Cic. de Har. Resp. 25. 54 Iterum Sulla superavit; tum sine dubio habuit regalem potestatem, quamquam rem publicam reciperarat.

Id. ad Att. viii. 11. 2 Genus illud Sullani regni [cf. eund. de Leg. Agr. iii. 2. 5; pro Lig. 4. 12; Oros. v. 21].

Liv. Ep. lxxxix. Sylla dictator factus, quod nemo unquam fecerat, cum fascibus viginti quattuor processit. Legibus novis

204   B.C. 82 · A.U.C. 672

rei publicae statum confirmavit [cf. App. *Bell. Civ.* i. 100; Polyb. iii. 87].

Lex Valeria of the interrex L. Valerius Flaccus

Cic. *de Leg. Agr.* iii. 2. 5 Omnium legum iniquissimam dissimillimamque legis esse arbitror eam quam L. Flaccus interrex de Sulla tulit, ut omnia, quaecumque ille fecisset, essent rata.... Est invidiosa lex, sicuti dixi, verum tamen habet excusationem; non enim videtur hominis lex esse, sed temporis.... Nam Valeria lege Corneliisque legibus eripitur civi, *civi* datur, coniungitur impudens gratificatio cum acerba iniuria; sed tamen imbibit illis legibus spem non nullam cui ademptum est, aliquem scrupulum cui datum est.

Id. *de Leg.* i. 15. 42 Iam vero illud stultissimum, existimare omnia iusta esse, quae scita sint in populorum institutis aut legibus. Etiamne, si quae leges sint tyrannorum? . . . Nihilo, credo, magis illa quam interrex noster tulit, ut dictator, quem vellet civium vel indicta causa impune posset occidere [cf. eund. *de Leg. Agr.* iii. 2. 8; *pro Rosc. Amer.* 43. 125 (quoted p. 211)].

Sulla assumes the name 'Felix'

Vellei. ii. 27 Occiso . . . demum eo (the younger Marius) Felicis nomen adsumpsit (Sulla) [cf. Plut. *Sulla,* 34, and see Frontin. *Strat.* i. 11. 11 L. Sulla, quo paratiorem militem ad pugnandum haberet, praedici sibi a diis futura simulavit].

Plut. *Sulla,* 34 καὶ πέρας ἐκέλευσεν ἑαυτὸν ἐπὶ τούτοις Εὐτυχῆ προσαγορεύεσθαι. τοῦτο γὰρ ὁ Φῆλιξ βούλεται μάλιστα δηλοῦν. αὐτὸς δὲ τοῖς Ἕλλησι γράφων καὶ χρηματίζων ἑαυτὸν Ἐπαφρόδιτον ἀνηγόρευε. καὶ γὰρ ἡμῖν ἐν τοῖς τροπαίοις οὕτως ἀναγέγραπται· "Λεύκιος Κορνήλιος Σύλλας Ἐπαφρόδιτος". ἔτι δὲ τῆς Μετέλλης παιδία τεκούσης δίδυμα τὸ μὲν ἄρρεν Φαῦστον, τὸ δὲ θῆλυ Φαῦσταν ὠνόμασε. [On the name 'Felix' see J.P.V. Balsdon, *J.R.S.* 1951.]

[Victor] *de Vir. Ill.* 75 Mario Praeneste interfecto Felicem se edicto appellavit.

App. *Bell. Civ.* i. 97 ἤδη δέ που γραφῇ περιέτυχον ἡγουμένῃ τὸν Σύλλαν ἐπαφρόδιτον ἐν τῷδε τῷ ψηφίσματι ἀναγραφῆναι.

Consular Elections for 81 B.C.

App. *Bell. Civ.* i. 101 οὕτω φοβερὸς (ἦν Σύλλας) καὶ ἄκρος ὀργήν, ὡς καὶ Κόιντον Λουκρήτιον Ὀφέλλαν τὸν Πραινεστὸν αὐτῷ

λαβόντα καὶ Μάριον τὸν ὕπατον ἐκπεπολιορκηκότα καὶ τὸ τέλος
αὐτῷ τῆς νίκης συναγαγόντα, ὑπατεύειν ἔτι ἱππέα ὄντα, πρὶν
ταμιεῦσαι καὶ στρατηγῆσαι, διὰ τὸ μέγεθος τῶν εἰργασμένων κατὰ
παλαιὸν ἔθος ἀξιοῦντα, καὶ τῶν πολιτῶν δεόμενον, ἐπεὶ κωλύων καὶ
ἀνατιθέμενος οὐ μετέπειθεν, ἐν ἀγορᾷ μέσῃ κτεῖναι. καὶ συναγαγὼν
τὸ πλῆθος ἐς ἐκκλησίαν εἶπεν "ἴστε μέν, ὦ ἄνδρες, καὶ παρ' ἐμοῦ δὲ
ἀκούσατε ὅτι Λουκρήτιον ἐγὼ κατέκανον ἀπειθοῦντά μοι" [cf. Liv.
Ep. lxxxix; Plut. Sulla, 33].

App. Bell. Civ. i. 100 ὁ δὲ (Σύλλας) ἐς μὲν πρόσχημα τῆς
πατρίου πολιτείας ὑπάτους αὐτοῖς ἐπέτρεψεν ἀποφῆναι, καὶ ἐγένοντο Μάρκος Τύλλιος καὶ Κορνήλιος Δολαβέλλας. αὐτὸς δ' οἷα
δὴ βασιλεύων δικτάτωρ ἐπὶ τοῖς ὑπάτοις ἦν.

EXTERNAL HISTORY

The Civil War

App. Bell. Civ. i. 87 ἀρχομένου δ' ἦρος περὶ τὸν Αἰσῖνον
ποταμὸν . . . ἀγὼν καρτερὸς ἐγένετο Μετέλλῳ τε καὶ Καρρίνᾳ
Κάρβωνος στρατηγῷ πρὸς ἀλλήλους· καὶ φεύγει μὲν ὁ Καρρίνας
πολλοὺς ἀποβαλών, τὰ δὲ περίοικα πάντα ἐς τὸν Μέτελλον ἀπὸ τῶν
ὑπάτων μετετίθετο. Μέτελλον δὲ Κάρβων καταλαβὼν ἐφρούρει
περικαθήμενος, ἔστε Μάριον τὸν ἕτερον ὕπατον μεγάλῃ μάχῃ περὶ
Πραινεστὸν ἡττῆσθαι πυθόμενος ἀνεστρατοπέδευεν ἐς Ἀρίμινον.
καὶ τοῦδε μὲν Πομπήιος τῆς οὐραγίας ἐξαπτόμενος ἠνώχλει, ἡ δὲ
περὶ Πραινεστὸν ἧσσα ὧδε ἐγένετο. Σύλλα Σήτιον καταλαβόντος,
ὁ Μάριος ἀγχοῦ στρατοπεδεύων ὑπεχώρει κατ' ὀλίγον, ὡς δ' ἦλθεν
ἐπὶ τὸν καλούμενον Ἱερὸν λιμένα, ἐξέτασσεν ἐς μάχην καὶ ἠγωνίζετο
προθύμως. ἀρχομένου δ' ἐνδιδόναι τοῦ λαιοῦ μέρους, σπεῖραι πέντε
πεζῶν καὶ δύο ἱππέων οὐκ ἀναμείνασαι τὴν τροπὴν ἐκφανῆναι, τά τε
σημεῖα ἔρριψαν ὁμοῦ καὶ πρὸς τὸν Σύλλαν μετετίθεντο. καὶ τόδ'
εὐθὺς ἦρχε τῷ Μαρίῳ δυσχεροῦς ἥττης. κοπτόμενοι γὰρ ἐς Πραινεστὸν ἔφευγον ἅπαντες, ἑπομένου τοῦ Σύλλα σὺν δρόμῳ. καὶ οἱ
Πραινέστιοι τοὺς μὲν πρώτους αὐτῶν ἐσεδέξαντο, Σύλλα δ' ἐπικει-
μένου τὰς πύλας ἀπέκλεισαν καὶ Μάριον καλωδίοις ἀνιμήσαντο.
πολὺς δ' ἄλλος ἐκ τοῦδε περὶ τοῖς τείχεσιν ἐγίγνετο φόνος, καὶ
πλῆθος αἰχμαλώτων ὁ Σύλλας ἔλαβεν, ὧν τοὺς Σαυνίτας ἔκτεινε
πάντας ὡς ἀεὶ χαλεποὺς Ῥωμαίοις γενομένους [cf. Plut. Sulla, 28;
Liv. Ep. lxxxvii; Diod. xxxviii. 15; Vellei. ii. 26; Oros. v.
20; Florus ii. 9 (iii. 21)].

Plut. Sulla, 28 καὶ τἆλλα δὲ ὁμοίως εὐτυχεῖτο διὰ τῶν στρατηγῶν

Πομπηΐου, Κράσσου, Μετέλλου, Σερουϊλίου. οὐδὲν γὰρ ἢ μικρὰ προσ-
κρούσαντες οὗτοι μεγάλας συνέτριψαν δυνάμεις τῶν πολεμίων, ὥστε
τὸν μάλιστα τὴν ἐναντίαν στάσιν συνέχοντα Κάρβωνα νύκτωρ ἀπο-
δράντα τὴν ἑαυτοῦ στρατιὰν εἰς Λιβύην ἐκπλεῦσαι [cf. App. Bell.
Civ. i. 88; Vellei. ii. 28; Oros. v. 20].

Sulla's Compact with the Italians

Liv. Ep. lxxxvi. Sylla cum Italicis populis, ne timeretur
ab his, velut erepturus civitatem et suffragii ius nuper datum,
foedus percussit.

Sulla's Confidence

Liv. Ep. lxxxvi. (Sulla) ex fiducia iam certae victoriae liti-
gatores, a quibus adibatur, vadimonia Romam deferre iussit,
cum a parte diversa urbs adhuc teneretur.

Conclusion of the Civil War

Battle at Clusium; attempt to relieve Marius in Praeneste; the Samnites march on Rome; defeat of Carbo

App. Bell. Civ. i. 89 αὐτῷ δὲ Σύλλᾳ καὶ Κάρβωνι περὶ Κλούσιον
ἐξ ἠοῦς ἐπὶ ἑσπέραν γίγνεται μάχη καρτερά. καὶ φανέντες ἀλλήλοις
ἰσόμαχοι μετὰ σκότους διεκρίθησαν.

Liv. Ep. lxxxviii. Sylla Carbonem, eius exercitu ad Clusium
ad Faventiam Fidentiamque caeso, Italia expulit.

App. Bell. Civ. i. 91 ἐν Φαοεντίᾳ Κάρβων καὶ Νωρβανὸς ἐξ
ὁδοῦ βραχὺ πρὸ ἑσπέρας ἐπὶ τὸ Μετέλλου στρατόπεδον ἐλθόντες
. . . ἀνοήτως μάλα ὑπ' ὀργῆς ἐς μάχην ἐξέταττον, ἐλπίσαντες
Μέτελλον τῷ παραλόγῳ καταπλήξειν. ἡττώμενοι δὲ . . . ἐφθείροντο
κατὰ πλῆθος.

Plut. Sulla, 29 τὸν μέντοι τελευταῖον ἀγῶνα καθάπερ ἔφεδρος
ἀθλητῇ καταπόνῳ προσενεχθεὶς ὁ Σαυνίτης Τελεσῖνος ἐγγὺς ἦλθε
τοῦ σφῆλαι καὶ καταβαλεῖν ἐπὶ θύραις τῆς Ῥώμης. ἔσπευδε μὲν
γὰρ ἅμα Λαμπωνίῳ τῷ Λευκανῷ χεῖρα πολλὴν ἀθροίσας ἐπὶ Πραινεστὸν ὡς ἐξαρπασόμενος τῆς πολιορκίας τὸν Μάριον. ἐπεὶ δ' ᾔσθετο
Σύλλαν μὲν κατὰ στόμα, Πομπήιον δὲ κατ' οὐρὰν βοηδρομοῦντας
ἐπ' αὐτόν, εἰργόμενος τοῦ πρόσω καὶ ὀπίσω πολεμιστὴς ἀνὴρ καὶ
μεγάλων ἀγώνων ἔμπειρος ἄρας νυκτὸς ἐπ' αὐτὴν ἐχώρει παντὶ
τῷ στρατοπέδῳ τὴν Ῥώμην.

Liv. *Ep.* lxxxvii. Marium erumpere temptantem reppulit (Sulla) [cf. App. *Bell. Civ.* i. 90].

App. *Bell. Civ.* i. 92 Γαλάται τε ὅσοι ἀπὸ 'Ραβέννης ἐπὶ τὰ Ἄλπεια παρήκουσιν ἀθρόως ἐς Μέτελλον μετετίθεντο.

Battle of the Colline Gate

Liv. *Ep.* lxxxviii. Cum Samnitibus, qui soli ex Italicis populis nondum arma posuerant, iuxta urbem Romanam ante portam Collinam debellavit (Sulla).

Vellei. ii. 27 At Pontius Telesinus, dux Samnitium, vir domi bellique fortissimus penitusque Romano nomini infestissimus, contractis circiter quadraginta *milibus* fortissimae pertinacissimaeque in retinendis armis iuventutis, Carbone ac Mario consulibus . . . Kal. Novembribus ita ad portam Collinam cum Sulla dimicavit, ut ad summum discrimen et eum et rem publicam perduceret . . . eo die quo circumvolans ordines exercitus sui Telesinus dictitansque adesse Romanis ultimum diem vociferabatur eruendam delendamque urbem, adiciens numquam defuturos raptores Italicae libertatis lupos nisi silva, in quam refugere solerent, esset excisa. Post primam demum horam noctis et Romana acies respiravit et hostium cessit. Telesinus postero die semianimis repertus est, victoris magis quam morientis vultum praeferens, cuius abscisum caput ferro figi gestarique circa Praeneste Sulla iussit [cf. Plut. *Sulla*, 29; App. *Bell. Civ.* i. 93; Oros v. 20; Eutrop. v. 8; Florus ii. 9 (iii. 21)].

Death of the younger Marius; surrender of Praeneste; massacre of the prisoners

Vellei. ii. 27 Tum demum desperatis rebus suis C. Marius adulescens per cuniculos, qui miro opere fabricati in diversas agrorum partis fuerunt, conatus erumpere, cum foramine e terra emersisset a dispositis in id ipsum interemptus est. Sunt qui sua manu, sunt qui concurrentem mutuis ictibus cum minore fratre Telesini una obsesso et erumpente occubuisse prodiderunt [cf. Diod. xxxviii. 15].

Liv. *Ep.* lxxxviii. C. Marius Praeneste obsessus a Lucretio Ofella Syllanarum partium viro, cum per cuniculum captaret evadere saeptum exercitu, mortem conscivit. [Id est, in ipso cuniculo, cum sentiret se evadere non posse, cum Telesino fugae comite stricto utrimque gladio concurrit. Quem cum occidisset, ipse saucius impetravit a servo ut se occideret.] [Cf. Plut. *Sulla*, 32; [Victor] *de Vir. Ill.* 68; Val. Max. vi. 8. 2; Oros. v. 21.]

App. *Bell Civ.* i. 94 Πραινέστιοι δὲ καὶ τάδε θεώμενοι, καὶ τὸν Κάρβωνος στρατὸν ἀπολωλέναι πάντα πυνθανόμενοι, αὐτόν τε [Νωρβανὸν] ἤδη φυγεῖν ἐξ Ἰταλίας, καὶ τὴν ἄλλην Ἰταλίαν καὶ Ῥώμην ἐπ' αὐτῇ Σύλλαν ἐκτενῶς κεχειρῶσθαι, τὴν πόλιν τῷ Λουκρητίῳ παρέδοσαν, Μαρίου καταδύντος ἐς τάφρους ὑπονόμους καὶ μετὰ βραχὺ καὶ ἀνελόντος ἑαυτόν. Λουκρήτιος μὲν δὴ Μαρίου τὴν κεφαλὴν ἐκτεμὼν ἔπεμπεν ἐς Σύλλαν.

Dio Cass. fr. 109. 4 τοῦτο μὲν γὰρ αὐθημερὸν τὰς κεφαλὰς τοῦ τε Δαμασίππου (see App. *Bell. Civ.* i. 92) καὶ τῶν συνεξετασθέντων αὐτῷ πρὸς τὸ Πραινέστε πέμψας (ὁ Σύλλας) ἀνεσκολόπισε, καὶ τῶν παραδόντων σφᾶς ἐθελοντὰς συχνοὺς ὡς καὶ ἄκοντας ἑλὼν ἀπέκτεινεν. καὶ τῇ ὑστεραίᾳ τοῖς τε βουλευταῖς εἰς τὸ Ἐννεῖον, ὡς καὶ ἀπολογιούμενός τι αὐτοῖς, καὶ τοῖς ζωγρηθεῖσι ἐς τὸν ἀγρὸν τὸν δημόσιον καλούμενον ὡς καὶ ἐς τὸν κατάλογον αὐτοὺς ἐσγράψων συνελθεῖν κελεύσας, τούτους ἅμα δι' ἑτέρων ἐφόνευσε, καὶ πολλοὶ τῶν ἐκ τῆς πόλεως ἀνθρώπων ἀναμιχθέντες σφίσι παραπώλοντο, καὶ ἐκείνοις αὐτὸς πικρότατα διελέξατο.

Liv. *Ep.* lxxxviii. Octo milia dediticiorum in villa publica trucidavit [cf. [Victor] *de Vir. Ill.* 75 novem milia].

Pompeius in Sicily; death of Brutus and Carbo

App. *Bell. Civ.* i. 95 οἱ μὲν τοῦ Σύλλα στρατηγοὶ τὰς πόλεις ἐπιόντες τὰ ὕποπτα ἐφρούρουν, καὶ Πομπήϊος ἔς τε Λιβύην ἐπὶ Κάρβωνα καὶ ἐς Σικελίαν ἐπὶ τοὺς ἐκεῖ Κάρβωνος φίλους ἐστέλλετο.

Liv. *Ep.* lxxxix. M. Brutus a Cn. Papirio Carbone, qui Cossyram appulerat, missus nave piscatoria Lilybaeum, ut exploraret, an ibi iam Pompeius esset, et circumventus navibus quas Pompeius miserat, in se mucrone verso ad transtrum navis obnixus corporis pondere incubuit. Cn. Pompeius in Siciliam cum imperio a senatu missus Cn. Carbonem, qui flens muliebriter mortem tulit, captum occidit.

Val. Max. ix. 13. 2 Tertio in consulatu suo iussu Pompei in Sicilia ad supplicium ductus [cf. App. *Bell. Civ.* i. 80, 96; Plut. *Pomp.* 10, 11; Cic. *ad Fam.* ix. 21. 3; Val. Max. v. 3. 5].

Eutrop. v. 8 Cn. quoque Carbo, cos. alter, ab Arimino ad Siciliam fugit, et ibi per Cn. Pompeium interfectus est; quem adulescentem Sulla atque annos unum et xx natum, cognita eius industria, exercitibus praefecerat, ut secundus a Sulla haberetur. (9) Occiso ergo Carbone Siciliam Pompeius recepit. [Victor] *de Vir. Ill.* 77 (Pompeius) Siciliam sine bello a proscriptis recepit [cf. Val. Max. vi. 2. 8 adulescentulo carnifice].

Pompey's command in Africa

Plut. *Pomp.* 11 ταῦτα πράττων ἐν Σικελίᾳ καὶ πολιτευόμενος ἐδέξατο δόγμα συγκλήτου καὶ γράμματα Σύλλα κελεύοντα εἰς Λιβύην πλεῖν καὶ πολεμεῖν Δομετίῳ κατὰ κράτος. . . . ὀξέως οὖν ἅπαντα παρασκευασάμενος . . . Σικελίας μὲν ἄρχοντα Μέμμιον κατέλιπε τὸν ἄνδρα τῆς ἀδελφῆς, αὐτὸς δ' ἀνήγετο ναυσὶ μὲν μακραῖς ἑκατὸν εἴκοσι, φορτηγοῖς δὲ . . . ὀκτακοσίαις [cf. *ib.* αὐτὸς δὲ ἦγεν ἐξ ἐντελῆ τάγματα].

Withdrawal of Sertorius to Spain

Vellei. ii. 25 (Sulla) Quintum . . . Sertorium, pro quanti mox belli facem! et multos alios, potitus eorum, dimisit incolumes.

App. *Bell. Civ.* i. 108 (ὁ Σερτώριος) ἤρητο μὲν Ἰβηρίας ἄρχειν, Κάρβωνι δ' ἐπὶ Σύλλᾳ συμμαχῶν, Σύεσσαν πόλιν ἐν σπονδαῖς κατέλαβε, καὶ φεύγων ἐπὶ τὴν στρατηγίαν ᾤχετο [cf. Plut. *Sert.* 6; App. *Bell. Civ.* i. 86; *Iber.* 101]. [This may have occurred at the end of 83. See A. Schulten, *Sertorius*, p. 39, note 210.]

Ruin of Samnium

Strabo v. 4. 11 (Σύλλας) τοὺς μὲν (Σαυνίτας) ἐν τῇ μάχῃ κατέκοψε, κελεύσας μὴ ζωγρεῖν· τοὺς δὲ ῥίψαντας τὰ ὅπλα, περὶ τρισχιλίους ἄνδρας ἢ τετρακισχιλίους φασίν, εἰς τὴν δημοσίαν ἔπαυλιν τὴν ἐν τῷ Κάμπῳ καταγαγὼν εἶρξε· τρισὶ δὲ ὕστερον ἡμέραις ἐπιπέμψας στρατιώτας ἅπαντας ἀπέσφαξε, προγραφάς τε ποιούμενος οὐκ ἐπαύσατο πρὶν ἢ πάντας τοὺς ἐν ὀνόματι Σαυνιτῶν διέφθειρεν ἢ ἐκ τῆς Ἰταλίας ἐξέβαλε· πρὸς δὲ τοὺς αἰτιωμένους τὴν ἐπὶ τοσοῦτον ὀργὴν ἔφη καταμαθεῖν ἐκ τῆς πείρας, ὡς οὐδέποτ' ἂν εἰρήνην ἀγάγοι Ῥωμαίων οὐδὲ εἷς, ἕως ἂν συμμένωσι καθ' ἑαυτοὺς Σαυνῖται. τοιγάρτοι νυνὶ κῶμαι γεγόνασιν αἱ πόλεις· ἔνιαι δ' ἐκλελοίπασι τελέως, Βοιανόν, Αἰσερνία, Πάννα, Τελεσία συνεχὴς Οὐενάφρῳ

καὶ ἄλλαι τοιαῦται, ὧν οὐδεμίαν ἄξιον ἡγεῖσθαι πόλιν. . . . Βενεουεντὸν
δ' ὅμως συνέστηκεν εὖ καὶ Οὐενουσία.

Second Mithridatic War. Defeat of L. Murena

App. Mithr. 65 Μιθριδάτης δ' ἐς 'Ρώμην ἔπεμπε πρός τε τὴν
βουλὴν καὶ πρὸς Σύλλαν, αἰτιώμενος ἃ ποιεῖ Μουρήνας. ὁ δὲ . . .
ἐς Φρυγίαν καὶ Γαλατίαν ἐπανήει, ἔνθα αὐτῷ Καλίδιος ἐπὶ ταῖς
Μιθριδάτου μέμψεσι πεμφθεὶς ἀπὸ 'Ρώμης ψήφισμα μὲν οὐδὲν
ἐπέδωκεν, ἔφη δ' ἐς ἐπήκοον ἐν μέσῳ τὴν βουλὴν αὐτῷ κελεύειν
φείδεσθαι τοῦ βασιλέως ὄντος ἐνσπόνδου. . . . καὶ ὁ Μουρήνας
οὐδὲν ἀνεὶς τῆς ὁρμῆς καὶ τότε τὴν γῆν ἐπῄει τὴν τοῦ Μιθριδάτου.
ὁ δὲ σαφῶς ὑπὸ 'Ρωμαίων ἡγούμενος πολεμεῖσθαι, Γόρδιον ἐς τὰς
κώμας . . . ἐσβαλεῖν ἐκέλευσεν. καὶ αὐτίκα ὁ Γόρδιος . . . αὐτῷ
Μουρήνα, μέσον λαβὼν ποταμόν, ἀντεκαθέζετο. μάχης δ' οὐδέ-
τερος ἦρχεν, ἕως ἀφίκετο Μιθριδάτης σὺν τῷ πλείονι στρατῷ. καὶ
εὐθὺς ἀμφὶ τῷ ποταμῷ μάχη γίγνεται καρτερά. καὶ βιασάμενος
ὁ Μιθριδάτης ἐπέρα τὸν ποταμόν, καὶ τἆλλα πολὺ κρείττων τοῦ
Μουρήνα γενόμενος . . . ἥ τε νίκη λαμπρὰ καὶ ὀξεῖα ἐξ ἐφόδου
γενομένη ταχὺ διέπτη καὶ πολλοὺς ἐς τὸν Μιθριδάτην μετέβαλεν.

B.C. 81 · A.U.C. 673

Consuls, M. TULLIUS DECULA, CN. CORNELIUS CN.F. CN.N. DOLABELLA

INTERNAL HISTORY

Triumph of Sulla

Fast. Triumph. [L. Cornelius L. f. P. n. Sull]a Felix dict(ator)
a. DCLXXII [de rege Mithridate i]v, iii k. Febr.

App. *Bell. Civ.* i. 101 ἐθριάμβευσεν ἐπὶ τῷ Μιθριδατείῳ πολέμῳ.

Val. Max. ii. 8. 7 L. Sulla, qui plurima bella civilia confecit . . . cum consummata atque constructa potentia sua
triumphum duceret, ut Graeciae et Asiae multas urbes, ita
civium Romanorum nullum oppidum vexit.

Plin. *Nat. Hist.* xxxiii. 1. 16 *In* eadem (Roma) post annos
cccvii, quod ex Capitolinae aedis incendio ceterisque omnibus
delubris C. Marius filius Praeneste detulerat, x̄iiii pondo, quae
sub eo titulo in triumpho transtulit Sulla, et argenti v̄i. [For a
full description see Plut. *Sulla,* 34.]

Annual festival in commemoration of the victory of the Colline Gate

Vellei. ii. 27 Felicitatem diei, quo Samnitium Telesinique pulsus est exercitus, Sulla perpetua ludorum Circensium honoravit memoria, qui sub eius nomine Sullanae Victoriae celebrantur.

Cic. *in Verr.* Act. i. 10. 31 Ad ludos Victoriae.

[Ascon]. *ad loc.* (p. 217St.) Hos Sylla instituit bello civili victor.

Death of Caecilia Metella during the festival (October 81 B.C.)

Plut. *Sulla*, 35 ὁ Σύλλας . . . ἑστιάσεις ἐποιεῖτο τῷ δήμῳ πολυτελεῖς· . . . διὰ μέσου δὲ τῆς θοίνης πολυημέρου γενομένης ἀπέθνησκεν ἡ Μέτελλα νόσῳ.

Comment on Sulla's victory

Cic. *pro Rosc. Amer.* 51. 149 Nimirum, iudices, pro hac nobilitate pars maxima civitatis in armis fuit; haec acta res est ut ei nobiles restituerentur in civitatem qui hoc facerent quod facere Messalam videtis, qui caput innocentis defenderent, etc.

Ib. 47. 136 Quis enim erat qui non videret humilitatem cum dignitate de amplitudine contendere? quo in certamine perditi civis erat non se ad eos iungere quibus incolumibus et domi dignitas et foris auctoritas retineretur. Quae perfecta esse et suum cuique honorem et gradum redditum gaudeo, iudices, vehementerque laetor eaque omnia deorum voluntate, studio populi Romani, consilio et imperio et felicitate L. Sullae gesta esse intellego.

Enlargement of the Pomoerium

Seneca *de Brev. Vit.* 13. 8 (Idem narrabat) Sullam ultimum Romanorum protulisse pomoerium, quod numquam provinciali, sed Italico agro adquisito proferre moris apud antiquos fuit [cf. Sall. *Hist.* i. 55. 5M (*Oratio Lepidi*)].

Sulla's Legislation and Reform of the Constitution

Law about the Proscriptions. Closing of the List

Cic. *pro Rosc. Amer.* 43. 125 Qui potuerunt ista ipsa lege, quae de proscriptione est, sive Valeria est sive Cornelia (non

enim novi nec scio), verum ista ipsa lege bona Sex. Rosci
venire qui potuerunt? Scriptum enim ita dicunt esse: 'ut eorum
bona veneant qui proscripti sunt; . . . aut eorum qui in adversariorum praesidiis occisi sunt.'

Ib. 44. 128 Opinor enim esse in lege, quam ad diem pro-
scriptiones venditionesque fiant nimirum Kalendas Iunias [cf.
Cic. *de Dom.* 30. 79 (quoted p. 218); *de Leg. Agr.* iii. 2. 5 (quoted
p. 204)].

I. *The Magistracy*

i. *The Tribunate*

Vellei. ii. 30 (Tribuniciae potestatis) Sulla imaginem sine re
(*Gelenius*: *codd.* in iure) reliquerat [cf. Sall. *Hist.* i. 55. 23M
(*Oratio Lepidi*); Dionys. v. 77; [Victor] *de Vir. Ill.* 75].

(*a*) *Limitation of the tribune's right of veto*

Cic. *de Leg.* iii. 9. 22 In ista quidem re vehementer Sullam
probo, qui tribunis plebis sua lege iniuriae faciendae potestatem ademerit, auxilii ferendi reliquerit.

Caes. *Bell. Civ.* i. 5 Nec tribunis plebis sui periculi
deprecandi neque etiam extremi iuris intercessione retinendi,
quod L. Sulla reliquerat, facultas tribuitur.

Ib. i. 7 (Caesar . . . contionatur) Sullam nudata omnibus
rebus tribunicia potestate tamen intercessionem liberam reliquisse.

Cic. *in Verr.* II. i. 60. 155 Adductus est (Q. Opimius) in iudicium, verbo quod, cum esset tribunus plebis, intercessisset contra
legem Corneliam, *re vera* quod in tribunatu dixisset contra
alicuius hominis nobilis voluntatem.

Suet. *Div. Jul.* 5 Actores restituendae tribuniciae potestatis,
cuius vim Sulla deminuerat, enixissime (Caesar) iuvit (see below,
p. 274).

(*b*) *Tribunician Legislation; permitted, but limited in accordance with the law of 88 B.C.(?)*

Lex Antonia de Termessibus (*C.I.L.* I². 2. 589; *Bruns*[7] i. 3.
14) *praescriptio.* C. Antonius M. f. Cn. Corne[*lius*] . . . C.

Fundanius C. f. tr(ibunei) pl(ebei), de s(enatus) s(ententia) plebem .... [For the date (68 B.C.?) see *C.A.H.* ix. 896 and Broughton, *M.R.R.* ii. 139 and 141, note 8.]

Liv. *Ep.* lxxxix. Tribunorum plebis potestatem minuit et omne ius legum ferendarum ademit [cf. Cic. *de Leg.* iii. 9. 22; Caes. *Bell. Civ.* i. 7 (both quoted p. 212)].

(c) *Higher career closed to the tribune*

App. *Bell. Civ.* i. 100 τὴν δὲ τῶν δημάρχων ἀρχὴν ἴσα καὶ ἀνεῖλεν, ἀσθενεστάτην ἀποφήνας, καὶ νόμῳ κωλύσας μηδεμίαν ἄλλην τὸν δήμαρχον ἀρχὴν ἔτι ἄρχειν. διὸ καὶ πάντες οἱ δόξης ἢ γένους ἀντιποιούμενοι τὴν ἀρχὴν ἐς τὸ μέλλον ἐξετρέποντο [cf. Ascon. *in Cornelian.* p. 78C, quoted p. 245].

Effects of Sulla's enactment
(1) *Decline in importance of Tribunate*

Cic. ap. Ascon. 81C Haec est controversia eius modi ut mihi *probetur* tr. pl. Cn. Domitius, Catulo M. Terpolius.

Ascon. *ib.* Contemptissimum nomen electum esse ex eis qui tr. pl. fuerant post infractam tribuniciam potestatem *a* Sulla, ante restitutam a Cn. Pompeio apparet. Fuit autem is tr. pl. ante XII annos D. Bruto et Mam. Lepido coss. (77 B.C.).

(2) *Disappearance of 'contiones'*

Cic. *pro Cluent.* 40. 110 Qui (Quinctius) quod rostra iam diu vacua locumque illum post adventum L. Sullae a tribunicia voce desertum oppresserat multitudinemque desuefactam iam a contionibus ad veteris consuetudinis similitudinem revocarat, idcirco cuidam hominum generi paulisper iucundior fuit.

ii. *Increase in number of Praetors and Quaestors*

Dio Cass. xlii. 51 (Caesar) στρατηγοὺς . . . δέκα ἐς τὸ ἐπιὸν * ἔτος ἀπέδειξε (but see Vellei. ii. 89; Cic. *pro Mil.* 15. 39).

Pompon. in *Dig.* i. 2. 2. 32 Deinde Cornelius Sulla . . . praetores quattuor adiecit (to the existing six). [Cf. Cic. *ad Fam.* viii. 8. 8 Itemque senatui placere in Ciliciam provinciam, in viii reliquas provincias, quas praetorii pro praetore optinerent....]

Tac. *Ann.* xi. 22 Lege Sullae viginti (quaestores) creati supplendo senatui [cf. *C.I.L.* I². 2. n. 587 (Bruns, *Fontes*⁷ iii. 12)].

iii. *Practical cessation of the Censorship*

Schol. Gronov. p. 326St. (*in* Cic. *Div. in Caec.* 3. 8) Decem
tribuni eligebantur antea . . . et censores . . . . Hos omnes pro
nobilitate faciens sustulit Sulla.

Cic. *de Leg.* iii. 12. 27 (p. 215, below) but cf. eund. *pro Cluent.*
54. 148 Quive in senatu sententiam dixit, dixerit (quoted p. 220,
below).

iv. *Lex Annalis*

App. *Bell. Civ.* i. 100 καὶ στρατηγεῖν ἀπεῖπε πρὶν ταμιεῦσαι,
καὶ ὑπατεύειν πρὶν στρατηγῆσαι, καὶ τὴν ἀρχὴν τὴν αὐτὴν αὖθις
ἄρχειν ἐκώλυσε πρὶν ἔτη δέκα διαγενέσθαι [cf. Caes. *Bell. Civ.* 1. 32].

v. *Provincial Administration*

Cic. *ad Fam.* i. 9. 25 Appius in sermonibus antea dictitabat,
postea dixit etiam in senatu palam sese, si licitum esset legem
curiatam ferre, sortiturum esse cum collega provinciam; si
curiata lex non esset, se paraturum cum collega tibique suc-
cessurum; legemque curiatam consuli ferre opus esse, necesse
non esse; se, quoniam ex senatus consulto provinciam haberet,
lege Cornelia imperium habiturum, quoad in urbem introisset.

Ib. iii. 6. 3 Non modo ibi non fuisti, ubi me quam primum
videre posses, sed eo discessisti quo ego te ne persequi quidem
possem triginta diebus, qui tibi ad *de*cedendum lege, ut opinor,
Cornelia constituti essent.

Ib. 6. 6 Et ut habere rationem possis, quo loco me salva
lege Cornelia convenias, ego in provinciam veni pridie K. Sex-
tiles, iter in Ciliciam facio per Cappadociam [cf. *ib.* xii. 4. 2].

Ib. iii. 10. 6 Ubi enim ego cuiquam legationi fui impedimento
quo minus Romam ad laudem tuam mitteretur? . . . Ad me
adire quosdam memini, nimirum ex Epicteto, qui dicerent nimis
magnos sumptus legatis decerni. Quibus ego non tam im-
peravi quam censui sumptus legatis quam maxime ad legem
Corneliam decernendos.

II. *The Priesthoods*

i. *Restoration of the principle of Cooptation*

Dio Cass. xxxvii. 37 (63 B.C.) καὶ τὰς αἱρέσεις τῶν ἱερέων,
γράψαντος μὲν τοῦ Λαβιήνου, σπουδάσαντος δὲ τοῦ Καίσαρος, ἐς

τὸν δῆμον αὖθις ὁ ὅμιλος, παρὰ τὸν τοῦ Σύλλου νόμον, ἐπανήγαγεν,
ἀνανεωσάμενος τὸν τοῦ Δομιτίου (see pp. 86–87).

ii. *Increases in the number of members of the religious colleges*

[Victor] *de Vir. Ill.* 75 Numerum sacerdotum auxit.
Liv. *Ep.* lxxxix. Pontificum augurumque collegium ampliavit,
ut essent quindecim.
Cic. *ad Fam.* viii. 4. 1 Invideo tibi; tam multa cotidie, quae
mirere, istoc perferuntur . . . P. Dolabellam xvvirum factum
[cf. Tac. *Ann.* vi. 12].

III. *The Senate*

i. *Immediate creation of new Senators*

Dionys. v. 77 βουλὴν . . . ἐκ τῶν ἐπιτυχόντων ἀνθρώπων
συνέστησε.
Liv. *Ep.* lxxxix. Senatum ex equestri ordine supplevit.
App. *Bell. Civ.* i. 100 αὐτῇ δὲ τῇ βουλῇ, διὰ τὰς στάσεις καὶ
τοὺς πολέμους πάμπαν ὀλιγανδρούσῃ, προσκατέλεξεν ἀμφὶ τοὺς
τριακοσίους ἐκ τῶν ἀρίστων ἱππέων, ταῖς φυλαῖς ἀναδοὺς ψῆφον
περὶ ἑκάστου [cf. *ib.* 59 (p. 165, above)].
Sall. *Cat.* 37 Multi memores Sullanae victoriae, quod ex
gregariis militibus alios senatores videbant, . . . sibi quisque,
si in armis foret, ex victoria talia sperabat.
Cic. *de leg.* iii. 12. 27 Ex iis autem, qui magistratum ceperunt,
quod senatus efficitur, populare *est* sane neminem in summum
locum nisi per populum venire, sublata cooptatione censoria.
Sall. *Hist.* i. 55. 22M (*Oratio Lepidi*) An quibus praelatus in
magistratibus capiundis Fufidius, ancilla turpis, honorum omnium dehonestamentum? [Cf. *ib.* i. 108M; Oros. v. 21. 3. L.
Fursidius primipilaris (quoted p. 199); Plut. *Sert.* 12. 3 (quoted
p. 228); App. *Bell. Civ.* iv. 25 (the Samnite Statius).]
[On Sulla's senators see R. Syme, *P.B.S.R.* xiv (1938). 22 ff.;
E. Gabba, *Athenaeum* N.S. 29 (1951), 262 ff.]

ii. *Provision for recruiting the Senate in future*

Tac. *Ann.* xi. 22 (quoted p. 213).

IV. The Citizen body and Italy

i. Abolition of corn-distributions

Licinian. p. 34F ⟨Et⟩ legem frumentariam nullo resistente tutatus est (Lepidus) ut annonae quinque modii populo darentur.

Sall. *Hist.* i. 55. 11 M (*Oratio Lepidi*) Populus Romanus, paulo ante gentium moderator . . . ne servilia quidem alimenta relicua habet.

ii. The Cornelii

App. *Bell. Civ.* i. 100 τῷ δὲ δήμῳ τοὺς δούλους τῶν ἀνῃρημένων τοὺς νεωτάτους τε καὶ εὐρώστους, μυρίων πλείους, ἐλευθερώσας ἐγκατέλεξε, καὶ πολίτας ἀπέφηνε 'Ρωμαίων, καὶ Κορνηλίους ἀφ' ἑαυτοῦ προσεῖπεν, ὅπως ἑτοίμοις ἐκ τῶν δημοτῶν πρὸς τὰ παραγγελλόμενα μυρίοις χρῶτο.

C.I.L. I². 2. n. 722 *L.* Cornelio L. f. | Sullae Feleici | dictatori | leiberteini. [See editor's note *in loc.*]

iii. Sullan colonists in Italy

App. *Bell. Civ.* i. 100 τέλεσι τοῖς ὑπὲρ ἑαυτοῦ στρατευσαμένοις τρισὶ καὶ εἴκοσιν ἐπένειμεν . . . πολλὴν ἐν ταῖς πόλεσι γῆν, τὴν μὲν ἔτι οὖσαν ἀνέμητον, τὴν δὲ τὰς πόλεις ἀφαιρούμενος ἐπὶ ζημίᾳ.

Ib. 104 ἀμφὶ δὲ τὴν 'Ιταλίαν δώδεκα μυριάδες ἀνδρῶν ἦσαν ἔναγχος ὑπεστρατευμένων καὶ δωρεὰς μεγάλας καὶ γῆν πολλὴν παρ' αὐτοῦ λαβόντων.

Cic. *in Cat.* ii. 9. 20 Hi sunt homines ex iis coloniis quas Sulla constituit; . . . ei sunt coloni qui se in insperatis ac repentinis pecuniis sumptuosius insolentiusque iactarunt. Hi dum aedificant tamquam beati, dum praediis lectis, familiis magnis, conviviis apparatis delectantur, in tantum aes alienum inciderunt ut, si salvi esse velint, Sulla sit eis ab inferis excitandus.

Liv. *Ep.* lxxxix. xxiii (*Dukerus*: *codd.* xlvii) legiones in agros captos deduxit et eos his divisit [cf. Plut. *Sulla,* 33 (quoted p. 203)]; Sall. *Hist.* i. 55. 12M (quoted p. 218)].

Florus ii. 9 (iii. 21). 27 Municipia Italiae splendidissima sub hasta venierunt, Spoletium, Interamnium, Praeneste, Florentia. Nam Sulmonem vetus oppidum socium atque amicum . . . iussit Sulla deleri.

Aleria (in Corsica). (See p. 111 above.)

Arretium. Cic. *ad Att.* i. 19. 4 Volaterranos et Arretinos, quorum agrum Sulla publicarat neque diviserat, in sua possessione retinebam.

Id. *pro Mur.* 24. 49 Catilinam (videbant) . . . circumfluentem colonorum Arretinorum et Faesulanorum exercitu: quam turbam dissimillimo ex genere distinguebant homines perculsi Sullani temporis calamitate.

Faesulae. Cic. *pro Mur.* quoted above; cf. Florus ii. 9 (above, p. 216) 'Florentia'.

Cic. *in Cat.* iii. 6. 14 Ex eis colonis quos Faesulas L. Sulla deduxit.

Licinian. p. 34F (see below, p. 234).

Clusium? Cf. Plin. *Nat. Hist.* iii. 5. 52 Clusini Veteres, Clusini Novi.

Interamnia Praetutti(an)orum. Cf. *I.L.S.* 5671 (from Teramo) Q. C. Poppaeei Q. f. patron. | municipi et coloniai | municipibus, coloneis, incoleis, | hospitibus, adventoribus | lavationem in perpetuom de | sua pecunia dant.

Nola. Cf. *I.L.S.* 6344 Decurio adlectus ex veterib. Nola. . . .

Ib. 5392 C. Catius M. f. IIIIvir . . . Genio coloniae et colonorum honoris causa (N.B. Nola later a colony of Augustus).

Pompeii. Colonia Veneria Cornelia Pompeianorum (*C.I.L.* x. p. 89); cf. *I.L.S.* 6354 (quattuorviri).

Praeneste. Flor. ii. 9 (quoted above, p. 216).

Cic. *de Leg. Agr.* ii. 28. 78 Ista dena iugera continuabunt. Nam si dicent per legem id non licere, ne per Corneliam quidem licet; at videmus, ut longinqua mittamus, agrum Praenestinum a paucis possideri.

Id. *in Cat.* i. 3. 8 Cum te Praeneste . . . occupaturum confideres, sensistin illam coloniam . . . esse munitam?

Strab. v. 3. 11 (239C) ἐκπολιορκηθέντων δέ, πρὸς τῇ κακώσει τῆς πόλεως καὶ τὴν χώραν ἀπαλλοτριοῦσθαι συμβαίνει, τῆς αἰτίας μεταφερομένης ἐπὶ τοὺς ἀναιτίους.

Urbana. Plin. *Nat. Hist.* xiv. 6. 62 Urbanam coloniam Sullanam nuper Capuae contributam.

Other settlements and assignations

Abella. Colonia in 73 B.C. Sall. *Hist.* ii. 97M . . . Incidere in colonos Abellanos praesidentis agros suos [cf. *C.I.L.* xi. 1210; *ib.* x. p. 136 (Mommsen)].

Hadria? Cf. *C.I.L.* ix. 5020 Venerius col. l(ibertus) Felix (i.e. 'col. Veneria' like Pompeii?).

Volaterrae? Cf. Cic. *ad Att.* i. 19. 4 (quoted above *s.v.* Arretium).

Spoletium? Cf. Florus ii. 9 (above, p. 216).

Suessula. Gromatici, *Lib. Col.* p. 237. 5 (Lachm.) Suessula . . . lege Sullana est deducta. Ager eius veteranis limitibus Syllanis in iugeribus est adsignatus.

Capua. Lib. Col. p. 232. 1 (Lachm.) Capua . . . ager eius lege Sullana fuerat adsignatus. (But see Cic. *de Leg. Agr.* i. 7. 21 (quoted p. 201). [For the list of towns (mainly in Latium) associated with Sulla by the *Liber Coloniarum* (Aricia, Bovillae etc.), see Mommsen, *Ges. Schr.* v. 215–16; cf. in general *ib.* 205–10 and Gabba, *Athenaeum* N.S. 29 (1951), 270–2).]

iv. *Exclusion of many Italians from the franchise*

Cic. *de Dom.* 30. 79 Populus Romanus L. Sulla dictatore ferente comitiis centuriatis municipiis civitatem ademit; ademit eisdem agros. De agris ratum est; fuit enim populi potestas; de civitate ne tam diu quidem valuit quam diu illa Sullani temporis arma valuerunt [cf. Cic. *pro Caec.* 33. 97].

Sall. *Hist.* i. 55. 12M (*Oratio Lepidi*) Sociorum et Latii magna vis civitate pro multis et egregiis factis a vobis data per unum prohibentur et plebis innoxiae patrias sedes occupavere pauci satellites mercedem scelerum.

V. *Increase of Revenues to the State from*

i. *Sulla's Asiatic Conquests*

* App. *Mithr.* 62 (Sulla to the Asiatics assembled at Ephesus) ὑμῖν ἐπιγράφω πέντε ἐτῶν φόρους ἐσενεγκεῖν αὐτίκα, καὶ τὴν τοῦ πολέμου δαπάνην, ὅση τε γέγονέ μοι καὶ ἔσται καθισταμένῳ τὰ ὑπόλοιπα.

ii. *Imposition of taxes in the Empire*

App. *Bell. Civ.* i. 102 ἔθνη τε γὰρ πάντα, καὶ βασιλεῖς ὅσοι σύμμαχοι, καὶ πόλεις οὐχ ὅσαι μόνον ὑποτελεῖς, ἀλλὰ καὶ ὅσαι ἑαυτὰς ἐνεχειρίκεσαν ἐπὶ συνθήκαις ἔνορκοι, καὶ ὅσαι διὰ συμμαχίαν ἤ τινα ἀρετὴν ἄλλην αὐτόνομοί τε καὶ φόρων ἦσαν ἀτελεῖς, τότε

πᾶσαι συντελεῖν ἐκελεύοντο καὶ ὑπακούειν, χώρας τε ἔνιαι καὶ
λιμένων κατὰ συνθήκας σφίσι δεδομένων ἀφῃροῦντο.

iii. Sale of immunities

Plut. Comp. Lys. et Sull. 3 οὕτω τὴν πόλιν πτωχὴν καὶ κενὴν
ἐποίησε χρημάτων, ὥστε ταῖς συμμαχίσι καὶ φίλαις πόλεσιν ἀργυρίου
πωλεῖν τὴν ἐλευθερίαν καὶ τὴν αὐτονομίαν.

VI. The Judicial System

i. Lex Iudiciaria

Vellei. ii. 32 Iudicandi munus, quod C. Gracchus ereptum
senatui ad equites, Sulla ab illis ad senatum transtulerat [cf.
App. Bell. Civ. i. 100 (quoted p. 215)].

Tac. Ann. xi. 22 (Quaestores) creati supplendo senatui, cui
iudicia tradiderat (Sulla).

Cic. in Verr. Act. i. 13. 37 (70 B.C.) Omnia non modo com-
memorabuntur, sed etiam expositis certis rebus agentur, quae
inter decem annos, posteaquam iudicia ad senatum translata
sunt, in rebus iudicandis nefarie flagitioseque facta sunt [cf.
[Ascon.] ad loc. p. 218St.].

Exclusion of magistrates from juries

Cic. in Verr. Act. i. 10. 30 Q. Manlium et Q. Cornificium . . .
quod tribuni plebis tum erunt, iudices non habebimus; P.
Sulpicius . . . magistratum ineat oportet Nonis Decembr.;
M. Crepereius . . . L. Cassius . . . Cn. Tremellius . . . tres hi
homines veteres tribuni militares sunt designati; ex Kal. Ianuar.
non iudicabunt.

Division into decuries

Cic. in Verr. ii. 32. 79 Hunc hominem in iudicum numero
habebimus? Hic alteram decuriam senatoriam iudex obtinebit?

Schol. Gronov. p. 335St. Per decurias erat senatus divisus;
unam decuriam P. R. dabat, ut ex hac iudices reiicerentur.

Right of Challenge

Cic. in Verr. ii. 31. 77 De se homines, si qui extra istum
ordinem sunt, quibus ne reiciendi quidem amplius quam trium

iudicum praeclarae leges Corneliae faciunt potestatem, hunc hominem tam crudelem, tam sceleratum, tam nefarium nolunt iudicare.

ii. *The new 'Quaestiones'*

Pompon. in *Dig.* i. 2. 2. 32 Deinde Cornelius Sulla quaestiones publicas constituit, veluti de falso, de parricidio, de sicariis.

Macer in *Dig.* xlviii. 1. 1 Non omnia iudicia, in quibus crimen vertitur, et publica sunt, sed ea tantum, quae ex legibus iudiciorum publicorum veniunt, ut . . . Cornelia de sicariis et veneficis.

(a) *de Sicariis et Veneficis*

Cic. *pro Cluent.* 54. 148 Quicumque fecerit, vendiderit, emerit, habuerit, dederit. . . . Deque eius capite quaerito . . . qui tribunus militum legionibus quattuor primis, quive quaestor, tribunus plebis (deinceps omnes magistratus nominavit), quive in senatu sententiam dixit, dixerit . . . qui eorum coiit, coierit, convenit, convenerit, quo quis iudicio publico condemnaretur. . . . Qui venenum malum fecit, fecerit [cf. Iustinian. *Inst.* iv. 18. 5; *Dig.* xlviii. 8 (ad legem Corneliam de sicariis et veneficis)]. [For the earlier *quaestio* see *I.L.S.* 45 and perhaps Cic. *pro Rosc. Amer.* 23. 64–65. See also above, p. 36.]

(b) *de Falsis, Testamentaria, Nummaria*

Iustinian. *Inst.* iv. 18. 7 Lex Cornelia de falsis, quae etiam testamentaria vocatur [cf. *Dig.* xlviii. 10 (de lege Cornelia de falsis etc.)].

Cic. *in Verr.* II. i. 42. 108 Multa videmus ita sancta esse legibus ut ante facta in iudicium non vocentur; Cornelia testamentaria, nummaria, ceterae complures, in quibus non ius aliquod novum populo constituitur, sed sancitur, ut, quod semper malum facinus fuerit, eius quaestio ad populum pertineat ex certo tempore.

(c) *Repetundarum*

Cic. *pro Rab. Post.* 4. 8 Est enim haec causa QVO EA PECVNIA PERVENERIT quasi quaedam appendicula causae iudicatae atque

damnatae. . . . Sin hoc totidem verbis translatum caput est,
quot fuit non modo in Cornelia sed etiam ante in lege Servilia
. . . quid agimus, iudices, aut quem hunc morem novorum
iudiciorum in rem publicam inducimus?

Prosecution of senatorial iudices for accepting bribes

Cic. *pro Cluent.* 37. 104 Fidiculanius quid fecisse dicebatur?
Accepisse a Cluentio HS CCCC. Cuius erat ordinis? Senatorii. Qua
lege in eo genere a senatore ratio repeti solet, de pecuniis repetundis, ea lege accusatus honestissime est absolutus.

(d) Maiestatis

Cic. *in Pis.* 21. 50 Mitto exire de provincia, educere exercitum, bellum sua sponte gerere, in regnum iniussu populi
Romani aut senatus accedere, quae cum plurimae leges veteres,
tum lex Cornelia maiestatis, Iulia de pecuniis repetundis plenissime vetat.

Cic. *pro Cluent.* 35. 97 At enim etiam Bulbus est condemnatus.
Adde 'maiestatis,' ut intellegas hoc iudicium cum illo non esse
coniunctum. At est hoc illi crimen obiectum. Fateor, sed etiam
legionem esse ab eo sollicitatam in Illyrico . . . planum factum
est, quod crimen erat proprium illius quaestionis, et quae res
lege maiestatis tenebatur [cf. Ascon. pp. 60, 62C].

Cic. *ad Fam.* iii. 11. 2 Est maiestas, etsi Sulla voluit, ne in
quemvis impune declamari liceret (*codd.*: liceret, ⟨ambigua⟩
Lehmann).

(e) Ambitus

Schol. Bob. p. 78 St. (in Cic. *pro Sull.* 5. 7) Superioribus
temporibus damnati lege Cornelia hoc genus poenae ferebant,
ut magistratuum petitione per decem annos abstinerent.

(f) Peculatus

Cic. *pro Mur.* 20. 42 Quid tua sors? Tristis, atrox, quaestio
peculatus [cf. *pro Cluent.* 53. 147]. [For an earlier *quaestio* (?) see
p. 180 (Pompey's trial).]

(g) de Iniuriis

Iustinian. *Inst.* iv. 4. 8 Lex Cornelia de iniuriis loquitur et
iniuriarum actionem introduxit [cf. *Dig.* iii. 3. 42. 1].

Sumptuary Law

(a) Limiting the expenses of the table

Gell. ii. 24. 11 L. Sulla dictator, cum . . . plerique in patri-
moniis amplis elluarentur et familiam pecuniamque suam
prandiorum conviviorumque gurgitibus proluissent, legem ad
populum tulit, qua cautum est, ut Kalendis, Idibus, Nonis
diebusque ludorum et feriis quibusdam sollemnibus sestertios
trecenos in cenam insumere ius potestasque esset, ceteris autem
diebus omnibus non amplius tricenos.

Macrob. *Sat.* iii. 17. 11 Has sequitur lex Cornelia et ipsa
sumptuaria quam tulit Cornelius Sulla dictator, in qua non
conviviorum magnificentia prohibita est nec gulae modus factus,
verum minora pretia rebus imposita . . . quos illic pisces, quasque
offulas nominat, et tamen pretia illis minora constituit!

(b) Limiting the cost of funerals and sepulchral monuments

Plut. *Sulla,* 35 τὸν δὲ τῆς ταφῆς ὁρίζοντα τὴν δαπάνην νόμον
αὐτὸς [παρ]εισενηνοχὼς παρέβη, μηδενὸς ἀναλώματος φεισάμενος
(on the death of Metella).

Cic. *ad Att.* xii. 36. 1 Fanum fieri volo, neque hoc mihi
eripi potest. Sepulcri similitudinem effugere non tam propter
poenam legis studeo quam ut maxime adsequar ἀποθέωσιν [cf.
ib. 35. 2].

Other Laws dealing with Morals

Plut. *Comp. Lys. et Sull.* 3 τοὺς περὶ γάμων καὶ σωφροσύνης
εἰσηγεῖτο νόμους τοῖς πολίταις αὐτὸς ἐρῶν καὶ μοιχεύων, ὥς φησι
Σαλούστιος [perhaps a part of the *lex sumptuaria,* but cf. *Dig.*
xi. 5. 3 (*de Aleatoribus*)].

S. C. de Agris Vendendis

Cic. *de Leg. Agr.* ii. 14. 35 Datur . . . eis primum ut liceat
eis vendere omnia, de quibus vendendis senatus consulta facta
sunt M. Tullio Cn. Cornelio consulibus post*ve* ea.

Triumph of Pompeius (81 or 80 B.C.?)

Plut. *Pomp.* 14 ἐκ τούτου θρίαμβον ᾔτει ὁ Πομπήϊος, ἀντέλεγε δὲ Σύλλας. . . . ὁ δὲ Πομπήϊος οὐχ ὑπέπτηξεν, ἀλλ᾿ ἐννοεῖν ἐκέλευσε τὸν Σύλλαν, ὅτι τὸν ἥλιον ἀνατέλλοντα πλείονες ἢ δυόμενον προσκυνοῦσιν. . . . πυθόμενος δὲ (ὁ Σύλλας) καὶ καταπλαγεὶς τοῦ Πομπηΐου τὴν τόλμαν ἀνεβόησε δὶς ἐφεξῆς "θριαμβευσάτω". πολλῶν δὲ δυσχεραινόντων καὶ ἀγανακτούντων . . . Σερουΐλιος, ἀνὴρ ἐπιφανὴς καὶ μάλιστα πρὸς τὸν θρίαμβον ἐνστὰς τοῦ Πομπηΐου, νῦν ἔφη τὸν Πομπήϊον ὁρᾶν καὶ μέγαν ἀληθῶς καὶ ἄξιον τοῦ θριάμβου.

[Frontin.] *Strat.* iv. 5. 1 Cn. Pompeius minantibus direpturos pecuniam militibus quae in triumpho ferretur, Servilio et Glaucia (*sic*) cohortantibus ut divideret eam . . . .

Liv. *Ep.* lxxxix. Cn. Pompeius . . . quattuor et viginti annos natus, adhuc eques Romanus, quod nulli contigerat, ex Africa triumphavit. [For the year, see E. Badian, *Hermes* 83 (1955). 107 ff.]

[Victor] *de Vir. Ill.* 77 viginti sex annos natus (Pompeius) triumphavit.

Licinian. p. 31F Et Pompeius annos natus xxv eques Romanus, quod nemo antea, pro praetore ex Africa triumphavit IIII idus Martias [cf. Plin. *Nat. Hist.* vii. 96; Plut. *Pomp.* 14].

Triumphs of Murena and Flaccus

Fasti Triumph. [L. Licinius L.f. –.n. Murena pro pr(aetore) an.] DCLXXII [de rege Mithridate – – –] [cf. Cic. *de Imp. Cn. Pomp.* 3. 8; *pro Mur.* 5. 11].

Licinian. p. 31F Et Murena ex Asia triumph*avit* et Valerius ∗ Flaccus ex Celtiberia et Gal*lia* [cf. Cic. *pro Quinct.* 24; App. *Iber.* 100; Sydenham *R.R.C.* n. 747].

Cicero's defence of Quinctius

Gell. xv. 28. 3 Dinumeratis . . . annis a Q. Caepione et Q. Serrano, quibus consulibus ante diem tertium Nonas Ianuarias M. Cicero natus est, ad M. Tullium et Cn. Dolabellam, quibus consulibus causam privatam pro Quinctio apud Aquillium Gallum iudicem dixit, sex et viginti anni reperiuntur.

Euseb. *Chron.* (Hieron. p. 233 Foth.) Vicesimo sexto anno aetatis suae Cicero Quinctium defendit.

EXTERNAL HISTORY

Asia. Close of the Second Mithridatic War

App. Mithr. 66 Σύλλα δ' οὐκ ἀξιοῦντος Μιθριδάτην ἔνσπονδον πολεμεῖσθαι, Αὖλος Γαβίνιος ἐπέμφθη Μουρήνα μὲν ἀληθῆ τήνδε προαγόρευσιν ἐρῶν μὴ πολεμεῖν Μιθριδάτῃ, Μιθριδάτην δὲ καὶ Ἀριοβαρζάνην ἀλλήλοις συναλλάξων. Memnon 26 (Jac.) Μιθριδάτης μὲν εἰς τὰ περὶ τὸν Φᾶσιν καὶ τὸν Καύκασον ἐτράπετο, Μουρήνας δὲ ἀπῆρεν εἰς τὴν Ἀσίαν καὶ τὰ οἰκεῖα ἕκαστος διετίθει.

Return of Murena to Rome

Cic. de Imp. Cn. Pomp. 3. 8 Ab eo bello (Mithridatico) . . . Murenam Sulla revocavit.

Africa. Victories of Cn. Pompeius. His name 'Magnus'

Liv. Ep. lxxxix. Cn. Pompeius in Africa Cn. Domitium proscriptum et Hiertam [codd.: v.l. Hiarbam Sigonius] regem Numidiae bellum molientes victos occidit [cf. Plut. Pomp. 11, 12; Eutrop. v. 9; Plin. Nat. Hist. vii. 96].

[Victor] de Vir. Ill. 77 (Pompeius) Numidiam Hiarbae ereptum Massinissae (sic!) restituit.

Plut. Pomp. 12 ταῖς δὲ πάσαις (sc. ἡμέραις), ὥς φασι, τεσσαράκοντα τοὺς πολεμίους συνεῖλε καὶ Λιβύην ἐχειρώσατο καὶ διῄτησε τὰ τῶν βασιλέων, ἔτος ἄγων ἐκεῖνο τέταρτον καὶ εἰκοστόν.

Plut. Pomp. 13 ἐπανελθόντι δὲ εἰς Ἰτύκην αὐτῷ γράμματα κομίζεται Σύλλα προστάττοντος ἀφιέναι μὲν τὴν ἄλλην στρατιάν, αὐτὸν δὲ μεθ' ἑνὸς τάγματος περιμένειν αὐτόθι τὸν διαδεξόμενον στρατηγόν. ἐπὶ τούτοις ἀδήλως μὲν αὐτὸς ἤχθετο καὶ βαρέως ἔφερεν, ἐμφανῶς δὲ ὁ στρατὸς ἠγανάκτει. . . . πυθόμενος δὲ (ὁ Σύλλας) τἀληθῆ καὶ πάντας ἀνθρώπους αἰσθανόμενος δέχεσθαι καὶ παραπέμπειν τὸν Πομπήϊον ὡρμωμένους μετ' εὐνοίας, ἔσπευδεν ὑπερβαλέσθαι· καὶ προελθὼν ἀπήντησεν αὐτῷ, καὶ δεξιωσάμενος ὡς ἐνῆν προθυμότατα μεγάλῃ φωνῇ Μάγνον ἠσπάσατο, καὶ τοὺς παρόντας οὕτως ἐκέλευσε προσαγορεῦσαι. . . . ἕτεροι δέ φασιν ἐν Λιβύῃ πρῶτον ἀναφώνημα τοῦτο τοῦ στρατοῦ παντὸς γενέσθαι, κράτος δὲ λαβεῖν καὶ δύναμιν ὑπὸ Σύλλα βεβαιωθέν.

Spain. Sulla's general crosses the Pyrenees
Retirement of Sertorius to Africa

Plut. *Sert.* 7 ὡς δὲ Σύλλαν μὲν ἐπυνθάνετο τῆς Ῥώμης κρατεῖν, ἔρρειν δὲ τὴν Μαρίου καὶ Κάρβωνος στάσιν, αὐτίκα προσδοκῶν (Σερτώριος) στρατιὰν διαπολεμήσουσαν αὐτῷ μεθ᾽ ἡγεμόνος ἀφίξεσθαι φράγνυται τὰ Πυρηναῖα ὄρη διὰ ⟨Λιου⟩ίου Σαλινάτορος * ἑξακισχιλίους ὁπλίτας ἔχοντος. καὶ μετ᾽ οὐ πολὺ Γάϊος Ἄννιος ἐκπεμφθεὶς ὑπὸ Σύλλα καὶ τὸν ⟨Λίου⟩ιον ἀπρόσμαχον ὁρῶν ἐν ἀπόρῳ καθῆστο παρὰ ταῖς ὑπωρείαις. Καλπουρνίου δέ τινος ἐπίκλησιν Λαναρίου δολοφονήσαντος τὸν ⟨Λίου⟩ιον καὶ τῶν στρατιωτῶν τὰ ἄκρα τῆς Πυρήνης ἐκλιπόντων, ὑπερβαλὼν Ἄννιος ἐπῄει χειρὶ μεγάλῃ τοὺς ἐμποδὼν ἀνιστάς. Σερτώριος δὲ οὐκ ὢν ἀξιόμαχος μετὰ τρισχιλίων εἰς Καρχηδόνα τὴν νέαν καταφυγὼν κἀκεῖθεν ἐπιβὰς τῶν νεῶν καὶ διαπεράσας τὸ πέλαγος Λιβύῃ κατὰ τὴν Μαυρουσίαν προσέσχεν. [For C. Annius cf. Sydenham *R.R.C.* n. 748.]

Oros. v. 23 Sertorius siquidem, vir dolo atque audacia potens, cum partium Marianarum fuisset, Syllam fugiens ex Africa dilapsus in Hispanias bellicosissimas gentes in arma excitavit [cf. perhaps *Pap. Ryl.* 473 (ed. C. S. Roberts) from Sall. *Hist.*].

Florus ii. 10 (iii. 22) Iam Africae, iam Balearibus insulis fortunam expertus usque in Oceanum Fortunatasque insulas penetravit consiliis, tandem Hispaniam armavit [cf. Plut. *Sert.* 7 ff.].

Egypt. Sulla places Alexander on the throne

App. *Bell. Civ.* i. 102 Σύλλας δὲ καὶ Ἀλέξανδρον τὸν Ἀλεξάνδρου τοῦ ἐν Αἰγύπτῳ βασιλεύσαντος υἱόν, ἀνατραφέντα μὲν ἐν Κῷ καὶ ὑπὸ Κῴων ἐκδοθέντα Μιθριδάτῃ διαφυγόντα δὲ πρὸς Σύλλαν ἐκ Μιθριδάτου καὶ συνήθη γενόμενον, ἐψηφίσατο βασιλεύειν Ἀλεξανδρέων [cf. Porphyrius Tyrius fr. 2 (11) (Jac.)].

B.C. 80 · A.U.C. 674

Consuls, L. CORNELIUS SULLA FELIX II, Q. CAECILIUS METELLUS
PIUS

INTERNAL HISTORY

App. *Bell. Civ.* i. 103 τοῦ δ᾽ ἐπιόντος ἔτους Σύλλας, καίπερ ὢν δικτάτωρ, ἐς ὑπόκρισιν ὅμως καὶ σχῆμα δημοκρατικῆς ἀρχῆς ὑπέστη καὶ ὕπατος αὖθις γενέσθαι σὺν Μετέλλῳ τῷ Εὐσεβεῖ.

Cic. *pro Sex. Rosc. Amer.* 48. 139 Dum necesse erat resque ipsa cogebat unus omnia poterat; qui postea quam magistratus creavit legesque constituit, sua cuique procuratio auctoritasque est restituta.

Metellus sent out to take the command in Spain

App. *Bell. Civ.* i. 97 Μέτελλον μὲν ἐπὶ τοῦτον (Σερτώριον) ἐξέπεμπεν (Σύλλας) εἰς Ἰβηρίαν.

Cicero's defence of Roscius of Ameria

* Gell. xv. 28. 5 Neque dubium est quin post annum, quam pro Quinctio dixerat, Sex. Roscium reum parricidii defenderit, annos iam septem atque viginti natus, L. Sulla Felice II Q. Metello Pio consulibus.

Plut. *Cic.* 3 ἀναδεξάμενος οὖν τὴν συνηγορίαν καὶ κατορθώσας ἐθαυμάσθη. [Cf. Schol. Gronov. p. 301St. Sextus Roscius . . . accusatus est . . . et absolutus.]

Lucullus' election to the Curule Aedileship

Cic. *Acad. Prior.* ii. 1. 1 (L. Lucullus) in Asiam quaestor profectus ibi permultos annos admirabili quadam laude provinciae praefuit; deinde absens factus aedilis (see p. 229).

Q. Calidius (see p. 114) a candidate for the praetorship

Cic. *pro Planc.* 29. 69 Q. Metellum Pium consulem praetoriis comitiis petente Q. Calidio populo Romano supplicasse, cum quidem non dubitaret et consul et homo nobilissimus patronum esse illum suum et familiae nobilissimae dicere [cf. Val. Max. v. 2. 7].

EXTERNAL HISTORY

Lepidus Pro-praetor in Sicily

Cic. *in Verr.* iii. 91. 212 Hoc de cella ne Lepidus quidem fecerat, cui tu successisti.

Capitulation of Samnites

Licinian. p. 32F Iam ante [anno superiore] (*sc.* 80 B.C.) et Samnites, qui Nolae erant, idem fecerunt (*sc.* sese dediderunt) metu obsidionis.

Liv. *Ep.* lxxxix. Sylla Nolam (*codd.*: Mommsen *v.l.* Aeserniam) in Samnio recepit.

Reduction of Volaterrae; 'Latinitas' given to the State

Liv. *Ep.* lxxxix. Volaterras, quod oppidum adhuc in armis erat, obsessum in deditionem accepit (Sulla).

Licinian. p. 32F Et Volaterrani se Romanis dediderunt ante occiso per seditionem lapidibus Carbone praetorio quem Sulla praefecerat [is Cn. Carbonis frater fuit] et proscriptos ex oppido dimiser*unt*, quos equites a consulibus Claudio et Servilio missi conciderunt (*sc.* 79 B.C.) [cf. Val. Max. ix. 7. (*Mil. Rom.*) 3].

Cic. *pro Caec.* 35. 102 Sulla ipse ita tulit de civitate, ut non sustulerit horum nexa atque hereditates. Iubet enim eodem iure esse quo fuerint Ariminenses; quos quis ignorat duodecim coloniarum fuisse et a civibus Romanis hereditates capere potuisse? [cf. *ib.* 7, 18].

Id. *de Dom.* 30. 79 An vero Volaterranis, cum etiam tum essent in armis, L. Sulla victor re publica reciperata comitiis centuriatis civitatem eripere non potuit, hodieque Volaterrani non modo cives sed etiam optimi cives fruuntur nobiscum simul hac civitate . . .?

Asia. Re-conquest of the Bosporus region by Mithridates

App. *Mithr.* 67 σχολὴν ἄγων ὁ Μιθριδάτης Βόσπορον ἐχειροῦτο, καὶ βασιλέα αὐτοῖς τῶν υἱέων ἕνα ἀπεδείκνυ Μαχάρην.

Surrender of Mytilene to Lucullus

Liv. *Ep.* lxxxix. . . . Mitylenae quoque in Asia, quae sola urbs post victum Mithridaten arma retinebat, expugnatae dirutaeque sunt [cf. Plut. *Luc.* 4; *Pomp.* 42].

Suet. *Div. Jul.* 2 Stipendia prima in Asia fecit . . . et a Thermo in expugnatione Mytilenarum corona civica donatus est (Caesar).

*Spain. Return of Sertorius to head the Lusitanian
communities*

Plut. *Sert.* 11 τῶν Λυσιτανῶν καλούντων ἀπῆρεν ἐκ Λιβύης.
καὶ τούτους συνέταττεν εὐθὺς αὐτοκράτωρ στρατηγός, καὶ τὴν ἐγγὺς
Ἰβηρίαν ὑπήκοον ἐποιεῖτο [cf. App. *Iber.* 101; *Mithr.* 68].
Liv. *Ep.* xc. Q. Sertorius proscriptus in ulteriore Hispania
ingens bellum excitavit [cf. Eutrop. vi. 1; Oros. v. 23; Florus
ii. 10 (iii. 22)].

*Defeat of Cotta by sea, and victory over Fufidius the
governor of Further Spain*

Plut. *Sert.* 12 Κότταν μὲν ἐν τῷ περὶ τὴν Μελλαρίαν πορθμῷ
κατεναυμάχησε, Φουφίδιον δὲ τὸν ἄρχοντα τῆς Βαιτικῆς περὶ τὸν
Βαῖτιν ἐτρέψατο δισχιλίους ἀποκτείνας Ῥωμαίων. [For Fufidius
see Sall. *Hist.* i. 55. 22M (*Oratio Lepidi*) An quibus praelatus
in magistratibus capiendis Fufidius, ancilla turpis, honorum
omnium dehonestamentum? (cf. p. 215)]

B.C. 79 · A.U.C. 675

Consuls, P. SERVILIUS VATIA, AP. CLAUDIUS PULCHER

INTERNAL HISTORY

*Sulla lays down his dictatorship, and retires into
private life*

App. *Bell. Civ.* i. 103 τῷ δ' ἑξῆς ἔτει ὁ μὲν δῆμος καὶ τότε
τὸν Σύλλαν θεραπεύων ᾑρεῖτο ὑπατεύειν. ὁ δὲ οὐκ ἀνασχόμενος
ὑπάτους μὲν αὐτοῖς ἀπέφηνε Σερουΐλιον Ἰσαυρικὸν καὶ Κλαύδιον
Ποῦλχρον· αὐτὸς δὲ τὴν μεγάλην ἀρχὴν οὐδενὸς ἐνοχλοῦντος ἑκὼν
ἀπέθετο. . . . (104) ὅν γέ φασιν ἐπειπεῖν ἐν ἀγορᾷ τὴν ἀρχὴν ἀπο-
τιθέμενον ὅτι καὶ λόγον, εἴ τις αἰτοίη, τῶν γεγονότων ὑφέξει.
Oros. v. 22 Creatis itaque P. Servilio et Appio Claudio consulibus visus est tandem Sylla privatus. Hoc fine conclusa
sunt duo bella funestissima, sociale Italicum et civile Syllanum
[cf. Plut. *Sulla*, 34].

[Victor] *de Vir. Ill.* 75 Re publica ordinata dictaturam deposuit: unde sperni coeptus Puteolos concessit. Licinian. p. 32F Data erat et Sullae provin*c*ia Gallia Cisal*pina* . . . .

Restoration of the Capitoline Temple

Plin. *Nat. Hist.* xxxvi. 6. 45 Sic est inchoatum Athenis templum Iovis Olympii, ex quo Sulla Capitolinis aedibus advexerat columnas.

Curule Aedileship of Luculli

Plin. *Nat. Hist.* viii. 7. 19 Post annos xx (from 99 B.C.) Lucullorum aedilitate curuli adversus tauros (Romae pugnasse elephantos Fenestella tradit) [cf. Licinian. p. 32F].

Cicero's defence of a woman of Arretium

Cic. *pro Caec.* 33. 97 [cf. *ib.* 35. 101; eund. *de Dom.* 30. 79 (p. 218, above)].

Cicero's visit to Athens

Cic. *Brut.* 91. 314 Cum essem biennium versatus in causis . . . Roma sum profectus. Cum venissem Athenas sex mensis cum Antiocho . . . fui [cf. eund. *de Fin.* v. 1. 1 ff.; *de Nat. Deor.* i. 3. 6; *ib.* i. 21. 59].

Consular Elections; Lepidus elected consul prior *through the influence of Pompeius*

Plut. *Pomp.* 15 ὅτε βίᾳ καὶ ἄκοντος αὐτοῦ (Σύλλα) Λέπιδον εἰς ὑπατείαν κατέστησε συναρχαιρεσιάσας καὶ τὸν δῆμον εὐνοίᾳ τῇ πρὸς ἑαυτὸν ἐκείνῳ σπουδάζοντα παρασχών, θεασάμενος αὐτὸν ἀπιόντα μετὰ πλήθους δι᾽ ἀγορᾶς ὁ Σύλλας· Ὁρῶ σ᾽, εἶπεν, ὦ νεανία, χαίροντα τῇ νίκῃ· πῶς γὰρ οὐχὶ γενναῖα ταῦτα καὶ καλά, Κάτλου τοῦ πάντων ἀρίστου Λέπιδον τὸν πάντων κάκιστον ἀποδειχθῆναι πρότερον ὕπατον, σοῦ τὸν δῆμον οὕτω παρασκευάσαντος; ὥρα μέντοι σοι μὴ καθεύδειν, ἀλλὰ προσέχειν τοῖς πράγμασιν· ἰσχυρότερον γὰρ τὸν ἀνταγωνιστὴν σεαυτῷ παρεσκεύακας. ἐδήλωσε δὲ μάλισθ᾿ ὁ Σύλλας ὅτι πρὸς Πομπήϊον οὐκ εὐμενῶς εἶχε ταῖς διαθήκαις αἷς ἔγραψεν.

Flut. *Sulla*, 34 καί τις παρὰ γνώμην αὐτοῦ θρασὺς ἀνὴρ καὶ πολέμιος ἐπίδοξος ἦν ὕπατος αἱρεθήσεσθαι, Μάρκος Λέπιδος, οὐ δι᾿ ἑαυτόν, ἀλλὰ Πομπηΐῳ σπουδάζοντι καὶ δεομένῳ τοῦ δήμου χαριζομένου. Διὸ καὶ χαίροντα τῇ νίκῃ τὸν Πομπήϊον ὁ Σύλλας ἰδὼν ἀπιόντα κτλ.

Sall. *Hist.* i. 55. 24M (*Oratio Lepidi*) Neque aliter rem publicam et belli finem ait (*sc.* Sulla), nisi maneat expulsa agris plebes, praeda civilis acerbissima, ius iudiciumque omnium rerum penes se, quod populi Romani fuit.

EXTERNAL HISTORY

Asia. Embassies received at Rome from Mithridates and Ariobarzanes

App. *Mithr.* 67 (Μιθριδάτης) ἐς Ῥώμην ἔπεμπε τοὺς συγγραψομένους τὰ συγκείμενα. ἔπεμπε δὲ καὶ Ἀριοβαρζάνης, εἴθ᾿ ἑκὼν εἴτε πρός τινων ἐνοχλούμενος, οὐκ ἀπολαμβάνειν Καππαδοκίαν ἀλλὰ τὸ πλέον αὐτῆς ἔτι Μιθριδάτην ἀφαιρεῖσθαι. Μιθριδάτης μὲν οὖν Σύλλα κελεύοντος αὐτῷ μεθεῖναι Καππαδοκίαν μεθῆκε.

Spread of Piracy in the East

App. *Mithr.* 63 ἐπέπλει δὲ αὐτὴν (Ἀσίαν) καὶ λῃστήρια πολύανδρα φανερῶς στόλοις ἐοικότα μᾶλλον ἢ λῃσταῖς, Μιθριδάτου μὲν αὐτὰ πρώτου καθέντος ἐς τὴν θάλασσαν ὅτε πάνθ᾿ ὡς οὐκ ἐς πολὺ καθέξων ἐλυμαίνετο, πλεονάσαντα δ᾿ ἐς τότε μάλιστα καὶ οὐ τοῖς πλέουσι μόνοις ἀλλὰ καὶ λιμέσι καὶ χωρίοις καὶ πόλεσιν ἐπιχειροῦντα φανερῶς. Ἰασσός γέ τοι καὶ Σάμος καὶ Κλαζομεναὶ καὶ Σαμοθρᾴκη Σύλλα παρόντος ἐλήφθησαν καὶ τὸ ἱερὸν ἐσυλήθη τὸ Σαμοθρᾴκιον χιλίων ταλάντων κόσμον, ὡς ἐνομίζετο [cf. Florus i. 41 (iii. 6)]. [For the miserable condition of Roman Asia at this time cf. App. *Mithr.* 63; Plut. *Luc.* 20; *Sert.* 24; Strabo xiii. 1. 66.]

Spain. Successes of Sertorius

Plut. *Sert.* 12 Δομίτιον δὲ Καλουῖνον ἀνθύπατον ὄντα τῆς ἑτέρας Ἰβηρίας διὰ τοῦ ταμίου καταγωνισάμενος καὶ Θωρ[άν]ιον [ἄλλον]

ἡγεμόνα τῶν ὑπὸ Μετέλλου πεμφθέντων μετὰ δυνάμεως ἀνεῖλεν,
αὐτόν τε τὸν Μέτελλον ἄνδρα Ῥωμαίων ἐν τοῖς τότε μέγιστον καὶ
δοκιμώτατον οὐκ ὀλίγοις σφάλμασι περιβαλὼν ἐς τοσαύτην ἀπορίαν
κατέστησεν, ὥστε Λεύκιον μὲν Μάλλιον ἐκ τῆς περὶ Ναρβῶνα
Γαλατίας ἐλθεῖν αὐτῷ βοηθόν.

Sall. *Hist.* i. 111M Domitium proconsulem ex citeriore Hispania cum omnibus copiis quas paraverat arcessivit (Metellus).

Florus ii. 10 (iii. 22) Prima per legatos habita certamina,
cum hinc Domitius et Thorius, inde Hirtulei proluderent.

Eutrop. vi. 1 Missi sunt contra eum duces Q. Caecilius
Metellus . . . et L. Domitius praetor. A Sertori duce Hirtuleio
Domitius occisus est. Metellus vario successu contra Sertorium
dimicavit [on Hirtuleius, Q.? or L.?, see R. Syme, *C.P.* 1955.
134].

App. *Bell. Civ.* i. 108 στρατὸν ἔχων (ὁ Σερτώριος) ἔκ τε
Ἰταλίας αὐτῆς καί τινα ἄλλον ἐκ Κελτιβήρων ἀγείρας, τούς τε πρὸ
ἑαυτοῦ στρατηγοὺς οὐ παραδιδόντας οἳ τὴν ἀρχὴν ἐς χάριν Σύλλα
τῆς Ἰβηρίας ἐξέβαλε, καὶ πρὸς Μέτελλον ἐπιπεμφθέντα ὑπὸ Σύλλα
ἀπεμάχετο γενναίως.

Liv. *Ep.* xc. L. Manlius proconsul et M. Domitius legatus
ab Hirtuleio quaestore proelio victi sunt [cf. Oros. v. 23].

Attempt of Sertorius to organize a State

Plut. *Sert.* 22 μεγαλοφροσύνης δὲ τοῦ Σερτωρίου πρῶτον μὲν τὸ
τοὺς φεύγοντας ἀπὸ Ῥώμης βουλευτὰς καὶ παρ᾽ αὐτῷ διατρίβοντας
σύγκλητον ἀναγορεῦσαι, ταμίας τε καὶ στρατηγοὺς ἐξ ἐκείνων
ἀποδεικνύναι, καὶ πάντα τοῖς πατρίοις νόμοις τὰ τοιαῦτα κοσμεῖν
[cf. App. *Mithr.* 68; *Iber.* 101].

App. *Bell. Civ.* i. 108 βουλὴν κατέλεξεν (ὁ Σερτώριος) ἐκ τῶν
συνόντων οἱ φίλων τριακοσίους, καὶ τήνδε ἔλεγεν εἶναι τὴν Ῥωμαίων
βουλήν, καὶ ἐς ὕβριν ἐκείνης σύγκλητον ἐκάλει.

B.C. 78 · A.U.C. 676

Consuls, M. AEMILIUS LEPIDUS, Q. LUTATIUS CATULUS

INTERNAL HISTORY
Death of Sulla

Liv. *Ep.* xc. Sylla decessit, honosque ei a senatu habitus
est ut in campo Martio sepeliretur.

Val. Max. ix. 3. 8 Puteolis . . . ardens indignatione, quod
Granius princeps eius coloniae pecuniam a decurionibus ad
refectionem Capitolii promissam cunctantius daret, animi con-
citatione nimia atque immoderato vocis impetu convulso pectore
spiritum cruore ac minis mixtum evomuit, nec senio iam prola-
psus, utpote LX ingrediens annum, sed alita miseriis rei publicae
inpotentia furens [cf. Plut. *Sulla*, 37; App. *Bell. Civ.* i. 105].

Plin. *Nat. Hist.* xxvi. 13. 138 Phthiriasi Sulla dictator consumptus est, nascunturque in sanguine ipso hominis animalia
exesura corpus.

Paus. i. 20. 7 Σύλλᾳ δὲ ὕστερον τούτων ἐνέπεσεν ἡ νόσος ᾗ καὶ
τὸν Σύριον Φερεκύδην ἁλῶναι πυνθάνομαι.

[Victor] *de Vir. Ill.* 75 Morbo, qui phthiriasis vocatur, interiit
[cf. Plut. *Sulla*, 36].

Funeral and Cremation of Sulla

App. *Bell. Civ.* i. 105 γίγνεται δ᾽ εὐθὺς ἐν ἄστει στάσις ἐπ᾽
αὑτῷ, τῶν μὲν ἄγειν ἀξιούντων τὸ σῶμα διὰ τῆς Ἰταλίας ἐπὶ πομπῇ
καὶ ἐς τὴν Ῥώμην ἐν ἀγορᾷ προτιθέναι καὶ ταφῆς δημοσίας ἀξιοῦν,
Λεπίδου δὲ καὶ τῶν ἀμφὶ Λέπιδον ἐνισταμένων. ἐξενίκα δ᾽ ὁ Κάτλος
καὶ οἱ Σύλλειοι.

Licinian. p. 32F . . . Condi corpus iusserat, non comburi.
Sed L. Philippus cremandum potius censuit, ne idem Sullae
eveniret quod C. Mario, cuius corpus milites inimici extractum
monimento disiecerant. Itaque iustitium fuit matronaeque eum
toto anno luxerunt. In campo Romae sepultus est amplissimo
funere elatus magna populi frequentia. Cuius rogo quom ignis
esset inlatus, non mediocris imber est insecutus.

Cic. *de Leg.* ii. 22. 57 (quoted p. 203) [cf. App. *Bell. Civ.*
i. 105, 106; Plut. *Sulla*, 38].

The consul Lepidus

Plin. *Nat. Hist.* xxxvi. 15. 109 M. Lepido Q. Catulo cos., ut
constat inter diligentissimos auctores, domus pulchrior non fuit
Romae quam Lepidi ipsius, at, Hercules, intra annos xxxv
eadem centensimum locum non optinuit.

Sedition in Rome. Opposition of Lepidus and Catulus

Cic. *in Cat.* iii. 10. 24 Dissensit M. Lepidus a clarissimo et
fortissimo viro Q. Catulo.

App. *Bell. Civ.* i. 105 ὕπατοι . . . καθίστανται Κόϊντός τε
Κάτλος ἀπὸ τῶν Συλλείων καὶ Λέπιδος Αἰμίλιος ἀπὸ τῶν ἐναντίων,
ἐχθίστω τε ἀλλήλοιν καὶ εὐθὺς ἀρξαμένω διαφέρεσθαι.

Agitation of Lepidus before the death of Sulla?

Sall. *Hist.* i. 55. 16M (*Oratio Lepidi*) Verum ego seditiosus,
uti Sulla ait, qui praemia turbarum queror, et bellum cupiens,
qui iura pacis repeto (cf. R. Syme, *Tacitus*, p. 144).

Attempts to rescind Sulla's arrangements after his death

App. *Bell. Civ.* i. 107 ἀπὸ δὲ τῆς πυρᾶς (of Sulla) χωροῦντες
εὐθὺς οἱ ὕπατοι λόγοις βλασφήμοις ἐς ἀλλήλους διεφέροντο, καὶ τὸ
ἀστικὸν ἐς αὐτοὺς διήρητο. Λέπιδος δὲ καὶ τοὺς Ἰταλικοὺς προσ-
ποιούμενος ἔλεγεν ὅτι τὴν γῆν αὐτοῖς ἣν ὁ Σύλλας ἀφήρητο ἀποδώσει.
ἄμφω μὲν οὖν ἡ βουλὴ δείσασα ὥρκωσε μὴ πολέμῳ διακριθῆναι.

Oros. v. 22 Sylla mortuo Lepidus, Marianae partis adsertor,
adversus Catulum Syllanum ducem surgens redivivos bellorum
civilium cineres suscitavit.

Licinian. p. 33F Verum ⟨ubi⟩ convenerant tribuni plebis
consules uti tribuniciam potestatem restituerent, negavit prior
Lepidus, et in contione magna pars adsensast dicenti non esse
utile restitui tribuniciam potestatem. Et extat oratio. ⟨Et⟩ legem
frumentariam nullo resistente *tut*atus est ut annonae quinque
modii populo darentur et alia multa *poll*icebatur; exules reducere, res gestas a Sulla ⟨rescindere⟩, in quorum agros milites
deduxerat restituere.

Florus ii. 11 (iii. 23) Cupidus rerum novarum per insolen-
tiam Lepidus acta tanti viri rescindere parabat; nec inmerito,
si tamen posset sine magna clade rei publicae [cf. Liv. *Ep.* xc.
quoted p. 235].

Sall. *Hist.* i. 77. 14M (*Oratio Philippi*, 77 B.C.) An Lepidi
mandata animos movere? qui placere ait sua cuique reddi et
aliena tenet, belli iura rescindi, cum ipse armis cogat, civitatem confirmari, quibus ademptam negat, concordiae gratia
tribuniciam potestatem restitui, ex qua omnes discordiae ac-
censae.

Ib. 55. 22M (*Oratio Lepidi*, early in 78 B.C.) Itaque
maximam mihi fiduciam parit victor exercitus, quoi per tot
volnera et labores nihil praeter tyrannum quaesitum est. Nisi

forte tribuniciam potestatem evorsum profecti sunt per arma,
conditam a maioribus suis, utique iura et iudicia sibimet ex-
torquerent: egregia scilicet mercede, quom relegati in paludes
et silvas contumeliam atque invidiam suam, praemia penes
paucos intellegerent.

S. C. de Asclepiade Clazomenio sociisque

Riccobono, *F.I.R.A.* i. p. 255 f. (*C.I.L.*i². n. 588; Bruns⁷ p. 176).

Caesar's return to Rome

Suet. *Div. Jul.* 3 Sullae morte comperta, simul spe novae dis-
sensionis, quae per M. Lepidum movebatur, Romam propere
redit (from Cilicia, where he was serving under Servilius).

EXTERNAL HISTORY

Rising in Etruria. Action of Lepidus leads to Civil War

Licinian. p. 34F Faesulani irruperunt in castella veteranorum
Sullanorum. ⟨Hi⟩ compluribus occisis agros eorum reddiderunt
et ⟨apud⟩ senatum defendebant. . . . Et consules . . . in Etruriam
⟨profecti sunt⟩. Verum Lepidus in montes . . . reduxit ⟨exerci-
tum⟩ . . . quom arma eodem comportarentur neque segnior
Catulus. . . . Senatus concessit execrationibus maximis ne ulla
ultra arma moverent umquam.

Sall. *Hist.* i. 65M Magna vis hominum convenerat agris
pulsa aut civitate eiecta.

Ib. 66 Uti Lepidus et Catulus decretis exercitibus maturrime
proficiscerentur.

Ib. 67 Tunc vero Etrusci cum ceteris eiusdem causae ducem
se nactos rati maximo gaudio bellum irritare.

Ib. 69 Etruria omnis cum Lepido suspecta in tumultum erat.

Exsuperantius p. 3. 22 Nam congregatis iis, in quorum possessiones novos colonos de suis militibus Sylla victor inmisit, ac
sibi coniunctis liberis proscriptorum, ingentem congregavit exercitum (Lepidus) pollicendo, si vicissent, se bona patria restiturum.

App. *Bell. Civ.* i. 107 κληρωσάμενος δ' ὁ Λέπιδος τὴν ὑπὲρ
Ἄλπεις Γαλατίαν, ἐπὶ τὰ ἀρχιρέσια οὐ κατῄει, ὡς πολεμήσων τοῖς
Συλλείοις τοῦ ἐπιόντος ἔτους ὑπὲρ τὸν ὅρκον ἀδεῶς· ἐδόκουν γὰρ
ἐς τὸ τῆς ἀρχῆς ἔτος ὡρκῶσθαι. οὐ λανθάνων δ' ἐφ' οἷς ἐβούλευεν,

ἐκαλεῖτο ὑπὸ τῆς βουλῆς· καὶ οὐδ᾽ αὐτὸς ἀγνοῶν ἐφ᾽ οἷς ἐκαλεῖτο,
ᾔει μετὰ τοῦ στρατοῦ παντὸς ὡς ἐς τὴν πόλιν εἰσελευσόμενος σὺν
αὐτῷ. κωλυόμενος δ᾽ ἐκήρυξεν ἐς τὰ ὅπλα χωρεῖν καὶ ἀντεκήρυττε
Κάτλος.

Plut. *Pomp.* 16 οὐ διεμέλλησεν (Πομπήϊος) ὅπη τράπηται, προσ-
θεὶς δὲ τοῖς ἀρίστοις ἑαυτὸν ἀπεδείχθη στρατεύματος ἡγεμὼν
ἐπὶ τὸν Λέπιδον ἤδη πολλὰ τῆς Ἰταλίας κεκινηκότα καὶ τὴν ἐντὸς
Ἄλπεων Γαλατίαν κατέχοντα διὰ Βρούτου στρατεύματι.

Liv. *Ep.* xc. M. Lepidus, cum acta Syllae temptaret rescindere, bellum excitavit.

[Victor] *de Vir. Ill.* 77 (Pompeius) Lepidum acta Syllae rescindere volentem privatus Italia fugavit.

Florus ii. 11 (iii. 23) Cum turbidis contionibus velut classico
civitatem terruisset, profectus in Etruriam arma inde et exercitum urbi admovebat.

*The East. Embassy from Mithridates unfavourably received at
Rome; alliance of Mithridates with Tigranes, and invasion of
Cappadocia by Tigranes*

App. *Mithr.* 67 καὶ ἑτέραν πρεσβείαν ἐπέπεμπεν ἐπὶ τὰς τῶν
συνθηκῶν συγγραφάς. ἤδη δὲ Σύλλα τεθνεῶτος, οὐκ ἐπαγόντων
αὐτὴν ὡς ἐν ἀσχολίᾳ τῶν προβούλων ἐπὶ τὸ κοινόν, Τιγράνη τὸν
γαμβρὸν Μιθριδάτης ἔπεισεν ἐς Καππαδοκίαν ἐμβαλεῖν ὥσπερ ἀφ᾽
ἑαυτοῦ.

*Cilicia. P. Servilius Vatia, proconsul, sent against
the pirates*

Florus i. 41 (iii. 6) Missusque in eos (Cilices) Publius Servilius,
quamvis leves et fugaces myoparonas gravi et Martia classe
turbaret, non incruenta victoria superat [cf. Liv. *Ep.* xc.].

Eutrop. vi. 3 Ad Ciliciam et Pamphyliam missus est P.
Servilius ex consule, vir strenuus. Is Ciliciam subegit [cf. Oros.
v. 23].

Suet. *Div. Jul.* 3 Meruit et (Caesar) sub Servilio Isaurico in
Cilicia sed brevi tempore.

*Spain. Indecisive struggle between Sertorius and
Metellus*

Eutrop. vi. 1 Metellus vario successu contra Sertorium dimicavit.

Florus ii. 10 (iii. 22) Cui (Sertorio) uno imperatore resistere res Romana non potuit.

Oros. v. 23. 5 Metellus multis proeliis fatigatus per devia oberrans hostem mora fatigabat.

Plut. *Pomp.* 17 Ἰβηρίαν κατέχων Σερτώριος ἐπηωρεῖτο Ῥωμαίοις φοβερός, ὥσπερ ἐπ᾿ ἔσχατον νόσημα τῶν ἐμφυλίων πολέμων εἰς τοῦτον τὸν ἄνδρα συνερρυηκότων, πολλοὺς μὲν ἤδη τῶν ἐλαττόνων στρατηγῶν ἀνῃρηκότα Μετέλλῳ δὲ Πίῳ τότε συμπεπλεγμένον, ἀνδρὶ λαμπρῷ μὲν καὶ πολεμικῷ δοκοῦντι δὲ ἀργότερον ὑπὸ γήρως τοῖς καιροῖς ἕπεσθαι τοῦ πολέμου καὶ ἀπολείπεσθαι τῶν πραγμάτων ἁρπαζομένων ὀξύτητι καὶ τάχει τοῦ Σερτωρίου παραβόλως καὶ λῃστρικώτερον αὐτῷ προσφερομένου καὶ ταράττοντος ἐνέδραις καὶ περιδρομαῖς ἄνδρα νομίμων ἀθλητὴν ἀγώνων καὶ δυνάμεως στασίμου καὶ βαρείας ἡγεμόνα [cf. Plut. *Sert.* 12, 13].

Influence of Sertorius with the Spaniards, and his methods of spreading Roman civilization in Spain

Plut. *Sert.* 14 ἔκ τε δὴ τούτων θαυμαζόμενος ἠγαπᾶτο παρὰ τοῖς βαρβάροις ὁ Σερτώριος καὶ ὅτι Ῥωμαϊκοῖς ὁπλισμοῖς καὶ τάξεσι καὶ συνθήμασιν ἀφαιρῶν τὸ μανικὸν καὶ θηριῶδες αὐτῶν τῆς ἀλκῆς ἀντὶ λῃστηρίου μεγάλου στρατὸν ἐποιεῖτο τὴν δύναμιν. . . . μάλιστα δὲ εἷλεν αὐτοὺς τὰ τῶν παίδων. τοὺς γὰρ εὐγενεστάτους ἀπὸ τῶν ἐθνῶν συναγαγὼν εἰς Ὄσκαν, πόλιν μεγάλην, διδασκάλους ἐπιστήσας Ἑλληνικῶν τε καὶ Ῥωμαϊκῶν μαθημάτων ἔργῳ μὲν ἐξωμηρεύσατο, λόγῳ δὲ ἐπαίδευεν, ὡς ἀνδράσι γενομένοις πολιτείας τε μεταδώσων καὶ ἀρχῆς. . . . ἔθους δ᾿ ὄντος Ἰβηρικοῦ, τοὺς περὶ τὸν ἄρχοντα τεταγμένους συναποθνήσκειν αὐτῷ πεσόντι, καὶ τοῦτο τῶν ἐκεῖ βαρβάρων κατάσπεισιν ὀνομαζόντων, τοῖς μὲν ἄλλοις ἡγεμόσιν ὀλίγοι τῶν ὑπασπιστῶν καὶ τῶν ἑταίρων, Σερτωρίῳ δὲ πολλαὶ μυριάδες ἀνθρώπων κατεσπεικότων ἑαυτοὺς ἠκολούθουν.

Treaty with the Gaditani

Cic. *pro Balbo* 15. 34 Gaditani, M. Lepido Q. Catulo consulibus, a senatu de foedere postulaverunt. Tum est cum Gaditanis foedus vel renovatum vel ictum; de quo foedere populus Romanus sententiam non tulit, qui iniussu suo nullo pacto potest obligari. Ita Gaditana civitas, quod beneficiis suis erga rem publicam nostram consequi potuit, quod imperatorum testimoniis, quod vetustate, quod Q. Catuli, summi viri, auctori-

tate, quod iudicio senatus, quod foedere, consecuta est; quod
publica religione sanciri potuit, id abest; populus enim se
nusquam obligavit.

Ib. 17. 39 Hoc foedere Catuli senatusque auctoritate se nobiscum coniunctissimos esse arbitrati sunt.

Macedonia

Eutrop. vi. 2 Ad Macedoniam missus est Appius Claudius post
consulatum. Levia proelia habuit contra varias gentes quae
Rhodopam provinciam incolebant, atque ibi morbo mortuus est.

Florus i. 39 (iii. 4) Appius in Sarmatas usque pervenit.

Oros. v. 23. 17 Macedonicum bellum Claudius sortitus varias
gentes, quae Rhodopaeis montibus circumfusae sunt ac tunc
Macedoniam crudelissime populabantur, ... pellere Macedoniae
finibus bello adtemptavit magnisque se malorum molibus obiecit;
unde cum animo aeger et curis circumsaeptus morbo insuper
correptus esset, interiit [cf. Ammian. xxvii. 4. 10].

Liv. *Ep.* xci. Appius Claudius procos. Thracas pluribus proeliis
vicit.

Illyricum

Eutrop. vi. 4 Ad Illyricum missus est C. Cosconius pro
consule: multam partem Dalmatiae subegit, Salonas cepit: et
conposito bello Romam post biennium rediit [cf. Oros. v. 23].

B.C. 77 · A.U.C. 677

Consuls, D. IUNIUS BRUTUS, MAM. AEMILIUS LEPIDUS LIVIANUS

INTERNAL HISTORY

*'S. C. Ultimum' passed by the Senate against Lepidus on the
proposal of L. Philippus*

Sall. *Hist.* i. 77. 22M (*Oratio Philippi*) Quare ita censeo;
quoniam ⟨M.⟩ Lepidus exercitum privato consilio paratum cum
pessimis et hostibus rei publicae contra huius ordinis auctoritatem ad urbem ducit, uti Appius Claudius interrex cum Q.
Catulo pro consule et ceteris quibus imperium est urbi praesidio
sint operamque dent ne quid res publica detrimenti capiat.

Sall. *Hist.* iii. 48. 9M (*Oratio Macri*) Tumultus intercessit Bruto et Mamerco consulibus.

Special command against Sertorius conferred on Pompeius

Plut. *Pomp.* 17 Πομπήϊος ἔχων τὴν στρατιὰν ὑφ' ἑαυτῷ διεπράττετο Μετέλλῳ πεμφθῆναι βοηθός· καὶ Κάτλου κελεύοντος οὐ διέλυεν, ἀλλ' ἐν τοῖς ὅπλοις ἦν περὶ τὴν πόλιν ἀεί τινας ποιούμενος προφάσεις, ἕως ἔδωκαν αὐτῷ τὴν ἀρχὴν Λευκίου Φιλίππου γνώμην εἰπόντος.

Val. Max. viii. 15. 8 (Pompeius) eques Romanus pro consule in Hispaniam adversus Sertorium pari imperio cum Pio Metello principe civitatis missus est.

Liv. *Ep.* xci. Cn. Pompeius cum adhuc eques Romanus esset, cum imperio consulari adversus Sertorium missus est. [Cf. [Victor] *de Vir. Ill.* 77 Praetor in Hispaniam pro consulibus missus.]

Cic. *Phil.* xi. 8. 18 Sertorianum bellum a senatu privato (Pompeio) datum est, quia consules recusabant, cum L. Philippus pro consulibus eum se mittere dixit, non pro consule [cf. eund. *de Imp. Cn. Pomp.* 21. 62; Plut. *Pomp.* 17]. [For Philippus' earlier defençe of Pompey cf. Cic. *Brut.* 64. 230.]

Cn. Cornelius Dolabella (cos. 81 B.C.) prosecuted by Caesar for extortion

Suet. *Div. Jul.* 4 Composita seditione civili Cornelium Dolabellam consularem et triumphalem repetundarum postulavit.

Plut. *Caes.* 4 ἐπανελθὼν δ' εἰς Ῥώμην Δολαβέλλαν ἔκρινε κακώσεως ἐπαρχίας, καὶ πολλαὶ τῶν ἀπὸ τῆς Ἑλλάδος πόλεων μαρτυρίας αὐτῷ παρέσχον. ὁ μὲν οὖν Δολαβέλλας ἀπέφυγε τὴν δίκην. [For his triumph, cf. Cic. *in Pis.* 19. 44.]

Cic. *Brut.* 92. 317 Videram in isdem causis, . . . pro Cn. Dolabella consulari, cum Cotta princeps adhibitus esset, priores tamen agere partis Hortensium.

Id. *pro Scauro* ap. Ascon. 26C Cum ex multis unus ei (Scauro) restaret Dolabella paternus inimicus.

Ascon. *in Scaurian.* (ad loc.) p. 26C Ne forte erretis et eundem hunc Cn. Dolabellam putetis esse in quem C. Caesaris orationes legitis, scire vos oportet duos eodem *eo* tempore fuisse et praenomine et nomine et cognomine Dolabellas. Horum igitur alterum Caesar accusavit nec damnavit.

Cicero's return from Asia

Cic. *Brut.* 91. 316 Recepi me biennio post (see p. 229).

EXTERNAL HISTORY

Civil War. Defeat and death of Lepidus

Liv. *Ep.* xc. Lepidus . . . a Q. Catulo collega Italia pulsus est et in Sardinia frustra bellum molitus perit.

Plut. *Pomp.* 16 Λέπιδος ἐπὶ τὴν Ῥώμην ῥυεὶς καὶ προσκαθήμενος ἔξωθεν ὑπατείαν ᾔτει δευτέραν, ὄχλῳ πολλῷ δεδιττόμενος τοὺς ἔνδον. ἔλυσε δὲ τὸν φόβον ἐπιστολὴ παρὰ Πομπηΐου κομισθεῖσα κατωρθωκότος ἄνευ μάχης τὸν πόλεμον. . . . Λέπιδος μὲν οὖν εὐθὺς ἐκπεσὼν τῆς Ἰταλίας ἀπεπέρασεν εἰς Σαρδόνα· κἀκεῖ νοσήσας ἐτελεύτησε δι' ἀθυμίαν.

App. *Bell. Civ.* i. 107 μικρόν τε πρὸ τοῦ Ἀρείου πεδίου μάχης αὐτοῖς γενομένης ἡττώμενος ὁ Λέπιδος καὶ οὐκ ἐς πολὺ ἔτι ἀντισχὼν ἐς Σαρδὼ διέπλευσεν, ἔνθα νόσῳ τηκεδόνι χρώμενος ἀπέθανε. καὶ ὁ στρατὸς αὐτοῦ μικρὰ κατὰ μέρος ἐνοχλήσας διελύθη.

Florus ii. 11 (iii. 23) Mulvium pontem collemque Ianiculum Lutatius Catulus Gnaeusque Pompeius, Syllanae dominationis duces atque signiferi, alio exercitu insederant. A quibus primo statim impetu retro pulsus hostisque a senatu iudicatus incruenta fuga Etruriam, inde Sardiniam recessit ibique morbo et paenitentia interiit.

Oros. v. 22. 16 Bis tunc acie certatum est; plurimi Romanorum, iam ipsa paucitate miserorum et adhuc illo furore insanientium, caesi sunt.

Eutrop. vi. 5 Intra unam tamen aestatem motus eius oppressus est.

Val. Max. ii. 8. 7 Q. Catulus M. Lepido collega suo cum omnibus seditionis copiis † extinctoque tum moderatum prae se ferens gaudium in urbem revertit [cf. Cic. *in Cat.* 3. 10. 24; Val. Max. vi. 9. 5.]

Gaul. War of Pompeius against M. Brutus, a supporter of Lepidus

Plut. *Pomp.* 16 τῶν μὲν οὖν ἄλλων ἐκράτησε ῥᾳδίως ἐπελθὼν ὁ Πομπήϊος. ἐν δὲ Μουτίνῃ τῆς Γαλατίας ἀντεκάθητο τῷ Βρούτῳ συχνὸν χρόνον. . . . Βροῦτος, εἴτε παραδοὺς τὴν δύναμιν αὐτὸς εἴτε προδοθεὶς μεταβαλομένης ἐκείνης, ἐνεχείρισε τῷ Πομπηΐῳ τὸ σῶμα, καὶ λαβὼν ἱππεῖς προπομποὺς ἀπεχώρησεν εἰς πολίχνιόν τι τῶν περὶ τὸν Πάδον, ὅπου μεθ᾽ ἡμέραν μίαν ἐπιπέμψαντος αὐτῷ τοῦ Πομπηΐου Γεμίνιον ἀνῃρέθη. καὶ πολλὴν ἔσχεν ἀπὸ τούτου Πομπήϊος αἰτίαν. γεγραφὼς γὰρ εὐθὺς ἐν ἀρχῇ τῆς μεταβολῆς πρὸς τὴν σύγκλητον ὡς ἑκὼν αὐτῷ πρόσθοιτο Βροῦτος, ἑτέρας αὖθις ἔπεμψεν ἐπιστολὰς ἀνῃρημένου τοῦ ἀνθρώπου κατηγορούσας.

Liv. *Ep.* xc. M. Brutus, qui Cisalpinam Galliam obtinebat, a Cn. Pompeio occisus est.

Oros. v. 22 Brutus in Cisalpinam Galliam fugiens persequente Pompeio apud Regium interfectus est.

Asia. Conditions in the Province

Dittenberger, *O.G.I.S.* n. 444 (from Ilium) l. 15 τὰς τῶν πόλεων θλίψεις [cf. Magie, *Roman Rule in Asia Minor* c. x. note 24; Plut. *Luc.* 20 (partly cited p. 275, below)].

Foundation of Tigranocerta

App. *Mithr.* 67 ὁ δὲ Ἀρμένιος Καππαδοκίαν σαγηνεύσας, ἐς τριάκοντα μυριάδας ἀνθρώπων ἀνασπάστους ἐς Ἀρμενίαν ἐποίησε, καὶ συνῴκιζεν αὐτοὺς μεθ᾽ ἑτέρων ἔς τι χωρίον, ἔνθα πρῶτον Ἀρμενίας τὸ διάδημα αὐτὸς περιεθήκατο, καὶ Τιγρανόκερταν ἀφ᾽ ἑαυτοῦ προσεῖπε· δύναται δ᾽ εἶναι Τιγρανόπολις.

Strabo xi. 14. 15 πόλιν ἔκτισε †πλησίον τῆς† Ἰβηρίας μεταξὺ ταύτης τε καὶ τοῦ κατὰ τὸν Εὐφράτην Ζεύγματος, ἣν ὠνόμασε Τιγρανόκερτα, ἐκ δώδεκα ἐρημωθεισῶν ὑπ᾽ αὐτοῦ πόλεων Ἑλληνίδων ἀνθρώπους συναγαγών.

Id. xii. 2. 9 διέθηκε δὲ φαύλως αὐτοὺς (Μαζακηνοὺς) Τιγράνης ὁ Ἀρμένιος, ἡνίκα τὴν Καππαδοκίαν κατέδραμεν· ἅπαντας γὰρ ἀναστάτους ἐποίησεν εἰς τὴν Μεσοποταμίαν καὶ τὰ Τιγρανόκερτα ἐκ τούτων συνῴκισε τὸ πλέον.

Spain. Successes of Sertorius, who is joined by Perperna. March of Pompeius to Spain (see p. 243)

App. *Bell. Civ.* i. 108 πρὸς Μέτελλον ἐπιπεμφθέντα ὑπὸ Σύλλα ἀπεμάχετο (Σερτώριος) γενναίως. . . . Σύλλα δ᾽ ἀποθανόντος καὶ Λεπίδου μετὰ Σύλλαν, στρατὸν ἔχων ἄλλον Ἰταλῶν ὅσον αὐτῷ Περπέννας ὁ τοῦ Λεπίδου στρατηγὸς ἤγαγεν, ἐπίδοξος ἦν στρατεύσειν

ἐπὶ τὴν Ἰταλίαν, εἰ μὴ δείσασα ἡ βουλὴ στρατόν τε ἄλλον καὶ
στρατηγὸν ἕτερον ἐπὶ τῷ προτέρῳ Πομπήϊον ἔπεμψεν ἐς Ἰβηρίαν,
νέον μὲν ἔτι ὄντα περιφανῆ δ᾽ ἐξ ὧν ἐπὶ Σύλλα περί τε Λιβύην καὶ
ἐν αὐτῇ Ἰταλίᾳ κατείργαστο [cf. ib. 80, 107].

Plut. Sert. 15 οὐ μόνον δὲ τοῖς Ἴβηρσιν ἦν ποθεινός, ἀλλὰ καὶ
τοῖς ἐξ Ἰταλίας στρατευομένοις. Περπέννα γοῦν Οὐέντωνος ἀπὸ
τῆς αὐτῆς Σερτωρίῳ στάσεως εἰς Ἰβηρίαν παραγενομένου μετὰ
χρημάτων πολλῶν καὶ μεγάλης δυνάμεως, ἰδίᾳ δὲ καθ᾽ ἑαυτὸν
ἐγνωκότος πολεμεῖν πρὸς τὸν Μέτελλον, ἐδυσχέραινον οἱ στρατιῶται,
καὶ πολὺς ἦν τοῦ Σερτωρίου λόγος ἐν τῷ στρατοπέδῳ τὸν Περπένναν
ἀνιῶν εὐγενείᾳ καὶ πλούτῳ τετυφωμένον. οὐ μὴν ἀλλ᾽ ἐπεὶ Πομπήϊος
ἠγγέλλετο τὴν Πυρήνην ὑπερβάλλων, ἀναλαβόντες οἱ στρατιῶται τὰ
ὅπλα καὶ τὰ σημεῖα τῶν τάξεων ἀναρπάσαντες κατεβόησαν τοῦ
Περπέννα, κελεύοντες ὡς τὸν Σερτώριον ἄγειν αὐτούς· εἰ δὲ μή,
καταλιπόντες ἐκεῖνον ἠπείλουν αὐτοὶ βαδιεῖσθαι πρὸς ἄνδρα σώζεσθαι
καὶ σώζειν δυνάμενον. συγχωρήσας δ᾽ οὖν ὁ Περπέννας ἤγαγεν
αὐτοὺς καὶ συνέμειξε τῷ Σερτωρίῳ πεντήκοντα καὶ τρεῖς ἔχων
σπείρας. . . . (18) μέχρι μὲν οὖν τοῖς περὶ Μέτελλον ἐπολέμει
(Σερτώριος), τὰ πλεῖστα κατευτυχεῖν ἐδόκει, γήρᾳ καὶ φυσικῇ
βραδυτῆτι τοῦ Μετέλλου πρὸς ἄνδρα τολμητὴν καὶ λῃστρικῆς μᾶλλον
ἢ στρατιωτικῆς ἡγούμενον δυνάμεως οὐκ ἀναφέροντος. ἐπεὶ δὲ
καὶ Πομπηΐῳ τὴν Πυρήνην ὑπερβαλόντι παραστρατοπεδεύσας καὶ
πᾶσαν ἅμα μὲν διδοὺς ἅμα δὲ λαμβάνων στρατηγικῶν παλαισμάτων
πεῖραν, ἀντιτεχνώμενός τε καὶ φυλαττόμενος πλεῖον εἶχε, κομιδῇ
διεβοήθη μέχρι Ῥώμης ὡς δεινότατος ὢν πόλεμον μεταχειρίσασθαι
τῶν τότε στρατηγῶν.

Cic. de Imp. Cn. Pomp. 11. 30 Testis (est) Gallia, per quam
legionibus nostris iter in Hispaniam Gallorum internicione pate-
factum est [cf. Eutrop. vi. 1; Oros. v. 23].

Successes of P. Servilius Vatia against the Pirates

Cic. in Verr. II. i. 21. 56 P. Servilius . . . Olympum vi, copiis,
consilio, virtute cepit, urbem antiquam et omnibus rebus au-
ctam et ornatam.

Oros. v. 23 Lyciam et urbes eius obsessas oppressasque cepit.
Praeterea Olympum montem pervagatus Phasidem (sic) evertit,
Corycum diruit, Tauri quoque montis latera in Ciliciam ver-
gentia perscrutatus Isauros . . . in dicionem redegit [cf. Sall.
Hist. ii. 81M; Broughton M.R.R. ii. 92, note 6].

Eutrop. vi. 3 P. Servilius . . . Lyciae urbes clarissimas

oppugnavit et cepit; in his Phaselidem, Olympum, Corycum [Ciliciae]. [On Lycian Corycus see Ormerod, *J.R.S.* xii.
35 ff.]

Cic. *de Leg. Agr.* ii. 19. 50 Iubet venire quae Attalensium, quae
Phaselitum, quae Olympenorum fuerint, agrumque Aperensem
et Oroandicum et Gedusanum (?). Haec P. Servili imperio et
victoria . . . vestra facta sunt.

Florus i. 41 (iii. 6) Nec mari submovisse contentus validis-
simas urbes eorum et diutina praeda abundantes Phaselin et
Olympon evertit.

B.C. 76 · A.U.C. 678

Consuls, CN. OCTAVIUS, C. SCRIBONIUS CURIO

INTERNAL HISTORY

Attempt of the tribune L. (or Cn.?) Sicinius to restore the tribunate

Sall. *Hist.* iii. 48. 8M (*Oratio Macri*) L. Sicinius primus
(post Sullam) de potestate tribunicia loqui ausus mussantibus
vobis circumventus.

Ib. 10 (*Oratio Macri*) Dein C. Curio ad exitium usque insontis
tribuni dominatus est.

Cic. *Brut.* 60. 217 (Cn. Sicinius), cum tribunus pl. Curionem et
Octavium consules produxisset Curioque multa dixisset sedente
Cn. Octavio conlega, . . . 'Numquam,' inquit, 'Octavi, conlegae
tuo gratiam referes; qui nisi se suo more iactavisset, hodie te
istic muscae comedissent.' Memoria autem ita fuit nulla, ut
aliquotiens, tria cum proposuisset, aut quartum adderet aut
tertium quaereret.

[Ascon.] *in Div.* p. 189St. Primus Sicinius tribunus plebis,
nec multo post Quintius, et postremo Palicanus perfecerant
ut tribuniciam potestatem populo darent consules Cn. Pompeius Magnus et M. Licinius Crassus [cf. Plut. *Crass.* 7].

Prosecution of C. Antonius by Julius Caesar

Ascon. *in Or. in Tog. Cand.* p. 84C (Antonius) multos in
Achaea spoliaverat nactus de exercitu Sullano equitum turmas.

Deinde Graeci qui spoliati erant eduxerunt Antonium in ius
ad M. Lucullum praetorem qui ius inter peregrinos dicebat.
Egit pro Graecis ⟨C. Caesar⟩ etiam tum adulescentulus . . .
et cum Lucullus id quod Graeci postulabant decrevisset, appellavit tribunos Antonius iuravitque se ideo eiurare, quod
aequo iure uti non posset.
[Q. Cic.] Comm. Pet. 2. 8 Vocem denique (Antonii) audivimus
iurantis se Romae iudicio aequo cum homine Graeco certare
non posse. [Plut. (Caes. 4), who misnames the accused 'Publius,'
wrongly places the trial in the province of Macedonia.]

Cicero as a pleader in Rome

Cic. Brut. 92. 318 Unum . . . annum, cum redissemus ex
Asia, causas nobilis egimus, cum quaesturam nos, consulatum
Cotta, aedilitatem peteret Hortensius.

EXTERNAL HISTORY

Spain. Victory of Metellus over Hirtuleius

Liv. Ep. xci. Q. Metellus pro cos. L. Hirtuleium, quaestorem
Sertorii, cum exercitu cecidit.
Oros. v. 23 Hirtuleius cum Metello congressus apud Italicam
Baeticae urbem viginti milia militum perdidit victusque in
Lusitaniam cum paucis refugit.

Arrival of Pompey in Spain

[For the date see Gelzer, P–W, s.v. 'Pompeius' n. 31. col.
2080.]

Victory of Sertorius over Pompeius at Lauro

App. Bell. Civ. i. 109 ἀφικομένου δ' ἐς Ἰβηρίαν (Πομπηίου)
αὐτίκα ὁ Σερτώριος τέλος ὅλον, ἐπὶ χορτολογίᾳ ἐξιόν, αὐτοῖς ὑποζυ-
γίοις καὶ θεράπουσι συνέκοψε, καὶ Λαύρωνα πόλιν ἐφορῶντος αὐτοῦ
Πομπηίου διήρπασε καὶ κατέσκαψεν.
Frontin. Strat. ii. 5. 31 Hoc primum proelium inter Sertorium et Pompeium fuit: x milia hominum de Pompei exercitu amissa et omnia inpedimenta Livius auctor est. [For the
strategy by which the battle was won see the whole chapter of
Frontinus. Cf. Plut. Sert. 18; Sall. Hist. ii. 29, 30M.]

Oros. v. 23. 6 Pompeius contracto apud Palantiam exercitu
Lauronem civitatem, quam tunc Sertorius oppugnabat, frustra
conatus defendere victus aufugit. Sertorius superato fugatoque Pompeio Lauronem captam cruentissime depopulatus est;
reliquum agmen Lauronensium, quod caedibus superfuerat,
miserabili in Lusitaniam captivitate traduxit.

Plut. *Sert.* 18 πολλαὶ τῶν ὑπὸ Σερτωρίῳ πόλεων ἀποβλέψασαι
πρὸς αὐτὸν (Πομπήϊον) ὁρμὴν μεταβολῆς ἔσχον, εἶτα ἐπαύσαντο
τοῦ περὶ Λαύρωνα πάθους παρὰ πᾶσαν ἐλπίδα συμβάντος.

Sall. *Hist.* ii. 35M At Sertorius vacuus hieme copias augere
[cf. *ib.* 47. 6M, quoted p. 246; Plut. *Pomp.* 18; Flor. ii. 10
(iii. 22). For the capture of Contrebia by Sertorius see Liv. *ex
lib.* xci (fr. 18, Teubner)].

Final Asiatic campaign of Servilius (probably concluded in
75 B.C.)

Liv. *Ep.* xciii. P. Servilius procos. in Cilicia Isauros domuit
et aliquot urbes piratarum expugnavit [cf. Sall. *Hist.* ii. 87M
(75 B.C.)].

Strabo xii. 6. 2 παρέσχον δὲ καὶ 'Ρωμαίοις πράγματα, καὶ τῷ
'Ἰσαυρικῷ προσαγορευθέντι Πουβλίῳ Σερβιλίῳ ὃν ἡμεῖς εἴδομεν, ὃς
καὶ ταῦτα ὑπέταξε 'Ρωμαίοις καὶ τὰ πολλὰ τῶν πειρατῶν ἐρύματα
ἐξεῖλε τὰ ἐπὶ τῇ θαλάττῃ.

Eutrop. vi. 3 Isauros quoque adgressus in dicionem redegit atque intra triennium bello finem dedit.

Oros. v. 23 Isauros bello fractos in dicionem redegit; primus
Romanorum per Taurum duxit exercitum ac limitem itineris
fecit. Triennio emenso quo bellum gestum est Isaurici nomen adsumpsit [cf. Florus i. 41 (iii. 6)].

Ammian. xiv. 8. 4 Hae duae provinciae (Cilicia and Isauria)
bello quondam piratico catervis mixtae praedonum a Servilio
pro consule missae sub iugum factae sunt vectigales. [For Caesar's
adventures in Asia see Plut. *Caes.* 1, 2; Suet. *Div. Jul.* 4.]

B.C. 75 · A.U.C. 679

Consuls, L. OCTAVIUS, C. AURELIUS M.F. COTTA

INTERNAL HISTORY

Sall. *Hist.* ii. 42M Dein L. Octavius et C. Cotta consulatum
ingressi, quorum Octavius languide et incuriose fuit, Cotta

promptius sed ambitione tum ingenita largitione cupiens gratiam singulorum. [For his triumph, cf. Cic *in Pis.* 16. 62; Ascon. ad loc. (14C).]

Cic. *Brut.* 56. 205 (see p. 137); *ib.* (207) Cottam autem miror summum ipsum oratorem minimeque ineptum Aelianas levis oratiunculas voluisse existimari suas [cf. eund. *de Or.* iii. 3. 11].

Sall. *Hist.* ii. 98D (M) Sed consules decretas a patribus provincias inter se paravere: Cotta Galliam citeriorem habuit, Ciliciam Octavius.

Cic. *in Verr.* iii. 7. 18 (Consuls exercise censorial functions).

Leges Aureliae (of the consul C. Aurelius Cotta)

(a) *Law removing the disqualification of tribunes for higher offices*

Ascon. *in Cornelian.* p. 66C Neque apud Sallustium neque apud Livium neque apud Fenestellam ullius alterius latae ab eo legis *est* mentio praeter eam quam in consulatu *tulit invita* nobilitate magno populi studio, ut eis *qui tr. pl.* fuissent alios quoque magistratus *capere* liceret; quod lex ⟨a⟩ dictatore L. Sulla paucis *annis ante* lata prohibebat.

Cic. *pro Cornelio* (ap. Ascon. 78C) (Nobiles) inimicissimi C. Cottae fuerunt, quod is consul paulum tribunis plebis non potestatis sed dignitatis addidit.

Ascon. *in Cornelian.* p. 78C Hic Cotta . . . legem tulit ut tribunis plebis liceret postea alios magistratus capere: quod lege Sullae eis erat ademptum.

Sall. *Hist.* iii. 48. 8M (*Oratio Macri*) Nisi forte C. Cotta, ex factione media consul, aliter quam metu iura quaedam tribunis plebis restituit.

(b) *Lex Aurelia de iudiciis privatis*

Cic. *pro Cornelio* (ap. Ascon. p. 66C) Possum dicere hominem summa prudentia spectatum C. Cottam de suis legibus abrogandis ipsum ad senatum rettulisse.

Cic. *pro Cornelio* ap. Ascon. p. 67C Possum etiam eiusdem Cottae legem de iudiciis privatis anno post quam lata sit a fratre eius ⟨abrogatam⟩ (74 B.C.).

Ascon. *ad loc. M.* Cottam significat. Fuerunt autem *fratres* tres: duo hi, C., M., tertius L. Cotta . . . adeptique sunt omnes consulatum.

Tumult arising from a scarcity of corn

* Sall. *Hist.* ii. 45M *Annonae* intolerabilis saevitia. Qua re fatigata plebes forte consules ambo Q. Metellum, cui postea Cretico cognomentum fuit, candidatum praetorium sacra via deducentis cum magno tumultu invadit fugientisque secuta ad Octavi domum quae propior erat. . . .

Financial difficulties created by the State of War throughout the Empire

Sall. *Hist.* ii. 47. 6–7M (*Oratio Cottae*) Consules nos fecistis, Quirites, domi bellique impeditissima re publica; namque imperatores Hispaniae stipendium, milites, arma, frumentum poscunt—et id res cogit, quoniam defectione sociorum et Sertorii per montis fuga neque manu certare possunt neque utilia parare—; exercitus in Asia Ciliciaque ob nimias opes Mithridatis aluntur, Macedonia plena hostium est nec minus Italiae maritima et provinciarum, cum interim vectigalia parva et bellis incerta vix partem sumptuum sustinent: ita classe quae commeatus tuebatur minore quam antea navigamus.

Triumph of P. Servilius Isauricus

Cic. *in Verr.* II. i. 21. 57 P. Servilius, quae signa atque ornamenta ex urbe hostium, vi et virtute capta, belli lege atque imperatorio iure sustulit, ea populo Romano adportavit, per triumphum vexit, in tabula publica ad aerarium perscribenda curavit [prob. 74 B.C.; cf. chronological order in Liv. *Ep.* xciii].

EXTERNAL HISTORY

Spain. Sertorius' disposition of his forces and plan of campaign

Liv. *ex lib.* xci. (fr. 18, Teubner) Principio veris M. Perpernam cum viginti milibus peditum, equitibus mille quingentis, in Ilercaonum gentem misit, ad tuendam regionis eius maritimam oram; datis praeceptis quibus itineribus duceret ad defendendas socias urbes, quas Pompeius oppugnaret, quibusque ipsum agmen Pompei ex insidiis adgrederetur. Eodem tempore et ad

Herennuleium (*sic*), qui in isdem locis erat, litteras misit, et in alteram provinciam ad L. Hirtuleium, praecipiens quem ad modum bellum administrari vellet: ante omnia, ut ita socias civitates tueretur ne acie cum Metello dimicaret, cui nec auctoritate nec viribus par esset. Ne ipsi quidem consilium esse ducere *ad*versus Pompeium: neque in aciem descensurum eum credebat. Si traheretur bellum, hosti cum mare ab tergo provinciasque omnes in potestate haberet, navibus undique commeatus venturos: ipsi autem, consumptis priore aestate quae praeparata fuissent, omnium rerum inopiam fore. Perpernam in maritimam regionem superpositum, ut ea quae integra adhuc ab hoste sint tueri posset, et, si qua occasio detur, incautos per tempus adgressurum.

Successes of the Romans during the year

Sall. *Hist.* ii. 98. 6M (from letter of Pompeius to the Senate) Castra hostium apud Sucronem capta et proelium apud flumen Turiam et dux hostium C. Herennius cum urbe Valentia et exercitu deleti satis clara vobis sunt.

App. *Bell. Civ.* i. 110 ἀρχομένου δ' ἦρος ἐπῄεσαν ἀλλήλοις Μέτελλος μὲν καὶ Πομπήϊος ἀπὸ τῶν Πυρηναίων ὀρῶν, ἔνθα διεχείμαζον, Σερτώριος δὲ καὶ Περπέννας ἐκ Λυσιτανίας. καὶ συμβάλλουσιν ἀλλήλοις περὶ πόλιν ᾗ ὄνομα Σούκρων. κτύπου δ' ἐν αἰθρίᾳ φοβεροῦ καὶ ἀστραπῶν παραλόγων γενομένων, τάδε μὲν ὡς ἐμπειροπόλεμοι διέφερον ἀκαταπλήκτως πολὺν δ' ἀλλήλων φόνον ἐξειργάζοντο, μέχρι Μέτελλος μὲν Περπένναν ἐτρέψατο καὶ τὸ στρατόπεδον αὐτοῦ διήρπαζεν, ὁ δὲ Σερτώριος ἐνίκα Πομπήϊον, καὶ ἐτρώθη δόρατι ἐς τὸν μηρὸν ἐπικινδύνως ὁ Πομπήϊος. . . . οὐ πολὺ δὲ ὕστερον ἀγῶνα μέγαν ἠγωνίσατο περὶ Σαγοντίαν ἐκ μεσημβρίας ἐπὶ ἄστρα. καὶ αὐτὸς μὲν ἱππομαχῶν ἐκράτει τοῦ Πομπηΐου, καὶ ἔκτεινεν ἐς ἑξακισχιλίους ἀποβαλὼν ἐς ἡμίσεας· Μέτελλος δὲ καὶ τότε Περπένναν περὶ πεντακισχιλίους διέφθειρε. καὶ ὁ Σερτώριος μετὰ τὴν μάχην τῆς ἐπιούσης ἡμέρας πολλοὺς βαρβάρους προσλαβὼν ἐπέδραμεν ἀδοκήτως τῷ Μετέλλου στρατοπέδῳ περὶ δείλην ἑσπέραν ὡς ἀποταφρεύσων αὐτὸ σὺν τόλμῃ, Πομπηΐου δ' ἐπιδραμόντος ἐπαύσατο τῆς καταφρονήσεως. [For the defeat of Perperna and Herennius by Pompeius at Valentia see Plut. *Pomp.* 18; Sall. *Hist.* ii. 54M; for the defeat of Hirtuleius by Metellus at Segovia, Frontin. *Strat.* ii. 1. 2, ii. 3. 5; Sall. *Hist.* ii. 58, 59M; for

the indecisive battle at Sucro followed by the defeat of the
Sertorians, Plut. *Sert.* 19; *Pomp.* 19; Cic. *pro Balbo* 2. 5; for
the defeat of the Sertorians on the Turia, Plut. *Sert.* 21 ; Frontin.
Strat. ii. 13. 3; Cic. *pro Balb.* 2. 5; Sall. *Hist.* ii. 66–68M;
for the siege of Sertorius in Clunia, Liv. *Ep.* xcii.] [Cf. Liv.
Ep. xcii.; Oros. v. 23; Florus ii. 10 (iii. 22).]

Letter of Pompeius to the Senate complaining of lack of support and requesting supplies

Sall. *Hist.* ii. 98. 1M Si advorsus vos patriamque et deos
penatis tot labores et pericula suscepissem, quotiens a prima
adulescentia ductu meo scelestissumi hostes fusi et vobis salus
quaesita est, nihil amplius in absentem me statuissetis quam adhuc agitis, patres conscripti, quem contra aetatem proiectum ad
bellum saevissumum cum exercitu optume merito, quantum est
in vobis, fame, miserruma omnium morte, confecistis. (2) Hacine
spe populus Romanus liberos suos ad bellum misit? Haec sunt
praemia pro volneribus et totiens ob rem publicam fuso sanguine ?
Fessus scribundo mittundoque legatos omnis opes et spes privatas meas consumpsi, quom interim a vobis per triennium vix
annuus sumptus datus est !...(9) Hispaniam citeriorem, quae non
ab hostibus tenetur, nos aut Sertorius ad internecionem vasta-
vimus praeter maritumas civitates : ultro nobis sumptui aerique
sunt. Gallia superiore anno Metelli exercitum stipendio frumen-
toque aluit et nunc malis fructibus ipsa vix agitat. Ego non rem
familiarem modo verum etiam fidem consumpsi. (10) Reliqui vos
estis: qui nisi subvenitis, invito et praedicente me exercitus
hinc et cum eo omne bellum Hispaniae in Italiam transgra-
dientur [cf. Plut. *Pomp.* 20. Plutarch refers the debate on the
letter to the following year].

Negotiations between Sertorius and Mithridates

Cic. *in Verr.* II. i. 34. 87 Milites remigesque Miletum Myndo
pedibus reverti iubet, ipse myoparonem pulcherrimum de x
Milesiorum navibus electum L. Magio et L. Fannio qui Myndi
habitabant vendidit. Hi sunt homines quos nuper senatus in
hostium numero habendos censuit; hoc illi navigio ad omnes

populi Romani hostes usque ab Dianio ad Sinopam naviga-
verunt.

[Ascon.] *in loc.* p. 224St. Hi transfugae de Valeriano exercitu
apud Mithridatem agentes ab eodem rege ad Sertorium missi
erant de paciscenda societate belli adversus Romanos; quos in
Italia iam positos et ad Sertorium festinantes et hostes iudi-
caverat et inquirendos mandaverat senatus. Hi tamen ad ultimum ad Romanos prodito ex magna parte Mithridate redierunt.

Oros. vi. 2. 12 Mithridates cum Sertorio per legatos in Hispaniam missos foedus pepigit.

Cic. *de Imp. Cn. Pomp.* 4. 9 Mithridates autem omne reliquum
tempus non ad oblivionem veteris belli, sed ad comparationem
novi contulit; qui postea, cum maximas aedificasset ornassetque
classis exercitusque permagnos quibuscumque ex gentibus potuisset comparasset et se Bosphoranis, finitimis suis, bellum inferre
simularet, usque in Hispaniam legatos ac litteras misit ad eos
duces quibuscum tum bellum gerebamus, ut, cum duobus in
locis disiunctissimis maximeque diversis uno consilio a binis
hostium copiis bellum terra marique gereretur, vos ancipiti contentione districti de imperio dimicaretis.

Ib. 16. 46 Idem iste Mithridates nonne ad eundem Cn.
Pompeium legatum usque in Hispaniam misit? eum, quem
Pompeius legatum semper iudicavit, ei quibus erat molestum
ad eum potissimum esse missum, speculatorem quam legatum
iudicari maluerunt.

Id. *pro Mur.* 15. 32 Rex . . . tantum spe conatuque valuit,
ut se Oceanum cum Ponto, Sertori copias cum suis coniun-
cturum putaret [cf. Plut. *Sert.* 23, 24; App. *Mithr.* 68; Sall.
Hist. ii. 78M].

Macedonia. Success of C. Scribonius Curio

Eutrop. vi. 2 Missus ei (Appio Claudio) successor C. Scribonius Curio post consulatum. Is Dardanos vicit et usque ad
Danubium penetravit, triumphumque meruit et intra triennium finem bello dedit [cf. Sall. *Hist.* ii. 80M].

Oros. v. 23 Successor (Claudii) Scribonius adtemptatarum
superiore bello gentium vim declinans in Dardaniam arma
convertit eamque superavit [cf. Liv. *Ep.* xcii; *ib.* xcv (74–73
B.C.); Cic. *in Pis.* 19.44 (his triumph, *c.* 72 B.C.)].

B.C. 74 · A.U.C. 680

Consuls, L. LICINIUS LUCULLUS, M. AURELIUS M.F. COTTA

INTERNAL HISTORY

Reaction against the Sullan Constitution; attempt of Quinctius to restore the powers of the tribunate

Plut. *Luc.* 5 Λεύκιον δὲ Κοΐντιον . . . δημαγωγόν, ἐπαναστάντα τοῖς Σύλλα πολιτεύμασι καὶ ταράττειν τὰ πράγματα πειρώμενον ἐκ τοῦ καθεστῶτος . . . ἀπέστησε (Λεύκολλος) τῆς πείρας [cf. *ib.* 33; Sall. *Hist.* iii. 48. 11M (*Oratio Macri*); [Ascon.] *in Div.* p. 189St. (quoted p. 242)]. [For Quinctius cf. Cic. *pro Cluent.* 28. 77; 29. 79.]

Cic. *pro Cluent.* 49. 136 At enim senatus universus iudicavit illud corruptum esse iudicium. Quo modo? Suscepit causam. An potuit rem delatam eius modi repudiare? Cum tribunus plebis, populi concitator, rem paene ad manus revocasset . . . cum invidia flagraret ordo senatorius, potuit nihil decerni . . . ?

Lucullus secures the command against Mithridates

Plut. *Luc.* 5 λαχὼν τῶν ἐπαρχιῶν ὁ Λεύκολλος τὴν ἐντὸς Ἄλπεων Γαλατίαν ἤχθετο, πράξεων ὑποθέσεις μεγάλων οὐκ ἐχούσαν. . . . (6) Πραικία τις ἦν ὄνομα τῶν ἐφ᾽ ὥρᾳ καὶ λαμυρίᾳ διαβοήτων ἐν τῇ πόλει . . . ὡς δὲ καὶ Κέθηγον ἀνθοῦντα τῇ δόξῃ τότε καὶ φέροντα τὴν πόλιν ὑπηγάγετο καὶ συνῆν ἐρῶντι, παντάπασιν εἰς ἐκείνην περιῆλθεν ἡ τῆς πόλεως δύναμις· οὐδὲ γὰρ ἐπράττετό τι δημοσίᾳ Κεθήγου μὴ σπουδάζοντος οὐδὲ Πραικίας μὴ κελευούσης παρὰ Κεθήγῳ. ταύτην οὖν ὑπελθὼν δώροις ὁ Λεύκολλος καὶ κολακείαις . . . εὐθὺς εἶχε τὸν Κέθηγον ἐπαινέτην καὶ προμνώμενον αὐτῷ Κιλικίαν.

Cic. *Parad.* v. 3. 40 Quid? Iam illa cupiditas, quae videtur esse liberalior, honoris, imperii, provinciarum quam dura est domina, quam imperiosa, quam vehemens! Cethego, homini non probatissimo, servire coegit eos qui sibi esse amplissimi videbantur, munera mittere, noctu venire domum ad eum, precari, denique supplicare [cf. Plut. *Luc.* 6; *Pomp.* 20].

Distribution of Consular Provinces

Memnon 27 (Jac.) πέμπουσιν ἡ σύγκλητος ἐπὶ μὲν τὴν Βιθυνίαν Αὐρήλιον Κότταν, ἐπὶ δὲ τὴν Ἀσίαν Λεύκιον Λεύκολλον, οἷς ἡ ἐντολὴ πολεμεῖν Μιθριδάτῃ [cf. Vellei. ii. 33 Cum esset in fine bellum piraticum et L. Lucullus, qui ante septem annos ex consulatu sortitus Asiam Mithridati oppositus erat . . .].

Cic. *Acad. Prior.* ii. 1. 1 Consulatum . . . ita gessit (Lucullus) ut . . . admirarentur omnes. . . . Post ad Mithridaticum bellum missus a senatu.

Id. *pro Mur.* 15. 33 Ad quod bellum (Mithridaticum) duobus consulibus ita missis ut alter Mithridatem persequeretur, alter Bithyniam tueretur, alterius res et terra et mari calamitosae.

EXTERNAL HISTORY

Death of Nicomedes IV, king of Bithynia. His kingdom bequeathed to Rome

App. *Mithr.* 7 Νικομήδης Ῥωμαίοις τὴν ἀρχὴν ἐν διαθήκαις ἀπέλιπεν [cf. *ib.* 71 ; *Bell. Civ.* i. 111].

Liv. *Ep.* xciii. Nicomedes Bithyniae rex moriens populum Romanum fecit heredem, regnumque eius in provinciae formam redactum est.

Eutrop. vi. 6 Anno urbis conditae DCLXXVI, L. Licinio Lucullo M. Aurelio Cotta coss., mortuus est Nicomedes rex Bithyniae et per testamentum populum Romanum fecit heredem [cf. Vellei. ii. 39; Arrian. fr. 14 (Jac.); Cic. *de Leg. Agr.* ii. 19. 50 and esp. *ib.* 15. 40 Hereditatem iam crevimus, regnum Bithyniae].

Schol. Gronov. 316St. (Nicomedes) mortuus est intestatus: pervenit ergo eius regnum ad populum R. [cf. Sall. *Hist.* ii. 71M; *ib.* iv. 69. 9 (*Epistula Mithridatis*); Magie, *R. Rule in Asia Minor* ii. 1200–1].

War declared by Mithridates

App. *Mithr.* 71 τὸν στρατὸν ἐρεθίσας (Μιθριδάτης) ἐνέβαλεν ἐς Βιθυνίαν, Νικομήδους ἄρτι τεθνεῶτος ἄπαιδος καὶ τὴν ἀρχὴν Ῥωμαίοις ἀπολιπόντος.

Eutrop. vi. 6 Mithridates pace rupta Bithyniam et Asiam rursus voluit invadere [cf. Liv. *Ep.* xciii.].

Suet. *Div. Jul.* 4 Vastante regiones proximas Mithridate, ne desidere in discrimine sociorum videretur, ab Rhodo, quo pertenderat, transiit (Caesar) in Asiam: auxiliisque contractis et

praefecto regis provincia expulso nutantis ac dubias civitates
retinuit in fide.

Defeat of Cotta. Cyzicus besieged by Mithridates and relieved by Lucullus

App. *Mithr.* 71 Κόττας δ' ἡγούμενος αὐτῆς (Βιθυνίας), ἀσθενὴς
τὰ πολέμια πάμπαν, ἔφυγεν ἐς Χαλκηδόνα μεθ' ἧς εἶχε δυνάμεως.
καὶ Βιθυνία μὲν ἦν αὖθις ὑπὸ τῷ Μιθριδάτῃ, τῶν πανταχοῦ Ῥωμαίων
ἐς Χαλκηδόνα πρὸς Κότταν συνθεόντων. ἐπιόντος δὲ καὶ τῇ Χαλ-
κηδόνι τοῦ Μιθριδάτου, Κόττας μὲν ὑπ' ἀπραξίας οὐ προσῄει,
Νοῦδος δὲ ὁ ναύαρχος αὐτοῦ σὺν μέρει τινὶ στρατοῦ τὰ ὀχυρώτατα
τοῦ πεδίου καταλαβὼν καὶ ἐξελαθεὶς ἔφυγεν ἐπὶ τὰς πύλας τῆς
Χαλκηδόνος δια θριγκίων πολλῶν πάνυ δυσχερῶς . . . ὅ τε Μιθριδάτης . . . ἐπῆγεν αὐτῆς ἡμέρας ἐπὶ τὸν λιμένα τὰς ναῦς, καὶ τὸ
κλεῖθρον ἀλύσει χαλκῇ δεδεμένον ἀπορρήξας τέσσαρας μὲν ἐνέπρησε
τῶν πολεμίων, τὰς δὲ λοιπὰς ἑξήκοντα ἀνεδήσατο, οὐδὲν οὔτε Νούδου
κωλύοντος ἔτι οὔτε Κόττα, ἀλλ' ἐς τὰ τείχη συγκεκλεισμένων [cf.
Liv. *Ep.* xciii.; Plut. *Luc.* 8].

Memnon 27 (Jac.) πολέμου δὲ ναυτικοῦ κατὰ Καλχηδόνα πόλιν
Ῥωμαίοις τε καὶ Ποντικοῖς συστάντος, καὶ πεζῆς δὲ δυνάμεως τῆς
τε βασιλικῆς καὶ τῆς Ῥωμαϊκῆς εἰς μάχην ἀλλήλαις συρραγείσης
(ἐστρατήγει δὲ τῆς μὲν Κόττας τῆς δὲ Μιθριδάτης), τρέπουσιν οἱ
Βαστέρναι κατὰ τὸ πεζὸν τοὺς Ἰταλοὺς καὶ πολὺν αὐτῶν φόνον
εἰργάσαντο. τὰ αὐτὰ δὲ καὶ περὶ τὰς ναῦς ἐγένετο, καὶ ὑπὸ μίαν
ἡμέραν γῇ τε καὶ θάλασσα τοῖς Ῥωμαίων διελελύμαστο σώμασι
. . . Λεύκολλος δὲ ἐπὶ τοῦ Σαγγαρίου ποταμοῦ στρατοπεδεύων καὶ
μαθὼν τὸ πάθος λόγοις ἀνελάμβανεν ἀθυμήσαντας τοὺς στρατιώτας.
[For the chronology of Lucullus' campaigns see Broughton,
M.R.R. ii. 106–8.]

Strabo xii. 8. 11 ἐπελθόντος . . . αὐτοῖς (Κυζικηνοῖς) ἀδοκήτως
τοῦ βασιλέως πεντεκαίδεκα μυριάσι καὶ ἵππῳ πολλῇ καὶ κατα-
σχόντος τὸ ἀντικείμενον ὄρος, ὃ καλοῦσιν Ἀδραστείας, καὶ τὸ
προάστειον, ἔπειτα καὶ διάραντος εἰς τὸν ὑπὲρ τῆς πόλεως αὐχένα καὶ
προσμαχομένου πεζῇ τε καὶ κατὰ θάλατταν τετρακοσίαις ναυσίν,
ἀντέσχον πρὸς ἄπαντα οἱ Κυζικηνοί, ὥστε καὶ ἐγγὺς ἦλθον τοῦ
ζωγρίᾳ λαβεῖν τὸν βασιλέα ἐν τῇ διώρυγι ἀντιδιορύττοντες, ἀλλ'
ἔφθη φυλαξάμενος καὶ ἀναλαβὼν ἑαυτὸν ἔξω τοῦ ὀρύγματος. ὀψὲ
δὲ ἴσχυσεν εἰσπέμψαι τινὰς νύκτωρ ἐπικούρους ὁ τῶν Ῥωμαίων
στρατηγὸς Λεύκολλος· ὤνησε δὲ καὶ λιμὸς τῷ τοσούτῳ πλήθει τῆς
στρατιᾶς ἐπιπεσών, ὃν οὐ προείδετο ὁ βασιλεύς, ὡς ἀπῆλθε πολλοὺς

ἀποβαλών [cf. Diod. *Exc. Escor.* 33 (*F.H.G.* ii. p. xxiv); Memnon 28 (Jac.)].

Frontin. *Strat.* iii. 13. 6 L. Lucullus, Cyzicenos obsessos a Mithridate ut certiores adventus sui faceret, cum praesidiis hostium teneretur introitus urbis, qui unus et angustus ponte modico insulam continenti iungit, militem e suis nandi et nauticae artis peritum iussit insidentem duobus inflatis utribus litteras insutas habentibus, quos ab inferiore parte duabus regulis inter se distantibus commiserat, ire septem milia passuum traiectum: quod ita perite gregalis fecit, ut curribus velut gubernaculis dimissis cursum dirigeret et procul visentis, qui in statione erant, marinae specie beluae deciperet [cf. Sall. *Hist.* iii. 37M; Florus i. 40 (iii. 5)].

[Frontin.] *Strat.* iv. 5. 21 Cyzicum cum oppugnaret Mithridates, captivos eius urbis produxit ostenditque obsessis, arbitratus futurum ut miseratione suorum compelleret ad deditionem oppidanos: at illi cohortati ad patiendam fortiter mortem captivos servare Romanis fidem perseveraverunt [cf. App. *Mithr.* 73].

Cic. *pro Arch.* 9. 21 Populi Romani laus est urbem amicissimam Cyzicenorum eiusdem (Luculli) consilio ex omni impetu regio atque totius belli ore ac faucibus ereptam esse atque servatam [cf. Liv. *Ep.* xcv; Oros. vi. 2].

Memnon 28 (Jac.) (Μιθριδάτης) λιπὼν τὴν πόλιν ἀνεχώρησε, τοῦ μὲν πεζοῦ Ἑρμαῖον καὶ †Μάριον ἡγεῖσθαι καταστησάμενος, στρατὸν ὑπὲρ τρισμυρίους ἄγοντας, αὐτὸς δὲ διὰ θαλάσσης ποιούμενος τὴν ἀνάζευξιν. ἐπιβαίνοντος δὲ αὐτοῦ τῶν τριήρων, πολλαὶ παθῶν ἰδέαι συνέπιπτον· οἱ γὰρ ἐμβαίνειν μέλλοντες εἰς αὐτάς, τὰς μὲν ἤδη πεπληρωμένας τὰς δὲ καὶ μελλούσας κατεῖχον ἐξαρτώμενοι, καὶ παρὰ τὸ πλῆθος τῶν τοῦτο δρώντων αἱ μὲν κατεδύοντο αἱ δὲ περιετρέποντο. τοῦτο Κυζικηνοὶ θεασάμενοι ὥρμησαν ἐπὶ τὰ τῶν Ποντικῶν στρατόπεδα, καὶ τοὺς ὑπολειφθέντας καματηροὺς διαφθείροντες, εἴ τι παρῆν ὑπολελειμμένον τῷ στρατοπέδῳ, διήρπαζον. Λεύκολλος δὲ διώξας ἐπὶ τὸν Αἴσηπον ποταμὸν τὸ πεζὸν ἀπροσδόκητος καταλαμβάνει, καὶ φόνον πολὺν τῶν πολεμίων ποιεῖται. [For a detailed account of the siege see App. *Mithr.* 72–76; Plut. *Luc.* 9–11; cf. Cic. *pro Mur.* 15. 33; *de Imp. Cn. Pomp.* 8. 20.]

Battle near Cabira. Roman victory. Flight of Mithridates (prob. 72 B.C.)

Liv. *Ep.* xcvii. L. Lucullus in Ponto adversus Mithridaten feliciter pugnavit, caesis hostium amplius quam LX. . . .

Mithridates desperatione rerum suarum coactus ad Tigranen Armeniae regem confugit.

App. *Mithr.* 80 τῶν δ' ἱππέων πολὺ μέρος, καὶ μάλιστα δὴ τὸ μαχιμώτατον, ἐφεδρεύειν ἔταξε (Μιθριδάτης) τοῖς ἐκ τῆς Καππαδοκίας τὴν ἀγορὰν τῷ Λευκόλλῳ φέρουσιν, ἐλπίζων ἐν ἀπορίᾳ τροφῶν αὐτὸν γενόμενον πείσεσθαι οἷον αὐτὸς ἔπαθε περὶ Κύζικον.
. . . (81) οἱ δ' ἱππεῖς οἱ βασιλέως τοῖς προδρόμοις τῶν σιτοφόρων ἐν στενῷ περιτυχόντες, καὶ οὐκ ἀναμείναντες ἐς εὐρυχωρίαν προελθεῖν, ἀχρεῖον ὡς ἐν στενῷ σφίσι τὴν ἵππον ἐποίησαν. ἐν ᾧ καὶ Ῥωμαῖοι φθάσαντες ἐξ ὁδοιπορίας ἐς μάχην παρασκευάσασθαι, τοὺς μὲν ἔκτειναν τῶν βασιλικῶν, βοηθούσης οἷα πεζοῖς τῆς δυσχωρίας, τοὺς δὲ ἐς τὰς πέτρας κατήραξαν, τοὺς δὲ διέρριψαν ὑποφεύγοντας. . . . Μιθριδάτης δ' αὐτὸ πρὸ τοῦ Λευκόλλου πυθόμενός τε καὶ Λεύκολλον ἐλπίσας ἐπὶ τοσῇδε ἱππέων ἀπωλείᾳ αὐτίκα οἱ προσπεσεῖσθαι, φυγὴν ὑπ' ἐκπλήξεως ἐπενόει . . . (82) Λεύκολλος δὲ . . . τὴν φυγὴν τῶν πολεμίων ἰδών, ἐπὶ μὲν τοὺς ἐκφυγόντας ἔπεμπε διώκειν ἱππέας πολλούς, τοῖς δὲ συσκευαζομένοις ἔτι κατὰ τὸ στρατόπεδον τοὺς πεζοὺς περιστήσας ἐκέλευε μὴ διαρπάζειν ἐν τῷ τότε μηδέν, ἀλλὰ κτείνειν ἀφειδῶς. οἱ δὲ . . . ἐξέστησαν τοῦ παραγγέλματος. αὐτόν τε τὸν Μιθριδάτην οἱ καταλαμβάνοντες, ἡμίονόν τινα τῶν χρυσοφόρων ἐς τὸ σάγμα πατάξαντες, προπεσόντος τοῦ χρυσίου περὶ τόδε γενόμενοι διαφυγεῖν ἐς Κόμανα περιεῖδον· ὅθεν ἐς Τιγράνην ἔφυγε σὺν ἱππεῦσι δισχιλίοις. ὁ δὲ αὐτὸν ἐς ὄψιν οὐ προσέμενος, ἐν χωρίοις ἐκέλευσε διαίτης βασιλικῆς ἀξιοῦσθαι, ὅτε δὴ καὶ μάλιστα τῆς ἀρχῆς ἀπογνοὺς ὁ Μιθριδάτης Βάκχον εὐνοῦχον ἔπεμπεν ἐς τὰ βασίλεια, τὰς ἀδελφὰς αὐτοῦ καὶ τὰς γυναῖκας καὶ παλλακὰς ὅπη δύναιτο ἀνελοῦντα [cf. Memnon 29, 30 (Jac.); Plut. *Luc.* 17, 18; Eutrop. vi. 8].

Spain. Indecisive struggle

App. *Bell. Civ.* i. 111 ἐς Ἰβηρίαν ἔπεμψαν ἄλλα στρατοῦ δύο τέλη, μεθ' ὧν ἅμα τῷ ἄλλῳ παντὶ Μέτελλός τε καὶ Πομπήϊος αὖθις ἀπὸ τῶν Πυρηναίων ὀρῶν ἐπὶ τὸν Ἴβηρα κατέβαινον. Σερτώριος δὲ καὶ Περπέννας αὐτοῖς ἀπήντων ἀπὸ Λυσιτανίας. (112) καὶ τότε μάλιστα πολλοὶ Σερτωρίου πρὸς τὸν Μέτελλον ηὐτομόλουν, ἐφ' ᾧ χαλεπαίνων ὁ Σερτώριος ἀγρίως καὶ βαρβαρικῶς ἐλυμαίνετο πολλοῖς, καὶ διὰ μίσους ἐγίγνετο. . . . πόλεις δ' αὐτοῦ πολλὰς ἐπέτρεχον οἱ περὶ τὸν Μέτελλον, καὶ τοὺς ἄνδρας ἐς τὰ ὑπήκοα σφίσι μετῆγον. Παλλαντίαν δὲ Πομπηΐου περικαθημένου, καὶ τὰ τείχη ξύλων

κορμοῖς ὑποκρεμάσαντος, ἐπιφανεὶς ὁ Σερτώριος τὴν μὲν πολιορκίαν
ἐξέλυσε, τὰ τείχη δ᾽ ἔφθασεν ὑποκαύσας ὁ Πομπήϊος, καὶ ἐς
Μέτελλον ἀνεχώρει. Σερτώριος δὲ καὶ τὰ πέσοντα ἤγειρε, καὶ τοῖς
περί τι χωρίον Καλάγυρον στρατοπεδεύουσιν ἐπιδραμὼν ἔκτεινε
τρισχιλίους. καὶ τάδε ἦν καὶ τοῦδε τοῦ ἔτους ἐν Ἰβηρίᾳ. [For the
cruelty of Sertorius cf. Plut. Sert. 25; App. Bell. Civ. i. 113.]

Cyrene formed into a province

Sall. Hist. ii. 43M P(ublius)que Lentulus Marcel⟨linus⟩ eodem
auctore (prob. Cotta in 75 B.C.) quaest⟨or⟩ in novam provin-
ci⟨am⟩ Curenas missus est.

App. Bell. Civ. i. 111 (74 B.C.) (προσεγίγνετο τοῖς Ῥωμαίοις)
Κυρήνη, Πτολεμαίου τοῦ Λαγίδου βασιλέως ὃς ἐπίκλησιν ἦν Ἀπίων
(ἀπολιπόντος) (see p. 118 above).

M. Antonius sent against the Pirates

App. Sic. 6 Κρήτη ἐξ ἀρχῆς εὐνοϊκῶς ἔχειν ἐδόκει Μιθριδάτῃ
βασιλεύοντι Πόντῳ· καὶ αὐτῷ μισθοφορῆσαι πολεμοῦντι Ῥωμαίοις
ἐλέγετο. ἔδοξε δὲ καὶ τοῖς πλεονάσασι τότε λῃσταῖς ἐς χάριν τοῦ
Μιθριδάτου συλλαβεῖν καὶ συμμαχῆσαι σαφῶς διωκομένοις ὑπὸ
Μάρκου Ἀντωνίου, πρεσβευσαμένου ⟨δὲ⟩ τοῦ Ἀντωνίου πρὸς αὐτούς,
ὑπεριδεῖν καὶ ὑπερηφάνως ἀποκρίνασθαι. καὶ πολεμῆσαι μὲν αὐτοῖς
εὐθὺς ἐπὶ τῷδε Ἀντώνιος, καὶ οὐ πρᾶξαι καλῶς χρηματίσαι δ᾽
ὅμως διὰ τὴν πρᾶξιν Κρητικός.

Vellei. ii. 31 Quo decreto paene totius terrarum orbis imperium uni viro (Pompeio) deferebatur (67 B.C.); sed tamen idem
hoc ante septennium (codd.: biennium) in M. Antonii praetura
decretum erat.

[Ascon.] in Verr. ii. p. 259St. M. Antonius . . . gratia Cottae
consulis et Cethegi factione in senatu curationem infinitam
nactus totius orae maritimae et Siciliam et provincias omnes
depopulatus est, et ad postremum inferens Cretensibus bellum
morbo interiit (72 or 71 B.C.).

Tac. Ann. xii. 62 (Byzantii) piratico bello adiutum Antonium memorabant [cf. Sall. Hist. iii. 2M; [Ascon.] ad Div. 55
p. 202St.; Cic. in Verr. ii. 3. 8, iii. 91. 213; S.I.G.³ 748].

B.C. 73 · A.U.C. 681

Consuls, M. TERENTIUS VARRO LUCULLUS, C. CASSIUS LONGINUS

INTERNAL HISTORY

Lex Terentia et Cassia frumentaria

Cic. *in Verr.* v. 21. 52 . . . Ex senatus consulto itemque ex lege Terentia et Cassia frumentum aequabiliter emi ab omnibus Siciliae civitatibus oporteret.

Ib. iii. 70. 163 Frumentum emere in Sicilia debuit Verres ex senatus consulto et ex lege Terentia et Cassia frumentaria.

[Ascon. *in Pisonian.* p. 8C refers to a proposal of P. Clodius 'ut frumentum populo, quod antea (probably under this law) senis (*codd.*: *v.l.* semis) aeris ac trientibus in singulos modios dabatur, gratis daretur'.]

Sall. *Hist.* iii. 48. 19M (*Oratio Macri*) . . . Nisi forte repentina ista frumentaria lege munia vestra (Quirites) pensantur, qua tamen quinis modis libertatem omnium aestumavere, qui profecto non amplius possunt alimentis carceris.

Agitation for reform by the tribune Licinius Macer; his description of the political situation

Sall. *Hist.* iii. 48. 21M (*Oratio Macri*) Simul comparant delenimenta et differunt vos in adventum Cn. Pompei, quem ipsum ubi pertimuere, sublatum in cervices suas, mox dempto metu lacerant. Neque eos pudet, vindices uti se ferunt libertatis, tot viros sine uno aut remittere iniuriam non audere aut ius non posse defendere. Mihi quidem satis spectatum est Pompeium, tantae gloriae adulescentem, malle principem volentibus vobis esse quam illis dominationis socium, auctoremque imprimis fore tribuniciae potestatis.

S. C. de Amphiarai Oropii agris

Riccobono *F.I.R.A.* i. p. 260 f. (*S.I.G.*[3] n. 747; Bruns[7] p. 80).

EXTERNAL HISTORY

Asia. Successes of Lucullus and his legates

App. *Mithr.* 76 Μιθριδάτης δὲ τοὺς ἐς Λάμψακον ἐσφυγόντας, ἔτι τοῦ Λευκόλλου περικαθημένου, ναῦς ἐπιπέμψας ἐξεκόμισε σὺν αὐτοῖς Λαμψακηνοῖς. μυρίους δ' ἐπιλέκτους ἐπὶ νεῶν πεντήκοντα Οὐαρίῳ πεμφθέντι οἱ στρατηγεῖν ὑπὸ Σερτωρίου καὶ Ἀλεξάνδρῳ τῷ Παφλαγόνι καὶ Διονυσίῳ τῷ εὐνούχῳ καταλιπών, ταῖς πλέοσιν αὐτῶν ἐς Νικομήδειαν ἔπλει. καὶ χειμὼν ἐπιγενόμενος πολλὰς ἑκατέρων διέφθειρε. (77) Λεύκολλος δ' ἐπεὶ τὸ κατὰ γῆν εἴργαστο διὰ τοῦ λιμοῦ, ναῦς ἐκ τῆς Ἀσίας ἀγείρας διέδωκε τοῖς ἀμφ' αὐτὸν στρατηγοῦσι. ... Λεύκολλος δὲ περὶ τὸν Ἀχαιῶν λιμένα τρισκαίδεκα ναῦς εἷλε τῶν πολεμίων, Οὐάριον δὲ καὶ Ἀλέξανδρον καὶ Διονύσιον περὶ Λῆμνον ἐν ἐρήμῃ νήσῳ καταλαβὼν ... ἐπέπλει μὲν αὐτοῖς ῥοθίῳ τε πολλῷ καὶ μετὰ καταφρονήσεως. εὐσταθῶς δ' ἐκείνων ὑπομενόντων, ἔστησε τὴν εἰρεσίαν, καὶ κατὰ δύο ναῦς ἐπιπέμπων ἠρέθιζεν ἐς ἔκπλουν ... καὶ πεζοὺς ... ἐκβιβάσας συνήλασε τοὺς ἐχθροὺς ἐπὶ τὰς ναῦς. οἱ δὲ ἐς μὲν τὸ πέλαγος οὐκ ἠφίεσαν, τὸν Λευκόλλου στρατὸν δεδιότες· παρὰ δὲ τὴν γῆν πλέοντες ἔκ τε τῆς γῆς καὶ τῆς θαλάσσης ἀμφίβολοι γιγνόμενοι κατετιτρώσκοντο· καὶ φόνος πολὺς ἦν αὐτῶν καὶ φυγή. ... καὶ Λεύκολλος περὶ τῶνδε Ῥωμαίοις ἐπέστελλε, τὰ γράμματα δάφνῃ περιβαλών, ὡς ἔθος ἐστὶν ἐπὶ νίκαις· αὐτὸς δὲ ἠπείγετο ἐς Βιθυνίαν.

Memnon 28 (Jac.) Μιθριδάτης δὲ ἀναλαβὼν ἑαυτὸν ὡς ἠδύνατο, Πείρινθον ἐπολιόρκει, ταύτης δὲ διαμαρτὼν ἐπὶ Βιθυνίαν διαπεραιοῦται. ... (29) Μιθριδάτης δὲ ἐν τῇ Νικομηδείᾳ διέτριβε.

Cic. *pro Mur.* 15. 33 Illam pugnam navalem ad Tenedum, cum contento cursu acerrimis ducibus hostium classis Italiam spe atque animis inflata peteret, mediocri certamine et parva dimicatione commissam arbitraris? [For the battle of Lemnos (or Tenedos) cf. Plut. *Luc.* 12; Liv. *Ep.* xcv.; Cic. *de Imp. Cn. Pomp.* 8. 21; Oros. vi. 2. For the loyalty of Byzantium see Cic. *de Prov. Cons.* 4. 6; Tac. *Ann.* xii. 62.]

Degrassi, *I.L.L.R.P.* i. 372 (*I.L.S.* 37) (from Nemi) C. Salluio C. f. Násoni leg. pro pr. | Mysei Ab[b]aitae et Epic[tete]s, | quod eos bello Mitrhida[ti]s | conservavit, virtutis ergo. | Γ[αί]ωι Σαλλουίωι Γαίου υἱῶι Νάσωνι | πρεσβευτῇ καὶ ἀντιστρατήγωι Μυσοὶ | Ἀββαειται καὶ Ἐπικτητεῖς, ὅτι αὐτοὺς | ἐν τῶι πολέμωι τῶι Μιθριδάτους | διετήρησεν, ἀνδρήας ἕνεκεν.

App. *Mithr.* 77 Τριάριος μὲν Ἀπάμειαν εἷλεν ἐπιπλεύσας

καὶ πολλὴ τῶν Ἀπαμέων συμφυγόντων ἐς τὰ ἱερὰ ἐγένετο σφαγή.
Βάρβας δὲ Προυσιάδα εἷλε τὴν πρὸς τῷ ὄρει, καὶ Νίκαιαν ἔλαβε,
τῶν Μιθριδάτου φρουρῶν ἐκφυγόντων [cf. Memnon 28 (Jac.) ; Oros.
vi. 2].

O.G.I.S. 447 (from Delos) Γαΐωι Οὐαλερίωι Γαΐου | υἱῶι Τριαρίωι
πρεσβευ|τῆι οἱ συστρατευσά|μενοι Μιλησίων ἐν νηῒ ‖ δικρότωι ἧι
ἐπιγραφὴ(ι) | Παρθένος ἐποίησαν.

Plut. Luc. 13 ἠπείγετο πρὸς τὴν αὑτοῦ Μιθριδάτου δίωξιν
(Λεύκολλος)· ἤλπιζε γὰρ ἔτι περὶ Βιθυνίαν εὑρήσειν αὐτὸν ὑπὸ
Βοκωνίου φρουρούμενον, ὃν αὐτὸς ἐνστησόμενον τῇ φυγῇ μετὰ νεῶν
ἀπεστάλκει πρὸς Νικομήδειαν. ἀλλὰ Βοκώνιος μὲν ἐν Σαμοθρᾴκῃ
. . . καθυστέρησε. Μιθριδάτην δὲ ἀναχθέντα μετὰ τοῦ στόλου,
σπεύδοντα πρὶν ἐπιστρέφειν Λεύκολλον εἰς τὸν Πόντον εἰσπλεῦσαι,
καταλαμβάνει χειμὼν πολύς. . . . αὐτὸς δὲ . . . ἀνελπίστως καὶ
παραβόλως εἰς τὴν Ποντικὴν Ἡράκλειαν ἐξεσώθη [cf. Liv. Ep.
xcv. ; for the storm cf. Flor. i. 40 (iii. 5) ; App. Mithr. 78].

Memnon 29 (Jac.) Κόττας δὲ βουλόμενός τι τῶν προδιημαρτη-
μένων ἀναλαβεῖν, ἧκεν ἀπὸ Χαλκηδόνος, ἐν ᾧ ἥττητο, πρὸς τὴν
Νικομήδειαν, καὶ στρατοπεδεύει ν΄ καὶ ρ΄ σταδίων τῆς πόλεως
ἄποθεν, τὴν συμβολὴν τῆς μάχης ὑπευλαβούμενος. καταλαμβάνει
δὲ Κότταν σπουδῇ πολλῇ αὐτόκλητος ὁ Τριάριος, καὶ Μιθριδάτου
ὑποχωρήσαντος εἰς τὴν πόλιν, ἑκατέρωθεν ταύτην πολιορκεῖν τὸ
Ῥωμαϊκὸν παρεσκευάζετο στράτευμα. ἐπεὶ δὲ ὁ βασιλεὺς ἐπυνθάνετο δυσὶ ναυμαχίαις, τῇ μὲν περὶ Τένεδον τῇ δὲ κατὰ τὸν Αἴγαιον,
Λευκόλλου πολεμοῦντος, τοὺς Ποντικοὺς νενικῆσθαι, καὶ οὐκ ἀξιό-
μαχον αὐτὸν πρὸς τὴν παροῦσαν δύναμιν Ῥωμαίων ἡγεῖτο τὴν
ἐπίβασιν τῷ στόλῳ† εἰς τὸν ποταμὸν ἀνέπλει, καὶ σφοδρῷ χειμῶνι
περιπεσὼν τινὰς μὲν τῶν τριήρων ἀποβάλλει, αὐτὸς δὲ μετὰ τῶν
πλειόνων εἰς τὸν Ὕπιον ποταμὸν κατηνέχθη.

Retreat of Mithridates to Cabira, Lucullus in pursuit

Eutrop. vi. 8 L. ergo Lucullus post pugnam . . . navalem
qua duces eius (Mithridatis) oppresserat persecutus est eum
et recepta Paphlagonia atque Bithynia etiam regnum eius
invasit [cf. Plut. Luc. 14].

Memnon 29 (Jac.) Λεύκολλον μὲν ἐδόκει μετὰ τῆς πλείστης
δυνάμεως εἰς τὴν Καππαδοκίαν διὰ τῆς μεσογείου χωρεῖν ἐπί τε
Μιθριδάτην καὶ τὴν πᾶσαν βασιλείαν, Κότταν δὲ ἐπὶ Ἡρακλείας,
Τριάριον δὲ τὸ ναυτικὸν ἀναλαβόντα περὶ τὸν Ἑλλήσποντον καὶ
τὴν Προποντίδα τὰς ἐπὶ Κρήτην καὶ Ἰβηρίαν ἀπεσταλμένας

Μιθριδατείους ναῦς ὑποστρεφούσας λοχᾶν. [Cf. Phlegon fr. 12 (3) (Jac.). For the operations of Cotta against Heraclea see Memnon 32, 34 (Jac.); for the naval successes of Triarius *ib.* 33; *O.G.I.S.* 447 (from Delos); for their joint operations and the fall of Heraclea Memnon 34, 35 (Jac.).]

App. *Mithr.* 78 ὁ μὲν (Μιθριδάτης) ἐς Ἀμισὸν ἀπὸ κάλω διαπλέων πρός τε τὸν κηδεστὴν Τιγράνην τὸν Ἀρμένιον καὶ ἐς Μαχάρην τὸν υἱόν, ἄρχοντα Βοσπόρου, περιέπεμπεν, ἐπικουρεῖν ἐπείγων ἑκάτερον. ἔς τε Σκύθας τοὺς ὁμόρους χρυσὸν καὶ δῶρα πολλὰ Διοκλέα φέρειν ἐκέλευεν. ἀλλ' ὁ μὲν αὐτοῖς τε δώροις καὶ αὐτῷ χρυσίῳ πρὸς Λεύκολλον ηὐτομόλησε. . . . Λεύκολλος δ' Ἀμισόν τε καὶ Εὐπατορίαν . . . περικαθήμενος ἐπολιόρκει, καὶ ἑτέρῳ στρατῷ Θεμίσκυραν . . . Μιθριδάτης δ' αὐτοῖς πολλὴν ἀγορὰν καὶ ὅπλα καὶ στρατιὰν ἔπεμπεν ἐκ Καβείρων, ἔνθα χειμάζων στρατὸν ἄλλον συνέλεγεν. καὶ συνῆλθον αὐτῷ πεζοὶ μὲν ἐς τετρακισμυρίους ἱππεῖς δ' ἐς τετρακισχιλίους. [For the flight of Mithridates cf. Oros. vi. 2; for the sieges of Amisus and Themiscyra see the omitted passages in App. *Mithr.* 78; Plut. *Luc.* 14, 15; Eutrop. vi. 8; Memnon 30 (Jac.) (see p. 267).]

Privileges given to Cyzicus by the Romans

Strabo xii. 8. 11 Ῥωμαῖοι δ' ἐτίμησαν τὴν πόλιν, καὶ ἔστιν ἐλευθέρα μέχρι νῦν καὶ χώραν ἔχει πολλὴν τὴν μὲν ἐκ παλαιοῦ τὴν δὲ τῶν Ῥωμαίων προσθέντων [cf. Tac. *Ann.* iv. 36].

Spain. Death of Sertorius. Defeat of Perperna by Pompeius

App. *Bell. Civ.* i. 113 αὐτοὶ μὲν (οἱ στρατηγοὶ Ῥωμαίων) αὖθις ἐπῄεσαν σὺν πλέονι μᾶλλον καταφρονήσει, ὁ δὲ Σερτώριος, βλάπτοντος ἤδη θεοῦ, τὸν μὲν ἐπὶ τοῖς πράγμασι πόνον ἑκὼν μεθίει, τὰ πολλὰ δ' ἦν ἐπὶ τρυφῆς, γυναιξὶ καὶ κώμοις καὶ πότοις σχολάζων. ὅθεν ἡττᾶτο συνεχῶς. καὶ ἐγεγένητο . . . ὑπόπτης ἐς ἅπαντας, ὥστε καὶ Περπένναν τὸν ἐκ τῆς Αἰμιλίου στάσεως ἑκόντα πρὸς αὐτὸν ἐλθόντα μετὰ πολλοῦ στρατοῦ δεῖσαι περὶ ἑαυτοῦ καὶ προεπιβουλεῦσαι μετ' ἀνδρῶν δέκα. ὡς δὲ καὶ τῶνδέ τινες τῶν ἀνδρῶν ἐνδειχθέντες οἱ μὲν ἐκολάσθησαν οἱ δ' ἀπέφυγον, ὁ Περπέννας παρὰ δόξαν λαθὼν ἔτι μᾶλλον ἐπὶ τὸ ἔργον ἠπείγετο, καὶ οὐδαμοῦ τὸν Σερτώριον μεθιέντα τοὺς δορυφόρους ἐπὶ ἑστίασιν ἐκάλει, μεθύσας δ' αὐτόν τε καὶ τὴν περιεστῶσαν τὸν ἀνδρῶνα φυλακὴν ἔκτεινεν ἐπὶ τῆς διαίτης. (72 B.C.; cf. Viereck's note *ad loc.*)

Liv. *Ep.* xcvi. Sertorius a M. Perperna et M. Antonio et aliis coniuratis in convivio interfectus est octavo ducatus sui anno; magnus dux et adversus duos imperatores Pompeium et Metellum vel frequentius victor, ad ultimum et saevus et prodigus [cf. Plut. *Sert.* 25, 26; Florus ii. 10 (iii. 22); Oros. v. 23; Eutrop. vi. 1].

Plut. *Pomp.* 20 θνήσκει Σερτώριος ὑπὸ τῶν φίλων δολοφονηθείς· ὧν Περπέννας ὁ κορυφαίοτατος ἐπεχείρησε μὲν ἐκείνῳ τὰ αὐτὰ ποιεῖν, ἀπὸ τῶν αὐτῶν ὁρμώμενος δυνάμεων καὶ παρασκευῶν, τὸν δὲ χρώμενον αὐταῖς ὁμοίως οὐκ ἔχων λογισμόν.

Vellei. ii. 30 M. Perperna praetorius e proscriptis, gentis clarioris quam animi, Sertorium inter cenam Oscae interemit Romanisque certam victoriam, partibus suis excidium, sibi turpissimam mortem pessimo auctoravit facinore.

App. *Bell. Civ.* i. 114 καὶ ὁ στρατὸς εὐθὺς ἐπὶ τὸν Περπένναν ἀνίστατο σὺν θορύβῳ τε πολλῷ καὶ μετ᾽ ὀργῆς, ἐς εὔνοιαν αὐτίκα τοῦ Σερτωρίου μεταβάλλοντες ἀπὸ τοῦ μίσους. ... ὡς δὲ καὶ τῶν διαθηκῶν ἀνοιχθεισῶν τῶν Σερτωρίου ὁ Περπέννας αὐταῖς ἐνεγέγραπτο ἐπὶ τῷ κλήρῳ, μᾶλλόν τι πάντας ὀργὴ καὶ μῖσος ἐς τὸν Περπένναν ἐσῄει, ὡς οὐκ ἐς ἄρχοντα μόνον ἢ στρατηγὸν ἀλλὰ καὶ ἐς φίλον καὶ εὐεργέτην τοσόνδε μύσος ἐργασάμενον. καὶ οὐκ ἂν οὐδὲ χειρῶν ἀπέσχοντο, εἰ μὴ περιθέων αὐτοὺς ὁ Περπέννας τοὺς μὲν δώροις ὑπηγάγετο τοὺς δ᾽ ὑποσχέσεσι, τοὺς δ᾽ ἀπειλαῖς ἐξεφόβησε, τοὺς δὲ καὶ διεχρήσατο ἐς κατάπληξιν ἑτέρων. ... (115) ὡς δὲ ἐφ᾽ ἕτερα τῆς Ἰβηρίας ὁ Μέτελλος ᾤχετο (οὐ γὰρ ἔτι δυσχερὲς ἐδόκει Περπένναν ἐπιτρέψαι μόνῳ Πομπηΐῳ) ἐπὶ μέν τινας ἡμέρας ἐγίγνοντο ἀψιμαχίαι καὶ ἀπόπειραι Πομπηΐου καὶ Περπέννα ... τῇ δεκάτῃ δὲ ἀγὼν αὐτοῖς μέγιστος ἐξερράγη.

Plut. *Pomp.* 20 ὁ Πομπήϊος ἐπεξελθὼν καὶ ῥεμβόμενον ἐν τοῖς πράγμασι τὸν Περπένναν καταμαθὼν δέλεαρ αὐτῷ δέκα σπείρας ὑφῆκεν, εἰς τὸ πεδίον διασπαρῆναι κελεύσας. τραπομένου δὲ πρὸς ταύτας ἐκείνου καὶ διώκοντος, ἄθρους ἐπιφανεὶς καὶ συνάψας μάχην ἐκράτησε πάντων. καὶ διεφθάρησαν οἱ πλεῖστοι τῶν ἡγεμόνων ἐν τῇ μάχῃ· τὸν δὲ Περπένναν ἀχθέντα πρὸς αὐτὸν ἀπέκτεινεν. ... ὁ γὰρ Περπέννας τῶν Σερτωρίου γραμμάτων γεγονὼς κύριος ἐδείκνυεν ἐπιστολὰς τῶν ἐν Ῥώμῃ δυνατωτάτων ἀνδρῶν, οἳ τὰ παρόντα κινῆσαι βουλόμενοι πράγματα καὶ μεταστῆσαι τὴν πολιτείαν ἐκάλουν τὸν Σερτώριον εἰς τὴν Ἰταλίαν. φοβηθεὶς οὖν ὁ Πομπήϊος ταῦτα, μὴ μείζονας ἀναστήσῃ τῶν πεπαυμένων πολέμων, τόν τε Περπένναν ἀνεῖλε καὶ τὰς ἐπιστολὰς οὐδ᾽ ἀναγνοὺς κατέκαυσεν [cf. App. *Bell. Civ.* i. 115].

Liv. *Ep.* xcvi. Imperium partium ad M. Perpernam translatum, quem Cn. Pompeius victum captumque interfecit, ac
recepit Hispanias decimo fere anno *quam* coeptum erat bellum
[cf. Oros. v. 23; Florus ii. 10 (iii. 22); Eutrop. vi. 1; Frontin.
Strat. ii. 5. 32].

Slave Insurrection in Italy under Spartacus

Liv. *Ep.* xcv. Quattuor et septuaginta gladiatores Capuae ex
ludo Lentuli profugerunt, et congregata servitiorum ergastu-
lorumque multitudine Crixo et Spartaco ducibus bello excitato
Claudium Pulchrum legatum et P. Varenum praetorem proelio
vicerunt [on C. Claudius Glaber and P. Varinius see *S.I.G.*³ 747,
note 10 and Broughton, *M.R.R.* ii. 115, note 1].

Oros. v. 24 Anno ab urbe condita DCLXXVIIII Lucullo et
Cassio consulibus gladiatores LXX et IV Capuae a ludo Cn.
Lentuli diffugerunt; qui continuo ducibus Crixo et Oenomao
Gallis et Spartaco Thrace Vesuvium montem occupaverunt;
unde erumpentes Clodii praetoris, qui eos obsidione cinxerat,
castra expugnarunt ipsoque in fugam acto cuncta in praedam
averterunt. Inde per Consentiam et Metapontum circumducti
ingentia brevi agmina collegerunt. Nam Crixo decem milium
multitudo, Spartaco autem triplex tunc numerus fuisse refertur.
Oenomaus enim iam in superiore bello fuerat occisus [cf. Plut.
Crass. 8, 9; App. *Bell. Civ.* i. 116; Eutrop. vi. 7].

B.C. 72 · A.U.C. 682

Consuls, L. GELLIUS PUBLICOLA, CN. CORNELIUS LENTULUS
CLODIANUS

INTERNAL HISTORY

*Consular bill of Cn. Lentulus to abolish remission of payment for
purchase of the goods of the proscribed*

Sall. ap. Gell. xviii. 4 (*Hist.* iv. 1M) At Cn. Lentulus
patriciae gentis, . . . perincertum stolidior an vanior, legem de
pecunia quam Sulla emptoribus bonorum remiserat exigenda
promulgavit.

Cic. *in Verr.* iii. 35. 81 Eius (Sullae) omnis res gestas non solum obtinemus, verum etiam propter maiorum incommodorum et calamitatum metum publica auctoritate defendimus; unum hoc aliquot senatus consultis reprehensum decretumque est, ut, quibus ille de capite dempsisset, ii pecunias in aerarium referrent. Statuit senatus hoc ne illi quidem esse licitum cui concesserat omnia, a populo factarum quaesitarumque rerum summas imminuere. (82) Illum viris fortissimis iudicarunt patres conscripti remittere de summa non potuisse.

Consular law sanctioning gifts of citizenship conferred by Pompeius

Cic. *pro Balbo* 8. 19 Nascitur, iudices, causa . . . ex ea lege quam L. Gellius Cn. Cornelius ex senatus sententia tulerunt: qua lege videmus *rite* esse sanctum ut cives Romani sint ii, quos Cn. Pompeius de consili sententia singillatim civitate donaverit [cf. *ib.* 14. 32, 33].

Resolution moved in the Senate condemning capital trials of provincials in their absence

Cic. *in Verr.* ii. 39. 95 In senatu continuo Cn. Lentulus et L. Gellius consules faciunt mentionem placere statui, si patribus conscriptis videretur, ne absentes homines in provinciis rei fierent rerum capitalium.

EXTERNAL HISTORY

Asia. Arrival of Lucullus near Cabira

Plut. *Luc.* 15 μετὰ χειμῶνα Μουρήναν ἀπολιπὼν ἐπὶ τῆς πολιορκίας ἐβάδιζεν ἐπὶ Μιθριδάτην καθήμενον ἐν Καβείροις καὶ διανοούμενον ὑφίστασθαι τοὺς Ῥωμαίους, ἠθροισμένης αὐτῷ δυνάμεως εἰς τετρακισμυρίους πεζοὺς ἱππεῖς δὲ τετρακισχιλίους, οἷς ἐθάρρει μάλιστα. . . . τοῦ δὲ Λευκόλλου τὰ μὲν πεδία τῶν πολεμίων ἱπποκρατούντων δεδιότος, τὴν δ' ὀρεινὴν ὀκνοῦντος προϊέναι, μακρὰν καὶ ὑλώδη καὶ δύσβατον οὖσαν, ἁλίσκονταί τινες κατὰ τύχην Ἕλληνες εἴς τι σπήλαιον καταφυγόντες, ὧν ὁ πρεσβύτερος Ἀρτεμίδωρος ὑπέσχετο τὸν Λεύκολλον ἄξειν καὶ καταστήσειν ἐπὶ τόπῳ ἀσφαλεῖ τῷ στρατοπέδῳ καὶ φρούριον ἔχοντι τοῖς Καβήροις ἐπικρεμάμενον.

πιστεύσας δ᾽ ὁ Λεύκολλος ἅμα τῇ νυκτὶ πυρὰ καύσας ἐκίνει, καὶ τὰ στενὰ παρελθὼν ἀσφαλῶς τὸ χωρίον εἶχε, καὶ μεθ᾽ ἡμέραν ὑπερεφαίνετο τῶν πολεμίων ἱδρύων τὸν στρατὸν ἐν τόποις οἳ μάχεσθαι βουλομένῳ προσαγωγὴν ἐδίδοσαν καὶ τὸ μὴ βιασθῆναι παρεῖχον ἡσυχάζοντι [cf. App. Mithr. 79, 80]. [See pp. 267–8, below.]

Victories of Spartacus

App. Bell. Civ. i. 117 οἱ δ᾽ ἐν ἄστει τοὺς ὑπάτους ἐξέπεμπον μετὰ δύο τελῶν. καὶ τούτων ὑπὸ μὲν θατέρου Κρίξος . . . περὶ τὸ Γάργανον ὅρος ἥττᾶτο, καὶ δύο μέρη τοῦ στρατοῦ καὶ αὐτὸς συναπώλετο αὐτοῖς. Σπάρτακον δὲ . . . ὁ ἕτερος ὕπατος προλαβὼν ἐκώλυε τῆς φυγῆς, καὶ ὁ ἕτερος ἐδίωκεν. ὁ δὲ ἐφ᾽ ἑκάτερον αὐτῶν ἐπιστρεφόμενος παρὰ μέρος ἐνίκα. . . . ὁ δὲ Σπάρτακος . . . ἐς Ῥώμην ἠπείγετο.

Liv. Ep. xcvi. Q. Arrius praetor Crixum fugitivorum ducem cum XX hominum cecidit. Cn. Lentulus cos. male adversus Spartacum pugnavit. Ab eodem L. Gellius cos. et Q. Arrius praetor acie victi sunt. . . . C. Cassius pro cos. et Cn. Manlius praetor male adversus Spartacum pugnaverunt, idque bellum M. Crasso praetori mandatum est [cf. Plut. Crass. 9; Oros. v. 24; Eutrop. vi. 7; Florus ii. 8 (iii. 20). For the defeat of Varinius cf. Sall. Hist. iii. 96M].

Thrace. Victories of M. Lucullus

Liv. Ep. xcvii. M. Lucullus pro cos. Thracas subegit.

Eutrop. vi. 7 Macedoniam provinciam M. Licinius Lucullus accepit. . . . (10) Bessis primus Romanorum intulit bellum; atque eos ingenti proelio in Haemo monte superavit: oppidum Uscudamam, quod Bessi habitabant, eodem die quo agressus est vicit: Cabylen cepit: usque ad Danubium penetravit. Inde multas supra Pontum positas civitates adgressus est. Illic Apolloniam evertit, Callatim, Parthenopolim, Tomos, Histrum, Burziaonem (codd.: v.l. Bizonen) cepit: belloque confecto Romam rediit [cf. Strabo vii. 6. 1 (loot from Apollonia); App. Illyr. 30; Flor. i. 39 (iii. 4); Oros. vi. 3; Plut. Crass. 11 (p. 269, below)].

Spain. Settlement by Cn. Pompeius

Plut. Pomp. 21 ἐκ δὲ τούτου παραμείνας χρόνον ὅσον τὰς μεγίστας κατασβέσαι ταραχὰς καὶ τὰ φλεγμαίνοντα μάλιστα καταστῆσαι καὶ διαλῦσαι τῶν πραγμάτων, ἀπῆγεν εἰς Ἰταλίαν τὸν στρατόν (71 B.C.).

Cic. *in Verr.* v. 58. 153 Ad Cn. Pompeium, clarissimum virum et fortissimum, permulti occiso Perperna ex illo Sertoriano numero militum confugerunt. Quem non ille summo cum studio salvom incolumemque servavit? cui civi supplici non illa dextera invicta fidem porrexit et spem salutis ostendit? Itane vero? . . . fuit portus apud eum quem contra arma tulerant.

Oros. v. 23. 14 Civitatibus vero cunctis ultro ac sine mora per deditionem receptis, duae tantum restiterunt, hoc est Uxama et Calagurris: quarum Uxamam Pompeius evertit, Calagurrim Afranius iugi obsidione confectam atque ad infames escas miseranda inopia coactam ultima caede incendioque delevit. Percussores Sertorii praemium ne petendum quidem a Romanis esse duxerunt, quippe qui meminissent antea Viriati percussoribus denegatum.

Crete. Death of M. Antonius

Liv. *Ep.* xcvii. M. Antonius praetor bellum adversus Cretenses parum prospere susceptum morte sua finiit [cf. Sall. *Hist.* iii. 16M 'Ibi triennio frustra trito'; [Ascon.] *in Verr.* Act. ii. p. 259St. (quoted, p. 255)].

Piracy in Sicilian Waters

Cic. *in Verr.* v. 35. 91 Praedonum dux Heracleo repente praeter spem non sua virtute sed istius (Verris) avaritia nequitiaque victor classem pulcherrimam populi Romani in litus expulsam et eiectam, cum primum invesperasceret, inflammari incendique iussit. . . . (37. 97) Hic (Syracusis) te (Verres) praetore Heracleo pirata cum quattuor myoparonibus parvis ad arbitrium suum navigavit. Pro di immortales! piraticus myoparo, cum imperii populi Romani nomen ac fasces essent Syracusis, usque ad forum Syracusanorum et ad omnis crepidines urbis accessit. . . . (38. 98) Insulam totam praetervectus est, quae est urbs Syracusis suo nomine ac moenibus, quo in loco maiores . . . Syracusanum habitare vetuerunt, quod, qui illam partem urbis tenerent, in eorum potestatem portum futurum intellegebant. . . . (100) E portu piratae non metu aliquo adfecti sed satietate exierunt.

B.C. 71 · A.U.C. 683

Consuls, P. CORNELIUS LENTULUS SURA, CN. AUFIDIUS ORESTES

INTERNAL HISTORY

Return of Pompeius to Rome

Plut. *Pomp.* 21 (see p. 263) ἐν τοσαύτῃ δὲ τιμῇ καὶ προσδοκίᾳ τοῦ ἀνδρὸς ὅμως ἐνῆν τις ὑποψία καὶ δέος, ὡς οὐ προησομένου τὸ στράτευμα ... καὶ ταύτην ἀνεῖλε τὴν ὑπόνοιαν ὁ Πομπήϊος προειπὼν ἀφήσειν τὸ στράτευμα μετὰ τὸν θρίαμβον.

Consular Elections

Cic. *de Imp. Cn. Pomp.* 21. 62 Quid tam singulare quam ut ex senatus consulto legibus solutus consul ante fieret (Pompeius) quam ullum alium magistratum per leges capere licuisset?

Plut. *Pomp.* 22 ψηφισθέντος οὖν αὐτῷ δευτέρου θριάμβου καὶ ὑπατείας, οὐ διὰ ταῦτα θαυμαστὸς ἐδόκει καὶ μέγας, ἀλλ᾽ ἐκεῖνο τεκμήριον ἐποιοῦντο τῆς λαμπρότητος, ὅτι Κράσσος, ἀνὴρ τῶν τότε πολιτευομένων πλουσιώτατος, ... οὐκ ἐθάρρησεν ὑπατείαν μετιέναι πρότερον ἢ Πομπηΐου δεηθῆναι. καὶ μέντοι Πομπήϊος ἠγάπησε ... ὥστε καὶ δεξιοῦσθαι προθύμως καὶ παρακαλεῖν τὸν δῆμον ἐπαγγελλόμενος χάριν ἕξειν οὐκ ἐλάττονα τοῦ συνάρχοντος ἢ τῆς ἀρχῆς [cf. eund. *Crass.* 12].

App. *Bell. Civ.* i. 121 ἐς δὲ ὑπατείαν ἄμφω (Πομπήϊος καὶ Κράσσος) παρήγγελλον, ὁ μὲν ἐστρατηγηκὼς κατὰ τὸν νόμον Σύλλα, ὁ δὲ Πομπήϊος οὔτε στρατηγήσας οὔτε ταμιεύσας, ἔτος τε ἔχων τέταρτον ἐπὶ τοῖς τριάκοντα. τοῖς δὲ δημάρχοις ὑπέσχητο πολλὰ τῆς ἀρχῆς ἐς τὸ ἀρχαῖον ἐπανάξειν. αἱρεθέντες δὲ ὕπατοι οὐδ᾽ ὣς μεθίεσαν τὸν στρατόν, ἔχοντες ἀγχοῦ τῆς πόλεως, ἑκάτερος πρόφασιν τήνδε ποιούμενος, Πομπήϊος μὲν ἐς τὸν Ἰβηρικὸν θρίαμβον περιμένειν ἐπανιόντα Μέτελλον, ὁ δὲ Κράσσος ὡς Πομπήϊον δέον προδιαλῦσαι. καὶ ὁ δῆμος ἑτέραν ἀρχὴν στάσεως ὁρῶν, καὶ φοβούμενος δύο στρατοὺς περικαθημένους, ἐδέοντο τῶν ὑπάτων ἐν ἀγορᾷ προκαθημένων συναλλαγῆναι πρὸς ἀλλήλους. ... καὶ ὁ Κράσσος πρότερος ἐνδοὺς ἀπὸ τοῦ θρόνου κατέβαινε καὶ ἐς τὸν Πομπήϊον ἐχώρει, τὴν χεῖρα προτείνων ἐπὶ διαλλαγαῖς· ὁ δὲ ὑπανίστατο καὶ προσέτρεχε· καὶ δεξιωσαμένων ἀλλήλους εὐφημίαι τε ἦσαν ἐς αὐτοὺς ποικίλαι.

καὶ οὐ πρὶν ὁ δῆμος ἀπέστη τῆς ἐκκλησίας ἢ προγράψαι τοὺς
ὑπάτους τὰς ἀφέσεις τῶν στρατοπέδων.

Liv. *Ep.* xcvii. M. Crassus et Cn. Pompeius consules facti (*S.C.*
Pompeius, antequam quaesturam gereret, ex equite Romano).

Speech of Pompeius as consul designate

Cic. *in Verr.* Act. i. 15. 45 Ipse . . . Cn. Pompeius cum primum
contionem ad urbem consul designatus habuit, ubi, id quod
maxime exspectari videbatur, ostendit se tribuniciam potestatem restituturum, factus est in eo strepitus et grata contionis
admurmuratio. Idem in eadem contione cum dixisset populatas
vexatasque esse provincias, iudicia autem turpia ac flagitiosa
fieri; ei rei se providere ac consulere velle: tum vero non
strepitu sed maximo clamore suam populus Romanus signi-
ficavit voluntatem.

The 'Commentarius' of Varro

Gellius xiv. 7. 1 Gnaeo Pompeio consulatus primus cum M.
Crasso designatus est. Eum magistratum Pompeius cum ini-
turus foret, quoniam per militiae tempora senatus habendi
consulendique rerum expers urbanarum fuit, M. Varronem,
familiarem suum, rogavit, uti commentarium faceret εἰσαγωγι-
κόν—sic enim Varro ipse appellat,—ex quo disceret, quid facere
dicereque deberet cum senatum consuleret.

Agitation for the reform of the 'iudicia'; the tribune Palicanus

Schol. Gronov. p. 328St. Palicanus . . . tres ordines iudicare
⟨debere⟩ dicebat, senatores, equites Romanos et tribunos aerarios
[cf. [Ascon.] *in Div.* p. 189St. (quoted p. 242)].

Sall. *Hist.* iv. 43M M. Lollius Palicanus, humili loco Picens,
loquax magis quam facundus.

[For Palicanus and the case of Sthenius, see Cic. *in Verr.* ii.
41. 100. And see Schol. Gronov., below, p. 272.]

Triumph of Metellus and Pompeius

Vellei. ii. 30 Metellus et Pompeius ex Hispaniis triumphaverunt; sed Pompeius, hoc quoque triumpho adhuc eques

Romanus, ante diem quam consulatum iniret, curru urbem invectus est [cf. Eutrop. vi. 5; Plut. *Crass.* 11].

Degrassi, *I.L.L.R.P.* i. 366 (*C.I.L.* I². 733) (from Tivoli) [Q. Caeci]lius Q. f. | [L. n. Mete]llus Pius | [imp(erator)] iter(um). [See Degrassi, *ad loc.*]

Cic. *de Imp. Cn. Pomp.* 21. 62 Quid tam incredibile quam ut iterum eques Romanus ex senatus consulto triumpharet? [On the *ovatio* of Crassus cf. Gell. vi. 23; Plin. *Nat. Hist.* xv. 125; Cic. *in Pis.* 24. 58.]

Question of land for their veterans

Dio Cass. xxxviii. 5. 1. (59 B.C.) ὅ τε οὖν Πομπήϊος μάλα ἀσμένως "οὐκ ἐγώ" ἔφη "μόνος, ὦ Κυιρῖται, τὰ γεγραμμένα δοκιμάζω, ἀλλὰ καὶ ἡ ἄλλη βουλὴ πᾶσα, δι᾽ ὧν οὐχ ὅτι τοῖς μετ᾽ ἐμοῦ, ἀλλὰ καὶ τοῖς μετὰ τοῦ Μετέλλου συστρατευσαμένοις ποτὲ γῆν δοθῆναι ἐψηφίσατο. τότε μὲν οὖν (οὐ γὰρ ηὐπόρει τὸ δημόσιον) εἰκότως ἡ δόσις αὐτῆς ἀνεβλήθη· ἐν δὲ δὴ τῷ παρόντι (παμπλούσιον γὰρ ὑπ᾽ ἐμοῦ γέγονε) προσήκει καὶ ἐκείνοις τὴν ὑπόσχεσιν καὶ τοῖς ἄλλοις τὴν ἐπικαρπίαν τῶν κοινῶν πόνων ἀποδοθῆναι."

EXTERNAL HISTORY

Asia

Conquest of the Pontic towns by Lucullus and his legates

Memnon 30 (Jac.) Λεύκολλος δὲ ἐπὶ μὲν τὸν Μιθριδάτην Μάρκον Πομπήϊον ἡγεμόνα ἐξέπεμψεν, αὐτὸς δὲ ἐπὶ Καβήρων μεθ᾽ ὅλης ἐπείγετο τῆς δυνάμεως, καὶ τὴν πόλιν περικαθισάμενος σφᾶς αὐτοὺς παραδεδωκότας τοὺς βαρβάρους ὑποσπόνδους ἔσχε καὶ τῶν τειχῶν ἐκυρίευσεν. ἐκεῖθεν δὲ πρὸς τὴν Ἀμισὸν παραγεγονώς, καὶ λόγοις παραινῶν τοὺς ἐν αὐτῇ Ῥωμαίοις προσχωρεῖν, ἐπεὶ οὐκ ἔπειθε, ταύτην λιπὼν εἰς τὴν Εὐπατορίαν μεθίστη τὴν πολιορκίαν ... καὶ ... ἥλω Εὐπατορία καὶ αὐτίκα κατέσκαπτο. μετ᾽ ὀλίγον δὲ καὶ Ἀμισὸς ἑάλω.

App. *Mithr.* 82 οἱ φρούραρχοι τοῦ Μιθριδάτου ἀθρόως ἐς τὸν Λεύκολλον μετετίθεντο χωρὶς ὀλίγων. καὶ ὁ Λεύκολλος αὐτοὺς ἐπιὼν καθίστατο, καὶ τὰς ἐπὶ τοῦ Πόντου πόλεις περιπλέων ᾔρει, Ἄμαστρίν τε καὶ Ἡράκλειαν καὶ ἑτέρας. (83) Σινώπη δ᾽ ἀντεῖχεν ἔτι καρτερῶς. ... Λεύκολλος δὲ τὴν πόλιν εὐθὺς ἐλευθέραν ἠφίει ... καὶ Ἀμισὸν ἐπὶ τῇ Σινώπῃ συνῴκιζεν.

Cic. *de Imp. Cn. Pomp.* 8. 21 (Dico) Sinopen atque Amisum, quibus in oppidis erant domicilia regis, omnibus rebus ornata ac referta ceterasque urbes Ponti et Cappadociae permultas uno aditu adventuque esse captas; regem spoliatum regno patrio atque avito ad alios se reges atque ad alias gentis supplicem contulisse: atque haec omnia salvis populi Romani sociis atque integris vectigalibus esse gesta [cf. Plut. *Luc.* 20; for Amisus cf. *ib.* 19; for Sinope *ib.* 23; Memnon 37 (Jac.). The subjugation of the Pontic towns probably extended into the year 70 B.C.].

Spain. Monument erected by Pompeius in the Pyrenees

Plin. *Nat. Hist.* iii. 3. 18 Citerioris Hispaniae sicut conplurium provinciarum aliquantum vetus forma mutata est, utpote cum Pompeius Magnus tropaeis suis quae statuebat in Pyrenaeo DCCCLXVI oppida ab Alpibus ad fines Hispaniae ulterioris in dicionem ab se redacta testatus sit.

Ib. vii. 26. 96 Excitatis in Pyrenaeo tropaeis, oppida DCCCLXXVI ab Alpibus ad fines Hispaniae ulterioris in dicionem redacta victoriae suae adscripsit et maiore animo Sertorium tacuit [cf. Sall. *Hist.* iii. 89M].

Final defeat of Spartacus by Crassus (praetor 73 B.C.?)

Liv. *Ep.* xcvii. M. Crassus praetor primum cum parte fugitivorum, quae ex Gallis Germanisque constabat, feliciter pugnavit, caesis hostium x̄x̄x̄v̄ et ducibus eorum Casto et Gannico. Cum Spartaco dein debellavit, caesis cum ipso l̄x̄.

Plut. *Crass.* 10 ταῦθ' ἡ βουλὴ πυθομένη τοὺς μὲν ὑπάτους (*sc.* of 72 B.C.) πρὸς ὀργὴν ἐκέλευσεν ἡσυχίαν ἄγειν, Κράσσον δὲ τοῦ πολέμου στρατηγὸν εἵλετο· . . . αὐτὸς μὲν οὖν ὑπέμεινε πρὸ τῆς Πικηνίδος ὡς τὸν Σπάρτακον ἐκεῖ φερόμενον δεξόμενος, Μόμμιον δὲ πρεσβευτὴν ἄγοντα δύο τάγματα κύκλῳ περιέπεμψεν, ἕπεσθαι κελεύσας τοῖς πολεμίοις μὴ συμπλέκεσθαι δὲ μηδὲ ἀψιμαχεῖν. ὁ δ' . . . ἡττήθη. . . . ὁ δὲ Κράσσος αὐτόν τε τὸν Μόμμιον ἐδέξατο τραχέως, καὶ τοὺς στρατιώτας ὁπλίζων αὖθις ἐγγύους ᾔτει τῶν ὅπλων, ὅτι φυλάξουσι, πεντακοσίους δὲ τοὺς πρώτους, καὶ μάλιστα [τοὺς] τρέσαντας, εἰς πεντήκοντα διανείμας δεκάδας ἀφ' ἑκάστης ἀπέκτεινεν ἕνα τὸν κλήρῳ λαχόντα, . . . οὕτω δ' ἐπιστρέψας τοὺς ἄνδρας ἦγεν ἐπὶ τοὺς πολεμίους. ὁ δὲ Σπάρτακος ὑπεξεχώρησε διὰ Λευκανίας πρὸς τὴν θάλασσαν· ἐν δὲ τῷ πορθμῷ λῃστρίσι Κιλίσσαις ἐπιτυχὼν ὥρμησεν ἅψασθαι Σικελίας. . . . ὁμολογήσαντες

δὲ οἱ Κίλικες αὐτῷ ... ἐξηπάτησαν καὶ ἀπέπλευσαν. οὕτω δὴ
πάλιν ἀπὸ θαλάσσης ἀναζεύξας ἐκάθισε τὸν στρατὸν εἰς τὴν
Ῥηγίνων χερρόνησον. ἐπελθὼν δ᾽ ὁ Κράσσος ... ὥρμησεν ἀπο-
τειχίσαι τὸν ἰσθμόν. ... μέγα μὲν οὖν καὶ χαλεπὸν τὸ ἔργον,
ἤνυσε δὲ καὶ κατειργάσατο. ... ὁ Σπάρτακος ... νύκτα νιφετώδη
καὶ πνεῦμά τι χειμέριον παραφυλάξας ἔχωσε τῆς τάφρου μέρος οὐ
πολὺ γῇ καὶ ὕλῃ καὶ κλάδοις δένδρων, ὥστε τῆς στρατιᾶς περαιῶσαι
τὸ τρίτον. (11) ἐφοβήθη μὲν οὖν ὁ Κράσσος ... γεγραφὼς δὲ τῇ
βουλῇ πρότερον, ὡς χρὴ καὶ Λεύκολλον ἐκ Θρᾴκης καλεῖν καὶ
Πομπήϊον ἐξ Ἰβηρίας, μετενόει, καὶ πρὶν ἥκειν ἐκείνους ἔσπευδε δια-
πράξασθαι τὸν πόλεμον. ... πρῶτον μὲν οὖν διαγνοὺς τοῖς ἀφεστῶσι,
... ὧν ἀφηγοῦντο Γάϊος Καννίκιος καὶ Κάστος, ἐπιθέσθαι, ...
ἄνδρας ἑξακισχιλίους ἀπέστειλε ... οἱ δ᾽ ... ἐκινδύνευσαν, εἰ μὴ
Κράσσος ὀξέως ἐπιφανεὶς μάχην ἔθετο πασῶν καρτερωτάτην. ...
Σπαρτάκῳ δὲ μετὰ τὴν ... ἧτταν ἀναχωροῦντι πρὸς τὰ ὄρη τὰ
Πετηλῖνα Κόϊντος τῶν περὶ Κράσσον ἡγεμόνων καὶ Σκρώφας ταμίας
ἐξαπτόμενοι παρηκολούθουν. ἐπιστρέψαντος δὲ γίνεται φυγὴ μεγάλη
τῶν Ῥωμαίων. ... τοῦτο τὸν Σπάρτακον ἀπώλεσε τὸ κατόρθωμα,
φρονήματος ἐπιγενομένου τοῖς δραπέταις ... τέλος δὲ φυγόντων
τῶν περὶ αὐτόν, αὐτὸς ἑστὼς καὶ κυκλωθεὶς ὑπὸ πολλῶν ἀμυνόμενος
κατεκόπη. ... ὅμως οὐ διέφυγε τὸ κατόρθωμα τὴν Πομπηΐου δόξαν.
οἱ γὰρ διαπεσόντες ἐκ τῆς μάχης πεντακισχίλιοι περιπεσόντες
αὐτῷ διεφθάρησαν, ὥστε καὶ γράψαι πρὸς τὴν σύγκλητον, ὅτι
μάχῃ μὲν τοὺς δραπέτας φανερᾷ Κράσσος νενίκηκεν, αὐτὸς δὲ τοῦ
πολέμου τὴν ῥίζαν ἀνῄρηκε [cf. Vellei. ii. 30; Eutrop. vi. 7;
App. Bell. Civ. i. 118–20; ib. 121 τάδε Κράσσος ἐξ μησὶν ἐργασά-
μενος].

Oros. v. 24 (Crassus) mox ut fugitivorum pugnam iniit, sex
milia eorum interfecit, nongentos vero cepit. Inde priusquam
ipsum Spartacum ad caput Silari fluminis castra metantem
bello adgrederetur, Gallos auxiliatores eius Germanosque superavit, e quibus xxx milia hominum cum ipsis ducibus occidit.
Novissime ipsum Spartacum disposita acie congressum maxi-
masque cum eo fugitivorum copias perculit. ... Ceteri, qui ex
hoc bello lapsi oberrabant, per conplures duces frequenti in-
dagine attriti sunt. [For Crassus' decimation of his legions
cf. App. Bell. Civ. i. 118; Sall. Hist. iv. 22M; for the attempt
of Spartacus to cross to Sicily, Florus ii. 8 (iii. 20); Cic. in
Verr. v. 2. 5 (but cf. Sall. Hist. iv. 32M); for the part played by
Pompeius in the war, Cic. de Imp. Cn. Pomp. 11. 30; App. Bell.
Civ. i. 119; for the crucifixion of 6,000 captives, ib. 120.]

B.C. 70 · A.U.C. 684

Consuls, CN. POMPEIUS MAGNUS, M. LICINIUS CRASSUS

INTERNAL HISTORY

The Consuls

Plut. *Crass.* 12 οὐ μὴν ἔμειναν ἐπὶ ταύτης τῆς φιλοφροσύνης εἰς τὴν ἀρχὴν καταστάντες, ἀλλ᾽ ὀλίγου δεῖν περὶ πάντων διαφερόμενοι καὶ πάντα δυσκολαίνοντες ἀλλήλοις καὶ φιλονικοῦντες ἀπολίτευτον καὶ ἄπρακτον αὑτοῖς τὴν ὑπατείαν ἐποίησαν, πλὴν ὅτι Κράσσος Ἡρακλεῖ μεγάλην θυσίαν ποιησάμενος εἱστίασε τὸν δῆμον ἀπὸ μυρίων τραπεζῶν καὶ σῖτον ἐμέτρησεν εἰς τρίμηνον.

Id. *Pomp.* 22 ἐν μὲν τῇ βουλῇ μᾶλλον ἴσχυεν ὁ Κράσσος, ἐν δὲ τῷ δήμῳ μέγα τὸ Πομπήϊου κράτος ἦν.

Vellei. ii. 31. Converterat Cn. Pompei persona totum in se terrarum orbem et per omnia maior cive habebatur. Qui cum consul perquam laudabiliter iurasset se in nullam provinciam ex eo magistratu iturum idque servasset, post biennium A. Gabinius tribunus legem tulit etc.

Restoration of the Censorship

Civ. *Div. in Caec.* 3. 8 Iudicum culpa atque dedecore etiam censorium nomen, quod asperius antea populo videri solebat, id nunc poscitur, id iam populare et plausibile factum est.

Id. *in Verr.* Act. i. 18. 54 Cum haec frequentia totius Italiae Roma discesserit, quae convenit uno tempore undique comitiorum, ludorum censendique causa . . .

Liv. *Ep.* xcviii. Cn. Lentulus et L. Gellius censores asperam censuram egerunt, quattuor et sexaginta senatu motis. A quibus lustro condito censa sunt civium capita D̅C̅C̅C̅C̅.

Ascon. *in Or. in Tog. Cand.* p. 84C Antonium Gellius et Lentulus censores . . . senatu moverunt titulosque subscripserunt, quod socios diripuerit, quod iudicium recusarit, quod propter aeris alieni magnitudinem praedia manciparit bonaque sua in potestate non habeat (see p. 242 and cf. [Q. Cic.] *Comm. Pet.* 2. 8).

Dio Cass. xxxvii. 30 ὁ Λέντουλος ὁ Πούπλιος ὁ μετὰ τὴν ὑπατείαν (cos. 71 B.C.) ἐκ τῆς γερουσίας ἐκπεσών (ἐστρατήγει γὰρ (63 B.C.) ὅπως τὴν βουλείαν ἀναλάβῃ) . . . . [Cf. Plut. *Cic.* 17.]

Cic. *pro Cluent.* 42. 119 Video igitur, iudices, animadvertisse censores in iudices quosdam illius consili Iuniani, cum istam ipsam causam subscriberent. ... (120) Quos autem ... furti et captarum pecuniarum nomine multaverunt, ei non modo in senatum redierunt sed etiam illarum ipsarum rerum iudiciis absoluti sunt. ... (130) Verum omnes intellegimus in istis subscriptionibus ventum quendam popularem esse quaesitum. Iactata res erat in contione a tribuno seditioso. ... In invidiam porro magnam illa iudicia venerant. Etenim paucis postea mensibus alia vehemens erat in iudiciis ex notatione tabellarum invidia versata. Praetermitti ab censoribus et neglegi macula iudiciorum posse non videbatur ... eo magis quod illo ipso tempore illis censoribus erant iudicia cum equestri ordine communicata, ut viderentur per hominum idoneorum ignominiam sua auctoritate *rem* reprendisse.

Phlegon fr. 12 (6) (Jac.) καὶ Ῥωμαίων τῷ τρίτῳ αὐτῆς (τῆς ροζ Ὀλυμπιάδος) ἔτει ἀπετιμήθησαν μυριάδες ἐνενήκοντα καὶ μία.

Plut. *Pomp.* 22 προεκάθηντο μὲν οἱ τιμηταὶ Γέλλιος καὶ Λέντλος ἐν κόσμῳ, καὶ πάροδος ἦν τῶν ἱππέων ἐξεταζομένων, ὤφθη δὲ Πομπήϊος ἄνωθεν ἐπ᾽ ἀγορὰν κατερχόμενος, τὰ μὲν ἄλλα παράσημα τῆς ἀρχῆς ἔχων, αὐτὸς δὲ διὰ χειρὸς ἄγων τὸν ἵππον. ὡς δ᾽ ἐγγὺς ἦν καὶ καταφανὴς ἐγεγόνει, κελεύσας διασχεῖν τοὺς ῥαβδοφόρους τῷ βήματι προσήγαγε τὸν ἵππον. ἦν δὲ τῷ δήμῳ θαῦμα καὶ σιωπὴ πᾶσα, τούς τ᾽ ἄρχοντας αἰδὼς ἅμα καὶ χαρὰ πρὸς τὴν ὄψιν ἔσχεν. εἶτα ὁ μὲν πρεσβύτερος ἠρώτησε· "Πυνθάνομαί σου, ὦ Πομπήϊε Μᾶγνε, εἰ πάσας ἐστράτευσαι τὰς κατὰ νόμον στρατείας." Πομπήϊος δὲ μεγάλῃ φωνῇ· "Πάσας," εἶπεν, "ἐστράτευμαι, καὶ πάσας ὑπ᾽ ἐμαυτῷ αὐτοκράτορι." τοῦτ᾽ ἀκούσας ὁ δῆμος ἐξέκραγε, καὶ κατασχεῖν οὐκέτι τὴν βοὴν ὑπὸ χαρᾶς ἦν, ἀλλ᾽ ἀναστάντες οἱ τιμηταὶ προέπεμπον αὐτὸν οἴκαδε χαριζόμενοι τοῖς πολίταις ἑπομένοις καὶ κροτοῦσιν.

Restoration of the Tribunate of the Plebs

Liv. *Ep.* xcvii. M. Crassus et Cn. Pompeius ... tribuniciam potestatem restituerunt [cf. [Ascon.] *in Div.* p. 189St. (quoted p. 242)].

Plut. *Pomp.* 22 καὶ γὰρ ἀπέδωκε τὴν δημαρχίαν αὐτῷ (τῷ δήμῳ).

Vellei. ii. 30 Hoc consulatu Pompeius tribuniciam potestatem restituit, cuius Sulla imaginem sine re reliquerat [cf. p. 212, above].

Cic. *de Leg.* iii. 9. 22 Pompeiumque nostrum ceteris rebus
omnibus semper amplissimis summisque ecfero laudibus, de
tribunicia potestate taceo; nec enim reprehendere libet nec
laudare possum [cf. *ib.* 11. 26; [Ascon.] *in Verr.* Act. i. p.
220St.].

Cic. *in Verr.* Act. i. 15. 44 Neque enim ullam aliam ob
causam populus Romanus tribuniciam potestatem tanto studio
requisivit; quam cum poscebat, verbo illam poscere videbatur,
re vera iudicia poscebat. Neque hoc Q. Catulum . . . fugit,
qui Cn. Pompeio . . . de tribunicia potestate referente cum esset
sententiam rogatus, hoc initio est summa cum auctoritate usus,
patres conscriptos iudicia male et flagitiose tueri: quodsi in
rebus iudicandis populi Romani existimationi satis facere voluissent, non tanto opere homines fuisse tribuniciam potestatem
* desideraturos.

Lex Aurelia Iudiciaria

Cic. *in Verr.* iii. 96. 223 Quod si ita est, quid possumus
contra illum praetorem dicere, qui cotidie templum tenet, qui
rem publicam sistere negat posse, nisi ad equestrem ordinem
iudicia referantur?

Ib. ii. 71. 174 At quorum iudicio condemnatum! Nempe
eorum quos ii qui severiora iudicia desiderant arbitrantur res
iudicare oportere [publicanorum iudicio]; quos videlicet nunc
populus iudices poscit, de quibus ut eos iudices habeamus,
legem ab homine non nostri generis, non ex equestri loco profecto, sed nobilissimo promulgatam videmus.

Liv. *Ep.* xcvii. Iudicia quoque per M. Aurelium Cottam
praetorem ad equites Romanos translata sunt.

Plut. *Pomp.* 22 τὰς δίκας περιεῖδεν αὖθις εἰς τοὺς ἱππέας νόμῳ
μεταφερομένας.

[Ascon.], p. 206St. (L. Aurelius Cotta) legem promulgarat de
restituendis iudiciis equestri ordini.

Cic. *pro Cluent.* 47. 130 Illis censoribus erant iudicia cum
equestri ordine communicata.

Vellei. ii. 32 Cotta iudicandi munus, quod C. Gracchus
ereptum senatui ad equites, Sulla ab illis ad senatum transtulerat, aequaliter in utrumque ordinem partitus est.

Schol. Gronov. p. 328St. Aurelius Cotta legem tulerat ut
equites cum senatoribus iudicarent, assistente Quintio tribuno
plebis, vel Palicano.

Ascon. *in Pisonian.* p. 17C Legem iudicariam, . . . quibus temporibus accusatus est Verres a Cicerone, tulit L. Aurelius Cotta praetor, qua communicata sunt iudicia senatui et equitibus Romanis et tribunis aerariis [cf. eund. *in Cornelian.* pp. 67C, 78C; [Ascon.] p. 189St.; Schol. Bob. p. 91St.].

Schol. Bob. p. 94St. Lex . . . Aurelia iudiciaria ita cavebat, ut ex parte tertia senatores iudicarent, ex partibus duabus tribuni aerarii et equites R., eiusdem scilicet ordinis viri.

Cic. *ad Att.* i. 16. 3 Iudicium, si quaeris quale fuerit, . . . maculosi senatores, nudi equites, tribuni non tam aerati quam, ut appellantur, aerarii.

Id. *in P. Clodium et Curionem,* fr. xxx. Ut posthac lege Aurelia iudex non possit.

Schol. Bob. *ad loc.* (p. 91St.) Negat iudices illos Tullius pecuniam quam acceperint reddituros, ne postea in numero iudicum lege Aurelia esse non possint: sive quod se pecuniam reddendo faterentur esse corruptos, sive quod amissis trecenis vel quadringenis millibus quae a reo acceperant in egestatem revolverentur ac propterea in iudicum ⟨numerum posthac referri non possent⟩. [Cf. Suet. *Aug.* 32. 3.]

Cic. *Phil.* i. 8. 20 Quae est ista tertia decuria? 'Centurionum,' inquit. Quid? isti ordini iudicatus lege Iulia, etiam ante Pompeia, Aurelia non patebat? [Only senators and *equites* are mentioned as *iudices* in Cic. *pro Font.* 16. 36; *pro Cluent.* 43. 121; cf. *ib.* 47. 130 (quoted p. 272); *pro Flacco* 38. 96; cf. Schol. Bob. p. 94St. (quoted above); but the *ordo* of *tribuni aerarii* is distinguished from that of the *equites* in Cic. *pro Planc.* 8. 21; *pro Rab.* 9. 27; cf. *in Cat.* iv. 7. 15.]

The 'tribuni aerarii'

Cato ap. Gell. vi. (vii) 10 Pignoriscapio ob aes militare, quod aes a tribuno aerario miles accipere debebat, vocabulum seorsum fit.

Varro *L.L.* v. 181 Quibus attributa erat pecunia ut militi reddant, tribuni aerarii dicti.

Festus, p. 93L *Aerarii tribuni* a tribuendo aere sunt appellati.

Dio Cass. xliii. 25 τά τε γὰρ δικαστήρια τοῖς τε βουλευταῖς καὶ τοῖς ἱππεῦσι μόνοις ἐπέτρεψε (Καῖσαρ) . . . πρότερον γὰρ καὶ ἐκ τοῦ ὁμίλου τινὲς συνδιεγίγνωσκον αὐτοῖς.

Selection of the list

Cic. *pro Cluent.* 43. 121 Praetores urbani, qui iurati debent optimum quemque in lectos iudices referre . . .

[The Lex Aurelia was passed after Act. i. *in Verr.* (see 16. 49 'Haec constituta iudicia, quibus nunc utimur,' and [Ascon.] *ad loc.* p. 221 St. 'Senatoria iudicia dicit'). Act. i was delivered on August 5 (see 10. 31) .]

Lex Plotia de reditu Lepidanorum

Suet. *Div. Jul.* 5 Tribunatu militum, qui primus Romam reverso per suffragia populi honor optigit, actores restituendae tribuniciae potestatis, cuius vim Sulla diminuerat, enixissime iuvit (Caesar). L. etiam Cinnae uxoris fratri, et qui cum eo civili discordia Lepidum secuti post necem consulis ad Sertorium confugerant, reditum in civitatem rogatione Plotia confecit, habuitque et ipse super ea re contionem [cf. Gell. xiii. 3].

Sall. *Hist.* iii. 47M Post reditum eorum quibus senatus belli Lepidani gratiam fecerat.

[For the date of the Lex Plotia (70 B.C. ?) and of the Lex Antonia de Termessibus (*I.L.S.* 38) (68 B.C. ?) see L. R. Taylor *C. Phil.* 36 (1941). 121; T. S. Broughton, *M.R.R.* ii. 130, note 4; R. Syme, *C. Phil.* 50 (1955). 129.]

Lex Plotia Agraria (?)

Cic. *Att.* i. 18. 6 (60 B.C.) Agraria autem promulgata est a Flavio sane levis eadem fere quae fuit Plotia. [Cf. Dio Cassius xxxviii. 5. 1 (quoted p. 267); Plut. *Luc.* 34.]

Cicero's prosecution of Verres

[Ascon.] *in Div.* p. 185St. Cn. Pompeio primum et M. Crasso coss. C. Verres . . . repetundarum reus ab Siculis postulatus est.

Birth of Virgil

Donat. [Suet.] *Vit. Verg.* 2 Natus est Cn. Pompeio Magno M. Licinio Crasso primum consulibus iduum Octobrium die in pago qui Andes dicitur et abest a Mantua non procul [cf. Hieron. in Euseb. *Chron.*; Phlegon fr. 12 (9) (Jac.)].

Martial xii. 67. 3 Octobres Maro consecravit Idus.

EXTERNAL HISTORY

Lucullus' settlement of the affairs of the province of Asia

Cic. *Acad. Prior.* ii. 1. 3 In eodem (Lucullo) tanta prudentia fuit in constituendis temperandisque civitatibus, tanta aequitas, ut hodie stet Asia Luculli institutis servandis et quasi vestigiis persequendis.

Plut. *Luc.* 20 (winter 71/70?) Λεύκολλος δὲ τρέπεται πρὸς τὰς ἐν Ἀσίᾳ πόλεις. . . . τοιαῦτα μὲν κακὰ Λεύκολλος εὑρὼν ἐν ταῖς πόλεσιν, ὀλίγῳ χρόνῳ πάντων ἀπήλλαξε τοὺς ἀδικουμένους. πρῶτον μὲν γὰρ ἑκατοστὴν ἐκέλευσε καὶ μὴ πλέον εἰς τοὺς τόκους λογίζεσθαι, δεύτερον δὲ τοὺς μακροτέρους τοῦ ἀρχαίου τόκους ἀπέκοψε, τὸ δὲ τρίτον καὶ μέγιστον ἔταξε τῶν τοῦ χρεωφειλέτου προσόδων τὴν τετάρτην μερίδα καρποῦσθαι τὸν δανειστήν· ὁ δὲ τόκον κεφαλαίῳ συνάψας ἐστέρητο τοῦ παντός· ὥστ' ἐν ἐλάττονι χρόνῳ τετραετίας διαλυθῆναι τὰ χρέα πάντα, καὶ τὰς κτήσεις ἐλευθέρας ἀποδοθῆναι τοῖς δεσπόταις. ἦν δὲ τοῦτο κοινὸν δάνειον ἐκ τῶν δισμυρίων ταλάντων οἷς τὴν Ἀσίαν ἐζημίωσεν ὁ Σύλλας, καὶ διπλοῦν ἀπεδόθη τοῖς δανείσασιν, ὑπ' ἐκείνων ἀνηγμένον ἤδη τοῖς τόκοις εἰς δώδεκα μυριάδας ταλάντων. ἐκεῖνοι μὲν οὖν ὡς δεινὰ πεπονθότες ἐν Ῥώμῃ τοῦ Λευκόλλου κατεβόων.

Ib. 23 Λεύκολλος δὲ τὴν Ἀσίαν πολλῆς μὲν εὐνομίας, πολλῆς δ' εἰρήνης ἐμπεπληκὼς οὐδὲ τῶν πρὸς ἡδονὴν καὶ χάριν ἡμέλησεν, ἀλλὰ πομπαῖς καὶ πανηγύρεσιν ἐπινικίοις καὶ ἀγῶσιν ἀθλητῶν καὶ μονομάχων ἐν Ἐφέσῳ καθήμενος ἐδημαγώγει τὰς πόλεις. αἱ δ' ἀμειβόμεναι Λευκόλλειά τ' ἦγον ἐπὶ τιμῇ τοῦ ἀνδρός, καὶ τῆς τιμῆς ἡδίονα τὴν ἀληθινὴν εὔνοιαν αὐτῷ παρεῖχον.

App. *Mithr.* 83 καὶ ἐς τὴν Ἀσίαν αὐτὸς ἐπανελθών, ὀφείλουσαν ἔτι τῶν Συλλείων ἐπιβολῶν, τέταρτα μὲν ἐπὶ τοῖς καρποῖς τέλη δ' ἐπὶ τοῖς θεράπουσι καὶ ταῖς οἰκίαις ὥριζεν. καὶ ἐπινίκια ἔθυεν ὡς δὴ τὸν πόλεμον κατωρθωκώς.

[See also above pp. 267–8.]

Liv. *Ep.* xciii. Machares filius Mithridatis, Bospori rex, a L. Lucullo in amicitiam receptus est.

The mission of Appius Claudius to Tigranes

Plut. *Luc.* 21 Ἄππιος δὲ Κλώδιος, ὁ πεμφθεὶς πρὸς Τιγράνην . . ., ὡς ἔτυχε λόγου πρῶτον, ἄντικρυς ἥκειν ἔφη Μιθριδάτην ἀπάξων

ὀφειλόμενον τοῖς Λευκόλλου θριάμβοις, ἢ καταγγελῶν Τιγράνῃ
πόλεμον [cf. App. *Mithr.* 83; Memnon, 31 (Jac.)].

L. Metellus succeeds Verres in Sicily. The Pirates

Oros. vi. 3. 5 Eodem tempore Metellus Siciliae praetor cum
foedissima illa C. Verris praetura Siciliam adflictam invenisset,
maxime Pyrganione archipirata nefariis praedis et caedibus
dilacerante, qui pulsa classe Romana Syracusanum portum
obtinuerat—quem mox navali terrestrique proelio comminutum
Sicilia decedere conpulit. (*Codd. sic.*)

APPENDIX I

Extracts from the Periochae of Livy lx and lxi

Liv. *Ep.* lx. L. Aurelius consul *re*bellantes Sardos subegit.
M. Fulvius Flaccus primus Transalpinos Liguras domuit bello,
missus in auxilium Massiliensium adversus Salluvios Gallos, qui
fines Massiliensium populabantur. L. Opimius praetor Fregellanos, qui defecerant, in deditionem accepit, Fregellas diruit. . . .
Lustrum a censoribus conditum est : censa sunt civium capita
$\overline{\text{CCCXCIIII}}$ DCCXXXVI. *C.* Gracchus, Tiberii frater, tribunus
plebis, eloquentior quam frater, perniciosas aliquot leges tulit,
inter quas frumentariam, ut *se*nis et triente frumentum plebi
daretur ; alteram legem agrariam, quam et frater eius tulerat ;
tertiam, qua equestrem ordinem, tunc cum senatu consentientem, corrumperet, ut sescenti ex equite in curiam sublegerentur et, quia illis temporibus trecenti tantum senatores erant,
sescenti equites trecentis senatoribus admiscerentur, id est ut
equester ordo bis tantum virium in senatu haberet. Et continuato
in alterum annum tribunatu legibus agrariis latis effecit, ut
complures coloniae in Italia deducerentur, et una in solo dirutae
Carthaginis ; quo ipse triumvir creatus coloniam deduxit. Praeterea res a Q. Metello consule adversus Baleares gestas continet.
. . . Motus quoque Syriae referuntur, in quibus Cleopatra
Demetrium virum suum et Seleucum filium, indignata, quod
occiso patre eius a se iniussu suo diadema sumpsisset, interemit.

(lxi) C. Sextius pro cos. victa Salluviorum gente coloniam
Aquas Sextias condidit. . . . Cn. Domitius pro cos. adversus
Allobrogas ad oppidum Vindalium feliciter pugnavit. Quibus
bellum inferendi causa fuit, quod Toutomotulum Salluviorum
regem fugientem recepissent et omni ope iuvissent, quodque
Aeduorum agros, *sociorum* populi Romani, vastassent. C. Gracchus seditioso tribu*n*atu acto, cum Aventinum quoque armata
multitudine occupasset, a L. Opimio consule ex senatus consulto
vocato ad arma populo pulsus et occisus est.

APPENDIX II A

S. C. de agro Pergameno (129 B.C.)

F. Miltner and Selahattin Bey, *Türk Tarih* ii (1934). 240 ff.
(A. Passerini, *Athenaeum* xv (1937). 252 ff.; G. I. Luzzatto,
Epigr. giur. gr. e rom., 136 ff.) (from Smyrna) ...] καὶ περὶ [c. 15 l.]||
[c. 25 l. περὶ τούτου τ]οῦ πράγματ[ος οὕτως ἔδοξεν· | Περγαμηνοὺς
πρεσβευτὰς ἄνδρας καλοὺς κἀγαθ]οὺς καὶ φίλ[ους παρὰ δήμου κα-
λοῦ | κἀγαθοῦ καὶ φίλου συμμάχου τε ἡμετέρου προσ]αγορεῦσαι,
χάρι[τα, φιλίαν, συμμαχίαν | ἀνανεώσασθαι. περὶ δὲ τῆς χώρας ἥτις
ἐ]ν ἀντιλογία(ι) ἐστιν καὶ π[ερὶ c. 10 l. | ὅπως περὶ τούτων] τῶν
πραγμ[άτ]ων περὶ ὧν λόγους ἐπ[οιήσαντο, ὁ δεῖνα | στρατηγὸς κατὰ
δῆμον (?) ἐ]πιγνῶ(ι) τίνες ὅρο[ι] Περγαμηνῶν εἰσὶ[ν, ἐὰν αὐτῷ φαίνη-
ται | c. 20 l. ὅρι(?)]σμα ὑπεξειρημέ[νο]ν πεφυλαγ[μένον ἐστὶν μὴ
καρπίζεσθαι(?) | καὶ Μάνιος Ἀκύλλιος Γάιος Σεμπρώ]νιος ὕπατοι
ἀνὰ μέ[σ]ον αὐ[τῶν φροντίσωσι ὅπως ἦ | αὐτοὶ ἢ ὁ δεῖνα στρατη]γὸς
κατὰ δῆμον, [ᾧ ἂν αὐτῶν φαίνηται, τοῦτο ὃ ἂν ὁ δεῖνα | στρατηγὸς
κατὰ δῆμον (?)] ἐπιγνῶι, περὶ τούτων τῶ[ν πραγμάτων εἰς τὴν σύγ-
κλητον | ἀπαγγελῶσι. Ὡσαύτως τὴ]ν σύγκλητον θέλειν κα[ὶ δίκαιον
ἡγεῖσθαι ἔκ τε τῶν | ἡμετέρων δημοσίων] πραγμάτων διαλαμβάνειν
[εἶναι ὅπως οὕτως καθὼς ἂν τῷ δεῖνα | στρατηγῷ κατὰ δῆμον (?)
δοκῇ π]ερὶ τούτων τῶν πραγμάτων, [ἄρχοντες ἡμέτεροι οἱ τῇ Ἀσίᾳ |
προσόδους ἐπιτιθῶσιν ἢ τὰς] τῆς Ἀσίας προσόδους μι[σθῶσι,
φροντίζωσιν οὕτως ὡς ἂν | αὐτοῖς ἐκ τῶν δημοσίων] πραγμάτων
πίστεώς τε τῆς ἰδία[ς φαίνηται, ταῦτα οὕτως ποιεῖσθαι(?). | Ὅπως τε
Μάνιος Ἀκ]ύλλιος ὕπατος, ἐὰν αὐτῷ φαίνηται, θη[c. 20 l. τόπον,
παροχὴν ξένιά τε κτλ. . . . . (l. 20) . . . Ἔδο]ξεν. (vac.) Κρίμα περὶ
τῆς χώρας. (vac.) Δέλτος. (vac.) (δεύτερα) (vac.) Κ[ήρωμα . . . .
Πρὸ ἡμερῶν | τριῶν καλανδῶ]ν Κοινκτειλίων ἐγ Κομετίωι μετὰ
συμβουλ[ίου ὁ δεῖνα στρατηγὸς | κατὰ δῆμον (?)] περὶ χώρας ἥτις ἐν
ἀντιλογίᾳ ἐστὶν δημοσ[ιώναις πρὸς Περγαμηνοὺς | ἐπέγνω (?). Ἐν τῷ
συμ]βουλίῳ παρῆσαν Κόιντος Καικίλιος Κοΐντου [υἱὸς Ἀνιήνσης κτλ.
. . .—(A total of fifty-five names, followed by fragments of the
sententia). [For the date see Broughton, *M.R.R.P.* i. 496–7. Cf.
I.G.R.R. iv. 262, fragment of another copy from Adramyttium;
*S.I.G.*³ 694 (status of Pergamum); Magie, *R. Rule* 1045, note 34.]

APPENDIX II B

The Law about the Eastern Provinces (the 'Piracy Law') from Delphi and Cnidos (101-100 B.C.)

For the original Delphi text, see *SEG* iii. no. 378 (Riccobono, *FIRA* i. 121 ff.). For the combined Delphi and Cnidos texts, see Hassall, Crawford, and Reynolds, *JRS* 64 (1974), 195-220. See also Stuart Jones, *JRS* 16 (1926), 155 ff.; *SEG* xxvi. no. 1227; Lintott, *ZPE* 20 (1976), 65; Ferrary, *MEFRA* 89 (1977), 619. Radical revision of the 'Piracy Law' has been required since the discovery at Cnidos of fragments of a Greek text which is clearly a different translation of the same Roman law. These new fragments both overlap with and supplement the old Delphi text. A final re-edition of the two texts is still awaited. Here is printed a sample from the new Cnidos text, according to the *editio princeps*, together with the most complete texts from the Delphi fragments.

Delphi Block A may contain part of a prescript to the law, and has references to (P)amphylia and Ly(caonia)—more probably than Ly(cia). Cnidos II seems also to contain part of a prescript to the law; the text then provides for an interruption in the supply of fresh troops and grain to Macedonia. Cnidos III refers (ll. 1-9) to a law passed by the praetor M. Porcius Cato forbidding military expeditions and other journeys by Romans outside the provinces appointed for them. Cnidos V contains detailed provisions for the trial of offenders against the law, e.g. about the selection of jurors and the summoning of witnesses.

(i) Cnidos III, ll. 22-41

 στρατηγὸς ἀνθύπατός τε ὁ⟨ς⟩ τὴν Ἀσίαν ἐπαρχείαν διακατέχων οὗτος ὧι ἔλασσον Λυ-
 καονίαν διακατέχηι ὧι τε ἔλασσον τούτου
25 ἡ ἐπαρχεία Λυκαονία καθὼς καὶ πρ(ὸ) το(ῦ) τοῦτον τὸν νόμον κυρωθῆναι ὑπῆρχεν ἐγ
 τούτωι τῶι νόμωι οὐκ ἠρώτηται *vac.*
 ὕπατος ὁ πρῶτος γενόμενος γράμματα
 πρὸς τοὺς δήμους πολιτείας τε πρὸς οὓς
30 ἂν αὐτῶι φαίνηται ἀποστελλέτω τὸν δῆ-

μον τὸν ῾Ρωμαίων ΕΝΕΠΙ ΑΝΑΞΙΑΙ ὥστε τοὺς
πολίτας ῾Ρωμαίων καὶ τοὺς συμμάχους Λατίνους τε τῶν τε ἐκτὸς ἐθνῶν οἵτινες ἐν
τῆι φιλίαι τοῦ δήμου ῾Ρωμαίων εἰσὶν μετὰ ἀσ-
35 φαλείας πλοίζεσθαι δύνωνται v. τήν τε Κιλικίαν διὰ τοῦτο τὸ πρᾶγμα κατὰ τοῦτον τὸν νόμον ἐπαρχείαν στρατηγικὴν πεποιηκέναι
ὁμοίως τε πρὸς τὸν βασιλέα τὸν ἐν Κύπρ[ωι] δι-
ακατέχοντα καὶ βασιλέα τὸν ἐν Ἀλεξανδρί-
40 αι καὶ Αἰγύπτωι βασιλεύοντα καὶ πρὸς [β]ασιλέ-
α τὸν ἐπὶ Κυρήνηι βασιλεύοντα καὶ πρὸς βασι-

(ii) Delphi B, ll. 9-23

καὶ πρὸς τὸν βασιλ[έα τὸν ἐν Ἀλε]|ξανδρείαι καὶ Αἰγύ[πτωι
βασιλεύοντα καὶ πρὸς τὸν βασιλέα τὸν ἐν Κυ]ρήνη βασιλεύοντα καὶ
πρ[ὸς] τοὺς βασιλεῖς τοὺς ἐν Συρίαι βασιλεύον[τας, οἷς πᾶσι] | φιλία
καὶ συμμαχία ἐ[στὶ πρὸς τὸν δῆμον τὸν ῾Ρωμαίων, γράψας
διασαφησά]τω καὶ ὅτι δίκαιόν ἐ[στιν αὐ]τοὺς φροντίσαι μὴ ἐκ τῆς
βασιλείας αὐτ[ῶν μήτε] τῆ[ς] | χώρας ἢ ὁρίων πειρατὴ[ς μηδεὶς
ὁρμήσῃ, μηδὲ οἱ ἄρχοντες ἢ φρούραρχοι, οὓς κ]αταστήσουσιν,
τ[οὺς] πειρατὰς ὑποδέξωνται, καὶ φροντίσαι, ὅσον [ἐν αὐ]τοῖς
ἐσ[τι] | τοῦτο, ὁ δῆμος ὁ ῾Ρωμαίω[ν ἵν' εἰς τὴν ἁπάντων σωτηρίαν
συνεργοὺς ἔχῃ προθύμους]. Γράμματα [πρὸς τ]οὺς βασιλεῖς κατὰ
τὸν νόμον τοῦτον ἀποστελ[λόμ]ενα τοῖς ἀ[πὸ | ῾Ρο]δίων πρεσβευ-
τ[αῖ]ς, [τοῖς ἤδη μέλλουσιν εἰς τὴν ἑαυτῶν πατρίδα ἀναχωρήσειν,
ἀποδότω. . . .]
[. . . Εἰ δὲ καὶ ὕστερον ἀπό τινος τῶν συμμάχων πρεσβεῖαι
κατασ]ταθήσονται, καὶ δεήσει, ὡς ἂν προαιρῶνται, πρὸς τὴ[ν] σύν-
κλητον ὡ[σαύ]τως προε]κφερέτω, καὶ ἡ σύγκλητ[ος, καθὼς ἂν αὐτῆ
δοκῇ εἶναι ἐκ τῶν δημοσίων πραγμάτων π]ίστεώς τε ἰδίας βου-
λευέσθω· ὅσα δὲ ὑπὲρ τούτου [τ]οῦ πράγματος ἡ [σύγ]|κλητος
[δ]ογματίσῃ, ἄρχων ἢ ἀντά[ρχ]ων πᾶς φροντιζέτω διδότω τε
ἐργασίαν ἐκ τοῦ δοκοῦντ]ος εἶναι, ὅπως οὕτως γένηται.
῞Υπατος, ὧι ἂν γέ[ν]ηται, ὅσα [τ]ε [ἂν ⟨ὁ καιρὸς⟩ αἰ]|τῆ, ὅπως
οὗτος ταῖς πρεσβε[ίαις ἀποκρίνηται, τοῖς πρεσβευταῖς τοῖς παρὰ τοῦ
δή]μου τοῦ ῾Ροδίων, οἵτινες ἂν ἐν ῾Ρώμηι ὦσιν, σύνκλητο(ν) ἐκτὸ[ς
τῆς] | συντάξεως δότω· τούτους [τε τοὺς πρεσβευτάς, πρόφασιν
μηδεμίαν προβαλόμενος, ἐκτ]ὸς τῆς συν[τ]άξεως εἰς τὴν σύγκλητον
εἰσαγέτω· [τ]ῆς τε συγ[κλήτου] | δόγμα φροντισάτω, ἵνα γένητ[αι
διεγνωσμένον, ἐπειδὰν τοὺς πρεσβευτὰς εἴτε νό](μ)ος ἐστὶν εἴτε

δήμου γνώμη ἐστίν, εἰσαγειοχὼς ᾖ· τοῦ[τ]ό τε ἀζ[ημίωι αὐτῶι |
ἐ]ξέστω ποιῆσαι.

Στρατ[ηγὸς ὕπατος ἢ ἀνθύπατος,] ὃς ἂν πορεύηται ε]ἰς Ἀσίαν
ἐπαρχείαν Γαίωι Μαρίωι καὶ Λευκίωι Οὐαλερίωι [ὑπάτοις], ⟨ἐπειδὴ
ἐν τῇ⟩ ἐπα[ρχ]είᾳ ἐ[γέ]|νετο, γράμματα πρὸς τοὺς δήμο[υς φίλους
καὶ συμμάχους ἀποστειλάτω καὶ πρὸς] τοὺς βασιλεῖς τοὺς ἐπάνω
γεγραμμένους, ὁμοίω[ς δὲ πρὸς οὓς κ]αὶ ὁ ὕπατος κατ[ὰ] | τοῦτον
τὸν νόμον γράφειν, κα[θὼς ἂν αὐτῷ δοκῇ καλῶς ἔχειν, ἀξιώσει· καὶ
τούτου τοῦ] νόμου ἀντίγραφον ἀποστειλάτω πρός τε τὰς πόλει[ς καὶ
πολι]τείας, πρὸς οὓς κατὰ | τοῦτον τὸν νόμον ἀποστέλλε[ιν δεῖ

(iii) Cnidos IV, ll. 6-43

Στρᾳτη[γὸς ἀντιστρά]τηγος ἀνθύπατός τε ὃς ἂ[ν]
κᾳτὰ [τοῦτον τὸν ν]όμον ἢ ψήφισμα ἢ συνκλήτου δό-
[γμα Μακεδονί]αν ἐπαρχείαν διακατέχηι διακαθέ-
ξ[ηι εὐθὺ]ς [εἰς] Χερσόνησον Καινεικήν τε ἦν Τί-
10 το[ς Δείδιος] πολεμῶν δορίκτητον ἔλαβεν πο-
[ρευέσθ]ῳ · οὗ τε ἐπαρχεία Χερσόνησός τε Και-
ν[εικὴ ἔστ]ω, ταύτην τε τὴν ἐπαρχείαν ἅμα
με[τὰ τῆς] Μακεδονίας διακατεχέτω ποιείτω τε
ὅπως [αὐ]τῶι ἂν κάλλιστα δόκηι γεγονέναι ἵ-
15 να ταῖς δημοσίαις προσόδοις ταῖς ἐν ἐκείνηι
τῆι [χ]ώραι οὔσαις κατὰ τὸν νόμον καρπίζον-
ται ὅν ποτε ταύταις ταῖς δημοσίαις προσόδοις κα[ρ]πίζεσθαι δεήσει οὗτός τε καθ' ἕκαστον
ἐνιαυ[τ]ὸν μὴ ἐλάσσω ἐν ἐκείνοις τοῖς τόποις
20 πρὸ το[ῦ] αὐτῶι ἕτερον διαδέξασθαι ἡμέρων ἑξήκοντα ἔστω ἐργασίαν τε δότω ὡς ἂν δύνα-
τος ἦι ποιεῖν ὥστε πρὸς οὓς πρὸς τὸν δῆμον
τὸν Ῥωμαίων φιλία συμμαχία τέ ἐστιν ὅπως
τῶν ὁ[ρ]ίων μὴ ἐξωθῶνται μήτε τις αὐτοῖς ἐν-
25 ποδὼς μήτε ἀδικήματα γίνηται ἵνα τε οὗτος
ὁ στρα[τ]ηγὸς ἢ ἀνθύπατός τε ὅ τε τὴν τῆς Μακηδο-
νίας ἐ[π]αρχείαν διακατέχων πρὸ τοῦ ἐκ τῆς ἐπαρχεία[ς ἐ]κχωρεῖν κατὰ τὸ τῆς συνκλήτου δόγμα
τὸ ἐ[π' α]ὐτὸν γενόμενον ὅρια τῆς Χερσονήσου τῆς
30 Καινε[ι]κῆς ἠ⟨ι⟩ οὕτως καθὼς ἂν αὐτῶι δόκη(ι) κάλλιστα γεγ[ο]νέναι ὡς τάχιστα vac.
Ἐὰν οὗτ[ος] ὁ στρατηγὸς ὧι τῆς Ἀσίας Μακεδονίας τε
ἐπαρ[χεί]α ἐγένετο τῆς ἀρχῆς αὐτὸν ἀπείπηι ἢ ἀπείπη-
ται Ν[.c. 4.]Ν ἐπιτάγηι ἐξουσία πάντων πραγμά- vac.

35 τῶν [ἐπ]ιστροφήν τε ποιεῖσθαι κολάζειν δικαιοδοτεῖν
κρείν[ειν κ]ριτὰς ξενοκριτὰς διδόναι ἀναδόχων κτημά-
των [..c. 6..]ΕΑΡΟΔΟΣΕΙΣ ἀπελευθερώσεις ὡσαύτως κατὰ τὴν [δ]ικαιοδοσίαν ἔστω καθὼς ἐν τῆι ἀρχῆι ὕπηρ-
χεν ο[ὗτ]ός τε ὁ ἀνθύπατος ἕως τούτου ἕως ἂν
40 εἰς τὴν [᾿Ρ]ώμην ἐπανέλθηι ἔστω vac.

᾿Εὰν οὗτος ὁ ταμίας ἢ ἀντιταμίας ὦ(ι) τῆς ᾿Ασίας Μακεδ[ο-]
νίας τε[ταμι]εία ἐγένετο τῆς ἀρχῆς αὐτὸν ἀπείπη(ι)
ἢ ἀπ[είπη]τα[ι] ὁμοίως

(iv) Delphi C, ll. 4-15, 19-22

- - -] φροντιζέτω τῶν δημο[σίων | χρημ]άτων, καὶ ζημιούτω
παρ[αυτίκα? - - -] γ- - -αι ὅτε ἦρχε(ν)· οὗτός τε ἀνυ[πεύ|θυνος]
ἔστω, ἕως ἂν εἰς ῾Ρώμην ε[ἰσέλθη (c. 17 litt.) ἐντεῦθε]ν συ[μβό-
λαια, σὺν οἷς αὐτὸν κα]τὰ τοῦτον τὸν νόμον δεῖ π[οι|εῖν], ποιείτω,
μήτε τις ἄρχων μ[ήτε τις ἀντάρχων αὐτὸ]ν κα[τακωλυέτω, ὅπως,
ἐν οἷς τα]ῦτα κατὰ τὸν νόμον τοῦ|τον δεῖ γείνεσθαι, ἔλασσον ὅ ἐστι
[τεταγμένον, γένητα]ι.

Στρατ[ηγὸς ὕπατος ἢ ἀνθύπατος, ὧι] ἢ ᾿Ασία ἢ Μακεδονία
ἐπαρχεία ἐστίν, | [ὅδ᾽ ἐ]ν ἡμέραις δέκα ταῖς ἔγγιστα, αἷς ἂν
γν[ωρίσῃ τοῦτον τ]ὸν νόμον τ[ῶι δήμωι κεκυρῶσθαι ἐ]ν τῆι ἐκ-
κλησίαι, ὀμνυέτω, ὅτι, ὅσ᾽ | [ἃ]ν ἐν τούτωι τῶι νόμωι κελεύει
ποιεῖν, πάντα ποιείτω, οὔτε ὑπενα[ντίον τι τούτοις, ἄνευ δ]όλου
πονηροῦ.

῎Αρχοντες, οἵτινες | [νῦ]ν εἰσιν, ἐκτὸς τῶν δημάρχων καὶ ἐπάρχων,
οὗτοι ἐν ἡμέραις πέντε [ταῖς ἔγγιστα αἷς ἂν] ὁ δῆμος τοῦτον τὸν
νόμον κυρώσῃ, ὅσοι μετὰ | [ταῦτ]α ἀρχὴν ἕξουσι ἐκτὸς ἐπάρχων,
οὗτοι ἐν ἡμέραις πέντε ταῖς ἔγγιστα [ὀμόσατω, αἷς ἂ]ν εἰς τὴν ἀρχὴν
εἴσεται, οἵτινές τε αὐτῶν ἐν ῾Ρώμ[ῃ | εἰσίν], ὀμοσάτω τὸν Δία καὶ
τοὺς θεοὺς τοὺς πατρώιους ποιήσειν, ὅσα ἐν τούτωι τῶι νόμωι
κατακεχώρισται, πάντα [[ποιήσειν]] καὶ φροντίσαι ὅπως γέ||[νη-
τα]ι, μήτε ὑπεναντίον τούτωι τῶι νόμωι ποιήσειν, μήτε ποιήσειν,
ὧι τις ἄλλος ποιήσῃ, μήτε ἄλλως ποιήσειν ἢ ἐν τούτωι τῶι νόμωι
ἐστίν, ὅπως γένη||[τα]ι. . . . The Sanctio follows (C 16-30). Note
esp. 19-22. ᾿Εάν τις ὑπεναντίον τῶι νόμωι τούτωι [τ]ι ποιήσῃ, εἴτε
τι οὓς δεῖ κατ[ὰ | το]ῦτον τὸν νόμον τι ποιῆσαι ⟨ὀμόσαι⟩, μὴ ποιήσῃ
ἢ μὴ ὀμόσῃ, ἐάν τέ τις τούτωι τῶι νόμωι ἔλασσον ποιήσῃ, ἢ ἄλλως
ὑπενα[ν]τί[ο]ν ποιήσῃ ἢ ἐν τούτωι τῷ [ν|όμω]ι γεγραμμένον ἐστίν,
ποιήσῃ ἢ ἐπικρίνῃ ἢ παρανομήσῃ δόλωι πονηρῶι, οὗτος νόμω(ν)
σηστερτίω(ν) μυριάδας εἴκο[σ]ι ⟨ζημιούσθω⟩ κ[αθ᾽] ἕκαστον
εἶδος, ὃ ἂν παρανομή|σῃ.

APPENDIX II C

The Tarentum Fragment

See above, pp. 101 and 106. The text here printed is based on G. Tibiletti, *Athenaeum* 41, N.S. 31 (1953), 38–57. For further discussion, see H. Mattingly, *JRS* 59 (1969), 129 ff. and *JRS* 60 (1970), 154 ff.; A. N. Sherwin-White, *JRS* 62 (1972), 83–99; J. L. Ferrary, *MEFRA* 91 (1979), 108–111; A. W. Lintott, *ZPE* 45 (1982), 127–138. The restorations to the surviving text are printed in italics.

2 *. . . quei eius nomen detolerit, quoiu*s eorum opera maxume

3 *unius eum condemnatum esse constiterit, . . . ei rec*te omnium rerum

4 *siremps lex . . . esto. . . . militiae eis vacatio mu*nerisve esto atque aera militaria stipendiaque

5 *eis omnia merita sunto; . . . concreditor, utei sei quis eorum alterum vocabit (sive ab altero vocabitur)* in ioudicium, Romae certet, sei Romae velet ad quem

6 *mag(istratum) de ea re adire licebit . . . isq(ue) mag*(istratus) ad quem de ea re aditum erit facito ne in eius

7 *optione eum quis inhibeat . . . ; sin autem . . . , s*ed fraude sua inperio inhiberi liceto. Quei ceivis

8 *Romanus ex h.l. fiet, . . . ipsei liber*isque eius nepotibusque eo filio gnatis, quei eorum

9 *ceiveis Romanei ex h.l. fient, . . . militiae eis vacatio esto atque aera militaria stipendiaque eis omnia merita sunto.*

10 *. . . nei facito quo queiquomque eorum* munus faciat, neive inperato, neive advorsum provocationem

11 *sciens d(olo) m(alo) facito, . . . neive eorum quemquomque in aciem* ducito, neive facito quo invitus eat, nisei tumultus Galici

12 *Italicive causa. . . . pr(aetor) quei Romae inter peregreinos* ius deicat, is facito utei socium nominisque Latini omnium

13 *ceivitatium exterarumque nationum magistratibus regibusve huius legis exempla mittantur ita utei in c*ontione et apud senatum in sex mensibus prioribus et in sex

14 *mensibus posterioribus quot annis recitetur; itemq. is Romae hanc legem in tabulam aheneam scriptam literis inc*isis fictamque apud forum unde de plano recte legi possitur

15 *perscribendam curato; idemque fiat in ceivitatibus regnisve quae s.s.s. Itemq. is pr(aetor) facito utei . . . q*uei id consuluerit, quique ad id scribundum aderit, queique

16 . . . , *eis in tabula publica Romae scripti sient; itemq. eius modi tabula in omnei soci*o populo ceivitate regnove tota scripta apud forum siet et

17 *in contione et apud senatum recitetur . . . Itemq. is pr(aetor) facito utei, quei absolutus quei*ve condemnatus erit, quei ioudices in eam rem fuerint,

18 *quei . . . , eis utei s.s.e. Romae scripti sient; itemq. eis in ceivitatibus regnisve proscribantur recitentur utei s.s.e. . . . ad praeto*rem de ei{u}s quei eius nomen detolerint, palam iudicei in in singulos

19 . . . *condem*narit, in tabula ahenea incisum sub rostris facito fixsum siet.

20 . . . *iourato sese quae ex h.l. oportebit facturum neque advorsum h.l. scientem d(olo) m(alo), neque facturum neque* intercesurum esse q(uo) h(ac) l(ege) minus setiusve fiat. Quei ex h.l.

21 *non iouraverit, is magistratum inperiumve nei petito neive gerito neive habeto, neive in senatu sententi*am deicito, nive quis sinito, neive eum cens(or) in senatum legito.

22 *Quei ex h.l. iouraverit, is facito apud q(uaestorem) urb(anum) eius quei ita iourarit nomen perscriptum siet; quaestorque ea nomina acci*pito, et eos, quei ex h.l. apud se iourarint, facito in tabulis

23 *publiceis perscribat. . . . quei diem ex h.l. trinum nundinum* contenuo palam prodixerit, nondinisq(ue)

24 *singulis . . . pros*cripta propositaque apud forum fuerit. Quom res prolatae

25 *erunt . . .* facito utei tota citetur. Hoic legei fraudem neiquis

26 *facito . . .* emque teneto, s(i) s(acrum) s(anctum) e(st), q(uod) n(on) i(ure) s(it) r(ogatum), e(ius) h(ac) l(ege) n(ihilum) r(ogarier). Tr(ibuni) pl(ebis)

27 . . .

APPENDIX III

Coins

A. ROME AND ITALY

1. *Foundation of Narbo* (118 B.C.)

Sydenham, *R. Rep. Coinage*, n. 520. Serrate silver denarius.
Obv. Head of 'Roma'. L. PORCI. LICI✳
Rev. Naked warrior, Bituitus, in biga r., hurling spear and
holding shield and carnyx; *in ex.* L. LIC. CN. DOM
For names of other commissioners see Syd. *o.c.* nos. 521–4 and
p. 64; cf. Mattingly, *N.C.* 1924. 31 ff.

2. *Lex Coelia Tabellaria* (106 or 107 B.C.?)

Syd. *o.c.* n. 891 (pl. 25). Silver denarius.
Obv. Head of consul C. Coelius Caldus r. bare.
On r., C. COEL. CALDVS; below, COS; on l., tablet inscribed,
L. D. (libero, damno).
Rev. Head of Sol r., rad., flowing hair; on r., CALDVS IIIVIR and
round shield; on l., oval shield ornamented with thunder-
bolt.
C. Coelius Caldus, moneyer, *c.* 62 B.C.

3. *Provocatio*

Syd. *o.c.* n. 571. Silver denarius.
Obv. Head of 'Roma'; on l., P. LÆCA; above, ROMA; on r., X.
Rev. Soldier cuirassed with sword stg. l. and placing his hand
on head of a togate figure; behind him, lictor holding fasces;
in ex. PROVOCO
P. [Porcius] Laeca, moneyer, *c.* 104 B.C.? (Sydenham).

4. *Quaestorship of Q. Caepio* (103 or 100 B.C.?)

Syd. *o.c.* n. 603. pl. 19. Silver denarius.
Obv. Head of Saturn r., laur.; l., harpa; around, PISO CAEPIO Q
Rev. Two figures (Piso and Caepio?) seated l. on subsellium;
the one on the l. looks back, the other extends r. hand; on
each side a corn ear; *in ex.* AD FRV EMV EX S.C.

Note: evidence of finds suggests a date of issue *c.* 96–94 B.C.(?).
See Syd. *ad loc.* and Broughton, *M.R.R.* i. p. 578, note 5.

5. *Bellum Italicum*

Syd. *o.c.* p. 89 ff. Coinage of the Marsic Confederation.

Early Confederate successes

(a) N. 628 (pl. 19). Silver denarius.

Obv. Head of youthful Bacchus r., wearing ivy wreath; surrounded by laurel wreath.

Rev. Bull r., trampling on she-wolf; below, in Oscan letters, VITELLIU (Italia); above, N.

Names of Generals

(b) N. 634. Silver denarius (unique).

Obv. Head of Italia r., laur.; on l., ITALIA

Rev. Youth kneeling at the foot of a standard and holding pig, at which eight soldiers point their swords; *in ex.* Q. SILO

(c) N. 639. Silver denarius.

Obv. Helmeted head l. (Italia?) (type of coins of Q. Minucius Thermus) with necklace; below, in Oscan letters, C. MUTIL

Rev. Soldier in helmet and cloak stg. front, head r., holding spear reversed; his l. foot is placed on a R. standard; by his side, on r., recumbent bull; on l., in Oscan letters, SAFINIM (Samnitium?); above, Ñ or ʁ

(d) N. 640. Silver denarius.

Obv. Helmeted head as in 639, without necklace. Below, in Oscan letters, EMBRATUR (= imperator). MUTIL

Rev. Bearded man holding pig, at which two soldiers leaning on their spears stg. one on each side point their swords; *in ex.*, in Oscan letters, C. PAAPI. C

(e) N. 642 (pl. 19). Silver denarius.

Obv. Head of Italia l., laur., wearing ear-ring and necklace. Below chin, x; on r., in Oscan letters, VITELIU

Rev. As on n. 639; around, in Oscan letters, NI. LUVKI. MR (= Numerius Lucilius M. f.?).

Negotiations with Mithridates

(f) N. 632 (pl. 19). Silver denarius.

Obv. Bust of Italia r., in crested helmet and aegis, crowned by Victory.

Rev. Two male figures in military dress, one holding spear, the other a globe(?), grasping each other's r. hand; on r., prow of ship from which one of them has disembarked; *in ex.* A.

(*g*) N. 643. Gold (unique).

Obv. Head of young Bacchus r., wearing wreath of ivy tied with fillet.

Rev. Thyrsus, tied with fillet, resting against the *cista mystica* on which is the skin of a fawn; *in ex.*, in Oscan letters, MI. ΙΕΙΙS . MI (= Mi. Ieius Mi. [f.]).

Note: types copied from bronze coins of Amisos in Pontus of the time of Mithradates Eupator. Cf. *B.M.C.*, *Pontus* pl. iii. 7–9; Babelon–Reinach, *Recueil* I. i. p. 53. n. 24.

B. EASTERN KINGS AND PRETENDERS

1. *Antiochus, King of the Slaves* (*c.* 133 B.C.)

Num. Chron. 1920, p. 175 (from Sicily). Small Æ.
Obv. Veiled head of Demeter r., wearing corn-wreath.
Rev. Ear of corn; to r. and l. in two lines downwards BACI ANTIO (the last letter doubtful).
Prob. minted at Henna; see E. S. G. Robinson, *N.C. ad loc.* Cf. Diodor. xxxiv. 2. 24 ὁ τῶν ἀποστατῶν βασιλεὺς Εὔνους ἑαυτὸν μὲν Ἀντίοχον, Σύρους δὲ τῶν ἀποστατῶν τὸ πλῆθος ἐπωνό-μασεν.

2. *The Pretender Aristonicus* (133–130 B.C.)

E. S. G. Robinson, *Num. Chron.* 1954. 1 ff. 'Cistophori in the name of King Eumenes' (pl. i). Cistophoric tetradrachms of Thyateira (dated yr. 2), Apollonis (yr. 3), and Apollonis and Stratoniceia-on-Caicus (yr. 4). E.g. *ib.* n. 1.

Obv. Serpent emerging from half-opened *cista mystica*; all in ivy wreath.

Rev. Two serpents confronting each other, bodies entwined around bow-case; behind the case a bow. In field BA EY (= Basileus Eumenes); B (= yr. 2); r., ΘΥΑ (= Thyateira).

See Strabo xiv. 1. 38 (Thyateira and Apollonis) and above, p. 20.

3. *Mithridates' new era at Pergamum* (89/8–86/5 B.C.)

Hill, *Hist. Gk. Coins* n. 94; cf. Babelon–Reinach, *Recueil* I. i. pp. 13 ff. Gold stater.

Obv. Head of Mithridates the Great r., diademed, with flowing hair.

Rev. ΒΑΣΙΛΕΩΣ ΜΙΘΡΑΔΑΤΟΥ ΕΥΠΑΤΟΡΟΣ. Stag feeding l.; in field l., sun in crescent; r., Δ and monogram of ΠΕΡΓ; beneath, another monogram; the whole in ivy wreath.

4. *Athens under Aristion and Mithridates* (87/86 B.C.?)

Hill, *o.c.* n. 95; cf. M. Thompson, *The New Style Silver Coinage of Athens*, pl. 127. Gold stater.

Obv. Head of Athena Parthenos wearing triple-crested helmet.

Rev. ΑΘΕ ΒΑΣΙΛΕ ΜΙΘΡΑΔΑΤΗΣ ΑΡΙΣΤΙΩΝ. Owl stg. to front on prostrate amphora; in field r., sun between crescents; the whole in olive wreath.

Cf. perhaps also silver Attic tetradrachms; see Bellenger, *Hesperia* Suppl. viii (1949) p. 27; Thompson, *o.c.* p. 368; for the dating, H. Mattingly, *Chiron* 9 (1979) pp. 148-50.

[For issues of gold staters by Greek cities of Asia at about this time, see Magie, *Roman Rule* 1103, note 34, and E. S. G. Robinson, *Am. Num. Soc. Centennial Volume*, p. 594 (Abydos).]

C. COINAGE OF SULLA

1. *Sulla's trophies*

Svoronos, *Trésor*, pl. 78, nos. 20–24.

N. 20. Attic silver tetradrachm, new style.

Obv. Head of Athena Parthenos r., wearing triple-crested helmet.

Rev. Owl stg. to front on prostrate amphora, between two trophies.

Note: absence of legend ΑΘΕ. For the trophies see *infra* 2 (*c*). These tetradrachms have been identified with the *Luculleia* of Plut. *Lucull.* 2 (cf. Raven, *Num. Chron.* 1938). This is doubtful, but it is not unlikely that the Luculleia took the form of Attic tetradrachms; cf. Daux, *Rev. Num.* 1935.

2. *Issues from Sulla's field mint*, 83–81 B.C.?

(*a*) Syd. *o.c.* pp. 123 ff. nn. 754–5. Aureus and silver denarius.

Obv. Head of Venus r., diad., with ear-ring and necklace.
Rev. Double cornucopiae, bound with fillet; below, Q

(*b*) N. 756 ff. Aureus and silver denarius.

Obv. Head of 'Roma'; on r., L. MANLI; on l., PRO. Q

Rev. Sulla togate in triumphal quadriga r., holding branch; above, Victory flying l. with wreath; *in ex.* L. SVLLA IM(P)

(*c*) N. 760–1. Aureus and silver denarius.

Obv. Head of Venus r., diad., wearing ear-ring and necklace; hair in knot; in front, Cupid stg. l. holding palm branch; below, L SVLLA

Rev. Jug with handle and lituus between two trophies; above, IMPER; below, ITERVM

(*d*) N. 762. Aureus.

Obv. Bust of Roma r., draped, wearing crested helmet. A. MANLI. A. F. Q.

Rev. Equestrian statue of Sulla l., his r. hand raised; *in ex.* and in field, L. SVLL. FELI(X) DIC.

(*e*) N. 767. Æ (as).

Obv. Head of Janus, laur.; above, I
Rev. Prow r.; above, L. SV.; below, IM[PE]

3. *Senatorial issue?*

N. 763. Silver denarius.
Obv. As on n. 754 (above).
Rev. Ditto, but instead of Q in field, EX. S. C , and all within laurel wreath.

D. CISTOPHORUS OF FIMBRIA (85 B.C.)

Cistophoric tetradrachm (unique).

Obv. Tall *cista mystica* with half-open lid from which a serpent issues l. : the whole in a formalized wreath of ivy.

Rev. On l., legionary standard; on r., winged *caduceus*; on r., downwards, FIMBRIA; on l., downwards, I]MPER[–?

Æ. Wt. 11.34 gms. Ashmolean Museum, Oxford.

ADDENDA

p. 9   Cic. *pro Plancio* 36. 88. . . . P. Mucius, qui arma quae
        privatus P. Scipio ceperat, ea Ti. Graccho interempto
        iure optimo sumpta esse defendit.
        Cic. *de domo* 34. 91. Scipionis factum statim P. Mucius
        consul, qui in gerenda re publica putabatur fuisse
        segnior, gesta multis senatus sententiis non modo defendit
        sed etiam ornavit. (Cf. also the passage from *de oratore*
        next printed here.)

p. 15   Cic. *de oratore* ii. 70. 285. Placet etiam mihi illud Scipionis
        illius, qui Ti. Gracchum perculit: cum ei M. Flaccus
        multis probris obiectis P. Mucium iudicem tulisset,
        'Eiero' inquit 'iniquus est'. Cum esset admurmuratum,
        'Ah' inquit 'patres conscripti, non ego mihi illum iniquum
        eiero, verum omnibus'.

p. 21   Cic. *de repub*. iv. 2. 2. . . . gratiam, quam commode ordines
        discripti aetates classes equitatus, in quo suffragia sunt
        etiam senatus, nimis multis iam stulte hanc utilitatem
        tolli cupientibus, qui novam largitionem quaerunt aliquo
        plebiscito reddendorum equorum.

p. 28   Ascon. p. 17C. Notum est Opimium in praetura Fregellas
        cepisse, quo facto visus est ceteros quoque nominis Latini
        socios male animatos repressisse.

p. 30   For a devastating plague of locusts in Africa in 124 B.C.,
        see Liv. *Perioche* lx: Pestilentia in Africa ab ingenti
        locustarum multitudine et deinde necatarum strage
        fuisse traditur. It is also mentioned by Orosius (v. 11).

p. 35   On the *lex Acilia*, see further Tibiletti, *Athenaeum* 41 N.S. 31
        (1953), 7 ff.; Stockton, *The Gracchi*, pp. 230-5.

p. 36   A possible law of Gaius Gracchus on debt has been
        suggested (by P. A. Brunt, *Social Conflicts*, p. 90) on the
        basis of a fragment of Varro cited by Nonius Marcellus
        (p. 728L): (C. Gracchus cives) in spem adducebat non
        plus soluturos quam vellent. But Nicolet (*Historia* 28
        (1979), 279 ff.) and Stockton (*o.c.* 129) suggest that this is
        a reference to the *lex frumentaria*.

p. 53   Cic. *Brutus* 27. 103. (Carbo) propter perpetuam in

populari ratione levitatem morte voluntaria se a severitate iudicum vindicavit.

p. 68 The date of the *quaestio Mamilia* is almost certainly 109 B.C.

p. 77 For recent discussion of the date of the trial of Metellus, see Gruen, *Roman Politics and the Criminal Courts*, pp. 132-3.

p. 92 Cic. *Brutus* 45. 168. M. Gratidius, M. Antoni perfamiliaris . . . qui accusavit C. Fimbriam, M. Mari Gratidiani pater. (For an argument that this passage, taken with *pro Fonteio* 12. 26, shows that the *lex Servilia Glauciae* belongs to 104 B.C., or that this prosecution was earlier than 106 B.C., see Nicolet, *REL* 1967, 288-9.)

p. 100 Cic. *pro C. Rabirio perd. reo* 7. 20. . . . cum equester ordo—at quorum equitum, di immortales! . . . *qui* tum magnam partem rei publicae atque omnem dignitatem iudiciorum tenebant . . . arma cepissent (*sc.* in support of Marius against Saturninus and Glaucia in 100 B.C.).

p. 101 For the Tarentum Fragment, see Appendix II C.

p. 113 For a measure of Titius' concerning quaestorian posts, see Cic. *pro Murena* 8. 18: Sed quaestura utriusque prope modum pari momento sortis fuit. Habuit hic lege Titia provinciam tacitam et quietam, tu illam cui, cum quaestores sortiuntur, etiam adclamari solet, Ostiensem.

p. 155 For Strabo's failure to hand over the Asculum booty, see Orosius v. 18. 25-7.

p. 172 Cic. *Brutus* 48. 179. M. Vergilius, qui tribunus plebis L. Sullae imperatori diem dixit.

Plut. *Sulla* 10. Παραλαβὼν δὲ τὴν ἀρχὴν (*sc.* Cinna) εὐθὺς ἐπεχείρει τὰ καθεστῶτα κινεῖν, καὶ δίκην ἐπὶ τὸν Σύλλαν παρεσκεύασε καὶ κατηγορεῖν ἐπέστησεν Οὐεργίνιον, ἕνα τῶν δημάρχων, ὃν ἐκεῖνος ἅμα τῷ δικαστηρίῳ χαίρειν ἐάσας ἐπὶ Μιθριδάτην ἀπῆρεν.

p. 176 Schol. Bob. p. 176St. (Q. Catulus et pater et filius) ambo Cinnana dominatione proscripti sunt odiose.

p. 181 Val. Max. v. 3. 5. . . . Cn. Carbonis, a quo admodum adulescens de paternis bonis in foro dimicans protectus es (*sc.* Cn. Pompeius Magnus), iussu tuo interempti mors animis hominum non sine aliqua reprehensione obversabitur, qui tam ingrato facto plus L. Sullae viribus quam propriae indulsisti verecundiae.

p. 213 Cic. *pro Milone* 15. 39. Septem praetores (apart from App. Claudius Pulcher, who supported his brother P. Clodius) ... defensores mei. (And cf. *in Pisonem* 15. 35; Vell. Pat. ii. 89.)

p. 218 Cic. *ad Q. fratrem* i. 1. 33. Nomen autem publicani aspernari non possunt (*sc.* the provincials of Asia), qui pendere ipsi vectigal sine publicano non potuerint quod iis aequaliter Sulla discripserat.

p. 223 Flaccus' administration in Spain in 87 B.C. is now certified by the *Tabula Contrebiensis*. See J. S. Richardson, *JRS* 73 (1983), 33–41.

p. 225 An alternative restoration of ⟨*Διου*⟩*ίου* is ⟨'*Ιουλ*⟩*ίου*.

p. 226 Quintil. *Inst. Or.* xii. 5. 4. Quae cum sex et viginti natus annos summis audientium clamoribus (pro Sexto Roscio) dixerit (Cicero).

Gellius xv. 28. 3 explicitly dates Cicero's defence of Quinctius to the consular year 81 B.C.

p. 246 Cic. *pro Plancio* 26. 64. Frumenti in summa caritate maximum numerum miseram (when quaestor at Lilybaeum in 75 B.C.).

p. 272 Ascon. p. 76C. 'Qui restituerunt eam (tribuniciam) potestatem, alterum nihil unum posse contra multos, alterum longe abesse.'

Manifestum puto esse vobis M. Crassum et Cn. Pompeium significari, e quibus Crassus iudex tum sedebat in Cornelium, Pompeius in Asia bellum Mithridaticum gerebat.

p. 288 For examination and interpretation of the material of III C. 1, see now M. Thompson, *The New Style Silver Coinage of Athens*, pp. 425–39 and plates 143–9; Boehringer and Alföldi, *Chiron* 6 (1976), 146–8.

I. INDEX OF AUTHORS CITED

I. LATIN AUTHORS

II. GREEK AUTHORS

III. INSCRIPTIONS

A. LATIN

B. GREEK

IV. COINS

II. INDEX OF NAMES

A. PERSONS

B. GEOGRAPHICAL

III. INDEX OF SUBJECTS